笔底春秋

禅心初悟

谨以此书献给

不应忘却的历史

值得纪念的岁月

养我爱我的亲人

帮我助我的师友

以及所有有缘的读者们

禅心初 著

北洋觉梦录

皖系军阀卷

GUANGXI NORMAL UNIVERSITY PRESS

广西师范大学出版社

·桂林·

图书在版编目（CIP）数据

北洋觉梦录. 皖系军阀卷 / 禅心初著. —桂林：
广西师范大学出版社，2020.7
ISBN 978-7-5598-2643-5

Ⅰ．①北… Ⅱ．①禅… Ⅲ．①北洋军阀史－史料
②皖系军阀－史料 Ⅳ．①K258.206

中国版本图书馆 CIP 数据核字（2020）第 031565 号

广西师范大学出版社出版发行

（广西桂林市五里店路 9 号　邮政编码：541004）
网址：http://www.bbtpress.com
出版人：黄轩庄
全国新华书店经销
广西民族印刷包装集团有限公司印刷
（南宁市高新区高新三路 1 号　邮政编码：530007）
开本：880 mm × 1 240 mm　1/32
印张：11.75　　字数：318 千字
2020 年 7 月第 1 版　　2020 年 7 月第 1 次印刷
定价：58.00 元

内容简介

袁世凯去世后，后强人时代的制度困境不可避免地凸显出来，由此反映到各实权派人物之间的明争暗斗。

虽然以"北洋之虎"段祺瑞为中心的皖系掌握实权，其治下却如"天龙八部"，乱象频仍。皖系段祺瑞与黎元洪斗，与张勋斗，与国民党斗，与冯国璋斗，与曹锟、吴佩孚斗……但这一系列乱象只是表象，其产生的根源，并不在于皖系段祺瑞是否专权，而在于《中华民国临时约法》的制度设计——让国务总理掌握实权，让总统成为虚君，也就是让二把手凌驾于一把手之上，而大家又不认可这一游戏规则——产生的重大问题。正是在这一蹩脚制度的支配下，大总统黎元洪不服，造成了著名的府院之争；张勋不服，造成了张勋复辟；国民党不服，南下发动护法战争，南北开始分裂；冯国璋不服，造成了兄弟反目；曹锟、吴佩孚不服，终于直皖兵戈相向。皖系一败涂地，直系开始执掌中枢。

目 录

● 第二十一章 同舟异渡 ●

● 第二十二章 十年踪迹 ●

● 第二十三章 统一大业 ●

第十八章 ＼ 人心思乱 ＼

政治新生态

如果要概括形容"后袁世凯时代"的北洋政局,最恰当的莫过于《三国演义》开篇关于天下大势的"分合"理论和"人心思乱"之说。

"(话说)天下大势,分久必合,合久必分",这十四个字,指点江山,激扬文字,准确地击中了社会和历史发展的节拍,生动地勾出了古今历史治乱兴衰之形势,令人百般玩味。概括了天下分合之形势后,作者笔锋一转,在第一回的第二段结尾用了另一个词——"人心思乱"。

《三国演义》概括的"分合"理论,既融了"势",又融了比"势"还要高一个层次的天道来思考,极有纵览古今、俯瞰天下之气魄;而书中的"人心思乱"之说,更为王纲解纽之后即将出现的群雄割据局面埋下伏笔,大有"山雨欲来风满楼"之感。

比如《三国演义》第三十三回中,曹操和袁绍的一席话,就是谈论"天"与"道"。袁绍说"吾南据河,北阻燕代,兼沙漠之众,南向以争天下",此乃"示天下以形势"也;而曹操却这样说:"吾任天下之智力,以道御之,无所不可。"袁、曹二人的胸襟气度,高下立分。因为,知道了"道",就是知天了。

一切恰如后人读史时的叹息:"所谓天将兴之,孰能废之,天将亡之,孰能救之。诗经就有一句'天命不回',至于形势与发火点,其时自会得出来。"

北洋的乱局,何尝不是如此呢?有形势,有天道,亦有人心,种种纠葛,掺杂一起,越搅越乱,各派势力,蠢蠢欲动。故此,亦可称之为"人心思乱"。

其实,"人心思乱"这四个字用在清朝灭亡、北洋开局之时也不错,不过,北洋乱局的真正开始,是北洋掌门人袁世凯暴病身亡之后的事,暂无尊彝重器以镇压百僚,可以说是"人心思乱""刀兵之劫"的开端。

我们都知道,自然界的生物链不能轻易被打断,否则,必乱无疑。

政治生态的链条更不能轻易被打断,尤其是最高层的链条,如果骤然断裂,那结果便是乱上加乱,无法形容。

多灾多难的中国,恰恰踩上了这个点。

袁世凯刚一闭眼,外面的世界就像是得到了击鼓传花和抢椅子游戏开始的号令,立刻乱成一团。

有人说,权力不是和平交接了吗?怎么还这么乱?

因为,表面上的权力是顺利交接了,但就像光绪皇帝和慈禧太后一样,坐在金銮殿上的人,与玉座珠帘之后的人,不管是谁,要想把实权最终握在自己手里,都还需经一番明里暗里的争斗。

黎元洪虽然就职了,但是根本没有能力摆平局面。他的上任,既是段祺瑞直接首肯的结果,也是北洋系和护国军角力平衡的结果。

老百姓都知道,吃别人的嘴短,拿人家的手软,这么个大宝给了你黎元洪,你在别人面前,还能硬气得起来?

当然,这是从私下里说的,真正的权力斗争,摆到桌面上的,不是明说这些小事,而是要就"事"论"势",或就"势"论"事"。

政治上的道理,与事实中的道理,其实大不相同。

不管是段祺瑞还是西南护国军,他们嘴上绝不会说你黎元洪是我推上来的(虽然他们心里就是这么想的),而是从"理论"上动起了心思。

黎元洪,你当上总统,法理依据是什么?是民国元年的《中华民国临时约法》,还是民国三年的《中华民国约法》?

回答这个问题很是麻烦,这是一道不好解开的方程式。

因为,每个人,都在打着自己的算盘。

争斗和乱局也正是由此产生的。

段祺瑞认为,黎元洪出任总统的法理依据,自然是1914年5月袁世凯一手操纵制定的约法和1913年10月制定的《大总统选举法》,并且是以袁世凯遗令的形式宣布的。

护国军和国民党人一看,这不行,黎总统就位,明明依据的是孙中山颁布的《中华民国临时约法》。

段祺瑞那样认为,是因为只有承认这个"袁记约法",他段某人才可以像袁世凯一样大权独揽,而且这部约法是北洋系的门面,老领导一手做成的,不能自己挖自己墙脚。

以唐继尧为代表的护国军要求承认《中华民国临时约法》,那样可以在政治上把握主动,打破北洋派只手遮天的局面,并可以进一步要求恢复《中华民国临时约法》,恢复国会,这样就可以把国民党重新拉入政坛,增加对抗段祺瑞的砝码。否则,黎元洪出任总统,如果继续遵守袁世凯制定的约法,那么不是等于间接承认袁世凯的"政治正确"了吗?袁世凯要是正确的话,那岂不是我们错了?

6月10日,西南军务院抚军长唐继尧通电,提出四大条件:

第一,请黎大总统即日起,宣布恢复民国元年的《中华民国临时约法》。

第二,把袁世凯解散了的国会赶紧恢复,补选副总统,组织正式的国务院(当下以段祺瑞为首的国务院是袁世凯临时凑起来的)。

第三,请惩办帝制祸首杨度、孙毓筠、严复、刘师培、李燮和、胡瑛、朱启钤、段芝贵、周自齐、梁士诒、张镇芳、雷震春和袁乃宽等十三人。

第四,请下令召集军事特别会议,由各省都督或将军各派代表在上海开会,议决一切善后军事问题。

西南军务院抚军副长岑春煊亦宣称这四个条件是护国军方面的一致主张,如北京方面同意接受,抚军院当即撤销。这就表示正式拥护你黎元洪当大总统,国家也实现统一,各省不再独立。

段祺瑞一看,怎么能听你们的?那我的权力和威信何在?

段祺瑞通电各省,表明自己的政治主张。段祺瑞说:黎大总统继任这半个月来,你们争来争去,就是一个法理问题。我对于《中华民国临时约法》也无成见,只是,法律这个东西,怎么能朝令夕改?今天用这个,明天用那个,你以为是电灯开关吗?况且,民国三年的约法已经实行了这么长时间,许多法律都以它为基准。它要是被一语抹杀,许多东西都将会由此而动摇,这样国家将永无宁日。

唐绍仪、梁启超、伍廷芳等人开始致电反驳。到底是研究法律的,在法条上抓住了要害。他们指出:民国三年的约法,绝不能视作法律。如果视作法律,那么,这部约法中根本就没有规定国务院和内阁总理一职。

当初袁世凯集中权力,让自己当上终身大总统时,确实把内阁总理职位取消了。

这招够狠,一下子把段祺瑞逼到了死角。

如果你段祺瑞再坚持,那么,你自己的职位本身就非法。

这一下子,段祺瑞可就麻烦大了。

不过,麻烦的事还在后头等着呢。

6月25日,隶属于北洋系的驻沪海军总司令李鼎新、第一舰队司令林葆怿和练习舰队司令曾兆麟发表联合宣言,拥护《中华民国临时约法》,宣告独立,与老段分道扬镳。

当时的中国,有三支舰队,而第一舰队是海军的绝对主力。

段祺瑞这才意识到问题的严重性。国家好不容易恢复稳定,不能就这么乱了呀。何况,如果真正琢磨起法理来,袁世凯制定的约法,还真没有内阁总理一条。

得,自己先退一步吧。

段祺瑞不再坚持袁世凯的约法,由林长民、张国淦奔走牵线之后,6月29日由黎元洪以大总统令的形式,仍遵守民国元年的《中华民国临时约法》。

既然认定了孙中山的《中华民国临时约法》有效,那么,袁世凯执政期间所制定的制度,就要重新考虑了。经过商定,黎元洪大总统申令:从本年八月起,继续召开国会;所有关于袁氏时期之立法院、国民会议各法令,当即撤销。

既然恢复了《中华民国临时约法》,那么,段祺瑞任总理就有了法理依据。因此,黎元洪以总统令的形式特任段祺瑞为国务院总理,同时还任命了各部部长。

不管是军事斗争,还是政治斗争,有些地方是相通的,那就是,自己的防线要死守，一旦被打开一个缺口，接下来的事，便可能导致崩盘，一个接一个的阵线就可能被攻克。

段祺瑞时代的第一个回合就如此被动，这可不是一个好的预兆。

一旦认定袁世凯时期的许多制度是非法的，那么大家最痛恨的、引老袁走向皇帝路的筹安会之人，便成了要犯。

7月14日，黎元洪下令惩治帝制祸首杨度、孙毓筠、顾鳌、梁士诒、夏寿田、朱启钤、周自齐、薛大可等八人，余等悉从宽免。

从形式上看，护国军方面所提的条件基本得到满足。于是，唐继尧、岑春煊、蔡锷等人便联名通电，取消独立，声明服从新一届政府的领导。

这样，在大家齐心协力之下，由于袁世凯之死可能出现的乱局，终于被控制在最小范围内，并在形式上实现了暂时的统一，国家出现了暂时的宁静。

只是，没人知道，这样的宁静还会持续多久。

拉锯扯锯

从形式上来说，总统之位，袁死黎继，理所当然。但是，北京政府真正的大权，实际掌握在内阁总理段祺瑞手中。

这一点，本不该奇怪，因为在制度安排上，1912年3月孙中山让位给袁世凯、设置内阁总理职位时，其目的也正在于此——实权掌握在内阁总理手里，而总统是虚君！奇怪的是，后人为什么要骂段祺瑞专权而不责黎元洪越位？难道内阁总理制的安排，是要把权力集中于总统不成？那当初骂袁世凯干什么？这样看来，历史的看客们岂不是自相矛盾、思维混乱？

要知道，法治社会的精髓是依据游戏规则，愿赌服输，而不是因人而异，更不是看人下菜碟。你既然制定了这个制度，那么对此制度实施过程中出现的一切后果，你首先都要有勇气承担下来，然后再逐渐调适，而不是无端指责他人。

内阁总理制的实质，就是让一把手当虚君、橡皮图章，让实权握在二把手内阁总理手里,只不过,这一点,连一向以宽厚著称的黎元洪可能也没想到。他当上总统之日起,也想当个实质上的一把手,也想有自己的一亩三分地,也想有一定程度的发言权。

不过,黎元洪自己心里非常清楚,只要军事大权不掌握在自己手中,自己就没有多少发言权。先顺水推舟吧。

这北洋时代太别扭了。制定制度的人不懂执行制度,执行制度的人不懂规则,大家就像原始人过红绿灯一样,人人争相拥挤,车车相互碰撞,场面一片混乱,四处人仰马翻。

6月10日,黎元洪主动撤销了袁世凯设置的陆海军大元帅统率办事处。袁世凯设此机构的目的就是要把军权掌握在自己手中,而袁世凯与段祺瑞闹崩,也是因为这个机构。段祺瑞早就将这个机构视为眼中钉了。这回黎元洪主动示好,还算是识时务,否则,他们俩会首先在这个问题上开战的。

段祺瑞实权在握,这回想喝豆浆喝豆浆,想喝豆花喝豆花,我看谁能管我?

6月13日,段祺瑞终于把自己最看重的心腹爱将徐树铮给弄到身边授予了实权:国务院秘书长。

不过,在官场上,矛盾和斗争就像物理学上的运动一样普遍存在,无一时一刻停息。更何况,民国初期设置的这个不伦不类的内阁总理制,本身就是让二把手挑战一把手、让一把手想方设法从二把手手中夺回权力的斗争体制,不管谁坐到这个位置上都会如此。袁世凯和唐绍仪当初如此,袁世凯死后恢复了内阁总理制,那么黎元洪和段祺瑞也必然如此。

黎元洪和段祺瑞的争斗,很像朱时茂和陈佩斯演小品抢胡椒面儿的动作:彼此用眼神瞟着,你抢过去,我便抢回来;你抢过去,我便猛往面里倒,哪怕辣到不能吃。哥俩较上劲了。

先从前面提到的惩治帝制要犯说起。

西南军务院在停战之前曾有个要求,请求惩办帝制祸首"十三太保",即筹安会"六君子"杨度、孙毓筠、严复、刘师培、李燮和与胡瑛,以及被称为帝制"七凶"的朱启钤、段芝贵、周自齐、梁士诒、张镇芳、雷震春和袁乃宽。

这些人，都是追随袁世凯的亲信，其中有许多人与段祺瑞关系密切，而且，段祺瑞作为后袁世凯时代说一不二的人物，自然也需要这种有效忠意识的人。怎么办呢？老段不能太公开地维护"帝制分子"的利益，但他很快想到了一个好办法。

段祺瑞提议，现在我们是中华民国，民国就要有民国的范儿，就要宽容、大度，往者不可谏，来者犹可追，我看啊，过去的事就让它过去吧，咱们把以前袁大总统时通缉的国民党人和筹安会诸公，一并特赦了吧，然后共同建设民国，这样好不好？

段祺瑞企图来个浑水摸鱼。

黎元洪刚当上元首，怎么着也得显示一下自己的权威。于是，他不同意段祺瑞的说法。

护国军也不同意段祺瑞的意见。护国军认为，本来国民党就是被袁世凯冤枉的，这样把国民党人和帝制帮凶搅到一起，岂不是忠奸不分？坚决不行。

此时，段祺瑞开始坐下来，与黎元洪商讨这帝制帮凶"十三太保"，到底是全部惩治，还是有选择地惩治。如果全部惩治，那么老段自己又不甘心，这都是北洋老人，绝不能自挖墙脚；如果不惩治，黎元洪和护国军又不答应。怎么办？

姜还是老的辣，老段轻轻一招，便抓住了黎元洪的命脉。老段决定采用军事上以攻为守、反守为攻的方法，把战线引向敌方。

老段首先提出，北洋将领强烈要求，必须惩治陈宧，然后再谈论帝制帮凶的问题。

大家都知道，陈宧本来是袁世凯的绝对亲信，在四川前线却宣布独立，成了给袁世凯敲丧钟的"送命二陈汤"之一。而且让老段永远不能忍受的是，你要是在政见上反对袁大总统也就罢了，你陈先生居然在通电中宣布"与袁氏个人断绝关系"，这样的背主之奴、忘恩负义之徒，北洋诸将恨得牙根痒痒。就像《三国演义》里豹头环眼的张飞每次见到吕布都会大骂其"三姓家奴"一样，在提倡忠诚的传统社会，这是绝对被人贬斥的。

而且，老段听说，陈宧取消独立，是黎元洪策士蒋作宾、金永炎等人劝说的结果，这不是向黎表示忠诚吗？更有一层关系，陈与黎都是湖北老乡，平日往来过密。有了这些过节，段祺瑞才拿陈宧开刀，他相信，黎元洪绝对不会置之不理。只要黎元洪想保陈宧，那就有了讨价还价的机会。

果然，老段猜对了，黎元洪力保自己的老乡陈宧。

你想保一人，我也想保一人，成交！

于是，老段把袁世凯的御儿干殿下段芝贵从帝制祸首中救了出来。陈宧和段芝贵双双得免。

有了这笔交易，就不愁下一笔交易，结果，老段一个一个地把这"十三太保"给拎出了大半，"六君子"只剩下杨度和孙毓筠，"七凶"也只剩下梁士诒、朱启钤、周自齐。北京政府担心没法向护国军交代，便将与北洋关系较浅的、老段不想力保的顾鳌、夏寿田、薛大可等人补进名单。

这时还有人要为梁士诒开脱，黎元洪坚决不答应，如果这样下去，那这道惩治命令还不如不发的好。

7月14日，黎元洪下发惩办帝制祸首令。

实际上，此令已经没有任何意义了，因为在磋商的过程中，消息都传出去了。在惩办令下达的前几天，这名单上的人都已经从容不迫地离开北京，远走他乡避祸去了。

黎段二人除了在帝制祸首方面拉锯扯锯，在段内阁成员名单酝酿方面，二人也是有攻有守。

这就相当于太极推手阶段，谁也没出杀招，只是在互相揣测对方力量，寻找对方的破绽。

关于内阁阁员名单，段祺瑞最初是这样定的：外交总长汪大燮，内务总长许世英，财政总长陈锦涛，司法总长章宗祥，教育总长范源濂，农商总长张国淦，交通总长曹汝霖，海军总长刘冠雄，陆军总长由老段自己亲任。

黎元洪一看，名单都由你定了，都是你的人，这怎么能行？黎提出：对于此内阁，唐绍仪和孙洪伊二人必须加入，刘冠雄、章宗祥、曹汝霖三人不能用。

老段虽然心里不快，但二人正处于刚开始合作的蜜月期，耐着性子忍了一下，于是进行了阁员调整：外交总长唐绍仪，海军总长程璧光，司法总长张耀曾，教育总长孙洪伊，交通总长汪大燮。审定之后，由黎元洪正式发布。

可是，这份名单又引起了护国军的不满，原因是，许世英、张国淦为帝制余孽，怎可重用？于是，黎段二人又进行了一番调整，批准汪大燮、张国淦辞职，把护国军方面认同的谷钟秀任为农商总长。

此时的双方，谁都有自己的小九九，只是都没有明着撕破脸。

比如，对于黎元洪特别提出入阁的两个人——唐绍仪和孙洪伊——老段便圈定孙洪伊为没有实权的教育总长，既像是答应了黎的要求，又暗中边缘化。

对于唐绍仪入阁，老段心存猜忌。唐绍仪本来就是民国元老，是民国第一任总理，也是南方护国军比较接受和认可的，名望、才能、资历都相当了得，这对于老段的权力是个很大的威胁。

而且，由黎元洪提名，可见唐与黎搅到了一起。这可不是什么好事。黎肯定在悄悄打造自己的小班底，怎么能让其得逞？

不过，老段毕竟是武林高手，他心里虽然不满意，但采取了另外一种对抗手段。老段表面上还是高兴地拉唐绍仪入阁，暗中却指使心腹徐树铮出面唆使北洋将领反对唐绍仪入阁，终于迫使唐于 9 月 25 日通电辞职。

分果果

有的人看着领导在位说话时，很随意地就把果子给分了，把事情摆平了，以为当官不过如此，心想自己到任的时候，一定会分得更公平。其实，这个分果子的背后，可绝没有这么简单。

简简单单的一个"摆平",那可是实力、资历、经历、阅历、能力和魄力等的综合体。

不服?

你看老袁活着时没怎么费力,除了国民党人的二次革命外,其他各路诸侯都服服帖帖,所以清王朝灭亡后国家能够不乱,你以为是理当如此吗?

简直是天大的笑话。

王开岭先生在其《精神自治》中说:"我们自己并没有什么特殊的资本,所享受的只是时间创下的利息和'附加值'。而提供'成本'的,却正是那些为我们所不耻的当事人。"

民国要是没有老袁,你看看会是个怎样的场面。

老袁没了,老段开始发号施令了,可是老段会比老袁还高明吗?

我们看看老段排排坐、分果果的手段如何。

7月初,老段煞费苦心,经过一番酝酿,公布了各省军政首长名单。

说他煞费苦心,是因为他对官制方面进行了一番调整,力图权力分割、文武分治。

老段先是把各省督理军务的长官改称督军,也就是把袁世凯时代的将军职务和护国军方面的都督职务同时取消,但从这两个职务名称中各取一字,称为"督军"。同时,老段把各省民政长官改称省长。他想以此实现军民分治。

在这样的安排之下,张作霖为奉天督军,阎锡山为山西督军,冯国璋为江苏督军,张勋为安徽督军,陈宦为湖南督军,陈树藩为陕西督军,蔡锷为四川督军,陆荣廷为广东督军,唐继尧为云南督军,等等。同时各省省长也相继就位。

段祺瑞如此安排,一方面是要促进南北统一,另一方面是要巩固北洋势力,基本上就是在袁世凯时代的基础上换个名,换汤不换药而已。

然而,尽管段祺瑞已经尽最大可能顾及到了各方面利益,但他还是高估了自己的能力,低估了反对派的力量。

比如,在湖南督军一职的问题上,段祺瑞的安排就出了大问题。

湖南这里本来由汤芗铭驻守,但是,汤这个人不知怎么搞的,想用铁腕治湘,于是便杀人如麻,惹得湖南人恨透了他,称其为"汤屠户"。

湖南人的脾气,怎能容忍这样一个人来治理?于是,群起而攻之,迫使汤芗铭在四面"湘"歌声中离开长沙。

汤芗铭走后,段祺瑞公布的名单为什么会选陈宧呢?陈宧,不是段祺瑞非常厌烦的人吗?

这里面有两个原因:一是黎元洪力主给陈一个督军职务;二是汤芗铭逃离湖南后,这里成了北洋系的真空地带,而段祺瑞手边又无兵可调。按说,最应该调来镇守湖南的是曹锟,可是段祺瑞身边又离不开这么一员北洋老将。正好此时陈宧由四川撤出,手上有两旅兵力,就让他就近入湘,并给陈一个戴罪立功的机会。表现好了,重新将其纳入北洋系。

然而,这个安排,湖南人同样反抗强烈。因为,自从科举时代的官员回避制度在民国时消亡之后,在民主的口号之下,湖南人力主湘人治湘。更何况北洋系的汤芗铭在湖南表现如此之差,湖南人不希望再来个北洋系的人。

本来,许多人都希望黄兴或蔡锷回湖南任职,但此二人都无意于此。黄兴荐谭延闿来任湘督,但谭与北洋系关系不深,段祺瑞又不同意。这样,7月16日改派湖南人刘人熙为湖南督军。

可是,这个安排并不等于段祺瑞对湖南放心。在安排刘人熙督湘的同时,段祺瑞派自己的内弟吴光新率北军第三旅接防岳州。这一方面是监督刘人熙,另一方面也为下一步接任湘督做准备。

可是,湖南人既尝到了汤屠户治湘的苦处,也尝到了"会哭的孩子有奶吃"的甜头,于是,继续群起激烈反抗,甚至公开宣称为了抗阻北军,不惜一战。

通过人事安排摆不平这件事,段祺瑞这才知道,自己的能力真的不如袁总统,差远了;段祺瑞也就此知道,湖南人是多么强硬。

于是,段祺瑞在湘督问题上,再一次改变主意。

8月3日,段祺瑞下令谭延闿为湖南省省长署督军。

之所以用这个"署"字,也是老段的心眼儿。给老谭一个省长当,就是文官,没有兵权,这样威胁大大减少。署理湘督,便是代理。一方面安抚湘民,一方面给自己留后手。如想撤换,可随时换上自己人。

鲁迅曾经说过,奴才做了主人,是决不肯废去"老爷"的称呼的,他的摆架子,恐怕比他的主人还十足,还可笑。

当了几十年老二的段祺瑞成了事实上的老大之后,也想像袁世凯那样大摇大摆地施展自己的权力,架子虽然拿得很大,却是高高举起、轻轻放下。

看来,老大可不是谁都能当的。

按说,老段当陆军总长,对于权力的运作应该非常熟悉才是。对于这种人事安排,在当时的政治体制下,必须要先协调好,才能上会,进而公布。

也可能是老段太大意了,以为自己是一把手,就能完全说了算,别人就会听话。

这里面的关键,是事先的沟通、商量、协调和较量,会议只是个程序,公布就更是程序了。

如果会前没搞定,那么会上必然出乱子,公布之后更会乱上加乱。这不仅是对领导者能力的检验,更是对领导者权威的挑战。

一次不成功的人事安排,会让主要领导的权威指数大大下降。别人会认为你一把手镇不住局面,摆不平关系。那样,局面就很难控制了。

人事安排是这个程序,其他许多事也要这样安排才算妥当,才能有白纸黑字的东西来堵天下悠悠众口。

一锅糊涂粥

老段第一次当老大,第一次分果果,就遇到了很大的麻烦,而且,遇到的麻烦远不止此。

按照段祺瑞的意志对各省督军进行任命的命令颁布后,除了湖南反应如此激烈,其他地区也没闲着,尤其是江苏、安徽、广东等地的矛盾,让段祺瑞非常头疼。

在袁世凯时代,冯国璋是江苏都督,张勋是长江巡阅使;前者有实权,后者架子虽大却是虚名;前者镇守南京,后者驻守徐州。

虽说长江巡阅使是老袁给张勋开的空头支票,但张勋与别人不同,毕竟他还有自己的军队——辫子军,且驻扎在江苏境内,尤其是驻扎在徐州这个兵家必争之地。再有,冯、张二人都是老袁封的上将军,形式上算是平等的。

老袁这么安排,表面看起来,很是牵扯不清、纠葛不断,但是,这可不是他老糊涂了,而是一个非常高明的连环套,让冯、张二人不断产生矛盾,自己好从中操纵。

手握重兵、实力明显高出一筹的冯国璋虽然知道老袁的心思,但也只能接受安排,忍气吞声。

可是,袁世凯去世了,尤其是段祺瑞的任命书下来了,冯国璋为江苏督军,张勋为安徽督军,老冯一看,机会来了,不用再忍了。他给张勋拍电报,请他移师安徽省城安庆,这样才是名副其实的安徽督军。

张勋可不这么想。袁世凯在世的时候,他虽然不如段祺瑞和冯国璋那样是老袁的心腹,但至少在资历上,也算是老前辈。袁大总统的安排也就罢了,你们两个小子,能奈我何?

张勋非常耐心地告诉冯国璋:冯先生,您贵姓?您别忘了,我可是堂堂的长江巡阅使!什么叫长江巡阅使,您知道不?就是主管长江一带防线的官儿。江苏在长江流域内,我是管您的。我驻在徐州,怎么就不符合制度规定了?我看驻在徐州最符合规定。

张勋不紧不慢的话,把老冯给气得七窍生烟。他拍电报给老段,我不干了,我辞职。

当然,手握实权的人说辞职,不是真的辞职,而是一种示威,目的是敦促段祺瑞下令张勋让出徐州,同时向政府方面表明:如果我辞职不干的话,我的地盘乱起来,那我可不管啦,你有能耐的话,你来收拾一下这个残局?

老段毕竟不是老袁,他没有足够的能力摆平张勋。所以,老段只能委婉地劝张勋让防。可是,张勋根本就不买老段的账。

8月29日，老冯再次电催北京，历数张勋的辫子军在徐州一带的不法行为，强横、欺民，我老冯作为江苏都督，不能置人民的苦难于不顾。况且，他张勋不听政府的命令，那自然是不给你老段面子。

他张勋既不给我老冯面子，又不给你老段面子；我是地方大员，我的面子不值钱，可你段老弟既是纵横江湖响当当的人物，又是如今国家的老大，你的面子可是值钱的呀。这种局面，能容忍吗？

老冯想以此"面子说"来打动老段下狠心，兄弟二人联手来掐张勋。

果然，老段面子上有些挂不住了。他再次电报张勋，要求其赶紧让出徐州，移师安庆。

想不到，张勋也急眼了。

老袁总统都得让我三分，你算老几？敢这么对我说话！

你不是想要徐州吗？那我表个态，宁可安徽督军不做了，我也不可能让出徐州。看你能怎么着？

打架就是这样，愣的怕横的，横的怕不要命的。真要是玩起命来，那谁怕谁呀？

老段到底是没能力摆平这件事。

结果，江苏、安徽这里就出现这么个奇怪的局面：

冯国璋是江苏督军，在江苏境内却不能完全说了算，江苏重镇徐州被别人控制；

安徽督军的驻地，本应在安徽境内，实际上却在江苏境内；

还有一乱是，安徽省省长的驻地本应在安徽省城安庆，实际上却设在蚌埠，省长倪嗣冲说什么也不离开蚌埠。

安徽省城安庆，只设有督军和省长的驻省办事处，教育、财政、民政等各部委天天用电函或专人向不在省城的省长、督军请示汇报，那个累呀！

不怕不识货，就怕货比货。

从这个局面，你逆向回观，才能发现老袁的能力，才能懂得老袁在世时，至少还有几天安稳日子。但是，头把交椅上一旦换了人，那局面可就不一样了。

真是不当家不知柴米贵。

想当初，大当家袁世凯捏成的饺子整整齐齐地排列，等着下锅吃，人们却挑三拣四；大当家没了，二当家段祺瑞想把这锅饺子煮得好吃些，结果，三下五除二，饺子碎了，搅成面糊粥了。而且，不止一锅粥，老段做了好几锅呐。

江苏、安徽是面糊粥，两广和湖南一带，同样搅成了糊涂粥。

6月6日袁世凯归天，6月7日陕西陈树藩宣布取消独立，6月9日广东龙济光也宣布取消独立。

两广一带的事情，说来是很微妙的。

龙济光当初宣布独立时，其实是很勉强的，是在广西护国军和广东各地民军包围下被迫独立的，他在无奈独立时也悄悄与老袁有往来，取得了老袁的谅解和秘密指示。因为龙济光一直把自己当成北洋系，或者说，想靠住北洋系这棵大树，所以袁去世后，龙济光便立即与段取得了联系。

龙济光在独立时，广西护国军的军务院便想借道广东地盘，派护国军的李烈钧出兵江西，龙济光不答应。双方虽一度达成谅解，但最终还是发生了真刀真枪的冲突。

6月9日，龙济光在没有知会广西军务院的情况下，迅速宣布取消独立，这就是在政治上表态了：服从中央政府，不支持护国军继续独立。

而且，龙济光密电请段祺瑞出兵援粤，共同对付护国军。

可是没想到，电报内容被广西军务院方面得知，双方先是唇枪舌剑，继而动刀动枪。在段祺瑞的北洋军还没抵达的情况下，龙济光军大败，只守得广州一地。

段祺瑞此时没有布好局，没有能力武力统一，他想通过人事安排把这些事摆平。于是，就着发布全国督军和省长命令的时机，他在广东方面也是煞费苦心。

老段理想中的安排，是这样的：

调李烈钧到北京，"另有任用"，实际是要调虎离山，剥夺其兵权。

调陆荣廷为广东督军，朱庆澜为广东省省长，但是，当前的情势下，陆荣廷先不到任,暂时署理湖南督军,而由龙济光暂署广东督军!

实际上,令陆荣廷为广东督军是假,只是缓兵之计,想把陆调到湖南是真,想把龙济光安排在广东是真,只不过都用"署理"一词,暂时软化各方势力,并稳定局面。

段祺瑞对广东的安排,引起了广东人士的激烈反对,唐绍仪、梁启超等各派代表纷纷致电北京,要求撤掉龙济光。

为了保持稳定,段祺瑞软硬兼施。他派刚从湖南被赶走的汤芗铭任广东查办使,派海军上将萨镇冰任粤闽巡阅使,借海军的力量向广东施压。

老段这样安排,还有个小心思,因为汤芗铭和黎元洪既是老乡,又有非常不错的关系,黎元洪本想把汤调到北京当个海军总长,老段怎么能让黎元洪的心思实现?这才把汤派往离北京遥远的广东。

可是,广东人绝不善罢甘休,怎能迎接这个臭名昭著的汤屠户来督粤?群起而攻之。

陆荣廷也这样,你段祺瑞想把我调离富庶的广东,调到穷省湖南吗?你说了算?我偏不听!

陆荣廷决定直接派兵离开湖南衡阳,直奔广东。

段祺瑞一看,真是心急如焚,谁也不听自己的,这可怎么办?

这时,他才明白老袁的厉害,知道老袁的好。他搜肠刮肚,终于从袁老师那里学到一招:征求民意!

于是,段祺瑞以国务院名义发电,征求各省(当然是以北洋系为主)对广东的意见,包括对李烈钧的意见。

北洋系将领心领神会。一时之间,各地电报纷纷通电指责李烈钧和陆荣廷不服从中央命令。

可是,老陆可不管它三七二十一,你们喜欢用舌头?我就喜欢用牙齿!

老陆迅速出击,一举拿下广东,龙济光军队无奈地被收编。

生米做成熟饭,你不干也得干。

只是这样一来,在广东的李烈钧已经没有意义了,进不得,退不得,只得通电离开军队,转道上海。

老陆还是很好玩儿的,拿下了广东,他却装病了:我可不是想要广东啊,你们谁爱来谁来。

老段自是知道,老陆霸王硬上弓之后,自己买麻花看着不吃——要的就是这个劲儿。他等着中央正式下令呢,自己"不想"当广东督军嘛!

8月下旬,在萨镇冰和朱庆澜的调停下,龙济光移师海南,而陆荣廷的病装到了10月,才"很不情愿"地就职广东督军。

是你们让我干的啊,我可不想干这破玩意! 真烦。

惜霸才无命

读历史时,有时会想,英雄人物是不是真的带着某种使命出现? 使命完成后,便会归天?

管仲、周瑜、诸葛亮、王猛,是不是这样? 岳飞,是不是这样? 还可以列举一长串闪光的名字。

北洋时代,也有这个现象。

这里要提到的,是黄兴和蔡锷这对近代伟人、湖南老乡。

如果用一句话形容黄兴,便是"功成而弗居"。

黄兴,为自己取名"轸",是"前车既覆,来轸方遒"的意思,也就是不想重蹈太平天国当年的覆辙。所以尽管他的威望一度凌驾于孙中山之上,但他始终不愿取代孙中山。

有许多人,包括章太炎就认为,黄兴的功劳要比孙中山大。当年孙中山就任临时大总统时,章太炎便责问,这个总统位置,论功当属黄克强! 甚至有人直接把黄兴拉入"国父"行列。

黄兴,湖南善化人,1874 年 10 月 25 日(农历九月十六)出生,比孙中山小八岁,比宋教仁和蔡锷大八岁。

黄兴一生与 10 月结缘。他生于 10 月,病于 10 月,成功于武昌起义的 10 月,最终殁于 10 月。终年四十三岁。

尤其巧的是,武昌起义是 10 月 10 日,黄兴也恰在 1916 年 10 月 10

日突患胃血管破裂,吐血晕倒,10 月 31 日与世长辞。

当年黄兴在汉阳鏖战时,儿子黄一欧在上海参加了攻打江南制造局的战斗。在南京前线,黄一欧收到了父亲寄来的一封信,信上只有八个字:"努力杀贼! 一欧爱儿。"

后来胡适对此家信大加赞赏,专门写过白话诗来赞美。

此举虽不像宋代宗泽那样悲壮,但也差不多。

宋朝抗金名将宗泽在弥留之际,念念不忘北伐,最后连呼三声:"渡河! 渡河! 渡河!"

宗泽去世后,由儿子宗颖和爱将岳飞一起扶枢至江苏镇江,葬于镇江京岘山上,墓前有石刻:"大宋濒危撑一柱,英雄垂死尚三呼。"

黄兴也有此大将风采。

黄兴为人宽和,风度儒雅,他去世后,无数人为之悲痛和惋惜。那个虽然在政见上与黄不和,但私交上非常好的湖南老乡杨度,有挽联曰:

> 公谊不妨私,平日政见分驰,肝胆至今推挚友;
> 一身能敌万,可惜霸才无命,死生从古困英雄。

这对联写得好有文采,又好霸气,夸奖黄兴是霸王项羽想学的"万人敌"。这个文采和识见,真不愧是一生以当帝王师为目标的人所写的。

黄兴的噩耗传到日本,病中的蔡锷为之痛哭,他的挽联是:

> 以勇健开国,而宁静持身,贯彻实行,是能创作一生者;
> 曾送我海上,忽哭君天涯,惊起挥泪,难为卧病九州人。

只是,谁都没有想到,短短的八天之后,蔡锷将军也驾鹤西去。

人这一生,如果能做成一两件大事,那也就非常了不起了。如今想来,蔡锷仿佛就是为反对袁世凯称帝而存在的。老袁头没了,蔡锷也恰如一颗流星,光彩谢幕,年方三十四岁,让人今天仍然扼腕叹息。

蔡锷其实在讨袁之前就生病了。而袁世凯去世后一个月,也就是 7

月初,蔡锷的喉病已经让他说不出话了,又发高烧。

7月4日,当段祺瑞特派法国医生赶到泸州为蔡锷检治喉疾的时候,法国医生告诉大家,这个喉病拖得太久了,当时中国国内根本治不了,必须迅速赶往日本医治。

所以,虽然段祺瑞想令蔡锷为四川都督,蔡锷也并非无治蜀之抱负,但身体条件已经不允许了。

七八月间,蔡锷坚持把自己能处理好的事务一一办妥,所到之处,百姓都是万人空巷,一睹共和伟人的风采。四川人听说蔡将军要离开四川,有人甚至烧着香,拦着路不让他走。蔡锷深情地作了《告别蜀中父老文》。而后,在同学蒋百里的陪同下,于9月初自沪乘船前往日本,住福冈大学医院治疗。

只不过,此时的蔡锷已是病入膏肓,人力终究无法回天。

11月8日,蔡锷自知不起,被人搀扶着走到医院窗前,眼望着日本飞机的演习,又深深地受到刺激。

他以非常微弱的声音对蒋百里说,老友,我们就要分别了,我们国家国防建设尚未着手,而现代战争却已经由平面转向了立体,我国又不知落后多少年!

蔡锷又道,自己"不死于对外作战,不死于疆场马革裹尸,而死于病室,不能为国家作更大的贡献,自觉死有余憾"。

回到病榻,口述随员,并由蒋百里代笔遗电:

一、愿我人民、政府,协力一心,采有希望之积极政策;

二、意见多由于争权利,愿为民望者,以道德爱国;

三、此次在川阵亡及出力人员,恳饬罗督军、戴省长两君核实呈请恤奖,以昭激励;

四、锷以短命,未克尽力民国,应行薄葬。

此时的蔡锷将军,精神尚一丝不乱,遗嘱句句关乎国家大计,无一语及家事。

他生命中最后的请求居然是"应为薄葬",不禁让人泪满衣襟。

11月8日,就在黄兴将军辞世八天后,蔡锷将军也与世长辞。

举国震悼，万里雨泣。

黎元洪以大总统身份，接连四次以大总统令的形式对蔡锷予以褒扬并建议国葬。蔡锷也是中华民国历史上第一位享受国葬殊荣的革命元勋。

年轻将军蔡锷之丧，那真是全国吊唁，规模罕见，现从历史记录中抄来数则挽联，回顾一下当时的场景。

其一，孙中山先生的挽联是：

> 平生慷慨班都护；
> 万里间关马伏波。

孙先生挽联里面提到的班都护就是东汉出使西域、威名远扬，为国家稳定和统一、为民族融合作出巨大贡献的投笔从戎的班超。而马伏波是东汉另一位英雄人物、伏波将军马援，我们所熟知的"老当益壮""马革裹尸"等震古烁今的成语，就是从他这里出来的。孙中山以此比喻蔡锷，自然是非常贴切。

其二，蔡锷的老师梁启超是这样写的：

> 知所恶有甚于死者；
> 非夫人之恸而谁为？

梁先生的联语，听着很绕口，感觉没有中山先生的联语有气势。其实，这只是不熟悉其中内涵，如果明白了里面的内涵，就会对梁先生的深沉竖大拇指了。

梁先生的上联"知所恶有甚于死者"，语出自《孟子·告子章句上》："生亦我所欲，所欲有甚于生者，故不为苟得也；死亦我所恶，所恶有甚于死者，故患有所不辟也。"

上联中这句话的意思便是，死亡本是我厌恶的，可我厌恶的东西还有比死亡更厉害的（更厌恶专制），所以遇到灾祸也不躲避。

上联的暗指，自然是蔡锷的舍生取义，义之大者！

梁先生的下联"非夫人之恸而谁为"，语出自《论语·先进》："颜渊死，子哭之恸，从者曰：'子恸矣。'曰：'有恸乎？非夫人之为恸而谁为？'"

颜渊死的时候，孔子哭得十分悲恸，跟随的人说："您太过悲恸了。"孔子回道："我这样是过分悲恸了吗？我不为这样的人而恸哭还能为谁恸哭呢？"

大家都知道，颜渊，就是颜回，又称颜子，是孔子最得意的学生，孔子七十二门徒之首，孔门十哲德行科的高才生，可惜英年早逝。他是孔门弟子中德行修为最高者，所以得到特别的尊重，成为孔庙大成殿四配之首，人称复圣。

梁先生无非是说：蔡锷是我最得意的学生，我不为这样的人而恸哭还能为谁恸哭呢？

梁先生不愧是大知识分子，用《孟子》和《论语》中的著名联语来表达自己最深沉的爱、最强烈的思念和最彻骨的痛惜之情。

其三，梁启超的老师康有为先生的挽联是：

> 微君之躬，今为洪宪之世矣；
> 思子之故，怕闻鼙鼓之声来！

康老先生的挽联，是另一种风格，里面嵌入了《诗经》的话语体系。

"微君之躬"，是借用《诗经·国风·邶风·式微》中的话："式微式微！胡不归？微君之躬，胡为乎泥中！"而"思子之故"这几个字，虽然不是《诗经》中的原话，可也脱胎于《诗经》，留有《诗经》的印迹。《诗经·国风·郑风·狡童》中有："彼狡童兮，不与我言兮。维子之故，使我不能餐兮！"当然，《诗经》的这个《狡童》篇，是情诗。

康老先生从《诗经》中提取这两句话，是想表达：如果没有你蔡将军，今天恐怕早就是洪宪皇朝的天下了。

而且，康有为的"微君之躬"，还有一点儿孔子评价管仲之言的味道，"微管仲，吾其被发左衽矣"。如果没有管仲，那么我们这些人早就被夷狄统治了。

康、梁不愧是师徒,文化底蕴深厚,连挽联都有浓重的古典气息。

英雄知己

其四,蔡锷的小师弟唐继尧的挽联是这样写的:

> 所至以整军保民为要图,众论之归,大将慈祥曹武惠;
> 平时惟读书致用相敦勖,公言不负,秀才忧乐范希文。

曹武惠,指的是北宋名将曹彬,不仅以败契丹、北汉为功,而且宽厚有恩,两次入蜀,秋毫无犯,军民相率畏怀,创下了鼎盛的战绩,当时没人比得过他。

曹彬曾经说:"自从我当了将领,杀了很多人,然而从来没有因为自己恨他们而乱杀一个人。"他的住所坏了,弟子们请求替他修缮一下,曹彬却说:"现在这个时节正好是冬天,墙壁与瓦石之间,有许多虫子冬眠,修房子的话,就会伤害它们的生命。"

所以唐继尧的上联,一方面是夸赞蔡锷的功绩,一方面是夸赞蔡将军治军之仁心。

唐继尧的下联,"秀才忧乐范希文",说的是以"先天下之忧而忧,后天下之乐而乐"为追求的范仲淹。其夸奖之意,自然不用细述,大家就会明白了。

其五,丁怀瑾的挽联:

> 成不居首功,败不作亡命,誓师二语,何等光明,故一旅突兴再造共和;
> 下无逞意见,上无争利权,遗书数言,如斯深切,问举国朝野奚慰英灵?

丁怀瑾是蔡锷护国讨袁时主管军队后勤的人,在护国军的补给方面立下了汗马功劳。他目睹蔡锷在前方浴血奋战,所以写出的这副挽联更是有浓浓的敬和爱的成分。联语并不深奥,文采也并不出众,但是细述了蔡锷的数件功劳,措辞很是得体。

丁怀瑾也是蔡锷的知交。他一方面赞赏蔡将军功成不居的性格,另一方面还用实际行动来纪念好友。

蔡锷东渡前,丁怀瑾任四川富顺县县长,闻蔡锷噩耗即辞去官职,闭门著书,常以蔡锷的人格和抱负勉励其家人子女,他称道蔡锷是真正开天辟地的人物。

其六,杨度的挽联,也很引人注意:

> 魂魄异乡归,于今豪杰为神,万里河山皆雨泣;
> 东南民力尽,太息疮痍满目,当时成败已沧桑。

杨度是楹联圣手,他一生可传的挽联甚多,但这副对联,一直让人不是很理解。

上联写得很有感情和气势,可是,下联的最后一句"当时成败已沧桑",时人和后人感觉,像是与蔡锷起兵唱反调。

今天我们已无从得知杨度的意思,"太息疮痍满目,当时成败已沧桑",究竟是想说因为蔡锷起兵反政府导致了"疮痍满目"呢?还是想说起兵之后,国家仍然是千疮百孔,进而"当时成败已沧桑"?

究竟是想褒还是想贬,实在不好从这几个字中探出味道来。但从上联来看,还是极力褒奖蔡锷的。

其七,蔡锷挽联中最让人叹惜和欣赏的,还是小凤仙的挽联。

今天许多历史工作者考察小凤仙其人其事其文,多数都相信这段温柔的插曲是真的,所以,野史记录中留下来的小凤仙的挽联,也列举一下。

据说小凤仙的挽联是衡州狂士王血痕代撰的,其联有二:

第一联是:

不幸周郎竟短命；

早知李靖是英雄！

上联把蔡锷比喻成周瑜大都督，自然是形象而贴切得很。而且，周瑜去世时，仅比蔡锷大一岁，也让人唏嘘不已。

下联更是意味深长。

李靖是唐代名将，年轻时即有大志，且熟读兵书战策。曾以一介布衣身份拜谒京中隋朝的两朝老臣杨素。当时杨素身后站着一个美人，手执一把红拂，屡屡对李靖含情注目、暗送秋波。

一席长谈，让杨素多次抚床长叹：他年坐在这张床的，必定是这个年轻人！

长谈之后，李靖回到寓所，灯下草拟策论。时至三更，忽有人叩门。开门见一美少年，进得屋来，少年脱去衣帽，露出一头秀发，原来便是杨素身后手执红拂的丽人。自报自己便是杨家的执拂妓，为李先生的长谈所敬服，"丝萝不能独生，愿托乔木"。

识英雄于微末，追英雄于落魄，不为财、不为貌，只为敬你是个英雄，小女子无以相赠。

古代中国人的爱情真是既简亦纯，看似平平淡淡，却又轰轰烈烈。

就这么含情一瞥，注定了今生今世。

当然，红拂女看中李靖可能比这要更深刻一些，此女应该是色艺双绝，平日眼高于顶，傲视王侯公卿为粪土，却以其阅人无数的慧眼，深信穷书生李靖终非池中之物，这才视男女大防于不顾，抛开荣华富贵，演出一幕"凰求凤"。

如果说，李靖拜见大隋官员而不出仕，可称是"士伏处于一方兮，非主不依"，那么红拂女于万千人中独爱李靖，就可称为"凤翱翔于千仞兮，非梧不栖"。

二人于次日清晨出城，鸥游江海。"乐躬耕于陇亩兮，吾爱吾庐；聊寄傲于琴书兮，以待天时。"

后来李靖成为唐朝的开国功臣，所以说这位红拂女相人极准，还在李靖是一介布衣的时候，便知李靖是英雄，以身相许，以心相随。那么小凤仙之于蔡锷，便也类似于此。虽于风尘中结识，但小凤仙早知蔡公非同常人，而是大英雄一枚。

第二联是：

> 万里南天鹏翼，扶摇直上，剧怜忧患余生，萍水因缘成一梦；
> 十年北地燕支，自嗟沦落，赢得英雄知己，桃花颜色亦千秋。

这第二联更是情深意长，尤其是"桃花颜色亦千秋"一句，更是道出了小凤仙为结识蔡锷而终生不悔、千秋快慰的心情。

拜别蔡将军，小凤仙从此隐居他乡。

合上书卷，闭目深思小凤仙对蔡锷的深情，仿佛用语言无法形容得尽，思来想去，只得到李商隐的悼念亡妻的诗句，或许能部分表达出小凤仙的心思。

李商隐的夫人王氏去世后，有人前来做媒，李先生辞谢了，并作《李夫人》诗："一带不结心，两股方安髻。惭愧白茅人，月没教星替？"

一句"月没教星替"，暗喻小星岂可替皓月乎？这应该可以说明王氏在他心里的地位了。

小凤仙心中的蔡锷，大概可用"月没教星替"一句反问来形容，是一个无人可替代的人。

失去了你，得到世界又如何？

一曲弦歌伴君去，待等来世约白头！

直至今天，当人们听到那句"将军拔剑南天起，我愿做长风绕战旗"的如泣如诉之曲，仍然是心神荡漾。

真是英雄知己！

第十九章 ＼ 府院之争 ＼

恶缘初起

大当家袁世凯没了之后，二当家段祺瑞做了好几锅粥。前面讲的是在外面煮的粥，紧接着就要看一下在朝中煮的粥，他和黎元洪是怎么搅在一起，怎么越搅越乱的。这就是民国历史上著名的"府院之争"。

黎元洪这一生经历的几件大事，都可以用"莫名其妙"四个字来形容。

甲午海战，自己乘坐的舰只被击伤导致搁浅，他莫名其妙地游回了岸；武昌起义，他在床底下被揪出来，莫名其妙地当上了起义都督，成了首义元勋；袁世凯归天后，他又莫名其妙地当上了总统，而且是两次担任中华民国大总统。真是莫名其妙。

黎段二人，交恶已久，而且是公私交织。

袁世凯还在世的时候，黎段就有过几次不愉快；袁世凯没了，黎段被时局的浪潮推上了国家之大位，二人之间的争斗便日趋激烈。

而段祺瑞这个倔脾气，压根儿从心里瞧不起黎元洪，而且他还把这个"瞧不起"完全挂在了他那张冷冰冰的脸上。

二人之间最初的交恶，是在袁世凯练兵阶段。南北会操时，黎元洪曾经代表南军干败了"北洋之虎"段祺瑞，从此老段心里便很不自在。

后来，武昌起义前后，段祺瑞曾署理湖广总督，而黎元洪只不过是新军中的旅长。旅长和军区司令相比，差的可就不是一点半点了。有了这个认知，段祺瑞就认为，你黎元洪算个什么东西，怎么能跟我平起平坐？你只不过是凭运气当上了首义元勋而已。

袁世凯当上大总统后，想把黎元洪调虎离山，使其离开湖北根据地，就是段祺瑞亲自出马把黎给拎到北京,还把湖北的势力拆个七零八落。这样,二人的矛盾就更深了一层。

而黎元洪能当上大总统,如果没有段祺瑞的同意,是根本不可能的。所以段祺瑞根本没把黎元洪放在眼里,只想让黎成为执行自己意志的盖印机器而已。

既然这是段祺瑞的逻辑起点,那么黎元洪任何一次与段相斗,都只能让段更加厌恶。府院之争的背景,便既有个人情感纠葛,又有权力之争,大抵就是这么复杂而深远。

府院之间最初的争斗,双方还都有所克制。

黎元洪当上总统时,手底下有哈汉章、金永炎、蒋作宾等军事幕僚,这些幕僚给总统吹耳边风:作为总统,一国元首,必须掌握兵权!

军事幕僚们的理由是:责任内阁制是就政治而言;军事方面,总统既然是全国陆海军大元帅,就不能不管军事,大元帅没有军权,总统有什么做的价值?

从理论上讲,军事幕僚们这么理解是对的,但在实践上,却完全行不通。

因为,黎元洪自己没有直接掌握的嫡系部队,在上台时就没有自己的子弟兵支持,是靠着北洋军人扶上台的;而权倾天下的北洋系段祺瑞,怎么可能让一个手无兵权的人来分割这个决定命根子的权力?

幕僚们的话,当然是说到了黎大总统的心里。黎元洪何尝不想自己有军权?那样的话,说话就有分量了。手握倚天剑和屠龙刀的感觉,与手握烧火棍的感觉,那肯定完全不同。想想手握雄兵的袁世凯当总统时,是何等威风凛凛。

不过,黎元洪听到幕僚的这些话时,心里估计也是别有一番滋味。自己没有兵权,是不是连手下人都感觉自己无能?

可黎元洪知道,要是找段老虎要兵权,无异于与虎谋皮。

黎元洪经过认真思考,决定融合袁世凯的手法和自己的思路于一体,重新祭起自己当年的法宝:军民分治。

当年袁世凯的思路是,先把各省的都督和民政长官的权限分开,然后再着手裁兵,最后再琢磨着把都督也裁掉,这样一步步废置军阀割据的局面,重新把权力收归中央。

只是,袁世凯没有完成这一规划就撒手西去。

黎元洪自己当年是副总统时,提出的军民分治就引起国人共鸣。而今自己当上了总统,觉得还是应该从这一思路着手。况且战乱已停,裁兵必然提上议事日程。

这一点,段祺瑞也深表赞同。

于是,黎段二人第一次因国事达成了共识。

但是,黎段二人在裁军的目的上,却存在着重大分歧。

黎认为,既然是裁军,就要不分东西南北,各股势力都要裁。

段认为,要裁就裁掉南方势力的军队,不要动我的地盘。我北洋军是正规军,不仅不能裁,还应该扩充才是。

黎的目的是,总统应该是陆海军大元帅,管理军事,总理应该负责管理政务才是。

兵权可是段祺瑞的命根子,怎么能分给别人?那岂不是把自己的命乖乖地奉到别人手心里攥着吗?何况还是自己最瞧不起的人?

段祺瑞开始用自己的"理"与黎元洪争辩。

段祺瑞认为,袁世凯当年最大的错误就是成立海陆军统率办事处,把军权集中到总统自己手里,这才导致了他的失败和灭亡。

段的解释是,他以内阁总理身份掌握全国政权,又以陆军总长身份掌握全国军权,这样是最合理的,不管是制度安排还是惯例,或是既定事实,都应如此,没有商量和讨价还价的余地。

段祺瑞深知,他之所以能控制住北洋系,就是因为他有军权。如果让总统管军权,他岂不是手无寸铁,总统一纸命令就可以"休"了他吗?所以这一点他是誓死力争的。

黎元洪自知无望,也不再争了,自己真的没有任何本钱与段争。那些当兵的,有几个不是出自"北洋之虎"的门下呢?

看看自己虽然坐在这个外人看来是风风光光的位置上,但手里有什么硬货呢?"风"和"光"不能太多啊,如果你坐在四面透"风"、顶上透

"光"的屋子里时,你还"风光"得起来吗? 想想真是不由得苦笑。

一个人在心理上输了,他就是真的输了,不管嘴上有多硬。

风火家人

然而,单单段祺瑞看不起黎元洪,可能黎元洪心理上还容易接受些,人家毕竟是江湖上响当当的人物。但段祺瑞的心腹、年纪轻轻的徐树铮也完全看不起大总统,这就把浑水搅得越来越浑。

府院之争的导火索,便是由徐树铮点燃的。

徐树铮,如果用一句话来概括他,那就是,他是一个才能胜过品德的人,如战国时的纵横家。

中国人历来主张德才兼备。

孔子说:"质胜文则野,文胜质则史。文质彬彬,然后君子。"

徐树铮虽然有才能,但不算是个大才。他有许多行事被人诟病,却仍我行我素。这样四周树敌的人,注定是走不远的。大才之人,岂能如此?

正如有人这样总结:一等人,有本事、没脾气;二等人,有本事、有脾气;三等人,没本事、没脾气;四等人,没本事、有脾气。

小徐嘛,至多算是二等人。

徐树铮与段祺瑞之间的关系,的确很奇怪。段祺瑞那么个倔强的政治强人,对谁都不买账,有时连袁世凯的面子都不给,却对徐树铮言听计从。徐树铮说的话,段祺瑞肯定听;而段祺瑞说的话,徐树铮是可听可不听,但老段却一点儿也不生气!

在袁世凯时代,徐树铮就让国家元首感到很讨厌。袁和段的矛盾,有些就与徐树铮有直接关系。

黎元洪当上总统后,段祺瑞这内阁总理刚一上任,便托总统府秘书长张国淦向黎元洪提出要任徐树铮为国务院秘书长。

张国淦满以为不会有任何问题,可当他和黎元洪提出的时候,一向是老好人的黎元洪反应非常强烈:"我不能与徐树铮共事,我根本就不想看见他的脸。"

原来，1916 年 5 月 1 日冯国璋发出解决时局办法八条后，徐树铮当时到黎宅催促黎元洪，要他与徐世昌、段祺瑞一同署名通电赞成。黎元洪对徐树铮那种声色俱厉、盛气凌人的作风记忆犹新，如芒在背。

黎元洪对张国淦说，请你转告总理，一万件事我都依从他，就这一件我办不到。

张国淦与黎段二人的私交都不错，他不想把这事搅大，如果这样转告段总理，那就针尖对麦芒了。他只好去请教北洋元老徐世昌。

徐世昌太了解徐树铮和段祺瑞的关系了。为了避免黎段二人因此闹僵，徐世昌就亲自去找黎元洪，对他说："我认为你一万件事都可以不依他，但这件事，你非依他不可。你不要怕徐树铮跋扈，芝泉（段祺瑞）已经够跋扈的了，多一个跋扈的也差不了多少。"

虱子多了不怕咬嘛。

当时的情形也确实是这样，有没有徐树铮在位，老段都是看不起黎元洪的。

黎元洪胳膊拧不过大腿，勉强同意了。但他提出，徐每日到府见他时，必须由张国淦陪同。黎元洪绝不单独见徐树铮。

真是一朝被蛇咬的感觉。

在官场上，谁也不甘心自己无权，更何况是国家一把手，有权和无权，那绝对不一样。黎元洪就任总统后也是如此。

我们既不用骂袁世凯与同他搭档的历任总理争权的事，也不用骂段祺瑞或黎元洪为权力而互相争斗之事，这就是最真实的人性。

黎元洪再怎么"菩萨"，他也知道一把手权力和权威的重要，他既然坐在这个位置，怎么能完全对段祺瑞俯首帖耳呢？忍过袁世凯也就罢了，力不如人，技不如人，对你段祺瑞，我还是有能力与你斗斗法的。小事我可以不管，大事上，我是一国元首，怎么可能不管？而你徐树铮算什么东西？也来给我蹬鼻子上脸。

段祺瑞本来就强横惯了，现在不仅国会给他制造麻烦，黎元洪也处处想插手，这让段祺瑞非常难受。老段甚至直接对亲信说："我是要他来签字盖章的,不是让他来骑在我头上的。"

段祺瑞手下的心腹徐树铮,本来就恃才傲物,一看主子瞧不上眼的人在这里坐着,他更是眼高于顶,也瞧不起黎元洪了。当他就任秘书长时,那种飞扬跋扈的作风立即露出来了。

可是徐树铮不明白,主子瞧不上黎元洪也就算了,人家段老虎那是打天下时打出来的威名,有实力也有资本看不上一般人,而你一个小小人物,也这么不给一国元首面子,这就是没摆正自己的位置了。难不成,要让一国总统向你秘书长大人服服帖帖、请示汇报不成?

徐树铮在处理与总统的关系上,做得确实过分了。

史载,有一天徐树铮拿了三个人事命令到总统府请黎盖大印,黎偶然问到这三人的出身和历史,徐树铮就很不耐烦地说:"总统不必多问,总理早已研究清楚,请快点盖印吧,何必管前面是何事情。"黎听了这话真是气得头上要冒出火来。

这类事情屡屡发生,黎元洪气愤地说:"现在哪里是责任内阁制,简直是责任院秘书长制。"

不过,此时好在有总统府的秘书长张国淦,他与黎段的关系都不错,而且从中多方周旋,才使得矛盾没有达到白热化的程度。

但是,张国淦能力再强,也不是为受别人气而存在的。谁能受得了徐树铮的一手遮天? 8 月 1 日,忍无可忍的张国淦也辞职不干了,总统府秘书长由丁世峄接任。

一个善于协调关系的人下去了,一个不善于协调关系的人上来了,府院之间的矛盾,很快就全面爆发了。

不知深浅

府院之争,顾名思义,就是总统府与国务院的权力之争。

丁世峄上来后,一眼便看到总统府和国务院之间的权力不平衡,他尤其不满徐树铮的飞扬跋扈,因此极力主张提高总统的地位。

丁世峄,近代文字学家、书法家,日本法政大学毕业,酷爱书法、篆刻。四体皆工，精于篆书。所作笔力敦厚，凝重古朴，时有"金刚杵"之誉。

丁世峄还是京师著名的"报界三杰"（黄远生、刘少少、丁世峄）之一，在舆论界有很大影响，平时就是个硬骨头，以报界"同情弱者"自诩，行事颇为霸气。

此人很正直，文章写得也好，但也犯了民国大多数知识分子的通病，把"应然"当作"实然"，以理想主义代替了现实主义。

丁世峄担任总统府秘书长后，看到总统府与国务院之间权限这么不清晰，从日本法政大学学来的知识开始起作用了。在他看来，订立一项制度，把双方权限划定清楚，这样工作起来既有章可循，又让自己的主子，即大总统有了相应的权力，主子地位高了，自然自己的权力也就有了。这不是一举三得的事吗？

因此，丁秘书长向黎总统建议，要提出一个《府院办事手续草案》，其要点是：

其一，总统可以出席国务会议，也要发表意见，但不参与表决；

其二，总统如对官吏任免及国务院议决事项有不同意见，可拒绝盖印，发回国务院再议；

其三，国务会议开始前，要将议事日程呈报总统，会后须将议事记录呈阅；

其四，国务会议议决的事项，先由阁员副署，然后再呈总统盖印。

黎大总统非常赞同。

可是，丁秘书长不知道，这个草案让原本互不信任的黎段关系，陡然紧张起来。

因为，任何一个头脑正常的人都能看出，这个草案的核心要义便是抬黎压段。这一大堆看似温和的文字，如果从政治上来解读，那味道可就完全不一样了。这基本上是要这位虚君总统拥有对国务院大情小事的知情权，拥有官员任命的最终拍板权、否决权等。

政治上斗来斗去的事儿，为啥没有一刻停息？说白了，不就是争一个谁说了算的权力吗？谁说了算，其实是实力的较量。而没有兵权、在京城没有自己势力的黎元洪总统,想从段老虎这里争得"说了算"的权力,这不是开玩笑吗?

这种权力的获取,岂是一纸文书所能搞定的?那纸文书上的几个字是这么容易写的吗?

如果国际国内政治或军事上的事,都是这么简单明了,那还非要打个头破血流干什么?还不如说服双方直接派两个人在桌前把字签了,然后谁也别打,岂不是省钱省人省力又省事儿?

以此理来反观黎元洪与段祺瑞,双方实力悬殊,而丁世峄的一纸草案,无异于捻虎须。他简直就是在对老虎说:"老虎啊,看你的牙太锋利了,这样容易伤到别人,我给你拔下来几颗好不好?"

段祺瑞见到这纸草案,简直是又好气又好笑。见过不知深浅的,没见过这么不知深浅的。除了袁老大,世间有几人敢这么跟我说话?

依着段祺瑞的脾气和风格,真会拿起一根棍子把丁世峄和黎元洪打扁。可是又一想,怎么能这么残忍呢?怎么能一棍子把人打死呢?

要多打几棍子嘛。

于是,段祺瑞深呼一口气,沉下心来,开始耍这两个不知深浅的家伙。

段祺瑞对黎元洪说:总统啊,我这一阵子觉得身体不舒服,让医生看还找不到原因。我跟您请个假啊,您多受累,总统府啊国务院之类的事儿,您就多操心吧。

段祺瑞的"生病",是在接到《府院办事手续草案》之后发生的,这其实就是老段在以退为进、以屈求伸,在别人面前制造出一个黎元洪企图大权独揽、迫使总理辞职的表象。

先不要说北洋系的官兵们答不答应,黎元洪自己就受不了了。外界如果这样看自己,那自己还想不想干了?还想不想活了?北洋系的骄兵悍将不把自己的皮给扒下来才怪。

黎元洪赶紧请人说和,好说歹说,总算是双方达成了和解。段祺瑞在家休养了二十多天,终于销假回来上班。

段祺瑞回来后,双方都有所退让,最后达成五条折中办法:

一、总统不出席国务会议，但须将国务会议议事日程先呈总统。（也就是说，给你黎元洪一个面子，让你看看，反正你的话对我段某人也起不了作用。）

二、国务会议议事记录总统可随时阅看。

三、紧要军政事件，国务员得直接向总统报告。

四、总统如认为国务会议议决事项有不合者，可命总理及主管国务员说明理由。如说明后仍有不合之处，可交回复议一次。

五、每日呈阅的文件及呈请用印，由国务院秘书长亲送到府。

做出五条规定后，段祺瑞同时指示徐树铮：凡应交黎元洪核阅的文件，必须由徐亲自呈送。总统阅过、盖印后，即行带回，无论风雨星夜，不得假手他人，以免歧误。

老段此举，一方面是告诫徐树铮要有所收敛，不能太放肆，不能太不给人家总统面子。另一方面，老段在黎元洪面前直接申明：徐树铮这个人啊，就是直来直去，不会拐弯，我比较了解和欣赏他，以后但凡他说为"祺瑞之言"者，我段祺瑞负全责。

段祺瑞的话，意思就是说：不管徐树铮在你面前说什么、做什么，他的意思，那就是我的意思，你不给他面子，那就是不给我面子。话我可放这儿了，其他事儿，你自己琢磨去。

段祺瑞这句话，明显就是示威，是为徐树铮撑腰，摆明了要让徐树铮跟黎元洪对着干了。

段祺瑞这个人真是奇怪，除了带头大哥袁世凯，平生就没有几个人能入他眼，而他独独喜欢下级、小辈徐树铮，那种喜欢，简直可比父亲喜爱儿子，不管孩子做错什么，都感觉是好的。尽管小徐是个让他非常不省心的主，可老段就是喜欢。

处理第一波府院权力之争没多久，小徐又开始惹事了，倾向黎元洪的内务总长孙洪伊又与徐树铮发生了尖锐的冲突。

针尖对麦芒

孙洪伊,字伯兰,直隶天津人,早年入袁世凯幕府。民国成立后,先后组建共和统一党、民主党、进步党等。二次革命后,日益与孙中山及国民党接近,遭到北洋系的嫉恨。段祺瑞组阁时,由于黎元洪的提议,段祺瑞才不得不把孙列入,历任教育总长、内务总长等职。

孙洪伊担任内务总长时,也看不惯徐树铮的专横嚣张,对段祺瑞一手遮天也非常反感。而他自己又自视甚高,不肯低头,因此很快就卷入府院之争。他与徐树铮几乎无事无时不在冲突。

徐、孙之间的第一次大风波,是由于徐树铮以国务院名义擅发电令,催促粤、闽、湘、赣四省军队会剿驻粤滇军李烈钧部引起的。

这件事说来话长。袁世凯去世后,广东龙济光在未经西南护国军政府同意的情况下,宣布取消广东独立,投向段祺瑞怀抱。当时正值李烈钧部准备借道广东返回江西,龙济光不同意,双方发生冲突交火。而此时陆荣廷也不服从段祺瑞的安排,从湖南衡阳进军广东。段祺瑞还没来得及援助龙济光,龙济光便败了。

段祺瑞无奈,想通过人事安排来挽回局面。他以陆荣廷在湖南驻兵为借口,让陆荣廷暂时留在湖南,但人事命令上仍是广东督军,欲以此稳住老陆。而以龙济光在广州为借口,让龙济光暂署广东督军,想造成既成事实。

陆荣廷多聪明呀,他根本不听这一套,下令直接进军广东。

段祺瑞一看,这群狐狸太狡猾了,怎么着你也得让我计谋得逞一次吧? 真不地道。老段眼睛一转,打起了李烈钧的主意,他想调李烈钧来京任职。李烈钧知道离开自己军队的下场意味着什么,拒绝服从命令。

段祺瑞的自尊心太受伤了,你们就不能比我笨一点儿吗? 哪怕就笨那么一点点也行啊!

无奈之下,段祺瑞、徐树铮只好召开会议。常委会不行,咱来个扩大会,老段想通过会议的形式,借北洋其他将领之口,激起反对陆荣廷的情绪,同时也研究怎么对付李烈钧的问题。

在这次会议中,徐树铮提出,李烈钧这么不听话,应该速调闽、赣等四省兵力会剿李烈钧,让他知道,反抗老大的后果是什么。

可是,徐的提议遭到了许多原为国民党籍的阁员的反对。国民党出身的阁员和孙洪伊等人主张和解,得到了多数人的赞同。

徐树铮一看,扩大会议也行不通,那干脆就不要会议了。开个会,知会一声,是给你们面子。我要是不开会,直接来个霸王硬上弓,你能怎么着?

所以,徐树铮根本不理会议上国民党议员这一套,会后他竟然私自草拟了一份令四省讨伐李烈钧的命令,还大摇大摆地找到总统黎元洪,要黎在上面盖章。黎元洪非常生气,拒绝盖印。徐树铮更牛,他居然直接把电令发出去了。

这样,不管从程序上还是法律上,徐树铮都违规了。

按照法律规定,国务院秘书长只可列席国务会议,没有发言权与表决权,而徐不仅在会上指手画脚、大包大揽,在会后还不顾国务院决议,更置总统的意见于不顾,擅自发出电令。种种行为,都让别人无法忍受。

内阁的阁员们直到四省复电国务院,才知道徐树铮密电四省会剿的事。

内务总长孙洪伊一下子抓住了徐树铮的小辫子(这么大的事,都应该叫"大辫子"了),当面指斥徐树铮违法;徐树铮反唇相讥,指斥孙洪伊私通报馆,泄露院中机密。这么大的事,你故意让报界知道,是什么意思?你不懂保密规定吗?双方言辞激烈,互相攻击。

从此,二人之间工作上的不和演变成了个人之间的是非恩怨和意气之争。孙洪伊说徐树铮"日在总统府指挥一切",并对徐树铮送往府中盖印的文件指摘挑剔,横删竖减,而徐树铮则通过《公言报》,天天以骂孙洪伊为必修课,嬉笑怒骂,无微不至。

8月中下旬,徐和孙之间又发生了第二次大风波。这次风波是由任命郭宗熙为吉林省省长和查办福建省省长胡瑞霖案引起的。

按照当时的规定,对于这种省部级高官的荐选和任用,须由国务会议讨论通过,再交由大总统盖印,由总统正式发布任命。然而,对于吉林省省长郭宗熙的任命,徐树铮是在没通过国务会议讨论的情况下,直接草拟并私自送总统府盖印的。

而另一件涉及人事的问题,是部分议员对福建省省长胡瑞霖提出查办的提案,揭发胡瑞霖任湖南财政厅厅长时的种种贪贿行为。因为胡瑞霖投靠了皖系,徐树铮未经国务会议讨论,更没有征询主管部总长孙洪伊的意见,就以国务院名义咨覆国会,为胡瑞霖辩护开脱。这不仅严重违反了制度,而且侵越了内务总长孙洪伊的权力。

孙洪伊忍无可忍,质问段祺瑞:凡与各省民政长及有关的问题,内务总长是否无权过问?国务院秘书长是否有权擅自处理?既然不把别人放在眼里,把权力都给他算了,让他当皇帝得了。

段祺瑞无言以对,只说了一句:又铮(徐树铮,字又铮)荒唐!

段祺瑞吩咐把胡瑞霖一案的咨文追回,但国会已经印发出去,追不回了。

孙洪伊气愤已极,试看今日院中,竟是谁家天下?

8月30日,孙洪伊愤然辞职。

段祺瑞自知理亏,且小徐做得实在过分,便派交通总长许世英亲自到孙洪伊家里说和,将其辞呈退回。与此同时,黎元洪也派人前来劝说,要其与自己共克时艰,不要辞职。

孙洪伊因辞职而得理不饶人,他提出了旨在限制国务院秘书长职权的国务院办事办法五条,作为其复职条件:

(一)凡答复议会之质问书须由主管部起草;(二)颁布命令须由国务员副署;(三)院令须经国务会议通过;(四)阁议通过者秘书不得擅改;(五)各项法令非经总理及主管部总长副署不得发行。

段祺瑞被迫答应。

孙洪伊有了两巨头给的面子,便也压下这口气,重新回来上班。

然而,徐和孙之间的争斗仍然没有结束。

经此一役,徐树铮的权力和面子都受了重创,他咽不下这口气,必欲去孙而后快。

而孙并没有意识到自己的倔强会带来什么后果,仍然强势出击,更加惹恼了北洋政坛上两个最飞扬跋扈的人。孙自己并不知道,段祺瑞的让步,并不等于真的向孙和总统府服软,而是一种以退为进的防守反击策略而已。

很快,段和徐反击孙的机会就来了。

剑拔弩张

9月中下旬,孙洪伊按照自己的理想,大刀阔斧地整顿内务部,一口气裁掉祝书元、丁宝轩等二十八人。这可就捅了马蜂窝。

孙洪伊此举,真是有一点儿书生气。这样做,一方面给人的感觉,是此人太清高,举世皆浊,唯你独清;另一方面,你也不想想,能进官场混的,哪个是省油的灯?谁的背后没倚着一尊佛?这样做是很痛快,但却给自己树立了更多的敌人。前台的,幕后的,都被你惹到了。

孙洪伊这样做的直接结果是,这些公务员以孙洪伊的做法不符合文官任免规定为由,集体上诉平政院。

也有一说是徐树铮鼓动这二十八人上诉的。其实,还用小徐鼓动吗?谁会甘心国家公务员的金饭碗就这么丢了?所以,必然上诉无疑。

平政院是什么机构呢?这里有必要介绍一下。

在中国古代几千年的社会中,官与民的社会地位差距相当大,而且绝不允许"民告官"。

如《大清律例》就规定,民告官,如子杀父,先笞五十,虽胜亦判徙二千里。

民告官,不管你有没有道理,先要打你五十大板,给你做做松骨疗法。即使你小民告赢了官司,那你也要被判处发配两千里的徒刑。

在以往的朝代还有让小民滚钉床一说。不管你对不对,先要在刺猬一般的钉床上滚来滚去。滚死了拉倒,说明是你不对,所以派老天来收了你。滚不死的话,再来接受你的状纸。也就是说,民告官,不死也得脱层皮。

而且，就算告官的这个人福大命大造化大，平安无事，回到家乡，也会被官府视为刁民，被身边那些"善良的"百姓指指点点，以后的日子也不好过。

晚清变革，西方资本主义法律制度开始传入中国，这一现象开始有所松动。1908年《钦定宪法大纲》中就有要在六年内设立"行政审判院"的构想。摄政王载沣控制不住改革马车的时候，于1910年提出改拟于宣统三年(1911年)颁布《行政诉讼法》，设立"行政审判院"。但是未及施行，大清朝便土崩瓦解了。

孙中山成立了中华民国，各项法律制度开始向西方靠拢。

中国首次以正式法律文件明确规定行政诉讼制度并提出"平政院"这一词的应该是1912年3月11日的《中华民国临时约法》。其第十条规定："人民对于官吏违法损害权利之行为，有陈诉于平政院之权。"第四十九条规定："法院依法律审判民事诉讼及刑事诉讼，但关于行政诉讼及其他特别诉讼，别以法律定之。"

留意一下，这个时间颇有意味，1912年3月11日，正是袁世凯正式就任大总统的时刻，也就是孙中山在卸任之前，为了限制袁世凯权限，改总统制为内阁制，修改《中华民国临时约法》，出台一系列规章制度的时刻。

袁世凯就任大总统后，于1914年5月1日公布的《中华民国约法》第八条、第四十五条与《中华民国临时约法》的规定基本相同。至此，中国历史上第一个行政诉讼审判机关平政院正式建立起来了。

也就是说，在华夏大地上，首次以法律形式定下民告官的制度，居然是由袁世凯来完成的。历史很神奇吧？

法学界更应注意的是，中国最早的行政诉讼立法是中华民国政府于1914年7月公布的《行政诉讼法》。研究法律的人，可能更清楚这个时期的重要意义。老袁头很好玩吧？

据统计，平政院的存续期间自1914年3月31日至1928年11月17日，前后十五年时间内，共审理四百零七起案件，平均每年受理二十八起左右。1925年鲁迅诉教育部就是平政院裁决的案件之一。

民间有部戏曲叫《杨三姐告状》，演绎的就是一桩真实的故事，即1918 年农历三月十三，河北省滦县狗儿庄发生的一起命案。这部剧中，杨三姐先是到县里告状，县官受贿，贪赃枉法，只是判高家赔款了结。杨三姐不服，又赴天津高等检察厅上告。最后终于沉冤昭雪。

这起案件中，杨三姐告状其实就有了一丝民告官的意味，虽然开始告的是高家，但到厅里上告的时候，就是不服县里裁决，怀疑县官舞弊，其实也算民告官了。幸亏是发生在民国，要是早发生十年，杨三姐不死也得被视为刁妇，受到怎样的处理还不知道呢。

当然，杨三姐这件事并不是平政院处理的，但是近代法律意识已经比较明显了。

孙洪伊裁掉的这二十八人，就是直接上诉平政院，请求给予法律方面合理的解释和处理。否则，他们集体认为，孙洪伊就是以权谋私，胡乱用权。

平政院经调查后裁定：撤销内务部原令，准被解职人员仍回内务部供原职！

然后，倔强的孙洪伊认为，《平政院编制令》与《行政诉讼法》都是根据"袁记约法"而来，非由正当之法定机关发生，该院是否依法设立尚存疑问，更没有资格受理诉讼。

孙洪伊当时难道不知道，是 1912 年 3 月 11 日的《中华民国临时约法》定下的平政院么？

这下让段祺瑞和徐树铮抓住了机会。到底是谁无法无天？你不仅视《中华民国临时约法》于不顾，也视袁大总统的《行政诉讼法》于不顾。就你对？到底是谁无法无天？你敢保证，裁掉这些人，完全不是你的私心？你敢保证，你后续想使用的人不是你自己的人吗？

不仅如此，徐树铮在此时更是主动出击，他决定一步步地逼孙洪伊犯更大的错误，并以此试探黎元洪的态度。

徐树铮赶紧草拟一份平政院裁决书的命令，来到总统府，要求盖印。

孙洪伊认为，该命令未经国务会议讨论，我孙某人拒绝副署。孙还建议黎元洪呈请国会讨论，想通过他们在国会中的势力与段祺瑞和徐树铮一决高下。

黎元洪支持孙洪伊。就这么做，干就干呗。

徐树铮轻轻一招，就让藏在孙洪伊身后的"老帅"露了脸儿；黎元洪拒绝盖印，就使自己也走到了斗争的前台。

段和徐一看，果然不出所料，确实是你姓黎的在这里搞鬼。那就别怪我们手下无情了。

在接下来的十多天里，府院之间就盖印问题发生了尖锐的争执。府方坚持"交院再议"，院方认为总统必须盖印，否则就是不信任内阁，破坏责任内阁制。就这样，双方吵到了10月中旬。

段祺瑞火了：黎元洪，我的忍耐是有限的，你不要蹬鼻子上脸！

10月18日，段祺瑞和徐树铮亮出了更狠的一招：小徐手持"孙洪伊着即免职"的命令，请黎盖印。

黎元洪又惊又怒，你们说的算话，我说的便不算话吗？这么大的部长的任命权，就你一手遮天，想用就用，想撤就撤吗？我坚决不盖，你能怎的？

就这样，一个礼拜内，徐树铮先后四次进府要求盖印，但均遭到黎元洪的拒绝。

双方的弓弦，越拉越紧，越拉越紧……

孙洪伊认为，既然捻了虎须，就必须抗争到底。哪怕被虎咬死，也不能在这时服软。他咬定了一个死理："政治家就要硬干，无论若何牺牲，决不辞职。"因此，这阵势就越拉越大。

兔子急了还咬人呢，何况是曾经在报界呼风唤雨的孙洪伊。他非常懂得舆论的力量，也懂得拉拢各种势力为己所用。

孙洪伊一面与总统府秘书长丁世峄联手，向国务院秘书长发起冲锋，一面极力争取国会的同情与支持，同时也动用舆论的力量，把这件事越搞越大，把水越搅越浑。

孙洪伊的策略奏效了。

先是国会议员王玉树等提出对政府的质问案，认为要罢免一个总长，应该由国会提出弹劾，而不能准许国务总理一个人独断专行；紧接着,冯国璋、许世英等政界大佬也致电段祺瑞,你应该管管你那秘书长啦,不行就免了他吧。还有许多人认为徐树铮累及你段总理,你替他袒护又何苦呢?

可是,段祺瑞这个人,一向吃软不吃硬,况且从政治上考虑,他此时也绝不能退却了。因为那样一来,不仅意味着黎元洪等人赢了,压他一头,更意味着他段祺瑞这么多年的权威将受损,此后还怎么立足?

10 月 24 日,段祺瑞一反常态,亲自出马,直接来到总统府,铁青着脸,要求黎元洪在罢免孙洪伊的命令上盖章。

黎元洪骑虎难下,他的倔脾气也上来了:拒绝,就是拒绝。

段祺瑞决定使出杀手锏。他告诉黎元洪:"你这样做,就是对责任内阁的不信任。既然如此,你不想免孙洪伊,那你就把我总理一职免了吧,这样你的日子就好过了。"

给你最后一个选择,是免孙洪伊,还是免我? 请回答。

不用转眼睛了,我数五个数,请马上回答,我还有许多事要处理呢,没工夫和你在这里闲扯。

黎元洪被逼到绝路了。

黎元洪非常清楚,他要是敢动段祺瑞一根手指头,那自己的位子也坐到头了。段祺瑞发出最后通牒的单项选择题太狠了,而且段老虎亲自出马,他肯定也是做了决斗的准备,自己一点点回旋的余地都没有了。

黎大总统无奈,低头吧,谁让自己就这命呢。

不过,黎向段提出个建议,别直接下免职令了,让孙洪伊自己来辞职吧,这样面子上好看些。

老段同意了。

可是,孙洪伊的倔劲也上来了。他说,除非总统亲自下令免职,否则我绝不辞职。要么就来个内阁全体辞职,断无我一人辞职之理由。

黎元洪这总统当的,可真是低三下四,怎么净遇到这种比粪坑里的石头还臭还硬的主呢? 协调不了了,请高人帮忙吧。

他请来北洋元老、"龙杰"王士珍到孙洪伊家做说客。王士珍提出个折中办法,不免孙洪伊的总长一职,暂时派孙出洋考察,由次长代理部务,以便缓解政潮。

孙洪伊说,我就不辞职,我就不出洋,有能耐你们把刀子架我脖子上吧!

这可真是开水煮鸭子——肉烂嘴不烂。遇到这种嚼不动、蒸不烂、煮不熟、锤不扁、炒不爆、给多少春风和阳光也不开窍的铜豌豆,就连“龙杰”王士珍这样的高人也没有办法。

黎元洪又提出个办法,如果孙洪伊同意免职,保全了段总理的面子,可以考虑让孙担任全国水利总裁,或外放孙为一省之长、封疆大吏。

黎元洪为了把这位爷请走,赔本儿的买卖都认了。

可是,孙洪伊说,我啥官都不要,给个玉皇大帝也不干,我就要我的人格。

段祺瑞见孙洪伊这么死扛,不辞职、不出洋、不外调,更是气不打一处来,怒气冲冲地说道:“很好,那我们大家全辞职,让孙洪伊一个人干吧。”

黎元洪又一次被逼进了死胡同。

铤而走险

一个小小的孙洪伊,能和北洋的大老虎玩这半天,还真是不简单。

你还别说,孙洪伊真有报界的骨气,也有报界的灵活劲儿。

既然没有回头路,索性就撞它个鱼死网破吧。你们在我的球门前狂轰滥炸了这么长时间,却没有进球,那就不许我来个防守反击?

以孙洪伊为首的韬园系议员吕复、褚辅成等人经过一段时间的精心准备,搜集了徐树铮的材料,提出了弹劾国务院秘书长徐树铮案。弹劾案中列举了徐树铮蒙蔽总理、侮辱元首、伪造文书、擅发院令等七大罪状,联署者六十余人。

这里简单介绍一下韬园系。民国初年有一个势力很盛的派别——进步党。该党是民元国会中仅次于国民党的第二大党,以黎元洪、熊希龄为首领。

袁世凯死后,国会重开,该党分为三派:

一、以梁启超为首(实际以王家襄、陈国祥为首)的宪法研究同志会;

二、以汤化龙为首的宪法案研究会;

三、以亲国民党的孙洪伊为首组成的韬园系(韬园系实质应视为重开国会后的国民党系组织)。

1916 年 9 月 13 日,梁、汤两派合并为宪法研究会,即大名鼎鼎的研究系。韬园系成为国民系党团组织。

从这里可以看出,孙洪伊是韬园系首领,而黎元洪的进步党又是这一派系的源头,所以,与孙洪伊搅在一起的,就有黎元洪和部分阁员,那么他们联名提出弹劾徐树铮案,就是自然而然的了。当然,这从另一个角度也表明,小徐确实得罪了很多人。

面对这一越搅越乱的危局,到底怎么办呢?

孙洪伊死扛,段祺瑞死犟,徐树铮死烦,议员们死缠,黎元洪死的心都有。他真的是束手无策了。

黎元洪手底下的谋士们,一看这团乱麻很难解开了,便决定铤而走险。

谋士们嘛,肯定是书没少读,知识面很宽。所以,看见自己的主人这么为难,就想帮着分忧解难。于是乎,他们的脑袋灵光一现,同时想到了一个故事:亚历山大破解死结的方法。

据说,亚历山大大帝率领马其顿军队进入亚洲的哥丹城时,听到了一个著名的预言。几百年前,弗尼吉亚的戈迪亚斯王在其牛车上系了一个复杂的绳结,并宣告谁能解开它,谁就会成为亚细亚王。百年来,这个结难倒了无数人,谁也没办法解开。亚历山大研究了许久,也是茫然没有头绪。突然之间,他恍然大悟,至繁至简,至简至繁,只要用一个最简单的方法就可以打开!于是,亚历山大大帝拔剑一挥,劈开了那个结。

谋士们鼓动"压力山大"的黎元洪学习亚历山大,索性真正实施一把总统权力,推倒段内阁,把段祺瑞免了!再把徐世昌请出来代替段祺瑞。

谋士们认为,段祺瑞所仰仗的政治资本,就是北洋派。而徐世昌的资历和声望远在段祺瑞之上,如能以徐代段,北洋将领也能接受,不会引起严重的政治后果。而对于黎元洪本人来说,如果搭档是徐世昌,将比段祺瑞要好得多。

黎元洪颇为心动。与其做傀儡总统和盖印机器而处处受段祺瑞挟制,还不如痛痛快快地干一下子。

横竖不就是那么回事儿吗?干了。

不管怎么说,得先摸摸徐世昌的底。

黎元洪派参谋总长王士珍为迎徐专使,专程到河南卫辉,请在老家隐居的徐世昌出山调停,指点天下迷津。

徐世昌是何许人也,别看躲在家里,对时局的变数了如指掌。黎元洪的举动和心理,自然瞒不过老徐的法眼。老徐提出,必须得先答应他三个条件,否则自己决不出来。

这三个条件是:拥护元首(黎),维持合肥(段),不入政界(己)。也就是说,维持现行架构不变,别指望我偏向谁(言外之意,就是别指望我偏向你,我不会对北洋系反戈一击),我可不是拉偏架的,我自己也绝不是为谋官才出来的。

待黎答应三个条件之后,徐世昌于11月16日到达北京。

徐世昌就是徐世昌,北洋元老的身份和地位都在。他到达北京,自己先在东四五条胡同住下了,既不去拜访黎,也不去拜访段,既显示自己公正,也显示自己的身价。

第二天,黎元洪亲自到五条胡同拜访。黎元洪此来,一是亲近一下老徐,希望老徐能够在心理上略微向自己倾斜一下,哪怕能从老徐这里得到一些安慰也好;二是黎元洪试探着,看看老徐能不能出面组阁。

老徐这么精的人,怎么可能在这个时候专门为黎元洪蹚浑水?老徐在这里海阔天空地说了一堆漫无边际的话,黎元洪很是失望。

这个时候,总统府秘书长丁世峄又出来说话了。

有些时候,知识分子胆小怕事、软弱无能;可有的时候,知识分子的胆子又大得不得了,张口斩、闭口杀的,很是霸道而不计后果。

像康有为在变法之初,曾公开说如果实在推不动变法,就杀几个一品大员,听得荣禄等人直摇头。

看问题太简单,真可谓"情况不明决心大,胸中无数点子多"。

而这个丁秘书长,也有一点儿这个味道,他给黎元洪出的主意,总是比较理想化。

丁世峄对黎元洪道,半推半就是人之常情,徐世昌奋斗这么多年,其实他是想当总理的,只是不好公开说。我们不如来个生米做成熟饭,直接发布任徐世昌为总理的命令,段祺瑞肯定会负气出走,那样不就行了吗?

黎元洪不以为意。这是个什么主意。

幕僚们接着建议,如果觉着不妥,应该把地方实力派人物,能够压得住段祺瑞的冯国璋和陆荣廷召进京来,然后再免段任徐。

黎元洪还是摇头。

幕僚们一看,总统也太优柔寡断了,干脆来个痛快的得了。

于是,几个人一鼓捣,背着黎元洪给冯国璋拍电报,说是菊老(徐世昌)已同意出山,请冯副总统发电捧个场,助助威。

老冯是何许人也,不用打听都知道这是假消息,他太了解"水晶狐狸"徐世昌了。老冯发电了,只不过电文内容可不是丁世峄等人所期望的。

老冯写着:内阁仍以维持原状为宜!

这几个字,可是非常有力量的,很了不得!

老冯心里非常清楚,你们还是省省吧,千万不要把段二愣子惹毛了,那样对谁都没好处。别说黎元洪、徐世昌这样没有军权的人收拾不了局面,段祺瑞那是在慈禧太后面前都敢不下跪,在袁老大面前都敢耍驴的人。即使是我冯国璋出马又能如何? 如果少了段祺瑞,那北洋的大盘,我也是操控不了的。

徐世昌最终还是以不袒护任何一方的态度出场了。

在政坛老手徐世昌看来,不管是你孙洪伊,还是徐树铮,都属于不懂事那伙的。孙洪伊分不清谁大谁小,徐树铮分不清谁主谁次。

在政治上,没有真正弄懂谁说了算的含义,你孙洪伊还搞什么政治?

明白了谁说了算,却把所有人都惹了,你徐树铮懂不懂政治?

你们两个,一言以蔽之:蠢货一对,一对蠢货!

段祺瑞内阁,是不可能改变的。那么,孙洪伊、徐树铮你们两个,谁也别玩了,都走。

这个结果,虽说是意料之外,也在情理之中,确实是"水晶狐狸"的风格。

无奈之中的黎元洪,只得下令免了孙洪伊的职,好在他又把张国淦调回来继任院秘书长,这是黎段双方都能接受的人物。徐树铮也在老段的授意和安排下,免去了职务。

老段心下甚是不甘,孙洪伊免职仅是内阁内部的问题,不能视为总统府的让步。现在我的院秘书长辞职了,你的府秘书长丁世峄也该去职。黎元洪还想争斗一番,只是没想到老段鼓动张勋拍电报来斥责丁世峄。黎元洪只好同意段的要求,2 月 25 日任夏寿康为府秘书长。

免去了自己的心腹徐树铮,老段总还是意难平,他继续向公府进行了三点质问:

一、现在府方一切措施,是否与责任内阁制的精神完全相符?

二、府方经常延搁国务院的呈阅公文,倘有贻误,其责任应当谁属?

三、经国务会议通过应当发布的命令,府方经常拒绝盖印,能否说明其理由?

其实,这三个问题,如果抛开段祺瑞的态度问题,纯从技术操作层面思考的话,想想倒也不过分。这里面需要人们再次认真思考的是:袁世凯之后的民国,到底实行的是内阁制,还是总统制? 黎元洪和段祺瑞两个人到底谁越了位?

因为,此时已经不是传统中国的皇权与相权之争,而是责任内阁制。别忘了,从设计角度而言,在责任内阁制的构架中,总统可是"虚君"。

这与传统中国社会中的一把手概念完全不同。

更何况,老段握有北洋雄兵。

从这里我们仍得出这样的认识:民国初期的内阁总理制,是个产生无限麻烦的制度设计。不光是当初袁世凯与唐绍仪打架,现在的黎元洪与段祺瑞打架,就是换作任何人上来,也必然会打架。

主要原因,是设计者理想化地认为掌权者应该会划清权力界限,却完全没想到中国的文化和中国人的心理。如果权力都那么好划清,那么早就世界大同理想国了。

这就是一个让人不断打架的体制安排。

所以,免掉了孙洪伊、丁世峄、徐树铮,并不能从根本上解决问题,打架的制度土壤还在,黎与段之间的矛盾和斗争,不仅在继续,而且愈演愈烈。

1917年春,新生的民国关于是否参加世界大战的争论,使黎段的府院之争进入白热化阶段,并由此引发了国会问题、清帝复辟问题等,使袁世凯之后的北洋天下雪上加霜。

相互拆台

第一次世界大战是袁世凯在世的时候爆发的,当时老袁为了发展经济,宣布民国中立。

到了1917年,世界大战已经打了三年,各国都筋疲力尽,都希望有生力军加入战团。躲在太平洋和大西洋中间的美国看准时机,决定出来收拾残局。

1917年2月3日,美国以德国施行的"无限制潜艇封锁政策"为借口,宣布对德绝交,同时照会包括中国在内的中立国家,希望与美国采取一致行动。

都说老美心眼儿实,可是在国际上玩起三十六计的本事却一点儿也不差。纵观老美的惯用手段,主要有以下几个特点:

一是善于坐山观虎斗,等别人打得差不多了,自己再出来收拾局面,这样很省力,还能摘到大果子。

二是即使出来收拾残局,老美也要拉上一帮人,从来不独自找碴儿。就像朝鲜战场上,老美纠合十七国联军拎着棍子来打架,却都被老彭给搋了。

三是老美虽然不会下中国的围棋，但是在国际大棋局上，却很会打"点"，在你面前插个钉子户，让你如鲠在喉，吐又吐不得，咽又咽不下。

四是老美非常愿意借钱和武器给别人，让大家玩游戏，最好是玩成真的。那样的话，他还有了拍好莱坞大片的素材。

老美拉开门窗，呼吸一下新鲜空气，然后给休息已久的各位仁兄打电话，我们出去锻炼锻炼身体吧，待久了对身体不好啊！你们缺少运动器材？没关系，我可以先借给你一点儿，一起玩儿才有意思嘛。

美国驻华公使芮恩施竭力劝告中国政府响应美国政府的号召，以加强中美交流，并暗示中国一旦与美国交好，会得到美国提供的经济和政治上的援助。

然而，黎段在对待是否与美国一起加入一战的问题上，又产生了严重分歧。

段祺瑞这个时候很矛盾，有些举棋不定。

本来，段祺瑞在年轻时就留学德国，对德国印象非常深刻，他不仅亲德、信德、赞德，就连平素吃的西药，也非德国药不吃。段祺瑞还非常崇拜德国普鲁士精神，深信德国陆军天下无敌。

此时他之所以矛盾，是因为他当上总理后，德国陷入一战的泥潭，根本指望不上了。现在只有日本才有财力帮助自己实现统一的理想，因此中国是否对德宣战，要考虑日本的态度。而日本，一向反对中国加入战团，认为中国参战不利于日本对华侵略政策的推行。

段祺瑞之所以与日本走得近，也是日本对华政策改变的结果。

1915 年大隈内阁逼袁世凯政府签订"二十一条"，要害条款都被老袁通过谈判抹掉了，不仅没从中国占到多大便宜，反而激起了中国人民的强烈排日情绪。

大隈内阁倒台后，继任首相是寺内正毅，为了缓和中国人对日本的敌对情绪，他高唱"日支亲善"，希望中日和好，且日本愿意借款支持中国政府。

北洋历届政府都穷得叮当响，从袁世凯当年的善后大借款中也能知道北洋政府的窘况。段祺瑞任内阁总理后，他面临着和老袁一样的情境：政权不稳，财政上山穷水尽，对外借款波折重重，军事上既不能有效控制北洋派系，更不能控制南方，总统和国会又处处让其为难……诸此种种，让段祺瑞政府举步维艰。因此日本政府的示好和同意借款，让老段动了心思。明知向日本借钱是饮鸩止渴，可毕竟有可能让自己渡过难关。正是这样，段政府和日本走近了。

如今的情况，就是英法在大战中打不动了，希望美国赶紧支援；美国向中立国家尤其是中国开始打招呼；中国的段祺瑞政府既然有求于日本，就得问问日本的态度；而日本，居然出人意料地同意了！

日本一反常态，同意中国加入战团，对德宣战。这是怎么回事呢？

原来，寺内内阁上台后，把对华表面强硬的态度改为表面亲热、暗中下手的招数。既然"二十一条"没占到多大便宜，既然狠招没吓唬住中国人，莫如来个笑脸杀人。就像二十世纪三十年代，蒋介石的高参杨永泰提出的对付红军的八字方针：三分军事，七分政治！

日本利用英法等国在军火制造及海上运输等方面对日本的依赖和要中国加入协约国集团的期盼，悄悄地与英法达成幕后交易，要求英法同意在战后和会上支持日本取得德国在中国山东的权益。

英法等国，反正是"青春痘长在别人脸上最不担心"，完全同意。

日本大为高兴，鼓动中国派出廉价的人力来支援协约国。

就这样，日本支持段祺瑞政府，中日亲善。日本向段祺瑞表示，你们参战，但不必派出军队，只派出华工，给协约国做后勤和运输方面的事。而日方既可以给你们军火，又派出日本教官帮助你们训练军队。这不是大好事儿吗？

而段祺瑞的首要目的，是从日本手里得到借款和军火。于是他一改亲德的面孔，向日本承诺，一旦再有中立国的船只遭受德国潜艇攻击，中国立即对德绝交。

黎元洪本人一开始对于参战问题并无成见，但他一看段祺瑞这么起劲地鼓捣，心里就犯核计了。他怕段祺瑞借参战之名，加强对自己和国会的控制，尤其是日本如果从财政上支持段祺瑞的话，那对自己来说就是噩梦的开始。

于是,黎元洪开始反对中国参战。

具有国际背景的新一轮政潮就此拉开大幕。

老虎屁股摸不得?

虽然这场政潮争斗的双方分别以黎和段为主,但是牵涉进来的人员却非常广,牵扯的国内背景和国际背景又都非常深,连相关国家都扯进来了。

黎元洪因为没有兵权,所以他借助的是国会力量,以及各界名流,也就是笔杆子和嘴皮子;而段祺瑞借助的力量主要是各省督军,即枪杆子。

然而,国内政坛各派力量的反应,也与各国暗中鼓动密不可分。

段祺瑞为了对德绝交,密电各省军政大员,征求他们的意见;黎元洪也密电全国名流,广泛咨询。结果,各地的答复,多数主张反对对德绝交。不光是孙中山、唐绍仪、章太炎等人反对对德绝交,就是各省军政大员也反对,像冯国璋、张勋、倪嗣冲等人,都主张延续袁世凯的政策,保持中立。

因为此事关系重大,所以此时冯国璋以副总统身份特意抵京商谈此事。

黎元洪希望正副总统一心,反对参战;段祺瑞认为老冯与己有北洋袍泽的情谊,自然不会胳膊肘向外拐。而到京后的老冯经过与老段交流后,仿佛明白了些什么,态度也逐渐转变,由反对参战转向了赞成对德绝交。这对老段来说,是个莫大的支持。

国际上,各国争相游说中国。

美国方面,派驻华公使芮恩施与中国伍廷芳联络。段祺瑞虽已定下参战的决心,但也想从美国这里为中国争得更大的利益。他让外交部向美国公使芮恩施提出四点询问:

一、美国政府能否保障中国陆海军和兵工厂不受外国势力的控制?

二、美国政府能否保障中国出席战后的和平会议?

三、协约国规定不得单独媾和的伦敦协定,与其他未参加协定的参战各国具有何种关系？

四、希望美国借款给中国，使中国能够担负对德绝交的各项任务。

2月8日，美国公使答复中国外交部说："美国必将设法援助中国，使中国能负起对德绝交的责任，而不致影响中国对于军事设备及一般行政的统制权。"这就给段祺瑞吃了定心丸。

美国发现黎总统与段总理在出兵问题上的意见不合之后，决定出面协调。于是，美国公使芮恩施在伍廷芳的陪同下，专门谒见了黎元洪总统。在希望中国出兵的同时，美国向黎元洪承诺，关于中国要求停付各国庚子赔款、增加关税、撤销领事裁判权、撤退各国驻兵等问题，都好商量。

这个好处应该是不小了。但黎元洪知道，好处越大，握有实权的段祺瑞得到的好处就越多，最后很有可能是他段某人名利双收了，而自己还在坐冷板凳。这怎么能行？

所以，不管美国人怎么抛橄榄枝，黎元洪就是不点头，这可把美国人搞糊涂了。

美国人可理解不了中国官员的逻辑，就像马歇尔无论如何也理解不了蒋介石一样。好处不就是好处吗？这么大的好处也不要？真是搞不懂。

日本向段祺瑞政府表示，中国参战只派华工即可，作为回报，日方既向中国政府提供借款，又向北洋军提供军火。同时日方还派人做中国社会名流如徐世昌、梁启超的工作，希望通过他们来影响政府。

德国政府也听到了风声，驻华公使辛慈拼命在中国活动，希望中国不要和德国绝交。

英、俄、法、日、比、意、葡七国的驻华公使，一起与中国外交部进行磋商。

既然大家都希望中国参战，那中国无形中也有了身价，可以提一点儿有利于自己的要求。

于是，中方向各国提出了如下条件：

一、逐步提高关税，中国方面改订货价表后，关税由原有的值百抽5

增为值百抽 7.5，裁撤厘金后，再增为值百抽 12.5；

二、缓付庚子赔款，除德国赔款永远撤销外，协约国赔款缓付十年，在此时间内不加利息；

三、废止《辛丑条约》关于军事的部分，即废止天津周围二十里内不得驻扎中国军队，中国不得在大沽口修建炮台，各国得在使馆区域及京奉路马家堡至山海关之段驻兵等条款；

四、关于义务方面，根据日本政府的指示，中国不派兵到欧洲，而只担任以原料及劳工供给协约国。

各国对此原则上赞成了，并催促中国政府赶紧考虑对德宣战的具体措施。

平心而论，如果真的由于中国参战而兑现了这些条件，那对中国的财政问题将是一个很大的缓解，应该说算是一件好事。

有了这么多国家的支持，于公于私又有了这么多好处，段祺瑞更坚定了自己的想法。该沟通的也沟通了，该运作的也运作了，可以上会研究了。

1917 年 3 月 1 日，段祺瑞召集全体阁员举行最高国务会议，正式讨论对德绝交问题。段祺瑞又邀请参众两院议长和国会中各政党领袖举行座谈，说明出兵的必要。这次，列席者都没有表示不同意见。

3 月 3 日，国会会议通过了对德绝交案。第二天，段祺瑞偕全体阁员到总统府，请黎大总统在政府向国会提出对德绝交案的咨文上盖印。

段祺瑞信心满满地以为，有这么多友邦支持，自己也做通了参众两院的工作，黎元洪会同意盖印了。可是，热情的老段被当头浇上了一盆冷水。

黎元洪对段祺瑞说："这是一个有关国家命运的重大问题，我们不可草率将事，因此要多加考虑。"接着黎又强调："各省军人都反对对德宣战，对德绝交就是宣战的先声，应当先统一全国军人的意见，然后才能决定。"

段祺瑞鼻子都气歪了，他说："协约国方面不止一次地催促我们对德绝交。"

黎元洪从逻辑上抓住了段总理话中的漏洞，他激动地说："如果我们听从协约国的命令，我们就不是一个有自主权的独立国了。根据约法，大总统有宣战媾和的特权，我今天既然是总统，就该对一切负责任。"

这一下子，浓烈的火药味儿就出来了。

教育总长范源濂是支持段的，他一边拍桌子，一边言辞激烈地抨击黎元洪："总统虽有特权，责任则在内阁。总统既不对国会负责，又可推翻内阁的决议案，这样的总统，简直像专制皇帝一样了。"

段祺瑞也生气了，总统既然这么不信任我，国会又处处找我麻烦，这样的国务总理，我不干了。你不是厉害吗？你自己玩儿去吧。

段祺瑞站了起来，很绅士地向黎半鞠躬，转身傲然退场。全体阁员也呼啦啦地跟着总理一块儿退了出来。黎元洪呆坐在椅子上。

这天（3月4日）晚上，段没有通知任何人，即乘专车离京赴津。冯国璋赶到车站留也没留住。

段祺瑞的负气出走，让总统府的人乐不可支。幕僚们鼓动黎元洪，不如趁机换一个能合作的总理上来。

黎元洪本人深受段祺瑞霸道之苦，也希望换个总理，他把目光瞄准了徐世昌和王士珍，希望此二人中能有一人愿意出任总理。他们的资历既和段祺瑞不相上下，为人又随和，肯定能和自己合得来。

可是黎元洪也太理想化了。徐和王这两个人，怎么会跳火坑？而且这是表明了要与段祺瑞对着干，那是绝对不可能的。

段祺瑞出走以后，协约国集团对此表示了严重关切。黎元洪赶紧派陆征祥到各国使馆进行解释，请各国放心，民国对外友好政策是不会变的。

按照黎元洪本来的想法，是真的不想请段祺瑞回来，段的那张脸太难看了。他想将错就错，另换总理。既然徐世昌和王士珍不想当总理，黎元洪就想在内阁阁员中扶一个总理上来，然后就会听自己话了。

黎元洪的幼稚病又犯了，他忘了自己是谁给推上来的了。在当时的情况下，只有他段总理摆弄黎总统，根本没有黎总统甩开段总理自己执掌朝纲的机会。

段祺瑞既然能把这么一个没有兵权的人推上来,他就有能力把这个人给推倒。段的出走,无非是向黎元洪警告:没有我段祺瑞,你根本就玩不转。即使你想玩得转,我也会让你玩不成,不信你就试试。

段祺瑞传递的信号,黎元洪不是不明白,但他非常想当一回真正的总统。他大概是想:我就不信了,没有你段祺瑞,民国真的玩不转?老夫就铁定心来试一试,如何?

台前幕后

眼见着黎元洪要沿着错误的道路走下去,冯国璋坐不住了。如果真的免了段祺瑞,那局势非大乱不可。难道你真想摸老虎屁股才知道深浅吗?

冯国璋委婉地劝黎元洪,遇事儿你要多动动脑子,千万不要走极端!你要不想把事儿惹大的话,就赶紧刹车。这样吧,我亲自去一趟天津,把他请回来,怎么样?

黎元洪心下还没完全转过弯来。他想,如果冯副总统去了,那段祺瑞的身架就更拉大了,回来后那张脸就更扬到天上了。

可是,手握雄兵、与段老虎齐名的冯副总统主动请缨,自己要是不答应,那不是把老冯也得罪了吗?

既要让冯觉得自己是听劝的,又不能真正把段请回来,怎么办呢?黎元洪决定来个"半请"的方式。

什么叫"半请"呢?就是说,既不是真请,又不能说没请。这很像孔子见阳货的方式,专门挑阳货不在家的时候,把阳货送给他的礼物小猪还回去;这又像三国时期,文采飞扬的钟会写了《四本论》,因为自己年轻,很想让全国知名专家嵇康看完后指点指点,又害怕嵇康看不上自己的粗浅文笔而刁难自己,就在嵇康家门外隔墙扔进去,然后一溜烟跑掉……

此时的黎元洪,既不想派重量级人物出马,又想给世人看看,别说我没请段总理。如果你不回来,那我黎某人也尽到礼数了,我也不能让政府空转是不？这样我再选个总理是不是就名正言顺？

黎元洪决定派众议院议长汤化龙去天津请段总理。

可是，老段根本就不给面子。别说小小的汤化龙来，就是你黎元洪亲自来，我理不理你，还得看心情呢！

老段不仅没给面子，而且就在汤化龙来天津请他的这一天，做出了"进一步"的举动。

冯国璋接到在天津的直隶省省长朱家宝的密报，说老段已经拟好了辞职出京的通电，准备诏告天下，正式公开，然后"请各省军民长官一评曲直"，也就是想通过各省大吏和掌兵的大员向总统摊牌。如果那样的话，黎元洪就麻烦大了，在政坛混的人，哪个还能分不清谁才是握有实权的老大？

从段祺瑞的这一举动可以判断，老段离京，不是对黎的屈服，而是示威。老段此时在耍心眼儿，他不想直接动用武力，那样觉得有点儿欺负黎元洪似的，于是便反其道而行之，让全天下的人都来看看，是黎元洪在欺负他，逼他下台。老段表现得越委屈，那北洋将领和不明就里的人士对黎元洪就越气愤。

可是，此时的黎元洪还蒙在鼓里。3月5日晚上，黎元洪再度请冯国璋、徐世昌、王士珍入府讨论政局，他还在盘算着换总理的事儿。这可真是耗子给猫当三陪——挣钱不要命。

冯国璋实在受不了黎元洪的天真，闪烁其词地把朱家宝的密报讲了出来。老冯尽量说得含蓄些，不想把黎元洪吓出病来。

黎元洪再笨，也会明白段祺瑞要"诏告天下"的严重后果，如同脑袋上被狠狠地敲了一闷棍，想要自己大干一番的勇气顿时消失得无影无踪。同时涌上心头的，是一股站在悬崖边上的恐惧。

试想一下，一个用布蒙着眼睛在悬崖边上行走的人，突然把布拽掉，眼中所见、心中所想，会是什么样的情景呢？

黎元洪这回不再犹豫了，立刻请冯副总统亲自去天津，劝段总理回京，并向冯国璋申明：外交问题由段总理主持，自己没意见，只是希望段总理能够以服从多数人的意见为妥。

多数人的意见,当然就是指国会的意见了。意思就是,只要国会议员多数通过,我总统就听大家的。

6日,冯国璋亲自到天津,转达了黎总统的意思,好说歹说,总算把段祺瑞给请回来了。冯国璋的面子还是要给的。

段祺瑞回来后,仍然咽不下这口气,就像两个人吵架时,非要把自己强调的话当面说出来心里才不憋屈。段祺瑞来到总统府,严肃地说了一套对德绝交有利于中国的理由。

黎元洪坐在那里直直地听着,一句话也没说。黎等段撒完气后,在他提交的咨文上盖印。

事情暂时是解决了,但两个人心里的疙瘩却始终是解不开了。

10日,段祺瑞出席众议院,提出对政府外交政策的信任案,众议员以331票对87票表决通过。11日,参议院议员以158票对35票表决通过。

冯国璋一看,事情总算有眉目了,是非之地不可久留,撤!11日,他离京南返。

3月14日,北京政府正式宣布对德绝交。

中国人历来是友善的,虽然宣布了绝交,对德国侨民仍然很友好,也没有为难德国公使,礼送公使出境时,一切礼节如常。

然而,国内的政争却远没有结束,国外势力的较量也越来越明显。

对德绝交是一个问题,对德宣战是另一个问题,目前刚走完第一步,后面的事却是越来越复杂。

随着日本的起劲折腾,本来热切希望中国参战的美国人突然发现,日本人的"对华亲善"政策已经取得了中国对德外交的控驭权,在这种情况下,如果美国继续支持中国参战,只会有利于日本,而不利于美国。或者说,美国鼓动半天,好处让日本人争得了,自己捞不到太多的东西,为他人作嫁衣裳的事怎么能干?因此,美国对中国的态度立刻由积极转向消极。

3月2日,美国国务卿兰辛电令芮恩施向中方表示,目前欧洲战局尚不需要中国参战,请中国政府在与美国正式协商之前,"不要采取进一步的行动"。

4月5日，美国外交部又对中国驻美公使顾维钧表明了希望中国慎重考虑、不要急于参战的态度，并反复强调，我们美国人可是为你们好啊："鄙意为中国计，为全局计，中国宜先从容布置，待时而动，即如美国此次与德决裂，事前经煞费布置。"你们要学着我们，你看我们在想对德绝交之前，精心布置了多长时间啊！

美国政府态度的变化，直接影响了黎元洪总统态度的变化。

黎元洪身边，除了经常有美国驻华公使芮恩施来拜会，总统府另有美籍顾问福开森、英籍顾问莫理循，以及外交总长伍廷芳（留美博士）等人的影响。而他自己更有借外援来与受日本支持的段祺瑞总理相抗衡的考虑。

所以，黎元洪一看有美国支持他，喜出望外，决定把自己的主张坚持到底，与老段斗争到底。

段老虎，有老美哥支持我，我看你能奈我何？

一直背靠在总统办公椅上的黎元洪，陡然挺直了腰杆儿。

此时，国内各省的大小督军们，还没有领会段祺瑞的参战意图，反对参战的呼声很高。他们很怕段祺瑞借着参战之名，把他们的兵派往异国他乡，这样不仅丢了自己的子弟兵，更会丢了自己的权力和地位。

因此，段祺瑞决定在北京召开军事会议，把参战的玄机告诉督军们。

段祺瑞有绝对的自信：只要把这个玄机告诉了督军们，督军们一定会蹦得高高地抢着挤着求自己参战。

参战玄机

从4月中旬开始，先后有山西、湖北、直隶、山东、江西、福建、吉林、河南八省督军，察哈尔、绥远两都统和安徽省省长抵达北京，其他各省督军没到的，也派了代表参会。

段祺瑞本想把冯国璋、张勋、陆荣廷三人邀来参加会议，可是，冯国璋上月进京时，清楚地知道了外交关系、府院关系的复杂矛盾，说啥也不想蹚这浑水了。所以尽管老段一再发电报，老冯却说，不行，我有病了，躺着起不来。其实,除了这个原因,更有一重原因,是冯国璋、张勋、陆荣廷不来的理由,那就是,这三人是除了段祺瑞之外势力最大的地方实力派。有身份、有架子的人,岂是任段祺瑞想召便召、想不召便不召的?召之即来,岂不成了狗腿子?岂不乖乖地成了段祺瑞的配角?所以,这三个人是不会进京的,派个代表来就不错了。

在所谓军事会议上,经段祺瑞及其亲信将"对外宣而不战、对内战而不宣"的奥妙说明之后,各省督军们恍然大悟。尤其是段祺瑞告诉大家,宣布参战,不仅不需要你们出一兵一卒,而且还能得到日本、美国等国家的借款,督军们喜形于色,摩拳擦掌,要求总理赶紧宣布参战,大家都等不及了。

我们并不打仗,我们只是打仗的搬运工。

签名单早已准备好,上面写着"赞成总理外交政策",二十五名督军或代表一致签名。然后,督军们还打算到协约国各公使馆联络感情。

按说,拜会外国公使,可不是督军们的职权范围,但督军们根本不懂得什么外交不外交的,只知道谁有权谁说了算。而各国公使为了让中国尽早参战,也不顾这些外交的基本常识,居然设宴招待督军们。

各省督军态度的大转变,让黎元洪非常愤恨,他认为这是段祺瑞一手操纵的结果。

这也没办法,谁让人家段祺瑞胳膊粗力气大呢,人家一个电报就能召来这么多要员开会。所以,黎元洪这阵子天天郁闷,越想越憋闷,这股情绪没控制住,督军们进京来拜见他时,他甚至把这股情绪撒向了督军们,那能得好吗?

安徽省省长倪嗣冲进京开会时,首先到总统府拜见黎元洪。倪嗣冲并不是北洋嫡系,他想在黎和段的夹缝中多捞些好处。谁给的好处多,就多支持谁。

因此,倪嗣冲见总统时,态度比较恭敬,施礼完毕之后,希望黎总统能同意授他的侄子倪毓棻为陆军中将,授他儿子倪幼忱为陆军少将。倪嗣冲认为,黎元洪正应该拉拢自己,因此必然满口应允。

只是,黎元洪刚受完段祺瑞的气,正没处撒呢,这下子更是气不打一处来。一向和气的老好人黎元洪噢地一下子蹦起来了："你到北京来就是为你的侄子、儿子谋取功名富贵的吗？他们配当中将、少将吗？"

倪嗣冲碰了一鼻子灰，羞得无地自容，悻悻离去。总统府的谋士们都认为总统的火发得好，树立了威信，杀一杀地方大员的气焰。殊不知，却又惹了一批人。自此，倪嗣冲铁心助段而反黎。

《吕氏春秋》卷二《仲春纪》的《功名》篇中有言："大寒既至，民暖是利；大热在上，民清是走。是故民无常处，见利之聚，无之去。欲为天子，民之所走，不可不察。"哪里有好处，哪里能趋利避害，人们便往哪里走。作为领导者，这个规律必须熟记于心。黎元洪怎么连这个基本常识都忘了呢。

督军们从各国公使那里得到了明确的信息，在段祺瑞那里知道了参战的"奥秘"，又得到段祺瑞的怂恿和支持，不仅四处高喊要赶紧参战，而且更加无法无天，同时又成为段祺瑞与黎元洪争斗的重磅砝码。

不过，凡是在政坛上混的，谁也不是省油的灯，黎元洪的人马也在暗中活动国会中的反段力量，这场较量的弦越拉越紧。

在这盘争夺已进入白热化的棋局上，段祺瑞拿起棋子，迎头炮，出边车，全线压境，使出杀招！

黎元洪也不甘示弱，架士象，连环马，寻敌破绽，守中带攻！

5月1日，国务会议正在进行时，督军和督军派的代表共二十多人突然闯进来，要求以军界代表身份列席会议。这可是从来没有过的事，看来肯定是受段祺瑞指使的，要不然这种违法之事是不可能大行其道的。

督军们在国务会议上纷纷发表言论，要求顺应"民意"，赶快参战。

这时外交总长伍廷芳已提出辞职，教育总长范源濂正请假，都未出席阁议，财政总长李经羲未就职，内务总长未补人，交通总长许世英因贿案被免职逮捕，因此参加阁议的只有海军总长程璧光、农商总长谷钟秀、司法总长张耀曾三个人。这三个阁员都没有提出不同的意见，对德宣战问题就这样在督军们的纷扰声中在国务会议上通过了。

会议一结束，段祺瑞立即带着阁员和其他人员来到总统府，面请黎元洪核准。

　　因为在请段祺瑞回来的时候,黎元洪有言在先,外交问题由段总理主持,所以黎元洪也不想硬抵抗。他说,责任内阁决议的方针,我自当尊重,如果国会能通过,我当然盖印发布。但国会方面有无把握?

　　段祺瑞碰了黎元洪的软钉子,知道黎元洪不会乖乖就范,只是现在把目标转移到了国会身上。那么,国会议员的态度就成了参战的关键。

　　段祺瑞决定先礼后兵。

　　5月3日,段祺瑞在迎宾馆邀请两院议员举行茶会,一来是要摸摸底,二来是进行一下非正式的沟通,联络联络感情,希望通过对德宣战案。

　　参议院议长王家襄既不想得罪黎元洪,也不想得罪段祺瑞,他没有正面回答,很策略地说道:"如果此案提到国会来的时候,我相信两院议员一定本着良心上的主张,来履行代表国民的神圣职责。"

　　一般的官员都有这种本事,说着车辘轳话,既像说了,又像是没说。

　　段祺瑞听后,也没品出个什么味道来。

　　段祺瑞又请众议院议长汤化龙表示意见。汤化龙用手指搔着头皮,不知怎样回答才好。

　　老段明白了,看来你们真是想跟着黎元洪走,要跟我对着干是不?你们不要敬酒不吃吃罚酒。

　　5月4日,王占元、曹锟和阎锡山等人以督军团和各省督军代表的联合名义,邀请两院全体议员赴迎宾馆举行招待会。到会议员四百余人。

　　督军们又出场了,这是一种半礼半兵的形式。

　　首先由一位善于辞令的督军李厚基站起来,向议员们申明了这次参战的必要,希望大家给予积极支持。

　　议员方面由汤化龙代表两院议员致答词。汤化龙在段祺瑞面前没想好词,这次做了充分的准备,他的答词也非常策略:

　　　　李督军的话,可供同人参考。军人与国会接头,这还是民国成立以来的第一次。这是一种可喜的现象,现在军人也居然认识国会,并且重视国会了。当然,国会对军人的意见也应予以重视。关于外交方针,全国应当一致,不能像一条头向东尾向西的蛇一样,蛇尾没有眼睛,是会把蛇身导向火坑的。此案未经讨论,我不能代表同人发表意见,但是我可以代表同人感谢各位督军认识国会和重视国会的盛意。

不过,这些话语,明眼人一听就听出来了,还是不表态,甚至可以说不同意。什么叫"外交方针,全国应当一致"? 到底一致的方向是什么? 是一致同意参战还是一致同意不参战? 如果是自己人的话,早就爽快地答应了,而不是回答得像抽奖抽到"谢谢参与"那么婉转。

就在督军团招待国会议员的同时,段祺瑞又指使各督军到公府见黎大总统,继续利用督军团向总统施压。

倪嗣冲前几天受黎元洪一顿斥责,心里这口气咽不下,这次自告奋勇第一个出来,向黎总统申明参战的理由。他不信黎元洪敢惹这么多掌握兵权的督军。

棋错一着

从心理学上讲,一个人的内心要保持平衡,才是正常状态。如果一个人长期受到压抑,那么他一定会在某个时间、通过某种形式释放出来。否则,不在压抑中变坏,就在压抑中变态。

黎元洪受袁世凯压制多年,在官场上的事,找谁倾诉去? 现在面对和自己差不多的对手段祺瑞,他肯定要争一争,但段祺瑞兵权在握,黎元洪仍然是处于下风,此时便是双重压抑。那么安徽民政长倪嗣冲跳出来,正是黎元洪内心压抑要释放之时。所以,黎元洪一改平时黎菩萨的形象,变成了怒目金刚。

黎元洪没等倪嗣冲说完,便一拍桌子:"宣战媾和是本大总统的特权,你们责在守土,你有什么资格在这里指手画脚?"

倪嗣冲毕竟是一介武夫,他不明白该说什么,不该说什么,当他辩解说"各国公使都希望我们参战"时,更让黎元洪抓住了把柄,黎大声怒吼:

"你是省长,有什么资格和外交公使说话?"

倪嗣冲还不服气,说这次到北京是奉命参加军事会议的。黎元洪继续吼道:"你是省长,有什么资格参加军事会议?"

这是北洋军人首次受到严厉呵斥,连老袁头都没这么吼过他们,大脑一下子有点儿短路,居然被黎元洪吼住了。

倪嗣冲被镇住了,但督军们也不全是窝囊废。吉林督军孟恩远上前与总统对话。他说,对德参战,涉事体大,首先受到影响的当然是督军们,所以大家才不能不关心。即使在清朝皇帝的时候,遇事还要咨询封疆大吏,现在是民国,督军发表意见,不能视为干政。更何况,在民国初年,大总统您时任鄂督,不是也发表过个人意见吗?

这一番话,软中带硬,守中带攻,有理有据,把黎元洪给堵住了。双方各输一阵,无果而散。

当天晚上,黎元洪的总统府举行小圈子秘密会议,讨论怎样对付专横跋扈的段祺瑞。大家一致认为黎大总统今天的火发得好,今后就应该继续坚持原则,拿出一把手的范儿。

与此同时,督军团也在北京府学胡同段祺瑞寓所举行秘密决议。

督军们认为,如果总统不盖印,就驱逐总统;国会不盖印,就解散国会!

当然,这种市井无赖的打法,段祺瑞是不会同意的。再怎么说,堂堂段总理也是有身份的人,不会做出与自己身份不符的事。

事情要做,但又要做得不那么露骨,怎么办呢?

这不难,照猫画虎,依葫芦画瓢,这个本事老段还是有的。前面不是有袁师傅教嘛。

当年袁世凯对付国会的手段,便是让军警化装成平民,以"民意"的方式围住国会,不通过满意的答复就不放出来,这是"人民"不答应。当年老段还直接穿军装进入国会参与威胁。这一幕幕都是段祺瑞亲历的,怎么会忘呢?

对,实在不行的话,就得这么办! 段祺瑞有了主意。

5月6日,段祺瑞偕同各阁员再一次来到公府,请黎在内阁通过的

"对德宣战提交国会案"上盖印。这本是交国会审议的正当程序,黎元洪稍稍浏览一下,便交监印官盖印。

世事真是难料,节外又生枝节,监印官唐浩镇(黎元洪长子黎绍基岳父)认为参战必败,不肯盖印。

自从脱离了皇权社会,公文盖印只是一道程序,并没有什么特别的权力。

与段祺瑞同来的范源濂怒不可遏,指着唐浩镇的鼻子喝道:"你是什么东西,你想不盖印就不盖印?"

说罢,怒气冲冲,摔门而去。

段祺瑞也生气了,站起身来,连给总统最起码的礼节都不施了,甩袖出门。

黎元洪见事情要闹僵,不说一句话,只好亲自盖印,让张国淦带回国务院。

并不甘心的黎元洪立刻找司法总长张耀曾单独到公府谈话。黎问他:"如果国会不通过参战案,他们能不能解散国会?"

张回答说:"即使解散国会,也应召集新国会,通过宣战案后,才能公布执行。但是约法并无解散国会的规定,违反约法就等于谋叛。"

这句话,让黎元洪重新看到了希望,他把最后的心思寄托于国会了。

黎元洪与段祺瑞对抗的本钱主要就是在国会,而且国会中有不少议员与黎保持着良好的关系,众议院议长汤化龙便是黎元洪的湖北老乡。同时,黎元洪也知道,段祺瑞的外交方针在没提交国会之前,先在军事会议上与督军们商量,且让督军四处胡闹,引起了国会议员的极大反感,那么,自己再让人从中说上几句,看上去参战案很有可能在国会通不过。

5月7日,段祺瑞把参战案提交国会。

5月8日,国会开始讨论,各派意见不一,各方争执不下。

"北洋之虎"段祺瑞再也忍不住了,礼已尽到,该动兵了。他决定仿照老领导袁世凯的办法,将军警化装成百姓,以"民意"逼迫国会。

5月10日,众议院举行全院和会审查对德宣战案。

这天早晨,众议院门前忽然集聚了数千群众请愿者,这些人分别隶属于各色名目的团体之下,有"北京学界请愿团""海陆军人请愿团""政学商界请愿团""五族公民请愿团""北京市民请愿团"等,手中挥动着小旗,嗷嗷叫着,声称国会必须顺应民意,通过对德参战案,否则人民就不客气了。

其实,这些"公民"是段祺瑞的亲信花大洋雇来的乞丐、车夫、地痞等人。

到了下午,"请愿群众"已经牢牢把众议院围住了,看见议员走过,就把各种请愿书和传单递上,如果议员拒不接受,则冲上前一顿老拳,当场挨打的议员就有邹鲁、田桐等十余人。

"公民团"又推举代表张尧卿等找到议长汤化龙,要求列席旁听,遭拒之后恼羞成怒,直接威胁国会当天必须通过对德宣战案,否则"公民团"将对国会和议员采取激烈手段。

此时,众议院周围已经布满了荷枪实弹的警察,禁止议员外出。而"公民团"权力较大,可以随意进出。

"公民团"的恶劣行径,引起议员们的极大愤慨。议员们一致决定,暂不讨论对德参战案,提请内阁总理、内务总长、司法总长三人到会接受质问,北京秩序能否维持。

于是议长赶紧打电话,告知段,国会已经停止研究对德参战案,必须请内阁总理、内务总长、司法总长到会,方可继续讨论。要不然,我们就"罢工"。

下午5点,兼署内务总长的范源濂来到会场,但他根本维持不了秩序,既说服不了"公民团",也指挥不动军警。大家只得盼着段祺瑞赶紧到来。

直到晚上7点,段祺瑞和京师警察总监吴炳湘才终于露面。

议员们一看总理来了,情绪激昂,尤其是下午被揍的这些议员,要求严惩肇事者。

段祺瑞不紧不慢地说,我们对"公民"应该温和开导嘛,怎么能动辄动武?"彼等系国民一分子,来院请愿,情亦可原,不能不予以和平劝导。如果用兵力解散或致伤害人命,恐怕还有人说话。"

这种情况下，还没吃上饭的议员们、挨打没处撒气的议员们也急眼了。

外面"公民"们围议员，议员们便围住段祺瑞总理不放。被"公民"打了的邹鲁甚至说道："公民打得我们议员，我们议员为什么打不得总理？"撸胳膊卷袖子要冲到休息室揍段祺瑞，被大家拉住了。

"公民"包围国会的问题一直僵持到晚上9点，还是没有得到解决。还有一些"公民"向议院内投掷砖瓦，意在恫吓议员。不料一块飞石击中了来此采访的日本新闻记者，段恐因此引起外交事件，才命令吴炳湘从电话中招来一队骑兵把"公民团"驱散。

这样又一顿折腾，已经是晚上10点半了，议员们再也没有心情继续讨论，当天的会议就此结束。

段祺瑞的本事到底不如老袁，这件事居然没有摆平。

事情就是这样，你不管用什么手段，摆平了就会大事化小，摆不平就会小事变大。段祺瑞这种处理问题的方式，消息传出，舆论哗然。

孙中山、唐绍仪、岑春煊等纷纷通电，要求严惩肇事主犯。当然，惩治主犯的目的，不是单纯的惩治，而是要揪出幕后的"北洋之虎"。

冯国璋也发表通电，希望通过法律手段来解决问题。

与此同时，国民党系的内阁阁员伍廷芳、程璧光、张耀曾、谷钟秀四人，也不知受没受国民党的指使和鼓动，他们提议内阁全体辞职，以示政府与这件事无关。段祺瑞不同意，四人便以个人身份分别辞职了。

这样，国民党人开始在段祺瑞治下的内阁拆台子。

段祺瑞这届内阁一共八人，本来就有交通总长许世英因贿案免职，财长李经羲一直没有到任，这回一下子又走了四人，就剩下段祺瑞和范源濂两个人了（范源濂于20日也呈请辞职）。

不知道这是不是黎元洪使出的一计杀招，反正这样一来，就剩下段祺瑞光杆司令，段内阁已经名存实亡了。

这是段祺瑞完全没有想到的事，一招失误，搬石头砸了自己的脚，太尴尬了。

这个时候，院秘书长张国淦劝段祺瑞暂时引退，避开风头，以退为进。

段祺瑞考虑再三,有点儿动心了,便让张国淦写份辞呈,自己修改修改,准备避风。

然而,当天晚上,老段要辞职的消息被刚刚回国的徐树铮知道了,小徐跑到张国淦家里大骂:你小子是不是受了黎元洪的指使,压迫段总理辞职?如果总理辞职,谁来维持大局?北洋军人要是闹起来,你能镇得住,还是黎元洪能控制得住?那样一来,你张国淦就是千古罪人。

怒气冲冲的小徐把老段的辞呈撕个粉碎,甩了张国淦一脸。这样,听了小徐的话之后,老段也决定不主动辞职了。

第二天,老段装作没事人一样继续上班,内阁就剩下自己了也上班,很忠于职守。不仅如此,他还连连催促众议院赶紧通过对德参战案。

这个时候,本来处于守势的黎元洪开始洋洋得意,我看你光杆司令支撑到几时。他把各阁员提请的辞呈都批了"交院"二字,由段祺瑞处置,想迫使段祺瑞知难而退,自动下野。只有对伍廷芳的辞呈留中不发,准备将来取段而代之,当听命于自己的内阁总理。

府院之争的棋局到这个时候,已经渐入佳境,双方的老帅就要对脸儿了。

你摊上大事儿了

对于段祺瑞目前的窘境,督军们赶紧前来救驾。在京的督军们分别以同乡关系或地方长官身份等各种能拉得上的关系,请议员吃饭喝酒疏通;未赴京的督军们也纷纷打电报给老段,为之打气助威,远在东北的张作霖更是直接拍电报给老段:"作霖不才,愿随海内豪杰执鞭弭乱,以从公后。"日本政府也表示了对段祺瑞的关注和支持。

这样,段祺瑞一个人仍在支撑着内阁。

然而,黎元洪支持下的国会开始对段祺瑞进行反攻。段祺瑞还在等着国会答复的时候,众议院就对德参战案问题复议的结果是,既然内阁阁员辞职的太多,已经不能执行内阁的功能,那么就等内阁改组完毕再来讨论对德参战问题。

也就是说，只要段内阁不改组，国会就不再讨论对德参战问题了！

用政治术语再直译一下便是：段祺瑞，你赶紧下台吧。

19日下午，督军团在北京召开紧急会议，商讨对策。这次，足智多谋的小扇子徐树铮也来参会救主了。

徐树铮不愧是徐树铮，他见主子现在完全处于守势，而且国会缓议参战案的理由十分充足，简直是无懈可击，这样对己方很不利，他决定直接向对手的破绽之处进攻。

解纷之术，在攻其所必救。

在徐树铮的策划下，督军团们撇开参战案，另以国会正在草定的宪法为突破口，向国会发难。

找到方向后，督军们立即采取行动。

当天晚上，督军们与督军派来的代表共二十二人，由比较会说话的孟恩远领衔联名呈文大总统，指摘国会宪法会议二读会（"二读会"是相当重要的一个环节，对于议案之深入讨论、修正、重付审查、撤销、撤回等，均是在这个阶段做成决议）及其所通过的一些宪法条文将导致"议会专制"（这是袁世凯当年创造出来的好名词），要求立即予以修改，否则"即将参众两院即日解散，另行组织"。

这就以宪法条文为名，以武力为后盾，直接向总统发出了最后通牒。

在这个权力斗争的棋局上，双方都亮出了杀招：督军团要求解散国会，黎元洪希望内阁辞职！

骑虎难下的黎元洪也被督军们逼到了死胡同，他向美国驻华公使芮恩施求助，在得到芮恩施"允为后盾"的答复后，黎元洪立即强硬地告诉督军："我抱定了九个字的主意：不违法，不怕死，不下令！"

这下子，双方真的僵住了，督军们不知如何是好，谁也不敢跨出最后一步。推倒一个人，或杀一个人很容易，但收拾局面却是难上加难。督军们事先的预案，并没有考虑到大总统一旦对着干的时候，己方该怎么应对。

看来，督军们再怎么狡猾，他们的命令式思维也是一根筋。

诸葛亮在其自著的兵法中有言："欲思其利，必虑其害；欲思其成，必虑其败。"督军们哪想到这么多，他们从来都是崇拜枪杆子，从来都认为没有枪杆子做不成事，因此虑事时便是直线式的思维。如今在黎元洪这里碰了硬钉子，便不知怎么做了。

就在双方斗争进入新一轮的白热化之际，北京的英文报纸《京报》突然专版揭露了段祺瑞以允许日本训练中国军队和控制兵工厂等为条件，向日本借款一亿日元的交易。

不管是谁把这个消息在报纸上揭露出来的，或是黎元洪，或是内阁某阁员，此人绝不简单。这是一枚威力十足的重磅炸弹，投得恰当其时，火候刚刚好。

这个消息传出来后，引起了全国人民的震动，这对于摇摇欲坠的段内阁是一个巨大的打击。

黎元洪决定在民意声中，改组段祺瑞内阁。

反正我也惹你了，反正关系也不可能修复了，索性拼了吧。

21 日，黎元洪一口气批准了段内阁中谷钟秀、程璧光、张耀曾三人的辞职报告，留着伍廷芳不动，准备以伍代段为总理。同日，黎又在总统府召见了孟恩远、王占元两位督军代表，申饬他们，当前的问题不在国会，而在内阁，而解决时局的关键只有请段总理暂时"休息"，另行组建新内阁。同时，黎元洪警告督军们不要超越宪法行事。

督军们一看，黎元洪要铤而走险了，局面已经无法挽回，那么多说无益，在没有接到段总理"动用武力"的指令之前，大家还是各自回到自己地盘上以备不测，与自己的军队在一起是最安全的，免得在北京这里"在人屋檐下"，说话不硬气。

当天晚上，督军们各自乘特备专车出京，赶回自己任所。

他黎元洪既然敢捅马蜂窝，那么群蜂出来蜇谁，概由他黎某人负全责。

得知此消息之后，段祺瑞反倒平静了下来，他决定做最后一次挽救。毕竟，自己才是真正的 No.1。天下大乱之前，"老大"要做到仁至义尽。

22 日，也就是黎元洪批准谷钟秀、程璧光、张耀曾三人辞职的第二天,段祺瑞拟定一份补充阁员名单:外交总长高尔谦,内务总长夏寿康,交通总长汪大燮,财政总长孙宝琦,海军总长汤芗铭,教育总长蔡元培,农商总长庄蕴宽,司法总长饶汉祥,陆军总长仍由段祺瑞自兼。(这份名单,来新夏教授的考证和民国丁中江、张国淦等人记录的不太一样,现以丁中江等人的民国记录为准。)

当天晚上,段祺瑞赶紧派张国淦入总统府面呈黎元洪。

黎元洪以为,段祺瑞用人肯定还是他的"合肥帮"或"安徽帮",可当他用眼扫了一下这份新阁员名单时,黎元洪惊奇地发现,除了段祺瑞自己仍是总理兼陆军总长外,这次居然几乎没有一个是段的私党,相反倒摆出了几个与黎元洪关系非常亲近的,更有好几个是黎元洪的湖北老乡。

黎元洪觉得事情还有通融的余地,本想免去段祺瑞总理的心思又有些动摇。天下乱的话,没法向世人交代。

可是,黎手下的谋士们等不及了。他们告诉黎元洪,这肯定是段祺瑞的缓兵之计,打蛇不死,自遗其害,如今我方已占据了有利形势,就应该一鼓作气,痛打落水狗。难道总统您忘了他段祺瑞平素是怎么行事的吗?人无伤虎心,虎有伤人意!天赐不与,反遗其咎!干吧。

终于,黎元洪被说服了,在法理上,段祺瑞已经落下风了,此时不与他斗,以后可能就再也没有这么好的机会了。好,干!

都说老虎屁股摸不得,我偏要摸摸,我倒要看看你能不能来吃我?

23日,黎元洪狠心之下,以大总统名义发布三道命令:免去段祺瑞国务总理兼陆军总长的职务,特派外交总长伍廷芳暂代国务总理;委派陆军部次长张士钰暂代陆军总长;任命王士珍为京津一带临时警备总司令,江朝宗、陈光远为副司令。原来还拟好了惩戒倪嗣冲和告诫督军团的两道命令,却被黎临时抽回,没有发表。

这几个命令中,里面有某人"暂代"某职的字眼,这暂代职务,其实不是没有定下来,而是为了某种特殊的用途,比如,罢免总理和任命重要官职,都要由总理来副署,才算是合法而生效。那么,伍廷芳"暂代"国务总理,便是由伍廷芳在应该由总理签字副署的地方签了字!

说白了，这种"暂代"，就是替别人当枪使。因为，没有正式总理副署的文件命令，其合法性都成问题。

果然，随后几天之内，黎元洪便几次派人请徐世昌和王士珍出山主持大计。可是，徐和王二人，一个是"水晶狐狸"，一个是"北洋之龙"，智商都是可以入门萨俱乐部的。他们既不想蹚这浑水，也绝不会让一个小小的黎元洪来"以北洋之矛，攻北洋之盾"，让当年北洋军的"总政委"和"北洋之龙"来打击"北洋之虎"，那显得北洋英雄智商太低了。

黎元洪这才发现，自己考虑问题还是太简单了。免了"北洋之虎"，可能真的惹大麻烦了。

黎元洪在向徐世昌和王士珍求告无望的情况下，不得不请出做过前清督抚的合肥籍老官僚、李鸿章的侄子李经羲出来组阁。在别人看来，这位也是安徽合肥人，不属于黎元洪的私人关系，而且李经羲也有相当的名声和威望来压住北洋实力派。

另外，请李经羲出来，还有一层深义，他是蔡锷和张勋的老领导、老上级，是大家的老前辈，这样的人出山，有利于局面的稳定。

他要是甩开一张老脸，大家怎么也得给个面子呀。

这样又经过一番运作，并呈请参众两院通过，28 日，黎元洪发表了任命李经羲为国务总理的命令。

政坛就像股市，总会有熊市和牛市的时候。本来是在熊市的黎股这回突然牛了，本来在牛市的段股却大跌了。威风凛凛的段祺瑞，也被人撵下台了。

然而，在这场旷日持久的府院之争中，黎元洪真的胜利了吗？我们不妨看一下段祺瑞的行动，就会明白局势发展到什么程度了。

接到免职令之后，"北洋之虎"段祺瑞立即携随从离京赴津。

平心而论，段祺瑞有绝对的实力翻盘，只要他一个电报出去，那些习惯于以武力解决问题的督军们绝对会点齐人马，杀向京城，把黎元洪这厮捉住撕碎。但是，段祺瑞还不想这么做，因为此前段祺瑞指使人与国会为难，在法理上犯了众怒，理不在己方，那么自己以退为进是聪明的选择。

段祺瑞深信,黎元洪玩火必将引火烧身,他黎某人没有任何能力来收拾残局。当今天下能够收拾局面的,非段和冯莫属。段祺瑞如今要做的,就是耐心等待黎元洪捅完娄子之后出现乱局,那时才是显示"北洋之虎"的虎威时刻。

段祺瑞当下的任务,就是把黎元洪置于风口浪尖上,看黎元洪把时局玩成火焰山之际,自己拿芭蕉扇灭火的时候,顺便把黎元洪卷到九霄云外。

因此,段祺瑞先是通电全国,摘清自己的责任。"……查共和各国责任内阁制,非经总理副署,不能发生效力。以上各件(指黎发布的任免命令),未经祺瑞副署,将来地方国家因发生何等影响,祺瑞概不负责。"

段祺瑞用脚丫子都能想出来,天下又要乱了。

黎元洪,你摊上事儿了,你摊上大事儿了,你马上就会尝到吃不了兜着走的滋味了。

第二十章 ＼ 复辟闹剧 ＼

捅了马蜂窝

鹬蚌相争渔人得利,坐山观虎斗,这两个成语流传几千年,它们不仅仅是自然界演出的一幕活剧,更是在政治军事斗争中总结出来的一个血的教训,并且在世界历史的舞台上反复上演。

本来段祺瑞和黎元洪平日里谁也看不上留着辫子的张勋,但是当黎段之争到了白热化程度,尤其是段祺瑞离京之后,张勋的地位突然因受到各方面的瞩目而变得格外重要。张勋本人由于胸中藏着另一件秘不外宣的大事且正暗中运作,因此他对黎说一套,对段说一套,其实是在为了自己的一套悄悄积聚力量。

当年袁世凯为了把张勋调出南京,采用明升暗降的手法,给了张勋长江巡阅使这个大而空的头衔,想不到张勋却悄悄地坐大了。段祺瑞成为国务总理时,想把张勋调离徐州,却根本指挥不动。张勋坐镇徐州死活不离开,其实就是因为他心中一直有个小九九,就像《三国演义》中鲁肃到江东时给孙权的建议:"鼎足江东以观天下之衅。"所谓"观天下之衅",在张勋看来,就是任别人互相掐架,自己静坐以窥时局,得到机会便挥师北上,迎溥仪复位,恢复大清江山。

而袁世凯之后的北洋政局,由于没有理顺总统和总理的关系(也不可能理顺这重关系。因为时人只知权力,根本不懂什么是总统制、什么是内阁制,根本不懂到底哪个位置应该是虚的),黎元洪和段祺瑞为了权力争得不可开交,这给张勋复辟创造了大好机会。尤其当黎和段都把目光转向张勋,希望张勋能调停这场争斗时,张勋更觉得这是天赐良机。

要说张勋为了这个机会,还真是忍耐并等待了不少时日。

此事说来话长,内幕很深,情况也很复杂。

袁世凯临终时,北洋系四分五裂,段祺瑞和冯国璋双雄并立,都想取袁而代之。段祺瑞在北京成立责任内阁,虽把握了政治的主流,却受到许多限制;冯国璋拥兵雄踞南京,虽然行动自由,却远离了政治中心。但是,历史的合力却把黎元洪推到了前台。黎元洪虽无兵马却坐了大位,他不甘成为虚君,也想谋取自己的一席之地。而黎与段的争斗,却让张勋从中钻了空子。乱局纷争之际,包括张勋在内的一干人等,为了这一机会,准备和等待了很久。

早在袁世凯临死前,冯国璋就在远离政治中心的南京召开南京会议,企图在袁和反袁派中间,造成第三力量,使双方都围着自己转。然而,袁世凯对冯国璋早已经不放心了。为了制衡冯国璋,老袁下了一招狠棋:他把当初对南京垂涎三尺的张勋拽了出来,派张勋督理安徽军务,同时仍然驻守徐州,又派倪嗣冲为安徽省省长。并且,袁世凯暗示张勋,如果能够压制并驱逐冯,就派张督苏。

就这样,张勋和倪嗣冲联合起来,非常卖力地在南京会议上捣乱,使老冯的南京会议无果而散。老冯虽拥有重兵,却没能形成号令群雄的声势。

袁世凯死后,多藏了心眼儿的张勋趁热打铁,借着老袁曾经对自己的暗中支持,加上另一番起劲鼓捣,把曾经参加南京会议的各省军阀代表邀请到徐州开会。而北洋系内部也正因为段与冯两员大将同老袁闹分立,内部各派迷茫不知归属。张勋提出的"保境卫民""固结团体,巩卫中央"口号,恰好迎合了一部分人的心理——既要求生,又要团结,于是就有奉天、吉林、黑龙江、直隶、河南、山西、安徽七省代表前来徐州参会。

段祺瑞得知张勋召集徐州会议,马上派段芝贵秘密到徐州活动。段祺瑞虽然扛起了后袁世凯时代的北洋大旗,但他与冯国璋却是平分秋色。因此,段祺瑞要想真正成为北洋领袖,必须拉拢这位本来他看不起的北洋杂牌军张勋,借张勋牵制冯国璋。

张勋本来也不怎么把段祺瑞放在眼里,但南京的恩怨使张勋与冯国璋一直不和,为了与老冯对抗,张勋便与段祺瑞有了来往。

同时,张勋及其所带的部下都留了辫子,以示心中向往大清朝。因此,张勋驻守徐州时,前清的皇族、拥护前清的人物,以及袁世凯洪宪帝制派的人物也纷纷赶往徐州,投到张勋帐下求其庇佑。康有为的高足潘博也成了张勋的幕宾和座上客。

这样,因缘际会之时,张勋居然阴差阳错地成了各路诸侯的"盟主"。

徐州会议结束后,张勋以大盟主自居,继续吸收各路督军们参加,并将七省攻守同盟扩大为"十三省区联合会",声势甚是浩大,腰杆也越来越粗,想干涉的事也越来越多。

随着黎元洪和段祺瑞打得越来越不可开交,张勋也越来越成为黎段双方拉拢的重磅砝码,他的身价也越来越高。

各省督军们在北京受到黎元洪的呵斥之后,愤然离京,张勋趁机准备组织召开第四次徐州会议。

1917年5月23日,由北京挂专车直奔徐州的有倪嗣冲、张怀芝、王占元、赵倜、李厚基和各省军阀代表共计二十余人。当然,督军们也自是各怀心事。出京的督军中,孟恩远到天津就下了车,曹锟托病回到保定,原来在天津的李纯也未随同前往,王占元在徐州只住了一夜就由陇海路到郑州转车南下。

尽管如此,但第四次徐州会议有四五个督军亲自参加,这就比以前的三次徐州会议显得更为生色。

督军团到徐州的第二天,北京政府就发布了免段令。

黎元洪终于用他的烧火棍子捅了马蜂窝!

倪嗣冲在北京曾受到黎元洪的呵斥,当然怀恨在心,因此他在此次会议(第四次徐州会议)上痛骂黎,主张推倒这个北洋派的公敌。其他督军和督军代表也跟着喊,都主张用武力解决黎元洪问题。

此时督军团除造反外别无主意,因此张勋乘机提出实行清室复辟的主张。这个主张在以前几次的徐州会议上,张勋早就暗示过,但因时机尚未成熟,所以未提出具体步骤及何时实行。现在段已下台,张勋认为推翻总统后实行复辟,是一件水到渠成的事了。

段祺瑞的代表徐树铮也参加了这个会议,徐表示说,芝老(段祺瑞,字芝泉,所以人们尊称他为"芝老")只求达到驱黎目的,一切手段在所不计。

徐是段的灵魂和智囊,大家都知道,段祺瑞的意见,徐树铮经常驳回,而徐树铮的意见,段祺瑞却是言听计从。既然小徐有此表示,张勋就认为段也不会反对复辟了。

对于政客来说,什么国体问题、政体问题,都是幌子,这些无非是攻击政敌的一种手段和方法而已。政治问题说一千道一万,就是想方设法让自己权力最大化,进而实现利益最大化的问题。

所以,这些地方实力派,哪里管什么总统、总理还是皇帝,只要自己利益不受损,只要自己得利,其他都是骗人的勾当。大家同意了十三省大盟主张勋的意见。

就在这时,南京的冯国璋也打来电报,支持张勋的行动,这对张勋来说是一个非常大的鼓舞。

张、冯二人向来不睦,张勋对冯国璋是既恨又惧。在袁世凯称帝失败的问题上,张勋总结经验后认为,这是因为袁世凯没有拉拢住冯国璋和陆荣廷,这两个执掌兵权的地方实力派反对,所以袁世凯失败。张勋认为,自己要想复辟清室成功,就必须与冯和陆搞好关系,纵然不敢妄想让对方真心支持自己的行动,哪怕对方保持中立也行。

张勋和冯国璋在南京问题、徐州问题等诸多问题上存在严重分歧和争斗,但在第四次徐州会议上,也就是张勋复辟的关键时刻,能够得到冯国璋的支持和首肯,张勋简直是喜出望外。他感觉,在迈向复辟的道路上,最担心的绊脚石终于踢开了。

只是,张勋没想到的是,冯国璋是暗中拿他开涮。冯国璋认为,袁世凯称帝都没能成功,其他人就更别想了,因为实在是没有人能够与袁世凯的能力、实力和声望相比。那么,冯国璋支持张勋的徐州会议的原因,就是希望张勋离开徐州大本营,最好是自取灭亡,那么这个兵家必争之地就会顺理成章地囊括到自己手中。以此为基础,再去冲击总统的宝座……

张勋兴冲冲地开完了徐州会议,商定了实行复辟的策略:先由参加会议及有关各省的督军宣布与北京政府脱离关系,要挟黎解散国会;张勋则暂时不参加,到时候以调停人的身份出面,引诱黎接受督军团的要求,使黎的声誉受到严重打击,然后加以驱逐,迎接溥仪复位。

而黎元洪呢,免了老段的总理之后,他自知惹祸。虽然明知道督军团们在徐州开会,不知道在背后鼓捣些什么,但无路可走的他病急乱投医,只能真诚地期待张勋能够制止督军团进一步的破坏行为。

就在这个时候,老段的智囊徐树铮由徐州赶往天津,把徐州会议内容向段作了报告。虽说一切尽在老段的掌握之中,但是为了应付徐州会议后可能发生的新情势,段祺瑞作了周密的布置和安排。

老段和小徐商定,不仅暂时不反对复辟,而且还要假装同意,以鼓励张勋放心而大胆地进行复辟。借张之手,达到驱黎之目的。鼓励张勋胆子要大一点,步子要快一点,怕什么,有俺支持你呢。等待张勋真正宣布复辟,舆论鼎沸之际,老段便立即抬出拥护共和制度的大旗,起兵打倒张勋,这样一来,既赶走了黎,又有再造共和之功,一箭三雕之后,政治主动权便握在了自己手中。那个时候,便是段重整旗鼓、卷土再来的光荣时刻。

小徐和老段制定的这个计划非常高明,可怜的张勋怎知螳螂捕蝉,黄雀在后呢!

张勋也有他自己的算盘。在黎和段争相拉拢自己的时候,他的主意是:利用黎元洪驱赶段祺瑞,再利用督军团赶走黎元洪,这样借力打力之后,劲敌尽失,就可以顺利地迎接溥仪复位了。

这样,这些蠢蠢欲动的各路人马,都想在袁世凯之后成为新的操盘手。只不过,他们谁也没想到,自己不过是一盘更大的棋局中角色不同的小棋子而已。

政客手段之妙就在这里,人民境遇之悲也在这里。

别有用心

黎元洪、张勋、冯国璋、段祺瑞这哥四个,凑了一桌麻将。只不过,虽然四人都想成为大赢家,但张、冯、段三人却不约而同、心照不宣地要弄着这局麻将的庄家黎元洪。

可怜的黎元洪大总统,对幕后发生的这一切,却一无所知。

以往的官员们比较文雅,不管是在喝酒,还是在其他娱乐活动时,都希望场下有人助兴,或是歌舞,或是鼓乐,或是舞剑,总之不能闲着。黎、张、冯、段这哥四个打的这局麻将也不例外。

黎元洪掷出骰子之后,不仅打牌者行动起来,而且他们的跟班小弟纷纷捧场助阵。受张勋鼓动、得段祺瑞首肯的各省督军们迅速行动起来。

5月29日,在北京曾被黎元洪当面训斥的安徽倪嗣冲首先宣布独立。随后河南、浙江、山东、山西、福建、陕西、奉天等省纷纷响应宣布独立。也就是说,越来越多的北洋军人公开表示,不拥护黎元洪执掌的北京政府。

免除段祺瑞总理职务的后遗症,终于以并发症的形式发生了,势不可当。

赤手空拳的黎元洪总统,坐困公府,毫无抵抗力量,面临着前所未有的大危机。

各省军阀宣布独立,这就意味着打破了军政首长平行的制度,认为省长一职并无设置之必要,于是,督军们纷纷驱赶省长。紧接着,军阀就把枪口直接对准了黎元洪。

安徽倪嗣冲的侄儿倪毓棻居然发出电报,里面有"誓师北伐"的语句,对大总统公开恐吓。

奉天张作霖更狠,他大骂黎元洪,连你屁股下的位子都是段总理给你的,你居然忘恩负义,对段总理恩将仇报,"作霖当率辽奉子第,直捣京师,惩彼奸人,卫吾社稷"。

直系的曹锟一看,自己的地盘在京津附近,万一真有人"北伐",那岂不是要与自己发生冲撞?干脆,俺也独立吧。不过,他的独立更像是一种中立的态度,并没有攻击黎元洪。

坐镇南京的冯国璋来了个刀切豆腐两面光,他公开表示:"我的地位是副总统,应当辅佐大总统,并且服从大总统的一切措施。各省反对中央,我已去电加以劝阻,劝阻无效,只有听候中央解决。"也不知道他说的"中央"是谁。

最爱骂人的国学大师章太炎看出门道来了,他认为冯国璋有机会、有威望、有实力来摆平这个混乱局面,完全可以镇得住大家,却坐山观虎斗。那么这场内乱,冯国璋就负有不可推卸的责任,甚至可以说,他的罪比倪嗣冲等人还要大。

当然,各省军阀也不全是四肢发达、头脑简单的大老粗,他们也不甘心自己当别人的枪使,必须趁乱捞一点儿实惠才是真格的,独立各省普遍有任意扩充军队和扣留国税的现象。比如,张作霖乘机成立了第二十九师,以吴俊升为师长;赵倜把京汉路局的全部收入截留。

督军团宣称,你大总统没有水平,没有能力,却还刚愎自用,排斥英明的段总理,因此我们要实行"兵谏"。你黎总统必须接受我们督军提出的四个条件,即解散国会、改正宪法、组织健全内阁、摒斥"公府佥壬"。

所谓"佥壬",就是"奸人""小人"。"公府佥壬",不仅指公府军事幕僚处的一批幕僚,还有与黎接近的政客和国会议员。督军团编造出"三策士""四凶""五鬼""十三暴徒"等名目。"三策士"指郭同、汪彭年和章士钊;"四凶"指丁世峄、哈汉章、金永炎和黎澍;"五鬼"指汤漪、郭同、汪彭年、哈汉章和金永炎;"十三暴徒"指褚辅成、汤漪、白逾桓、李述膺、何雯、凌钺、彭允彝、吕复、萧晋荣、韩玉辰、秦肃三、焦易堂和邹鲁。其中有些人是被重复排列的,有些人并非与黎接近的人物,所谓"十三暴徒"都是原属于国民党或与研究系不合作的国会议员。为了便于打击这些人,督军团把他们都列入"公府佥壬"。

督军团这么做,其实就是要把黎元洪的左膀右臂、耳目、爪牙、心腹全都砍掉,把他变成一个真正的木偶工具。

同时,督军团的"兵谏"是用以欺骗黎的一个口号,如果黎屈服,他们即借口总统威信已失而将黎赶走。这是徐州会议的预定计划。

搞政治斗争的都明白,领导者的低头认错,与普通人的低头认错,是完全不同的两回事。如果领导者认错了,那是代表你的能力、水平有问题,政敌会就此借题发挥,小题大做,攻其一点,不及其余。那样,一不小心，认错一方的防线就会失守，甚至全线崩溃。

黎元洪也不是不明此理，只是自己没有子弟兵，想硬撑、拒不承认错误，是不可能的。因此他试图接受其中的一两条，如改正宪法、摒斥"金壬"，以平督军团之怒，而国会是不能解散的。

但是，局势并没有因为黎元洪态度的软化而有所好转，相反却越来越失去控制。

一方面，督军团的人看到自己的武力威胁起到了效果，气焰更加嚣张；另一方面，黎手下的幕僚们被迫辞职之后，黎元洪势穷力屈。而且，虽然黎元洪不想解散国会，但国会里的国民党议员看到黎元洪这么靠不住，便纷纷南下避难。国会内部已经开始瓦解了。

就在北洋军人指责、恐吓北京政府时，最初反对老袁称帝的西南六省，这回又纷纷通电，反对"军人干政"。

北洋军人自然不服气，你们当初反对袁大总统，自然也算在"军人干政"之列。

5月30日，湖南督军谭延闿通电主张调停。淮军老将姜桂题表示附和，并建议邀请冯国璋、张勋、谭延闿等到北京，与王士珍共同组织"调停会议"。

然而，以孙中山为代表的国民党人并不这么认为。他们反对调停，电促西南六省兴师讨逆，要给这些北洋军人以颜色看看。

广东督军陈炳焜、广西督军谭浩明与李烈钧联名发出通电，发起滇、黔、川、湘、粤、桂六省联盟，并建议公推陆荣廷为盟主。

唐继尧通电西南各省，建议在广州组织临时政府，遥戴黎为总统。

诸如此类，大家闹得不亦乐乎，局势越搅越乱。

但是，西南六省内部也是矛盾重重，四川方面有川、滇军的冲突，广东方面有滇、桂军的暗斗。大家是雷声大、雨点小，其实谁也不想出兵。能保住自己的地盘就不错了，哪还有力量和北洋军决斗？

可是，没有兵权的黎元洪却给吓坏了。

刚刚被黎元洪说破嘴皮子请出来的新任总理李经羲一看，别人当总理要钱，我当总理要命啊，这个阵势，我可不玩了。于是，他躲在天津租界不敢出来。

黎元洪派到天津迎驾的人有十余拨，可李老头说啥也不干了。

黎元洪急得像热锅上的蚂蚁。一边是督军团威胁马上就要运兵进京，一边是请谁也请不动的尴尬局面。他已近乎哀求了，一再电请徐世昌、梁启超进京调解，但是徐以"杜门谢客"、梁以"与世暂绝"作为回答。

就在局势越来越乱的时候，北京的各国公使也坐不住了，他们质问北京政府：你们到底有没有安定时局的能力？

意思就是说：如果你们没有这个能力，局面继续乱下去，那别怪我们国家出兵保护我们的利益了……

你说这黎元洪可真是的，你没有军事实力，为什么要摸老虎屁股？为什么要免了拥有绝对兵权的段祺瑞？

一个内功尽失的武林中人，拼尽全力，非要打一个内功精湛之绝顶高手一掌，不怕自己被人家震得吐血吗？

走投无路的黎元洪，终于把目光瞄准了辫帅张勋。这也是他在免除段祺瑞总理职务之后，犯下的另一个无可挽回的大错。

黎元洪之所以瞄准了张勋，一方面是因为张勋曾是督军团的大盟主，有实力也有威望来镇住大家；另一方面是因为在其他督军纷纷独立的时候，张勋并没有宣布独立。这在黎元洪看来，是一个非常友好的信号；同时，在当时的局势下，除了段祺瑞和冯国璋，有能力稳住局面的，可能就是这个张辫帅了。更何况，李经羲老头在死活不出来任职的情况下，还顺带说了一句，可以让张勋出来调停调停（张勋是李经羲的老部下）。

经过简单试探，黎元洪动心了。而此时的张勋也向困境中的总统抛出了橄榄枝，表示拥护总统，负责调停。

黎元洪喜出望外，比看见天上掉下个林妹妹还高兴。

六一儿童节这天，黎元洪先是派了专使到徐州张勋处，并以总统命令召唤张勋晋京调停时局："……张勋，功高望重，至诚爱国，盼即迅速来京，共商国是，必能匡济时艰，挽回大局，跂予望之。"

张勋的脸上，露出了胜利的笑容。一切都在按自己的计划进行着。

一厢情愿

我们以看客的眼光回望历史的时候,要明白一件事:北洋军阀的脑袋,绝对不是我们历史课本上写的那么简单。即使是在后人看来是历史小丑的张勋,也应作如是观。

张勋在积极准备复辟的时候,他一方面与各路诸侯斗智斗力,另一方面认真研究袁世凯称帝失败的经验教训,从而确定自己的复辟策略。

经过认真研究,张勋认为,袁世凯称帝失败的原因在于没有得到执掌兵权的实力派的支持,尤其是没有笼络住北冯(冯国璋)南陆(陆荣廷)这二位英雄,所以没有足够的兵力震慑群豪,完成帝业。如果有了北冯南陆的力挺,云南的蔡锷就会由“人中之龙”而变成陷在淤泥里的泥鳅,连一尺波澜也掀不起来。

正因为有这样的认知,所以张勋格外注重与冯国璋和陆荣廷的联络。

而穿梭在张、陆和冯之间进行联络的,是一个叫潘博的年轻人。

潘博何许人也? 他便是大名鼎鼎的康有为的徒弟,而康有为是主张君主立宪制的代表人物。

正因为张勋想复辟清室,所以他平时就格外注意网罗拥护帝制和君主立宪制的人才,潘博等人就是这样走进了张勋的幕府。而忠于大清的康有为也正是通过自己的学生潘博,与张勋有了密切往来。

对于手握重兵、雄踞南京的冯国璋,张勋也一直密切关注。因为这样的人物会直接影响,甚至决定自己复辟大业的成败。

来到张勋身边工作刚几个月的潘博,知道了主子的心思,便自告奋勇去冯国璋身边摸底,及时传递消息。就这样,老张忍痛割爱,把自己的机要秘书潘博送给了冯国璋。

潘博没学来他老师的才气,却把老师撒谎的习惯给继承了。

康有为当初在变法走投无路时,曾捏造圣旨,想让袁世凯带兵勤王、围攻颐和园,抓慈禧太后;而潘博也学会了这种“对缝”的先许诺方式。

这种"对缝"的游戏，不仅高智商的人在玩，低智商的人也在玩。高智商的人玩它，那叫智慧；低智商的人玩它，那就是笑话。这种方式在生意场中常见。据说犹太人玩得最地道。

在关于犹太人的智慧中，流传着这么一个经典的故事：

一次，一位犹太老人主动为一位有才华却家境贫穷的农夫的儿子说媒，他要把当时最著名的罗斯柴尔德伯爵（著名银行家）家族的女儿介绍给这位年轻人。但农夫根本不相信天上会掉馅饼，而且会砸到他家头上。犹太老人找到罗斯柴尔德伯爵说道："我为你女儿找了一个万里挑一的好丈夫。"罗斯柴尔德伯爵婉拒道："我女儿还太年轻，不想过早考虑婚事。"犹太老人说："可这小伙子是世界银行的副行长。""噢，如果是这样，那当然好啦！"然后，犹太老人又去找世界银行行长，说："我给你找了个有才干的年轻人当副行长。"行长为难地说："可是我们已经有足够的副行长了。"犹太老人说："可是，你知道吗，这位年轻人是罗斯柴尔德伯爵的女婿。"一听此言，世界银行行长欣然同意……

读犹太人的这个故事，看着高明的操盘手一个链条一个链条地实行无缝衔接，感受到的是一种精明和智慧。政客潘博也想游走在诸侯之间纵横捭阖，却没有这个能力，于是便画虎不成反类犬了。

1916年春陆荣廷的儿子陆裕勋被袁世凯毒死时，与老袁闹翻了的冯国璋此刻也想摸清几个实力派的底细，就派潘博去南宁吊丧。

来到南宁后，潘博在陆荣廷面前捏造了一个冯的意见："如果推戴项城为皇帝，反不如拥立清帝复辟。"

接着，书生潘博在老油条陆荣廷面前开始海阔天空地漫谈天下大事，还说如果南京的冯华帅（冯国璋，字华甫，所以称华帅）、西南的陆干帅（陆荣廷，字干卿，所以称干帅）和徐州的张绍帅（张勋，字绍轩，所以称绍帅）这三个大人物联合起来做一件大事，那一定会成功的，诸如复辟之类。

陆荣廷本来就是城府极深的人，就像刘备的性格一样："性宽和，寡言语，喜怒不形于色。"尤其是此刻正因丧子之痛而伤心到极点，哪有心思听这个年轻人在这里漫无边际地任唾沫星子乱飞。

陆荣廷根本不赞成复辟，只不过他愿意大家一起反对袁世凯，然后自己稳坐西南王的宝座。那么，眼前这个年轻人，既然代表冯又代表张，只要他们想反袁，那就让他们折腾去吧，自己干脆来个"子不语"。

结果可倒好，好大喜功的潘博回到南京后，一厢情愿地做了汇报。然后又去徐州见张勋，为了显示自己此行取得圆满成功，有战国纵横家的风范，便满面春风地告诉张：陆荣廷赞成复辟。

张勋听后乐得心花怒放：你可真是能干啊！

潘博无中生有、一厢情愿地捏造的事实，让人感觉他就是在用自己的实际行动演绎着什么叫掩耳盗铃自欺欺人的故事。

1917年3月的一天，张勋在府中盛情款待即将北上的桂系首领陆荣廷。酒过三巡、菜过五味之后，大家闲聊的话题逐渐从风月转向了风云。张勋向陆荣廷试探性地谈起"民国不如清朝，共和政体不如君主政体"的政治主张。而城府极深的陆荣廷并未明确表态，只是笑而置之。但在张勋看来，陆荣廷的态度是不反对，这只是不便公开赞成自己的话而已，实则已经默许。

尤其是陆荣廷到京后，曾亲自谒见溥仪，街头巷尾还流传着老陆要把女儿献给溥仪的谣言，更使张勋相信陆已是同道中人了。

老张一厢情愿地认为南陆赞成之后，又继续关注北冯。

这位高级卧底潘博先生，把自己对老冯的理解进行了艺术加工，信口开河地告诉老张："华帅是个胸无主见的人，不过善于谋己，如果大帅和北洋诸帅都主张复辟，华帅一人不会反对的。"

志大才疏的潘博之言，说到了老张的心坎上。其实老张本人也只相信自己愿意接受的现实，因此他已经开始为自己设计的未来浮想联翩了。

一个一厢情愿的领导，加上一个一厢情愿的部属，要做一件一厢情愿的大事，却以一厢情愿的情报来决策，那做事不失败才怪呢。

带头大哥还是挡箭牌?

张勋为了慎重起见,便写信给冯,继续投石问路。

张勋在给冯国璋的信中说,北方发生的事,其实是国民党人企图推翻北洋派的政治阴谋。为了抵制西南,巩固北洋团体,必须"另谋解决时局的方案"。当然,老张的话,有明确的指向性,那就是复辟。

事情的顺利程度,超出了老张的预期。

没过几天,南京方面冯国璋回信了,对于老张的政见极力附和,且请老张主持所谓"方案和对策",并表示自己愿追随其后。

这下子,老张彻底放心了。

因为,他所看重的南陆北冯都支持自己,那么复辟大业已经如东方喷薄欲出的朝日了。复辟的时机,已然成熟!

张勋哪里知道,被推到前面的,不一定是带头大哥,还有可能是别人的挡箭牌!

张勋做梦都想不到的是,南京方面回复的电报,根本不是冯国璋回复的,而是与那个善于搞"对缝"的潘博有关!

潘博到冯国璋手下工作时,经常在冯的身边提到并夸奖一个叫胡嗣瑗的人,此人也是张勋揽在门下的赞成复辟的人。冯国璋听潘博说此人这么好,就动心了,把胡嗣瑗聘为江苏军署的秘书长。这样,潘博工作起来就更顺手了,在冯国璋帐下有了同盟者。

当潘博听说张勋发电报给冯国璋征求意见时,立即打密电给胡嗣瑗,让他以冯国璋的名义给张勋回电,该信务必让张勋满意,以坚定他复辟清室的信心。而该信不必让冯国璋看到,于是两个人共同使出了三十六计中的第一计——瞒天过海。

所以,反馈给张勋的、打着冯国璋旗号回复的电报,让张勋感到非常高兴,而冯国璋却根本不知道有这么回事。

我们都知道,领导在研究一项大事的时候,最重要的环节是私下运作,此时大家什么话都可以说,什么条件都可以提,因为不记录在案。天知地知你知我知,出了这个门,我们啥也没发生过。

私下运作完了,在公开场合难以启齿的要求,或是直接满足了,或是以其他形式进行了代偿,障碍扫除了,这时,才真正上会、表决。这也避免因在会上发生纠纷而带来的诸多麻烦。

通过这么一番努力,会议当然很顺利,结果也很圆满,会议主持者的水平、威望、权力也充分得以体现。

张勋复辟这件大事也是如此。

张勋自认为把没有了兵权的老段和拥有兵权的北冯南陆都摆平了,接下来的事,就是要拉拢一些人来壮声势了。

于是,老张召开会议,大家还真给面子,一下子来了好多支持者。

那么,各省军阀为什么会力挺张勋、反对黎元洪呢?

在他们看来,黎元洪这个家伙,连段祺瑞的职务都敢撤,那明天就很可能撤销各省大员的职务。他是北洋集团最大的隐患,必须撵走。

而这些诸侯,个个老于世故,谁也不愿出头。现在既然有了张勋这个家伙要去赶黎元洪,那么好吧,张勋大哥,兄弟们挺你。

生活中,人们都明白,有了好事的时候,谁也不会大声张扬;如果是做一件不是很好的事,那操盘手很可能就会鼓动一大批人来共同行动。

在辫帅张勋的帅府后院,他开始组织那些拥护自己为盟主的、不反对复辟帝制的各路大员进行签名,以壮大自己复辟的声势。

签名完毕,这个集体签名的黄绫由张勋的秘书长万绳栻保管起来,以此为信,不得反悔。

拉钩上吊,一百年不许变。

张勋认为,复辟大业,已经胜券在握,自己有九成胜算了。

在张勋紧锣密鼓地布置大计、反对黎元洪之时,此时的天津段公馆,也是车水马龙,人来人往,形成另一个反黎元洪和国会的大本营。前来问计的,前来打探消息的,前来请老段主持大局的,各路人马都在活动,老段设立的"独立各省军务总参谋处",俨然成了独立小朝廷。

此时的张勋,已经脑袋发热到极点了,忘了政治上谁大谁小。他真的以为老段退居津门,就会成为被拔牙的老虎。他怕老段身边人在天津鼓捣出别的名堂来，怕这个"总参谋处"成为临时政府，进而破坏他的复辟大业，居然打电报告诉老段，"不得于通常名目之外另立名目"。

老张真是发烧给烧糊涂了，也不想想这是对谁说话呢？这把老段弄得是又好气，又好笑。

1917年6月7日，这一天，正是袁世凯去世一周年零一天，在黎元洪总统的力邀之下，张勋打着"维持治安，调解府院矛盾"的旗号，率领辫子军步、马、炮兵共十营约五千人，浩浩荡荡地由徐州动身，8日抵达天津。

京津的局势陡然紧张起来。

在兵戎相见之前，先讲个笑话，缓解一下紧张气氛。

有一个穷人，有一天他老婆买回来一个鸡蛋。穷人说：我们先不要吃这个鸡蛋，如果能用这个鸡蛋孵出一只鸡，鸡再生蛋，蛋再生鸡，就有了一群鸡；再用一群鸡去换一只羊，大羊生小羊；羊再换牛，大牛生小牛；卖了牛买田盖房，再娶一个小老婆……听得入神的老婆勃然大怒，操起鸡蛋往地下一摔，穷人的美梦顿时化为乌有。

张勋的美梦倒不是因为他老婆而化为泡影，恰恰是因为没听他老婆的话而成了泡影。

就在张勋看来形势一片大好的时候，却有一个反对的声音传来。这个声音并不是来自军阀政客，而是来自他的原配夫人曹琴。

张勋的兵在天津首先进行了整顿。此间，一位连军装都来不及换的军人，火烧火燎地找到常年住在天津的张勋的大太太曹氏，向她秉明张勋的所作所为。这估计是曹氏怕老爷糊涂而安插在他身边的心腹。

曹夫人听此人汇报后，脸色大变。

于是，她苦苦哀求张勋，您什么事都可以做，唯独复辟一事做不得。对于不熟悉的地方，看似风景，实则陷阱啊，只要一办，准得上当。

看来，女人的第六感觉有时真是非常灵敏的。

然而，顽固的张勋心意已决。他等了好几年的机会，怎么可能因一介女流之言而中止呢？

张勋冲着原配曹氏怒吼："胆敢再阻止我，我就毙了你。"

张勋哪会知道，他忽视了这个不和谐的声音，使自己踏上了政治生涯的不归路。

据 1918 年出版的《复辟始末记》记载,张勋率军进入北京时,曹氏又随行入京劝谏,但仍遭张勋斥责。至此,曹氏知张勋之意无法逆转,于是私自派靠得住的堂侄张肇,持三十万两银票,往广州拜谒孙中山先生,一方面以此举支持国民革命,另一方面为张勋铤而走险的行为及子孙后代留条后路。曹氏相当于给张勋买了份意外的"人身保险"。

张勋率五千辫子军抵达天津的消息,让望眼欲穿地期盼张勋到来的黎元洪总统大吃一惊。这是什么意思?难道……

黎元洪不敢继续想下去,火速派李经羲、徐世昌二人劝告张勋减少入京随员,以免京师人心恐慌。

可是,已经拉满弓的张勋,哪有回头箭?

杀机已现。

8 日,就在抵达天津的当天,张勋突然向黎派到天津来欢迎他的总统府秘书长夏寿康提出,三日之内,请总统下令解散国会,否则,我不再负调停责任,一切后果由大总统自负。

这个国会,一直是北洋军人最反感的东西,所以督军团才要求解散国会。而张勋代表他们向总统提出这个要求,一是要使黎元洪的威信彻底扫地,二是让黎元洪自断臂膀,因为国会是黎元洪唯一的依靠了。这些与皇权相悖的障碍一旦扫除,那复辟大业将会进展得更加顺利。

这一当头棒喝,黎元洪如梦初醒。

热锅上的蚂蚁

可怜的黎元洪大总统,本想请孙悟空帮忙,却出来个六耳猕猴,对求救者照打不误。

黎元洪太憋气了,如果你帮我调停的手段就是解散国会的话,那我还请你来干什么?

可是,这个神是自己请来的,他提出了这个最坏的要求,怎么办?

请神容易送神难。如果现在拒绝张勋,那就直接把张勋推到了对立面,自己已经彻底无援了,再多这么一个强大的敌人,那可如何是好?

事情走到这一步,已经无法挽回了,都怪自己识人不淑,一步错,步步错。下一步,不是失败不失败的问题了,是怎么体面一点儿失败的问题了。

张勋下的这一着狠棋,一下子就把黎元洪"将"死了。但是,即使被"将"死,也要多咬你几口,多吃你几个子儿。

为了不过分损害自己的总统威信或面子,黎元洪思来想去,只能在肆意妄为的督军团、调解人张勋,以及总统面子这三者之间,寻找一个平衡点。

如果不解散国会,那张勋肯定以此为借口,进京复辟。而要阻止张勋进京复辟,就得满足他的要求,解散国会。但要解散国会,还不能让自己威信全无,那只能说服国会"自动"闭会,而不是采取总统解散的形式。这样,双方都能保留最后的颜面。

8 日晚上 11 点,急得如热锅上的蚂蚁的黎元洪总统,找来国会中的政团领袖吴景濂、王正廷等十余人,将自己的考虑和想法和盘托出:

张勋是我请来的,他提了要求我不能不答应。我要是不答应,他必然进京大搞复辟。约法上虽然没有总统解散国会的规定,也没规定不可以。时局已然如此,为了国家不至于复辟,就委屈一下各位,你们自己提出辞职,进而保住共和吧。

可是,议员们也不是无知小儿。冠冕堂皇的话,谁不会说?

你说你为了共和,可你与段总理打了一年,你敢说这不是权力之争?谁要是看不出这点问题,那他脑袋不是灌水了吗?

你说了半天,其实还是碍于你总统自己的面子。可是,俺们国会议员也是要面子的。你总统的面子是面子,我们议员的面子就不是面子?你说如何就如何,那我们面子往哪儿搁?

哦,如今你免了总理,还把狼召来了,出这么大事儿,让我们背黑锅,就你湖北人脑袋聪明是不?

我们议员也是有骨气的,要杀要剐,悉听尊便,但想让我们自行解散,没门儿!

随着张勋最后通牒日期越来越近，留给黎元洪协调和思考的时间不多了。到底会出现什么样的乱子，大概比他此刻的内心还要乱吧？

黎元洪又找外国顾问，又找手下智囊，可谁也拿不出一个好办法。只能告诉总统，从法理上来讲，解散国会确实非法。

也有人建议，要么就以戒严期间不许集会为由，将其解散。可这也站不住脚，因为宣布戒严，也要经国会同意。更何况，普通的集会与国会根本就不是一回事。

黎元洪再派秘书长去天津哀求张勋，可张勋却连见面的机会都不给，只传出话来，解散国会一条，没有商量余地。

在这种情况下，善于和稀泥、跟黎与段两派处得都不错的张国淦建议，此时只有把段祺瑞重新拉出来，才能控制住局势。

可是，黎元洪及其心腹一想到段祺瑞和徐树铮的霸道，脑袋摇得像拨浪鼓，不行，不能请段出山，既受不了他的嘴脸，又不能把自己置于出尔反尔的境地。

张国淦一看，那你自己琢磨去吧，出路我也告诉你了，你不走，那我也没办法了。

天堂有路你不走，地狱无门闯进来。当"而"而不"而"，不当"而"而"而"，而今而后，已而已而。

张国淦恨的舌头都打卷儿了。

形势越来越紧迫了。

王士珍、江朝宗等人找到黎元洪，提醒他如果不解散国会，北京恐怕要生大变故。

《辛丑条约》签定时讲明的，京津方圆二十里内不许驻兵，单靠些许警察卫队，想对付张勋的虎狼兵，根本无济于事。

在走投无路的情况下，黎元洪终于下定决心：解散国会。最初自己信誓旦旦地宣称的"不违法，不怕死，不下令"原则被抛到了九霄云外。

但是，黎元洪现在是既要解散国会，还要给自己的行为包装上合法的外衣。而且私底下说，人要做坏事时，肯定拉上个陪绑的，这样，发生不良后果时，不至于自己承担全部责任。

那么找谁陪绑呀？当然得是重量级的，你找个兵过来，也没什么意义。黎元洪要让国务总理与自己一起签署解散国会的命令。

这个时候，因为李经羲死活不当总理，代理总理是伍廷芳。

这个伍廷芳可不是一般的角色。他是梁启超的老乡，广东新会人。早年入香港圣保罗书院，1874年自费留学英国，入伦敦学院攻读法学，获博士学位及大律师资格，成为中国近代第一个法学博士，法律学问非常精深。

伍博士总理这时已经七十多岁了，由其子伍朝枢搀扶着，被总统叫到公府。黎元洪说出了自己的想法，并请伍老跟着自己一起，副署解散国会的命令。

伍老博士靠在椅子上，闭目沉思，像一入定的智慧老僧。他缓缓地告诉黎元洪总统："我是学过法律的人，约法既然没有规定总统可解散国会，那么此举就是违法。违法之事，我绝不副署。"

黎元洪让人告诉张勋，你看，我想解散国会，可是伍廷芳老先生不副署，怎么办？

张勋这个老粗，派人前往恐吓伍廷芳。如果你再拒绝，别怪我们采取激烈手段，你不要敬酒不吃吃罚酒。

这种人，伍廷芳这辈子见得多了，他根本就不抬眼看这些小丑。伍老告诉他们：即使你们逼死我，我的灵魂也反对。

黎元洪急得团团转。他请王士珍、钱能训、江朝宗三人，团团围住伍博士，并劝说：您就体谅一下总统吧，您就签了吧。

但是，研究一辈子法律的伍老博士，就是不同意。

不仅不同意，伍老人家还耐心地向游说者介绍推广自己在业余时间对灵魂学的研究心得："我研究灵魂学颇有心得，不副署这道命令，充其量不过是一死而已。但是死并不是一件可怕的事情。凡是没有做过坏事的人，死后的灵魂比生前的躯壳快乐得多。"

要不，你们跟我一起研究研究灵魂学？包治百病哪！

难怪人们都说老奸巨猾。这种软处理方式，实在让人受不了。

黎元洪等人，快被这灵魂学的掌门人给气疯了。

伍廷芳这条路行不通了,黎元洪又想起李经羲,不管怎么说,他还是名义上的总理呢。可是,这样的政坛老油条怎么可能蹚这浑水。老油条就是老油条,他说了一句话:"我是不会副署的,不过,如果国会解散后,我倒可以为元首帮忙。"

这话跟没说一样,甚至还不如不说,说出来后,倒气死个人。

这时,有人提议,能不能把伍廷芳的儿子伍朝枢由外交部参事之职提拔为外交次长,然后由他副署?然而,伍朝枢也深得老父真传,更是坚决不受。你们这是侮辱我的智商呢,还是侮辱我的人格呢?

黎元洪无奈,代理总不签,现总理不签,找找那个曾经的段总理如何?可是,找段祺瑞,黎元洪简直是自取其辱。段祺瑞传过话来:我是免职之身,一介白丁,如何副署?即使我在任,我也不签。

这样,当初黎元洪为逞一时之快,在免除"北洋之虎"段祺瑞的总理职务之后,终于明白了中国那句古话,老虎屁股,真的摸不得呀。

当时的情形,真是又好气,又好笑,又好玩。夏寿康奉黎元洪之令,手里捏着一道空白命令纸到处找人。只要谁来副署,那么,这个人就意味着是总理了。

这么容易就能当大官儿,这要放在后世,不抢掉脑袋才怪呢。

请神容易送神难

张勋给黎元洪的三天期限已到,但张勋为什么没有立刻冲进京城呢?其实他在权衡,这一步一旦迈出,无非就是两个结局,成功的话皆大欢喜,不成功的话遗臭万年。

事情经常会这样发展:看热闹不嫌事大。

黎元洪三天没签,张勋举棋不定,看热闹的督军团开始嘲笑张勋了:你这是雷声大雨点小啊,带着这么多人浩浩荡荡地杀到天津就不敢动了,这么些人居然吓不住一个赤手空拳的总统,你这还能当武林盟主吗?你很像武林"萌"主哦……

张勋脸上挂不住了。算了,事情都走到这一步了,即使前方真的有陷阱,可自己的意图和目标已经大白于天下,干与不干都是一个结果。不等了,杀进城去!

12日下午,黎元洪接到天津传来的消息,说张勋已经不能再等待,当天晚上如果解散国会的命令不发表,他就带队回徐州,任由独立各省军队自由行动,他将不再负调停之责。

黎元洪立刻召开紧急会议,会议从晚上一直研究到后半夜,也没想到办法。

身为一国元首的黎元洪是又想哭,又想笑,于是,他就在哭笑不得之中,又堆起笑容,求起了"北洋之龙"王士珍,希望王士珍以京津一带临时警备总司令的名义,劝国会自动休会。

这回,轮到王士珍哭笑不得了。原来"哭笑不得"也能传染。王士珍说,我没有这个权力,也没有这个先例,还没有这个义务,更没有这个心情。

黎元洪说,那你就帮我个忙,代理一下总理如何? 这样就有权副署了。

王士珍急了,你要再这么缠着我,我就辞职,什么我也不管了。

就在黎元洪彻底无望的时候,一个世界上最美妙的声音传到了总统耳朵里:"好,我就来替总统解围,副署这道命令吧!"

真是山重水复疑无路,柳暗花明又一村。

黎元洪惊喜地抬头寻找声音的来源,原来是步军统领江朝宗。

步军统领怎样能够副署总统的命令呢? 这很简单,只要任命他为代总理不就得了吗?

绝处逢生的黎元洪,简直都想给江朝宗作揖,你可真是及时雨江朝宗啊。

黎大总统抓紧时间,一气呵成,一连发布了江朝宗代理国务总理和解散国会的两道命令。

此时,天已大亮。那不要紧,日期可以往前提一天嘛,这并不算超出张勋的最后通牒时限。

这样,总统令正式签发了。

黎元洪在总统令中绕着圈子为自己辩护了半天,说明时局的艰难,说明自己的为难。然后,很巧妙地指出,现在两院议员纷纷辞职,开会也不足法定人数,这无以慰国人之期望。所以,"本大总统俯顺舆情,深维国本,应即准如该督军等所请,将参、众两院即日解散,克期另行选举,以维法治。此次改组国会本旨,原以符速定宪法之成议,并非取消民国立法之机关,邦人君子,咸喻此意!"

江朝宗虽然打肿脸充胖子,但也怕挨骂啊,他在副署命令后,赶紧通电辩解:现在时局乱成这样,总统为国家这么呕心沥血,我也尽到我的一点责任。我是为了国家安全稳定,才走出解散国会这一步棋的。

不过,尽管黎元洪费尽心思忙乎半天,但是实际效果却根本不起作用,因为张勋给黎元洪提出的问题,绝不是依靠总统解散国会就能解决得了的。

张勋的目标只有一个,复辟。不管你做什么,他还是这个目标,复辟。

紧接着要发生的事,对于黎元洪来说,其实就是自己的防线被撕开了一个大口子,很快就会全线溃退;对于张勋来说,那就是步步为营,得寸进尺。

6月14日下午,张勋偕同李经羲、张镇芳、段芝贵、雷震春等人,乘专车到了北京。张勋对黎元洪说,大总统你可看仔细了啊,看老夫的手段如何。

国会解散了,黎元洪更加被动了。只不过,黎元洪已经别无良策,只有死马当作活马医,就要看张勋怎么进行调停了。

为了巴结张勋,黎元洪在场面上下足了功夫。列队迎接,黄土垫道,军警戒严。更加难以置信的是,黎元洪居然打开中华门迎接张勋。

中华门,就是皇城的正南门,最为尊贵的"国门"。

在北京顺着皇城的中轴线,从南往北依次为:永定门、前门箭楼、正阳门、中华门、天安门、端门、午门和紫禁城。中华门的位置就在正阳门北侧,现人民英雄纪念碑南边、毛主席纪念堂一带。此门曾是明清两朝的国门象征,平常日子不得开启。

从民国成立以来,中华门为了迎接贵宾只打开过三次:第一次袁世凯迎接南京政府派来的宋教仁等五专使,第二次迎接孙中山先生,第三次就是黎元洪迎张勋了。

也就是说,黎大总统本人都没有走过此门。

头戴瓜皮小帽,脑后拖着大辫子的张勋,大摇大摆地从此门走了过来。

这一天,大概是张勋个人声望到达顶峰的时候。

不过,谁都知道,孔雀开屏的时候,它的屁股也会露出来。

黎元洪就是热脸贴上了张勋的冷屁股。

黎元洪给了张勋这么大的面子,张勋却根本不买账。黎元洪本想把张勋迎到公府,好来谈论公事,可是张勋却直接回到了自己在南河沿的私宅,只说自己风尘劳顿,要回家休息,其他事第二天再说。

15日的一大早,黎元洪就派夏寿康等到张勋的府上邀请。张勋架子端得足够大,一直折腾到上午9时,才乘着汽车出来。

不过,他出来的第一站,仍然不是总统府,而是去拜访北洋元老王士珍,而后才驱车来到总统府。这个时候,已经是中午了。

尽管黎元洪把北洋元老王士珍、名义上的总理李经羲、临时代理总理江朝宗邀来作陪吃饭,但张勋在席上仍咄咄逼人地抛出了解决时局的五条办法:

一、组织责任内阁;

二、召集宪法会议;

三、改良国会规制,减少议员名额;

四、赦免政治旧犯;

五、摒退"公府金壬"。

张勋还在口头上补提了三个条件:

一、请将优待清室条件列入宪法;

二、请定孔教为国教;

三、请批准定武军(辫子军)增招军队二十营。

黎元洪一面小心地陪护着这位大爷,一面也提出了自己的四项条件：

一、独立各省取消独立；

二、"天津总参谋处"撤销；

三、各省军队撤回原防；

四、各省不得扣留中央税款。

措辞平淡的四项条件，其实也不简单，明摆着是向张勋和督军们要政权、军权和财权。

自己没有军权，还想迫使别人交出军权，黎元洪真是傻得可爱。

见完总统之后，老张又堂堂正正地乘车到清宫，拜见溥仪，行了跪拜大礼，"奴才恭请圣安"。溥仪赐座，并赏其在紫禁城骑马。此间张勋对溥仪又说了些什么，就不得而知了。

随后，老张又来到东交民巷使馆区，遍访各国公使。

黎元洪对张勋演的这出戏，时而明白，时而糊涂，时而开心，时而揪心。看起来，张勋遍访要员，拜会外交使节，是为了时局调停，可他拜见溥仪干什么？黎元洪哪知道，张勋在同时玩着明、暗两手棋。

表面上，张勋是在尽力解决时局，在总统、总理、各省督军之间穿梭，而私下里，他却在紧锣密鼓地进行着复辟大业。他进京可不是为了黎元洪的座位稳定来的，而是为了爱新觉罗的江山来的。张勋心中知道哪个才是主要目标。

所以，就在王士珍、江朝宗鼓动徐世昌、段祺瑞等人通电要求各省取消独立，大家的眼球都盯着这些事的时候，张勋却明修栈道，暗度陈仓，加紧做好复辟的最后准备工作。

张勋复辟

《孔子家语·相鲁》中说："有文事者，必有武备；有武事者，必有文备。"用俗话讲，是既要有打手，又要有吹鼓手；用革命术语讲，是既要有枪杆子，又要有笔杆子。

复辟帝制这么大的事件中，以张勋为代表的"武"的角色已经呼之欲出了，而"文"的角色还没露面。这个神秘的幕后人，会是谁呢？

1917 年 6 月 28 日，一列由徐州开往北京的火车缓缓进站，一位衣着朴素、戴个草帽、打扮得像个农民模样的人，从熙熙攘攘的人群中走出了火车站。任何人也想不到的是，他就是大名鼎鼎的康有为。

南海圣人康有为潜入京城做甚？

我们看他到哪里去，就知道他要干什么了：马车直接把康有为拉到了南河沿张勋私宅。

原来，康有为也是来参与复辟的！他就是这出复辟活动中的"文"的角色！

此前，康有为不仅通过弟子潘博从中牵线，而且本人也已经在徐州张勋府上住了半年，两人秘密筹划复辟大业。真是一文一武，珠联璧合。

吹喇叭、抬轿子的人都请来了，接下来，该做的事，就做了吧。

6 月 30 日傍晚，张勋与刘廷琛潜入清宫，与溥仪的师傅陈宝琛密谈，安排了复辟的具体步骤。

为了迷惑外界，张勋研究完大事后，非常从容地赴江西会馆观看了梅兰芳的大戏。

台上的戏曲闭幕了，台下的大戏正式拉开了帷幕。

张勋回到住所，立即命人把京津一带临时警备总司令王士珍、副司令江朝宗和陈光远，以及京师警察总监吴炳湘"请"来议事。江朝宗和王士珍已知情况不妙，因为守门士兵接二连三地打电话汇报，外面的辫子军不停地在叫开城门。这时，张勋派来催驾的士兵已经到了，还没等王士珍和江朝宗琢磨明白是怎么回事，士兵就用汽车把他们俩拉到了张宅。

张勋在处理这件事上并不糊涂，他知道控制了防卫京城的王士珍和江朝宗，那么北京内城的大门也就打开了。只要辫子军进得城来，复辟大业就即将完成。

因此，张勋在逼着王士珍和江朝宗下令开城、迎辫子军进城之后，随即宣布："本帅此次率兵入京，并非为某人调解而来，而是为了圣上复位，光复大清江山。"并厉声质问，有不同意见的请站出来。

王、江、陈、吴四人被这突如其来的事件弄得心惊肉跳。

王士珍问了一句："各省及外交部接洽过吗？"张勋回答："外交确有把握。冯国璋、陆荣廷均表赞意，并有电来催。各省督军也一致拥护。"

不过，张勋的话，骗别人或许可以，但对于"北洋之龙"王士珍来说，就不一定奏效。以王士珍的识见，通过段祺瑞躲在天津悄悄运作之事，他应该能猜出自己这位师弟在下什么棋。静观其变吧，王士珍默不作声了。而在外人看来，王士珍的举动也是非常奇怪，他管理下的京城警察队伍不比辫子军少，却没进行抵抗，只是眼睁睁地看着辫子军胡作非为。

7月1日凌晨，张勋身穿朝珠蟒服，带着康有为、王士珍、江朝宗等人，入宫奏请溥仪复辟。正戏终于开演了。

中国人讲究谦虚。这一点首先从《周易》六十四卦中的"谦"卦就能看出来。六十四卦中，各卦各爻基本上没有绝对的吉凶，多是吉藏凶、凶藏吉。但是唯有"谦"卦例外，六爻皆吉。所以才会有"谦受益"的成语。

而历来领导者在吹鼓手的鼓动下，又是最深明"谦"道的行家里手。君不见，《三国演义》中，曹操受王爵之时，推辞了三次，而皇帝的诏书却不许，非授不可，曹操这才受了王爵；曹丕秉承了他老子这一"谦虚"的美德，逼献帝下诏让位时，却在司马懿、华歆、贾诩等人指点下，推辞三次，然后才接受了禅让大位。司马懿说得最明白："虽然诏玺已至，殿下宜且上表谦辞，以绝天下之谤。"谦让几次，就是为了做给老百姓看的，以免人说长道短。曹丕从这件事中明白了几千年史书记载的尧舜禅让之事，恍然大悟："舜、禹之事，吾知之矣！"

其实，早在曹丕之前的韩非就在其《韩非子·说疑》中颠覆了人们心目中的三皇五帝形象，说得更是直接："舜逼尧，禹逼舜，汤放桀，武王伐纣，此四王者，人臣弑其君者也，而天下誉之。"韩非子认为三皇五帝禅让之事也是逼出来的，不是真让的。难道他们是"被"谦了？

据载，当时张勋劝溥仪复位时，溥仪也很"谦虚"：

（五年前）隆裕皇太后不忍为了一姓的尊荣，让百姓遭殃，才下诏办了共和，谁知办得民不聊生……共和不合咱的国情，只有皇上复位，万民才能得救……

而十二岁的溥仪在"末代帝师"陈宝琛的指点下谦让地说："我年龄太小，无才无德，当不了如此大任。"（镜头蒙太奇一下：曹丕辞让帝位时就"自称德薄，请别求大贤以嗣天位"。）

张勋立即赞颂："皇上睿圣，天下皆知，过去圣祖皇帝也是冲龄践祚嘛。"

溥仪便连忙按照陈宝琛的嘱咐说："既然如此，我就勉为其难吧！"

《三国演义》中，这样反复推辞的事件能发生十余起，弄得毛宗岗也懒得一一注评，索性一言以破之："辞之愈力则受之愈稳。大英雄人，往往有此算计，人自不知耳。"

像溥仪这样推辞一遍就接受的事，已经是非常少见的了。

于是，十二岁的溥仪又当上了"大清帝国"的皇帝。你还别说，大清朝的末代皇帝溥仪还真有皇帝"命"：清末当一次，被张勋推出来当一次，后来的伪满洲国也是溥仪"上位"。

张勋通电全国，希望参加徐州会议的督军团赶紧来响应他这个武林盟主的号召。同时溥仪也发布"即位诏"，宣称自即日起"临朝听制，收回大权，与民更始"，并恢复宣统年号，改民国六年七月一日为宣统九年五月十三日，通电全国改五色旗为黄龙旗。

7月1日早晨，北京街头的警察挨家挨户地敲门，命令悬挂黄龙旗。一时之间，黄龙旗店供不应求，许多居民只好先用纸糊的旗子来应付"检查"。成衣店里加紧缝制蟒袍朝服；没有发辫的赶紧去戏班子找，有的人家把前几年剪掉的辫子偷偷保存起来的，这回派上了大用场，也有的用马尾制作假辫子。这让商人们大赚了一笔。

与此同时，溥仪还颁布了若干早已准备好的"上谕"，对有关人员进行封官赏爵。

封现任大总统黎元洪为一等公；封复辟的大"功臣"张勋为直隶总督兼北洋大臣、内阁议政大臣；封冯国璋为两江总督兼南洋大臣；封徐世昌为弼德院院长，康有为当副院长；陆荣廷为两广总督；曹锟为直隶巡抚；

张作霖为奉天巡抚……

也就是复辟这天凌晨,黎元洪还在睡梦中的时候,张勋就派代表前往总统府,带着小皇帝赐封黎元洪一等公的诏书和康有为预先代写的"黎元洪奏请归还国政"的奏折,叩开了总统府的门,请黎元洪在上面签字。

黎元洪终于明白什么叫"如梦初醒",终于明白什么叫"引狼入室",终于明白什么叫"搬石头砸自己的脚"。以前他不明白,但耐心的张老师让他细细地学习体验一番。

搞政治的人最怕自己被对手涮,那样显得自己玩不过人家,智商严重偏低。这是极伤自尊的。

黎元洪羞愤交加,他"黎菩萨"的老毛病又犯了。在严厉训斥来者之后,索性闭上眼睛,既不签字,也不说话。

来人只得悻悻而去。

免除段祺瑞总理职务后,眼见着局势一天比一天乱,自己还无力摆平,黎元洪知道闯了大祸,但直到 7 月 1 日这天,他才真正知道自己的祸闯得到底有多大。

借用胡兰成的一句话就是:"如内丹未成,未能变化游戏,却走火入魔,诸邪纷乘。"

黎元洪紧急派人前往天津,问计于张国淦。

张国淦劝总统:民国是您首创,现在一着出错,致使民国中断。为今之计,能够收拾局面的,还得是袁总统身边的两员大将——冯和段。因此最好的办法是请南京冯副总统代行总统职权,同时起用段祺瑞,责成他出师讨逆。他们出手,必能成功。一旦成功,这运筹帷幄、遣将用人方面,自然少不了您的功劳。不然的话,恢复民国的功劳就是段总理一个人的。希望您不要囿于成见,放下身段,非常之时行非常之事吧。

黎元洪琢磨了一下,终于明白过来了。

为了挽回自己的清誉,不至于成为历史的罪人,自己收拾不了请来的这位魔王,那不等于别人也降伏不了。我请不来南海观世音,我还请不来降龙罗汉吗?

抱定了这个想法,黎元洪不再犹豫了,决不能在错误的道路上越走越远。

亡羊补牢

第二天,黎元洪一连发了几道电令。首先是免了李经羲的总理职务,然后发布重新起用段祺瑞为国务总理的命令,责成其举兵讨伐叛逆,并派专人赶紧把电令送往天津。同时,黎元洪发出请南京的副总统冯国璋代任总统职务的命令。"此后一切救国大计,务请诸君商承冯副总统、段总理合力进行。"最后,黎元洪针对张勋和溥仪等命自己为"一等公"一事不予接受,表示自己"……受国民托付之重,自当始终民国,不知其他,特此奉闻,藉免误会"。

办好了这两件大事,张勋也派人来催逼黎元洪了,限其于二十四小时之内迁出公府。黎元洪已经懒得费口舌了,在部下的掩护下,乔装打扮成普通职员的模样,躲到了东交民巷日本使馆中避难。

黎元洪原想把段祺瑞炒了,结果却是亲手把自己炒了。

黎元洪的密使覃寿衡携密信紧急赶到天津,先找到张国淦,再请张国淦从中斡旋此事。

张国淦也不含糊,随即来到段公馆。在这么匆忙之中,张先生真是沉得住气,他没有把总统的命令直接拿出来,而是坐下来分析局势,劝段祺瑞挽救时局,布置讨张勋事宜。

段祺瑞说:"我以什么名义来号令天下?"

张国淦这才把黎元洪的命令亮了出来。你看看,"奉天承运、皇帝诏曰"都来了。

段祺瑞脸色一沉,原来你小子和那个没良心的黎元洪做好了套等我伸脖子呀!

一想到黎元洪这三个字,段祺瑞就气不打一处来。他恨恨地对张国淦说:"局势变成这样,都是因为他黎元洪的无能所致。他免了我的总理,凭什么还要我重新接受他的命令?我必须在他手下招之即来、挥之即去吗?"

张国淦是非常聪明的人。他知道段祺瑞是放不下架子,让自己向手下败将低头,面子上过不去。但他也知道段祺瑞很想利用这次机会重新出山,力挽狂澜,名利双收,只是没有合适的台阶下。

张国淦不紧不慢地劝段祺瑞:张勋复辟,人神共愤,这正是您建不世之功的大好时机。您要讨伐张勋,单靠军人的拥戴,是不合法的,必须有法理依据。孔子曰:"名不正,则言不顺;言不顺,则事不成。"如今他还是总统,签了这道命令,您也要放下意气之争,先占法理,再顺天意从民心,如此挥师,定成大功。况且,黎元洪做出这一举动,已经是向您递上降书顺表了,他还能跟您老人家争吗?

这番话,终于说动了段祺瑞。好吧,听你的,我就勉为其难。

于是,段祺瑞打开大门,接见了黎的密使,接受了黎的命令,开始部署"勤王"事宜。

段祺瑞要讨伐辫子军,所面临的难题主要有两个:一是兵力问题,二是外交问题。

段祺瑞与冯国璋不同,段祺瑞在袁世凯时代就一直在京城,任陆军总长,名义上很高,但自己直管的军队却非常少。而冯国璋却一直执掌一方,有兵有权。

所以,我们平常说军阀拥兵自重割据一方,此话用在老段身上却不适合。段祺瑞手里真的没兵,只不过有许多掌兵大员,或者是段的老部下,或者与段有很深的私交。他们算得上是段祺瑞的自己人,但并不是段祺瑞自己的。

段祺瑞要讨伐张勋,该借用哪支力量,这是首先要考虑的问题。

段祺瑞先是想就近找直隶省省长朱家宝和天津警察厅厅长杨以德,请他们派出军力协助讨逆,不料这两个人认为段祺瑞已经是被拔了牙的老虎,没有了势力,所以不理段。

段祺瑞又想到自己多年的老友冯国璋,此人坐镇南京,兵强马壮,财物充足,若得相助,必能成功。可是,有谋士提出了不同的看法。第一,讨逆必须兵贵神速,调冯的部队,远水解不了近渴,而且大张旗鼓,张勋容易做好充分准备来对抗。别忘了，从南京往京城的路上，必经徐州，那可是张勋辫子军的大本营。第二，据张勋说，冯国璋也默认复辟，万一真的如此，那请他相助就是与虎谋皮。第三，即使调冯的军队讨逆成功，那么大功就是冯国璋的，自己岂不是为他人作嫁衣裳？

段祺瑞听罢，点头称是。在段及其亲信智囊再三研究后，决定分头行动。

早在张勋复辟之前，段祺瑞就密派徐树铮到安徽蚌埠，拉拢倪嗣冲，先破了张勋的后院。

张勋复辟的当天夜里，段祺瑞派心腹大将靳云鹏赶赴济南，说服山东督军张怀芝反对复辟，以阻止张勋的老巢徐州辫子军北上增援，斩了张勋部队的后腰。

卡好了这两个"点"，7月2日，段祺瑞偕梁启超、汤化龙等开始运动京畿附近的几股重要军事力量：驻马厂的李长泰的第八师，驻廊坊的冯玉祥的第十六混成旅，驻保定的曹锟的第三师。

这几派势力，其实都算是直系，或与直系走得近的军队，平常与段祺瑞并没有更深交往，段祺瑞只得以名利动之。

李长泰最怕太太，段祺瑞就派人送钱给李太太，通过李太太的枕边风吹倒了李长泰；对冯玉祥，答应事成之后，许以师长位置；对曹锟，这个统率北洋最精锐第三师的同事，许之以未来的副总统。这个曹锟，正在为张勋复辟后把他降为直隶巡抚，由张勋自任直隶总督兼北洋大臣而耿耿于怀呢，所以痛快地答应参加收拾张勋这个老小子。

段祺瑞把讨逆的兵力问题解决了，还有一个棘手问题，就是外交问题。

根据《辛丑条约》，北京天津附近二十里是不许驻军的，贸然出兵，弄不好会惹起外交纷争。

幸好段祺瑞也与日本公使有密切关系，通过一番活动，先是取得了日本公使对讨逆军的支持，然后再由日本公使在各国公使团会议中做游说工作，各国勉强同意在讨逆时期，中国军队有行军及运输的自由。

关于军饷问题，日本人答应借给一百万元（关于日本为什么有如此好心之举,后文有更大的文章要做,此处先搁置不论),旧交通系也在交通银行支出二百万元支持段祺瑞。

段祺瑞这一整套动作做得真利索,一看就是早有准备。

一江春水向东流

7月3日上午8时,讨逆军司令部在第八师成立,公推段祺瑞为讨逆军总司令。老段扬鞭立马,慷慨誓师。

段祺瑞在梁启超、徐树铮等人的辅佐下,对复辟势力采取分化瓦解之招数。

段祺瑞先把自己的大师兄、"龙杰"王士珍与此事摘开。在讨逆檄文中,段祺瑞和徐树铮把以王士珍为首的北京军警长官说成是"为保持市面秩序,不能不投鼠忌器,隐忍未讨,理亦宜然"。

段祺瑞还在参与复辟的其他相关人等与张勋本人之间划了一道界线,通电声称,复辟之罪不在清室,而是被"匪人"利用。"今兹构衅,祸由张逆,冲帝既未与闻,师保尤明大义,所有皇室优待条件,仍当永勒成宪,世世不渝",因此,"本军伐罪吊民,除逆贼张勋外,一无所问","凡我旧侣,勿用以胁从自疑"。

这个分化瓦解的策略很是得当,对张勋来说是非常致命的。

大家一看,段老虎起兵了,那还怎么打。再一听段老虎说,我们现在脱离张勋的话,不仅无罪,反而有功,那赶紧跑吧。所以,仗还没打起来,对方就已经要散伙了。

段祺瑞到底是虎威不减,他登高一呼,掌兵大员立刻从者云集。混迹江湖二十年的人脉关系确实非同小可。

冯国璋在南京通电拥护,程璧光与淞沪护军使卢永祥在上海拥护,浙江督军杨善德拥护,广西陆荣廷拥护,以前曾经拥护袁世凯帝制、现在逃到香港的财神梁士诒也拥护段祺瑞……

风向大变,比火烧赤壁之前那隆冬季节由西北风骤吹东南风来得还快,张勋惊得目瞪口呆,差点儿口吐鲜血。但是,最让他目瞪口呆和喷血的事还在后头。

本来,张勋辫子军的势力是相当可观的。他盘踞徐州多年,兵精粮足,又是武林盟主,有数省军阀在后面支持,如果运用得当,将是非常不容易对付的力量。

只是,张勋太高估自己的优势,太低估对手的力量。

第一,张勋遇到了"北洋之虎"段祺瑞和小扇子徐树铮,此二人是霸气加狡猾,老虎加狐狸,活该他张勋倒霉。

第二,张勋太低估了黎元洪的反抗,以为这个手无寸铁的总统禁不起他的恐吓。

第三,张勋脑袋空空不要紧,还进了水。在潘博的鼓动下,一厢情愿地以为冯国璋和陆荣廷不会反对自己。真的都不知自己姓啥了。

第四,张勋远不是成熟的政治家,他自己也没想想,袁世凯活着的时候,对包括他张勋本人在内的各路诸侯都用商量的口吻说话,很是照顾弟兄们的面子。而张勋无才无德无能,当上个武林盟主便颐指气使,从没考虑别人的利益,因此被别人当枪使还不知道,乐颠颠地往前冲。其实大家都等着他失败时来个墙倒众人推呢。

段祺瑞领导的讨逆行动是从 7 月 6 日开始,到 12 日就宣布结束了,前后不过一个礼拜,中间还有四天顿兵不进,谈判交涉,大家一共就打了两天。所以后人总结说,别的时间或别的国家发生复辟时(比如法国大革命),往往是血流成河、尸横遍野,但张勋复辟这次,却是最平和的一次军事行动。

如果不是因为复辟事件重大,那么这次军事行动,实在是小得不值一提。

如果说此战略有值得一提的地方的话,那就是在讨逆行动中,曾有飞机参战,这是中国内战史上第一次使用空军。

当时是由段祺瑞的讨逆军派出南苑航空学校校长秦国镛,往驻丰台的辫子军阵地投炸弹,然后又在清宫上空盘旋,大铁鸟轰叫着,瞅准机会扔下了三颗炸弹,把太监和宫女们吓个半死。

讨逆军不费吹灰之力,一战而克廊坊,再战会师丰台,三战而兵临北京城下。这期间,双方没有大战,火车照开不误。张勋倒是想破坏丰台铁路以阻止讨逆军行动,但遭到外交团的抗议,因为这是《辛丑条约》所不允许的。张勋兵力不足,本想派原属北洋势力、现在支持张勋复辟的奉天二十八师师长冯麟阁部打头阵,可这些人没放几枪就阵前倒戈。

7月8日,辫子军全部撤入北京内城,双方开始谈判。张勋也想借机缓冲一下,向徐州大本营求援,要援兵赶紧北上。

不过,张勋的这封求援电报,只能让他自己更加彻骨地明白一件事:其实,要要弄张勋的,岂止是冯国璋、段祺瑞或是其他各省军阀呢?就连张勋的部下,也在要弄他,等着看笑话。

张勋本来有五十个营的辫子军(每营约五百人),这次只带了十营五千人入京,本意是要进可攻、退可守,且不失自己的大本营。

张勋从徐州北上的时候,他把这四十营的军队交到自己最为倚重和信赖的头号大将张文生手里,同时约定:"你在徐州好好看家,等到复辟后,我发电报'速运花四十盆来京',你就立刻调这四十营兵力开往北京。"

当然,这"四十盆花",就是暗语,以防止重大消息外泄。

张文生拍着胸脯保证,一定照办,决不误事。

可是,张勋做梦也想不到自己最倚重的干将居然在关键时刻出卖自己。单单从这一件事上,也可知张勋做事不会成功。在涉及这么大的事情上,自己在用人环节都会犯错误,那只能怪他自己无能了。

张勋进京宣布复辟后,赶紧给张文生拍电报:"速运花四十盆来京。"

也不知张文生这小子是怎么琢磨的,历史上只说他认为张勋复辟决不会成功,不愿断送自己。或者说这小子早就发现了众人全都在要弄张勋一个人?

总而言之,就在这个关键时刻,张文生背叛了他的主子。

他立刻照办——只不过是按照电报的字面意思办的。

张文生命令手下,赶紧从徐州张府花园中选取四十盆名贵花卉,派两个副官坐火车押运到北京,交与张勋。

张勋正眼巴巴地盼着援兵呢,果然盼到徐州大本营来人送了四十盆各种花卉，大概有玫瑰、月季、吊钟、吊兰、仙客来、发财树、郁金香、蓝色妖姬、勿忘我，可能还有一朵美丽的茉莉花……

张勋一见这么多花儿，眼睛都花了，气得浑身直哆嗦，跌落太师椅，连声骂道："坏了！坏了！连张文生这小子也抽我的梯子了！"

让送四十盆花，就送四十盆花，多一盆不干，少一盆不行，且在第一时间送到，多么忠心耿耿的好部下！

文生送花，碎了张勋的心；祺瑞讨伐，伐去了张勋的梦。心啊梦啊，全部付之一江春水向东流了。

可以说，此时的段祺瑞是"大风起兮眉飞扬"，张勋是"安得猛士兮守鼻梁"。

张勋眼见大势已去，几天前的美梦彻底变成了黄粱梦。张勋夫人当初最担心的事，终于发生了——自己的糊涂老爷被大家涮惨了。

几家欢乐几家愁

段祺瑞派人向张勋传达了停战的四项协定：取消帝制，解除辫子军武装，保全张勋性命，维持清室优待条件不变。

段祺瑞此时率军止步，与张勋谈判，是不想用炮火砸碎了这千年古都里面的一砖一瓦。张勋在这件事上居然也变聪明了，没有像几年前初入南京时烧杀抢掠，而是不让辫子军动民间的一草一木。

张勋是给自己留后路？或是吸取了攻占南京时惹起外交麻烦的教训？还是怕《辛丑条约》中的规定？怕北京外交使团多？

总之，双方的枪炮都保持了极大的克制，这可真是奇怪。

本来，双方谈判时张勋还想本着"我不离兵，兵不离械；我从何处来，我往何处去"的意图，至少复辟不成还能回徐州大本营，那里还有四十营的军马服从自己。可是张文生的四十盆花彻底击碎了张勋的幻想，现在，他开始考虑怎么活着走出北京城了。

大家轮番要张勋，终于让张勋明白一个道理，他说："我太傻了，人人都很聪明，复辟不是我一个人的主张，也不是我一个人的愿望，复辟成功大家享福,如今干垮了拿我一个人受罪。"

突然觉得,说出这番话的张勋,像个受人教唆做错事却万分委屈的孩子。

张勋这个淘气的孩子,在别人的鼓动和掌声中,拿棍子捅了马蜂窝,以为能弄一点儿蜜,可里面出来了成群的马蜂,还专门蜇张勋一个人,把张勋的脑袋蜇成了蜜释迦一样,却不蜇看热闹的。张勋能不伤心吗?

事情的结果已经没有任何悬念了,张勋已无任何胜利的机会。为了尽量减少损失,外交使团和北洋元老徐世昌等人开始从中斡旋。

11日,外国记者到张公馆见张勋,没想到这位闯祸了的辫帅,伤心过后,态度非常镇静。

他说:"复辟一事不是我一个人的主意,是北方各省督军们的共同主张,冯国璋同意复辟的亲笔信在我手里捏着,段祺瑞派徐树铮来我这里密谈,他们签名的文件也在我手里。必要时候,我就把这些公布出来,拼个鱼死网破,我张大帅绝不投降。"

由于张勋装横,和平解决一时无望,讨逆军决定攻城,再狠狠地揍张勋几棍子。

不过,双方都明白,张勋这是瘦驴拉硬屎——硬撑架子;而段祺瑞也知道,吓唬他几下,给个台阶,让他赶紧顺坡下驴得了。

在段祺瑞率领的讨逆军的强大攻势下,张勋的辫子军完全失去了斗志。到了12日这天上午,讨逆军向张勋住宅发射了一发炮弹,这发炮弹在留学德国、专攻炮兵的段祺瑞指挥下,精准地砸中了张公馆,其余则是放空炮威胁。如此一来,大家便如鸟兽散了。

战事宣告结束。辫子军死了不到一百人,其他人则逃之夭夭。

张勋本人逃进了荷兰大使馆寻求庇护。

不知道荷兰使馆离日本使馆有多远,说不定躲在日本使馆里的黎元洪会透过玻璃和躲在荷兰使馆的张勋隔窗对视呢。

号称"文圣"的康有为,来京的时候是打扮成农民,这回又打扮成农民,黯然离京。

就在这个时候,辫子军徐州老巢又传来消息,张文生给张勋邮来四十盆花后,又率领全体辫子军通电投降,并把头上的辫子完全剪光。

张勋复辟的闹剧,仅上演了十二天,就草草收场,如礼花一般消逝在茫茫夜色之中。

张勋好梦醒来,发现什么都没了,脑袋后的 pigtail 没了,只剩下阑尾还在。

在冯国璋和段祺瑞双雄并立、黎元洪试图掌握大权的时刻,张勋这个本来并不起眼的另一股势力,成了人们争相拉拢的对象;但当张勋错误地估计自己的力量,志得意满、逆潮流而动的时候,却又迅速走向了自己政治生涯的终点。这件事给后人留下了非常深刻的教训。正如释戒嗔在《戒嗔的白粥馆》书中,有一则《一克重的砝码》的故事所言:

> 生活中的我们大多只是平凡的小人物,就像那个最轻的小砝码,千万别以为自己是没有什么用的,因为在最关键的时刻也许左右全局的人就是你。但是即便左右了全局,也别以为你真的就那么重要,必不可少了,要时刻记得自己只是一颗微不足道的小砝码。

民国的时候,政治环境确实比以往宽松多了。以往争夺王位之时,不管是成者还是败者,总会是一场血腥的厮杀。但此次双方不仅没怎么动手,而且在谈判时,"水晶狐狸"徐世昌从中斡旋,向段祺瑞劝道:"绍轩(张勋的字)虽为祸首,但只不过是一莽夫,请念北洋同袍之谊,穷寇莫追。"你就当他是个屁,放了吧。

段祺瑞点头同意。

这场事变中,最大的输家,当然就是张勋了。政治生命没了,自己所倚重的枪杆子、五十个营的辫子军没了,自己那如花似玉的爱妾王克琴也跑了。真是赔了夫人又折兵。

最大的赢家,当然是段祺瑞,一不小心,成了"三造共和"的伟人了。

段祺瑞对于共和的"前两造",一是率四十多军官在前线通电,逼清帝退位,二是把老袁拱下台。因此这次把张勋赶走,就成了"三造共和"。

7月14日,在一片军乐欢迎声中,段祺瑞英雄般地凯旋,复任总理,彻底控制了北京政权。

冯国璋也如愿以偿,收回了兵家必争之地——徐州地区。

然而,段祺瑞脸上的笑容还没有消退,更加闹心的事情已经摆在了他的面前。

那就是,谁来当总统?

再把手下败将黎元洪捧回来?段祺瑞很不甘心,两个人都打成这样了,已经没有弥合的余地了。自己上来亲任总统?那外界舆论怎么看?在内阁总理握有实权的体制下,谁来和自己搭班子、还能乖乖听命于自己?除了黎元洪和自己,就剩下冯国璋和徐世昌能当总统了。到底是把手握重兵的冯国璋请来当总统呢,还是把手中无兵的徐世昌请来当总统呢?

段祺瑞的头脑中,不停地盘旋着这个问题。

第二十一章 ＼ 同舟异渡 ＼

"四哥快来"

段祺瑞回京后，一直从中穿针引线的张国淦立即前往府学胡同的段宅，密商"总统"问题。张国淦建议，应该迎黎元洪复职。

没等张国淦说完，段祺瑞就急眼了："你这是什么意思？我怎么可能还与这个人共事？我忙乎半天，就是替他忙的？你到底安的什么心？"

张国淦心里苦笑，自己两头忙，却两面不讨好。黎元洪认为他是段祺瑞的人，段祺瑞认为他是黎元洪的人。想来真是命苦。不过，张国淦仍然非常耐心地劝道："黎元洪经此颠沛，威望大大受损，此时让他当总统，以后想必不会再跟您对着干了吧。"

督军团的督军们与张国淦的看法不同，他们认为，黎元洪已经在张勋复辟之际，引咎辞职，那他就已经不是总统了，他也没资格再来当总统。

西南各省认为，黎元洪只是在失去自由时期，请冯国璋代理总统，一旦黎元洪恢复自由，总统一职便应自动恢复。

"以副代正"的冯国璋为了摆脱自己争权夺利的嫌疑，主动发表电报说，应该请黎元洪回任总统。

然而，倔强的老段一想起两人之间的矛盾和纠葛，气就不打一处来，说什么也不想再与黎元洪共事。

张国淦知道老段的心难再挽回，不过他还是苦心劝了一句："不管怎么说，您今天的总理，仍然是黎大总统任命的。当前有一件事必须要做，那就是赶快把黎元洪从日本使馆接出来。元首蒙尘于外国使馆，总不是什么光彩的事。先得接出来，然后再商量谁来当总统之事。"

段祺瑞觉得这句话倒还在理,于是便和江朝宗等人一起去日本使馆接黎元洪回到他东厂胡同的私人住所,在感谢日本公使保护黎元洪的同时,也感谢日本在讨逆军行动时的帮助。

回到私宅的黎元洪立即通电全国,宣告去职,一方面是觉得自己引狼入室太丢人了,另一方面他更不想与段祺瑞共事。

然而,在他还没正式辞职的时候,7月16日,就在黎元洪回到自己私宅的第三天,他的花园里就发生了一起骇人听闻的凶杀案。

黎元洪有每天早起散步的习惯。16日早晨黎元洪正在花园散步的时候,看见一个军人提刀走来,边走边左顾右盼。

几个卫士立即围了上来,结果是三个卫士被杀,这个提刀者也被随后进来的卫士击毙。

在总统私宅居然发生这样的事,简直不可思议。警察过来破案,很快发出公报说,此人是总统府卫队排长,有精神病史,他杀死卫士是因为抢东西分赃不均,因此动了杀机。然而,堂堂总统府怎么会跳出一个精神病呢?

张国淦告诉黎元洪:"别人说啥就是啥吧,你现在既不能争辩,也不能声张。目前以安全离职最为重要。"

这个时候,段祺瑞出来说话了。他认为,黎元洪的卫队这么复杂,承担不了保护总统的重任,因此令江朝宗解散了黎元洪的卫队,另派得力的军警保护黎宅。

如此看来,不管这个精神病是不是有人故意安排的,但借由这起精神病事件的发生,段祺瑞趁机换掉总统府卫队,这才是问题的本质。

苦命的黎元洪又一次变成了政治俘虏。

黎元洪虽然宣布辞职,但西南六省仍然拥其为总统,并派两艘军舰来到秦皇岛港,希望黎元洪乘军舰南下广州避难。这到底真心迎黎,或是成心搅局,还是超级政治秀?我们无从知晓。不过,当年老袁把黎元洪骗到北京,就此软禁,今天老段怎么可能纵虎归山?

你给我老实地待着吧。

黎元洪跟段祺瑞说,自己想到青岛去避暑。老段的回答是,你不能离京,我还有好多"大事"准备登门求教呢。你要是走了,我找谁"商量"去呀。

黎元洪一看,人家当总统有钱,自己要当总统的话是没命啊,连走出去的自由都没有了,干脆,我得病吧。于是,黎元洪苦着脸说,自己有病了,真的有病了,得到法国医院里去住,并声明自己决不再复任总统。

黎元洪此举,也算是给段祺瑞吃了个定心丸,其真实的意思是说,我斗不过你,我认输了,我退出这个局,你也别把我当敌人看待了。

这样,"前"总统黎元洪彻底不干了,谁劝说也不行。权力跟生命比起来,那还是选择生命吧。

那么,"代"总统、副总统冯国璋呢?该不该让他来当总统?如果冯国璋当了总统,对于段祺瑞来说,到底是利大,还是弊大?

有谋士指出,冯国璋手握重兵,控制富庶的江苏,这样有兵有钱的人,如果他来当总统,肯定不好控制。

小扇子徐树铮的想法却和别的谋士不同。他向段祺瑞建议,应该迎冯国璋当总统。他的理由是:冯国璋若留在南京,便会要风得风,要雨得雨;如果来北京就任空头大总统,势力就会逐渐削弱。

段祺瑞心里很复杂。

平心而论,老段心中属意的总统人选,是无兵无将的徐世昌。这样的人过来,比较好掌控。但迎徐世昌又没有任何法理依据,冯国璋已经"以副代正"了,此时怎么可能选一个隐居在家的老人出来当总统呢?

段祺瑞反复考虑徐树铮和谋士的话,又把自己心里的小算盘拨拉了十来遍,也没有找到让徐世昌来当总统的借口,只好决定,迎冯国璋当总统。

于是,段祺瑞给远在南京的副总统冯国璋发了一封电报,这封电报是标准的段氏文风,直奔主题,绝不啰唆,电文只有四个字:四哥快来。

仅此四个字,就把一国元首定下来了。霸气十足吧?

大的方向定下来后,段祺瑞在北京抢占先机,谋篇布局,开始组阁。他要把自己人都安排在关键位置,等老冯来京时便是请君入瓮了。

7月15日和17日,段祺瑞两次宣布组阁名单,组成了由段系人马、研究系和新交通系组合的混合内阁。

所谓研究系,是从民国初年的进步党脱胎的一个政治派系,得名于1916 年在北京成立的宪法研究会,其领袖人物是梁启超、汤化龙。

由老段一手操刀组织的这届内阁成员为:段自兼陆军总长,刘冠雄为海军总长,汪大燮为外交总长,汤化龙为内务总长,梁启超为财政总长,林长民为司法总长,张国淦为农商总长,曹汝霖为交通总长,范源濂为教育总长。

权力分配的格局,是对在某项重大事件中,谁作出贡献多少的直接折射。

梁士诒等对段祺瑞讨逆大力支持,段祺瑞投桃报李,于是便有新交通系曹汝霖在内阁中的重要位置。

这个内阁中,研究系占了五席,是外交、内务、财政、司法、教育。梁启超得到了以前求之不得的财政总长的职务。研究系可以说是大获全胜。

但生活中的事就是这样,不管怎样的结果,总会是几家欢喜几家愁。

这次复辟和反复辟的斗争中,除了张勋,最尴尬的莫过于康有为。在这场较量中,康有为和梁启超师徒二人各助一方:康助张复辟,复辟后的"宣统上谕"就是康的手笔;梁助段讨逆,讨逆檄文是梁的手笔。

师徒两个的口水隔空相撞,撞得星落如雨。

复辟失败后,康有为对自己一手培养的弟子恨之入骨,有诗为证:"此次讨逆发难于梁贼启超也,诗曰:'鸱枭食母獍食父,刑天舞戚虎守阙。逢蒙弯弓专射羿,坐看日落泪潸潸。'"

康有为不仅对梁启超恨得牙根痒痒,也被段祺瑞、冯国璋、徐世昌等人涮而气得老泪纵横。

康有为后来曾有《与徐太傅书》洋洋五千言,登在《不忍》杂志第九、十期合刊中,揭发复辟经过,力指段祺瑞、冯国璋、徐世昌都曾与谋,亦有诗为证:

　　　诸帅本与绍轩徐州订盟,复辟今竟妒功背盟,无信不立,痛哉,感而赋诗,诗曰:"围城惨淡睹龙争,蝉噪声中听炮声。诸帅射王敢传檄,群僚卖友竟称兵。晋阳兴甲何名义,张柬无谋召丧倾。信义云亡人道绝,龙旗收影涕沾缨。"

段和冯有没有参与复辟密谋,现在已无关紧要了,重要的是,人家兄弟俩成了最大的赢家,重要的是,康有为和张勋这"文武二圣"被北洋系人马耍得可怜。

这,大概就是政治家或政客们的手腕吧。

另一个比较尴尬的人,是"北洋之龙"王士珍。这么大的事件中,他的两个老朋友一个做了总统(冯国璋),一个当了总理(段祺瑞),而他却因被胁迫而变成复辟的附从。自觉无颜见人的王士珍准备回正定原籍隐居,被段祺瑞留住,劝他以北洋集团为重,且称赞他维持北京秩序有功,如果不是他从中暗助,京城又会面临浩劫,并请他继续担任参谋总长。

换一个角度来说,估计,这也是老段用来增加自己对抗老冯的砝码。

北上就职

冯国璋接到老段打来的"四哥快来"的电报后,乐得心花怒放。看见了吧,要想摆平时局,离开俺老冯,是不可能的。

但是,高兴归高兴,老冯还没有高兴到忘乎所以的程度。到底离不离开自己的老窝,奔赴京城任职,冯国璋也是经过反复思想斗争的。段祺瑞的风格,他不是不明白,两人一起打天下有二十年了,没有比冯国璋更了解段祺瑞的了。自从袁世凯归天后,中国的实权,实质上就基本掌控在这兄弟二人手中。无论如何,虎豹双雄都面对着无法回避的正面交锋。究竟是东风压得住西风,还是西风压得住东风,这都很难说。

冯国璋私下里认为,自己比段祺瑞略占上风的是,自己有直接控制的地盘和军队。从复辟一事,段祺瑞求京畿周围驻军帮忙来看,就清楚得很。那么,自己到底应该如何走下一步棋呢?

冯国璋手下有一部分谋士认为，冯不应该离开自己经营多年的南京和自己的军队，不应该去北京做空头总统。

另一部分谋士认为，目前冯已稳坐江南半壁江山，去了北京，正是扩大自己势力的大好时机。即使有最坏的那一场景出现，也是进可攻、退可守。纵然无得，但也不会有失。

就在冯国璋左思右想的时候，段祺瑞的使者已经来到南京，向冯国璋传达了段的意思，务请冯国璋北上。如果你我兄弟携手，必然是"二人同心，其利断金"，那么在老大袁世凯去世后，重振北洋雄风的重任就在你我二人身上，这个时机已经到来，四哥你还有什么可犹豫的呢？

平日里冷冰冰的老段，此刻说出如此热切的话，让冯国璋打消了最后一重顾虑，他终于下了决心——进京。

但是，冯国璋毕竟不是三岁孩子，被几句话就说得热血沸腾的。搞政治最重要的是实力。况且，做任何事都要先小人、后君子，先把条件谈妥，以后的事便顺畅得多，彼此也可放心。

于是，冯国璋开出了自己的条件：南京及其周边地区，仍然是我的势力范围，我离开南京之后，由谁来镇守这里，我说了算。

冯国璋要求，自己离开南京后，要把江西督军李纯调来接任江苏督军一职，湖北督军王占元镇守湖北不动，提升第十二师师长陈光远为江西督军。

冯国璋所安排的这三个人，与冯国璋的交往可就有历史了，他们都是长期追随冯国璋的老部下。想当年武昌起义后，袁世凯出山时，冯国璋率领第一军南下，兵锋直指武昌，第一军第六镇的统制（师长）就是李纯，第二镇协统（旅长）就是王占元，第四镇协统就是陈光远。而这三督，后来就形成了北洋史上赫赫有名的"长江三督"。

安排了这些，还不算完，冯国璋还要考虑自己的人身安全问题。

想当年，袁世凯重出江湖的时候，就调冯国璋为禁卫军统领，掌管皇宫防卫大权。民国成立后，冯国璋仍然统率着这支军队，名称也没变。老冯太知道有一支自己的禁卫军的重要性了。

冯国璋继续向段祺瑞提出，要把一向由自己统率的禁卫军扩大为两个师。以王廷桢为第十六师师长，留在南京，与由江西调来的第六师师长齐燮元共同守卫江苏，保证老冯的大本营不动摇，这可不能像张勋那"四十盆花"似的谢了。齐燮元师的前身就是大名鼎鼎的武卫右军、北洋第六镇。另以刘询为第十五师师长兼总统拱卫军司令，跟自己进北京。

这样，老冯这儿招下来，就把南京城和北京城中能让自己睡安稳觉的权力都握到手了。

段祺瑞本想趁机占便宜，本来要派心腹段芝贵来补冯国璋走后的江苏都督空缺，但老冯直接打断了他的念头。为了先稳住大局，段祺瑞只得点头同意。

不过，老段肯定也不是省油的灯，最重要的实惠没捞着，那就得趁机捞一点儿别的好处。

你冯国璋不是占南京吗？那我段祺瑞就打外围，我要任命傅良佐为湘督，吴光新（段祺瑞的小舅子）为长江上游总司令兼四川查办使。你不是要带自己军队来北京卫戍吗？那我就任命段芝贵为京畿警备总司令。你的人管内城，我的人就得管外城，这才是公平交易。

哥俩互相看了一眼，行啊，心眼儿没少长啊，好吧，谁也没吃亏，捏七叉八勾九挠六，成交。

条件谈妥了，双方担心的事也解决了，都留了后手，冯国璋开始收拾行装，带着自己的亲信随从参谋长师景云、军务处长熊炳琦等人，北上，进京，当大总统。

从1896年进小站追随袁世凯，到现在的1917年，南征北战、东挡西杀，奋斗了二十一年，老冯终于迎来了自己成为老大的这一天。这要是再倒退几年，俺不也是成了"皇上"吗？

老冯有些飘飘然了。

1917年8月1日，冯国璋抵达北京。他先到东厂胡同拜见了上一任大总统黎元洪，又假意地挽留了一番黎元洪，在黎坚决辞职之下，冯国璋这才放心地离去。

北洋，送走了袁段的君臣模式、黎段的冤家模式，又迎来了冯段的兄弟模式时代。

这一阶段,会是怎样的气象呢?

8月4日,冯国璋在北京通电就任代理大总统(当然,正式的大总统是要选举的,目前没到换届期,只能是代理)。

冯国璋就职后,派张一麟为秘书长,师景云为侍从武官兼军事办公处长,熊炳琦为侍从武官兼参谋长,张宗昌为侍从武官兼副官处长,殷鸿寿为侍从武官兼执法处长;侍从武官长仍为荫昌,总统府指挥使仍为徐邦杰,这两人是袁时代就担任这项职务,历事袁、黎、冯三位总统,可谓三朝元老。

尤其是这个荫昌,虽然在清朝时他就以"除了军事之外啥都通的军人"而闻名,武昌起义爆发时他无力指挥前线军队,被袁世凯耍得团团转,但因为他人缘不错,在民国时期居然还如鱼得水。看来此人除了不能任军职,在其他位置还是大有可取之处的。尤其不能忘记的是,北洋三杰能够进入小站袁世凯的麾下,那可就是这位荫昌推荐过来的。他属于"伯乐"级的人物,还挺会看人!他当年推荐的三个落魄书生,如今一个当了总统,一个当了总理,另一个是让总统总理都不敢小视的人物,试问历史上,谁还有这个眼力?

三杰之中,冯国璋年龄最大,其实他比袁世凯还大八个月。如今这个年长者又坐上了大位,成了一把手,自己有地盘、有兵、有权,自觉不自觉地把自己视为了新一代可以扭转乾坤的人物。

当下,冯国璋有点儿志得意满了。他想,既然历史把这个大任放在了自己的肩膀上,那么他必须做出一番轰轰烈烈的事业来。因此要团结北洋三杰,重振北洋雄风,希望府院一家,上下齐心协力,内外凝聚一心。

老哥仁的手终于握到了一起。回想起当年一起打天下的情景,如在眼前,当年的血性男儿如今已是年近花甲了,这让他们不胜唏嘘。

冯国璋紧握着段的手,亲切地说:"以后咱们再也没有什么府院之争了。"他又对王士珍和段祺瑞说:"咱们三人从此要一条心,通力合作,在咱们三个人中间,无所谓总统、总理、参谋总长。"

可是,这种美妙的想法真的会实现吗?

在那种体制格局下,谁要把政治看得简单,政治就要让谁买单。

当然,冯国璋尽量让自己考虑得不简单,但是当后来府院重新出现矛盾的时候,冯国璋发现,他还是考虑得太简单了。

段氏心经

段祺瑞回京之后,把最重要的总统问题解决了,接下来还有两件大事:国会问题和对德宣战问题。

当领导的,都想说了算,这在皇权时代,更为突出。

领导既然想自己说了算,就不喜欢对权力的制约,尤其是从皇权转向共和的时候,有谁会真的喜欢絮絮叨叨的国会呢?

"北洋之虎"段祺瑞也不喜欢这个国会,害得段领导没法按自己的意图推行政策。当初的袁世凯更不喜欢这个国会,直接把国会给废了,但却招来了无数人的谩骂。所以,有了这个教训,段祺瑞纵然再不喜欢,也不敢废掉它。既然挂上了民主共和的招牌,这个国会形式还不得不存在。

这个时候,梁启超出了个主意。既然旧国会被黎元洪给解散了,新国会还没成立,而国会作为民主共和的外在形式还不能没有,那么可以模仿民国刚成立时设立临时参议院的形式,设个"临时"机构,代行国会立法权。

这样做还有一个好处,临时参议院的参议员是由地方当局指派,而不是人民选举,这样就可以按照领导的意志来办事。这里面还涉及的一件大事,就是黎元洪和段祺瑞打得不可开交的对德宣战问题,如果按照领导的意思来办,那就不会再如以前那样麻烦了。

段祺瑞觉得,这个主意还真是不错,到底是知识分子心眼儿多。

7月20日,国务院在讨平复辟政变后,举行了第一次国务会议,通过召集临时参议院,并推梁启超起草通电征求各省当局对于召集临时参议院的意见。

梁启超发出的意见,在别的省倒没怎么引起反应,但是孙中山却表示了最坚决的反对态度。孙中山先生说,只有恢复被非法解散的国会,才能符合约法精神，段祺瑞如今召集临时参议院，完全是破坏约法。

孙中山指出，黎元洪总统不仅误引张勋入京，而且非法解散国会，他又在颠沛流离之中非法任命段祺瑞为总理，种种行为，都不合法。所以你段祺瑞的总理一职本身就不合法，我拒不承认你的地位。

对于孙中山的主张，西南军阀以其大有政治利用价值而表示支持，他们团结起来，一起反对段祺瑞。

段祺瑞现在是大权在握，管你反对不反对，反对无效。我就是总理，总理就是我，无须你来确认。以前的那套约法，里面有不少毛病，美国人的玩意怎适合中国？必须修改。现在是要先召集临时参议院，由这个会议来研究怎么修改约法，再成立国会，而不是反过来。

段祺瑞强硬地解决了国会问题，接下来要解决的，就是对德宣战问题了。

国会解散，乃至于黎段之争，归结起来，都是因为要不要对德宣战所致。如今黎元洪灰溜溜地下台了，段祺瑞说了算，新任总统老冯对他也很支持，因此对德宣战已经不成问题了。

8月4日，对德宣战案提交国务会议通过，14日以总统命令的形式正式公布。

北京政府对德宣战，美国政府立刻表示好感，立刻照会北京外交部：赞助中国在国际上享有大国应当有的地位及其优待！

美国政府还通过中国驻美公使顾维钧向北京秘密报告：美国将向中国政府提供两亿银圆借款，帮助中国出兵欧洲。

可是，段祺瑞的算盘是怎么打的，美国人并不清楚。

段祺瑞早就和日本有了秘密往来，或者说，日本人早就把段祺瑞套上了。讨伐张勋的时候，段祺瑞就是取得了日本的帮助，并由日本说服各国公使允许在京津动兵。这其实就是日本先给甜头，然后再慢慢套牢你。

日本给段祺瑞的条件，比美国的更优厚。日本答应向北京政府提供与美国一样多的借款，并且不需要中国出兵欧洲！这非常符合段祺瑞的想法，因为段祺瑞口头上喊着出兵欧洲，但他根本就不想派一兵一卒，只是想通过借款来壮大自己的势力,然后实现中国统一。

其实,几千年来中国就不接受分裂。每当王纲解纽四分五裂的时候,每一个中国人都以实现统一为目标。即使是以民主共和著称的孙中山也是一样,后来的孙中山蒋介石北伐,仍然是要以武力实现国家统一。

段祺瑞自认为是袁世凯之后的掌舵人,他自然也要以实现统一大业为自己的奋斗目标。

但是,段祺瑞要单独向日本借款,还存在一个小小的障碍。

根据民国二年英、法、德、日、俄五国银行团和中国政府的协定,中国不能单独向五国中的任何一国进行政治借款,更不能向五国银团以外的国家借款,现在德国既已除外,可是其他四国还在。不过日本人既然想独霸中国,想先在经济上控制中国,那么这点小麻烦根本就不是问题。

一战后期,各国打得筋疲力尽,而日本人一直在养精蓄锐,力图独占中国,打破以前美国提出的利益均沾格局。日本人不仅对中国的情况摸得非常清楚,更对列强的目前状况有足够的研究。日本人知道,五国银行团中的其他四国英、法、俄、德,仗打到这个程度,根本没有余钱借给中国,只有日本有这个财力。

因此,日本就让中国正式向五国银行团提出申请,要借一亿银圆善后。德国已成敌国,这不用跟它研究了;其他三国手里哪还有余钱,这就得"委托"日本先把这笔钱拨给中国,等欧战结束后,再由银行团拨还。

日本人当然非常"慷慨仗义"啦,胸脯一拍,你们几位老大哥开口,没问题,包在我身上。

此外,日本政府还以半公开或不公开的方式向北京政府大量投资,又投了几千万日元。自然,这些都不是慈善事业。以盐业、铁路财产以及聘用日本技术人员和管理人员为条件,日本由此暗中加强了对中国的经济控制。

中国宣布参加第一次世界大战了,协约国自然也给中国一些好处,如:鉴于中国经济困难,庚子赔款可以停付五年,中国的关税可以提高5%,中国在必要时期可以在京津周围二十里内驻兵,等等。

段祺瑞政府参战后，并不是真正出兵战场，而是派了一些劳工。段祺瑞借款和宣布参战的真正目的，就是想借机扩充自己的势力，加强武装力量，进而统一中国。

所以，前面的铺垫都做好了之后，统一大业提上了日程，中国新一轮的南北战争也即将打响。

南北战争序幕

在南北战争打响之前，还有一段序幕需要交代一下。

后袁世凯时代，中国政局重新洗牌。经过府院之争和张勋复辟，段祺瑞的权力终于巩固下来。接下来段祺瑞要做的，就是实现他"江湖一哥"的愿望——武力统一中国。

此时段祺瑞政府武力讨伐的对象，主要是护国讨袁之后那西南六省的势力。当然这里面还有孙中山领导的著名的护法运动。

所谓西南六省，是护国讨袁时的云南、四川、贵州、广东、广西和湖南。这是北洋军的势力所没达到的地方。自从护国战争后，这六省便和北京政府对立。而这六省又分成两个区域：滇、川、黔是一个区域，由唐继尧控制；两广在桂系陆荣廷控制之下，湖南也受之影响较深。

南方几省虽然反对北洋系，但他们内部却也动荡不安，广东和四川尤其如此。

天下未乱蜀先乱。其实四川这里一直也没安定下来。

前文有述，四川是护国讨袁时的主战场。讨袁结束后，四川的地盘上存在着川军、滇军和黔军这鼎足而立的三股力量。

四川督军罗佩金，云南省澄江县人，日本陆军士官学校毕业，曾任云南民政长，有勇有谋。护国军入川的时候，罗是蔡锷护国第一军的总参谋长。罗既然有这么多战功，又任了四川督军，当然是把自己视为四川的老大。

四川省省长戴戡，贵州省贵定县人，当年与蔡锷关系近。护国战争时期他说动贵州刘显世独立，又被唐继尧任命为护国军右翼总司令，也是屡立战功。当时蔡锷对他有评价："每能出奇制胜,以少胜多,略地千里,迭复名城,致令强虏胆丧,逆贼心摧,功在国家,名垂不朽。"戴戡有战功,有兵权,又当省长,自然让罗佩金心里非常不爽。

所以,本是滇军领导人的罗佩金担任了四川督军,本是黔军领导人的戴戡担任了四川省省长,这种客强欺主的局面,让川军刘存厚心里更加不爽。客军压了川军的地头蛇,刘存厚又得段祺瑞的支持,主、客两军便矛盾重重,这让四川这里就像一座随时要喷发的火山一样。

这时,四川地面上,这三股力量共计有七个师三个混成旅:川军占五个师,两个混成旅;滇军占两个师;黔军只有一个混成旅。

经过护国战争一役,西南几省都穷得叮当响,记得蔡锷和陈宦较量时,那支军队就已经吃不上了。现在有这么多吃饷的士兵,四川的开支根本就不够。

黎元洪当总统时,开始全国裁军,四川这里也不例外。

然而,罗佩金和戴戡这两个外来的长官,对这些兵,虽然觉得养不起,但又舍不得一下子裁掉,怎么办呢?

段祺瑞看出了门道,派人与罗和戴商量,可以把留在四川地界的滇、黔两军一律改编为"中央军",由段祺瑞控制下的陆军部统率。人还是你的人,军费由中央负担,防守区域不变。

罗和戴一看,不错啊,养自己的人,吃别人的粮,可以接受。

但这让刘存厚和川军大为不满。如果这样的话,那滇黔不是相当于被北洋军收编,以后北洋军是不是可以直接伸手到四川了?

罗佩金和刘存厚,都以为段祺瑞是支持自己的,可他们哪知道段祺瑞是在制造矛盾、利用矛盾,让他们互相牵制,再分而治之呢?

罗佩金想把刘存厚调开,免得他天天打小报告,什么给滇军薪饷多了,给川军薪饷少了,什么兵工厂都让滇军控制了之类的事。因此罗佩金密请段祺瑞,希望把刘存厚调到北京,给个虚职,然后,他就可以派心腹接手川军。

可是,段祺瑞怎么能这么傻,让滇军一家独大,那还能控制吗?

于是,段祺瑞开始玩两手策略:一面答应罗佩金要把刘存厚调到北京,一面却把罗的秘密计划通知了刘,挑拨川军和滇军打架;一面赞成罗收编川军,一面指使川军反抗罗的整军计划。段祺瑞希望造成川军和滇军公开冲突,然后北洋军就可以开入四川"调解",坐收渔翁之利——这一招,也是蒋介石后来对付各军阀的办法。

段祺瑞告诉罗佩金,我完全赞成你的意见,你可以派人去接管川军了,去吧,去吧。这个罗佩金,乐颠颠地派刘云峰接替刘存厚为川军第二师师长。刘云峰也是乐颠颠地来了,可是那边段祺瑞早就把火给点着了。

川军告诉刘云峰,谁敢来,我就剁了谁,我们的剁椒鱼头和剁椒凤爪正缺主材料呢。

刘云峰的脑袋运转还是正常的,还是保吃饭的家伙要紧。

段祺瑞对罗佩金说,你看他刘存厚怎么这样,那你再琢磨琢磨,还有没有别的好办法?

罗佩金思考一下,又生一计,他下令裁撤第一军所属的第一混成旅。旅长刘成勋表示完全服从,举双手赞成,然后把手伸了过来,你把欠的饷先给发了,我们就撤。

罗佩金哪有这么多钱啊?罢了,这条计也不行了。

川军兄弟们一看,你罗佩金是想借裁军之名,把我们川军给肢解了呀。你一个外来户,在我们四川地盘上还敢这么猖狂,以为我们蜀中无人乎?

这样,川军五个师的师长联合起来,联名通电反对罗佩金的裁军计划。这下子,事情可就越闹越大了。

罗佩金也不能示弱啊,我想裁军的时候,都遇到这么大阻力,你几个掌兵的再来集体反对我,那我这个督军还怎么当?在四川,到底是你师长说了算,还是我督军说了算?

罗佩金决定先拣一个软柿子捏捏,让他们知道挑战督军的代价。

1917 年 4 月 5 日,罗佩金派滇军突然包围实力比较弱的、川军第四师驻成都的两个团,在没给发饷的情况下,强令其缴械解散!

然而,罗佩金想错了。他的行为,恰恰适得其反。川军人人自危,集体反抗,虽然罗佩金宣布这个第四师驻省城以外的各团不变动,但已经挽回不了川军的心了。

4月18日,在成都的川军第一军和滇军兵戎相见,双方架炮开轰。一时之间,子弹乱飞,唾沫星子乱飞,舆论战和阵地战都打得非常激烈。滇军说川军"争权叛变",川军说滇军"侵略邻封"。

段祺瑞制造矛盾的目的终于达到,皖系插手四川的机会终于来临。

4月20日,段祺瑞责备罗佩金,你身为一省督军,处理问题这么简单,居然架炮互轰,结果造成大量平民伤亡,你没法在这里再干下去了,众怒难犯。四川督军一职由省长戴戡暂行兼代。

段祺瑞一面派自己的小舅子吴光新由宜昌带兵到四川平乱,一面下了几道任职令兼调令:命罗佩金为超威将军,调京任职;刘存厚为崇威将军;刘云峰为四川陆军第二师师长。

罗被剥夺了兵权,但罗的亲信又接管了川军第二师,这就是既给一棒子,又给了一点儿甜头。

到这里我们才明白,段祺瑞是让实力强的滇军和川军互掐,然后让实力最弱、只有一个旅的黔军领导戴戡来维护局面,最后让自己人入川接收。

4月23日,段祺瑞派人赶到四川,严令川军和滇军停战。

24日段祺瑞接到戴戡的密电,报告称罗愿遵令卸职,但川军仍于23日炮攻督署,滇军并未还击。

段大为恼火,你刘存厚敢违抗命令,崇威将军你也别当了,免掉,听候查办。

川滇两军这才停战,撤出成都。

这样,年方四十的戴戡就一身兼了督军和省长的重任。只是,对于四川来说,川人治川的目标仍没有达到,四川人从仇视罗佩金的滇军转向了仇视戴戡的黔军。而且,川军和滇军仿佛明白过来,我们打了半天,好处让你最弱的黔军捞去了,这里面,肯定大有文章,你小子不会就是幕后的黑手兼罪魁祸首吧?

其实,西南六省是北洋军势力所达不到的地方,所以段祺瑞的命令并没有完全奏效。罗佩金和刘存厚接受了段祺瑞给的新职务,但却拒绝北上任职。两个人仍在四川一带斗,偶尔还会交火。

但这个时候,形势又发生了新的变化。戴戡既然已经成为四川的最高长官,那么川、滇的交手,戴戡就要来管了。怎奈戴是既想管,实力又不济,如果不管,就是失职。一不小心,川军与黔军又交手了。

四川这天府之国,段祺瑞想控制,但别人也想呀。云南的唐继尧就非常想。

唐继尧通电指责川军的刘存厚,请你离开四川,否则我就派罗佩金进兵平乱。唐继尧也想趁着川军与黔军交手的时机,重新派滇军掌控四川,所以云南方面的军火源源不断地供应了过来。

除了唐继尧想控制四川外,戴戡其实还算是前面提到的"研究系"的人,梁启超在自己的爱徒蔡锷去世后,也想支持戴戡以控制四川。

川军和黔军打了十二天后,在各方面的斡旋之下,双方达成停火协议,黔军撤出成都。

梁启超大受刺激,要求段祺瑞制止川军刘存厚的叛变行为。唐继尧也趁机宣称,如果刘存厚不移师,那么唐将亲率三军,吊民伐罪。贵州刘显世也派王文华率领一支黔军入川援助戴戡。

然而不幸的是,撤出成都后的黔军,偶然间遇到了另一股川军,双方因误会而又交火,这支可怜的黔军经不起这么打,全军覆没,戴戡身亡。

段祺瑞此刻的心思,倒不是讨伐谁或惩罚谁,他的目标只有四川。8月初,段祺瑞派吴光新为四川查办使,率北洋军入川查办此事,又责成湖北督军王占元派兵接防岳州,同时下令催促罗佩金和刘存厚遵照前令迅速入京。

四川此刻的乱局,即使袁世凯在世也协调不了。几股势力都别有用心,段祺瑞的内弟吴光新又根本没有能力,川滇黔军重新开战,把段祺瑞派来协调的人马吓得逃之夭夭。

看来,蜀中局面要想重新稳定下来,只有一条路可走,那就是川人治川,否则永无休止。段祺瑞掂量再三,暂时罢了让北洋军入川的念头,同时也不让唐继尧的滇军在四川坐大。1917年年底,段祺瑞任命川军将领刘存厚为四川督军。

也就是说，政治强人袁世凯没了之后，再无任何一派可以控制得住局势，中国人便只能两害相较取其轻——乱去吧。

分庭抗礼

西南六省之一的四川是如此乱局，而另一个省份广东的局面也非常复杂。

广东督军陈炳焜，广西马平县阳和村（今柳州市阳和开发区）人，是桂系首领陆荣廷的老部下，年轻时就追随陆荣廷，算是纯正的桂系军人。袁世凯死后，黎元洪继任大总统，任陆荣廷为广东督军，陈炳焜为广西督军。1917年春，陆荣廷升任两广巡阅使，以陈炳焜为广东督军，谭浩明为广西督军。陈既然为督军，也就说明，掌兵的桂系是广东的实际统治者。

广东省省长朱庆澜，山东济南市历城人，东三省总督赵尔巽的老部下，1912年，被袁世凯聘任为临时总统军事顾问。1913年10月后改任护军使兼署民政长、巡按使、黑龙江省将军。1916年7月，受段祺瑞任命为广东省省长。虽然他是段祺瑞任命的人，却倾心孙中山。从经历上看，朱庆澜也是相当懂军事的，他统率着警卫军和广东地方派军人，与桂系出身的督军陈炳焜有很深的矛盾。

广东北江地区，还驻扎着滇军两个师的兵力，由国民党人李烈钧率领。

段祺瑞对广东采取了一方面自外部施压，一方面在内部制造分化的手段，仍然是希望广东内乱，然后北洋军好趁机介入。

桂系既然是广东的实际统治者，他们自然会给自己所属的部队多分军费，而对于滇军和广东地方军人就非常吝啬，结果是逼得广东各地方军纷纷就地筹饷。朱庆澜无奈，不是发行公债，就是提高税收，桂系就以此为由，打击滇军和朱庆澜。

所以广东内部也是困难多多，矛盾重重。

还在张勋复辟、黎元洪逃到日本使馆避难之时，国民党党员、海军总长程璧光就曾派两艘军舰到秦皇岛,准备迎黎元洪南下。其实,这也不过是一场政治秀而已。国民党有孙中山,还需迎外人来当总统不成?其他人想迎黎元洪的话,也是别有目的。在中国,最不缺的就是想当领导的人,绝不会向外寻找领导。

段祺瑞复出后,任命刘冠雄为海军总长,且拒绝恢复国会和约法,国民党人开始反抗。继1913年7月孙中山掀起反袁的二次革命之后,1917年7月,孙中山又掀起了反段的护法运动。

在此前后,孙中山与广东省省长朱庆澜有密切联系,朱省长同意孙中山以广州为护法的根据地。广东的督军和省长虽然有矛盾,但在反对北洋系、对抗段祺瑞这一问题上,却是不约而同的,因此广东督军和省长对孙中山的到来也表示了欢迎,至少没公开反对。

7月17日,孙中山抵达广州,发表演说,他强调:"段祺瑞引用段芝贵、倪嗣冲这些复辟派做讨逆军统帅,以逆讨逆,忠奸不分。今天的中国,不是复辟与共和之争,而是真共和与假共和之争。今天真复辟者少,假共和者多。"

与孙中山同行的,有唐绍仪、章太炎、胡汉民、陈炯明等国会议员八十余人,更兼有当时驻上海的中国海军主力舰队,共包括两艘巡洋舰、两艘驱逐舰,以及其他大小舰只在内的共九艘炮舰,阵容甚是强大。程璧光和海军第一舰队司令林葆怿自吴淞率领所属舰支发出宣告,通电自主,开赴广东,他们提出拥护约法、恢复国会和惩办祸首三项主张。并称自约法失效,国会解散之日起,一切命令无所根据,应视为无效,亦不承认发布命令之北京政府。

第一舰队是当时海军的绝对主力,这支舰队的南下护法,让段祺瑞大为震惊。他紧急调升第二舰队司令饶怀文为海军总司令,并以林颂庆为第一舰队司令,杜锡珪为第二舰队司令。

鉴于朱庆澜背弃自己、与孙中山密切往来,7月25日,段祺瑞命令广东省省长朱庆澜和广西省省长刘承恩对调,但朱庆澜以广东自主为由,拒绝接受这个命令。

孙中山率领这么一大批人马来到广东,便立即产生了强宾压主的嫌疑。陈炳焜向老领导陆荣廷请示，该怎么应对当下局面？怎么对付孙中山？

陆荣廷指示，现在不宜公开抗拒孙中山，他的招牌太亮。当务之急是釜底抽薪，排斥朱庆澜。把广东地方武装力量夺过来，那样，不管谁来，广东的实权都会牢牢地掌握在我们手里。

陈炳焜心领神会。

陈炳焜策动并暗示肇阳罗镇守使李耀汉：你只要把朱庆澜挤走，省长位置就是你的。有这好事儿，李耀汉当然不放过，立刻使劲折腾起来，终于逼迫朱庆澜向省议会辞职。

朱庆澜辞职时，为了避免他手底下直接控制的武装完全落入桂系手里，要求把省长亲军二十营交给拥护孙中山的陈炯明管理。这批亲军最初是朱庆澜从龙济光手里接收过来的，共四十营，编为省长直辖的地方保安部队，其后被陈炳焜分出去二十营，余下的二十营编为"省长亲军"，由陈炯明为司令。

朱庆澜看到自己被桂系排挤，不想把这支武装完全便宜了桂系，就要求把他们编为海军陆战队，名义上属于程璧光的海军节制，实际上仍由陈炯明控制。

但是，这只不过是失势的朱庆澜一厢情愿的做法。

朱庆澜离职，广东省议会为了与桂系争夺权力，立刻选举国民党人胡汉民为省长。

桂系兵强马壮，岂能甘吃哑巴亏？更何况陈炳焜早已向段祺瑞的北京政府保举了李耀汉为广东省省长。陈炳焜更怕孙中山握有军事大权，于是陈督军先下手为强，干脆派人直接到省议会抢了省长大印，又以掌兵的督军名义接收了朱庆澜留下来的二十营亲兵。

段祺瑞接到消息后，真是喜出望外。广东是西南六省里非常难管的省份之一，向来宣称自主，眼下竟然有人承认了北京政府，还希望北京政府确认对李耀汉的省长任命，当然是无不应允。

而国民党人在广东并没有立定脚，且他们的主要目标是召开非常国会，召开非常国会时还要得到当地实力派的支持，犯不上为了省长而闹僵了关系,于是主动退让了。李耀汉终于当上了省长。

8月25日,陆续到达广州的旧国会议员已达一百二十余位,根据孙中山的提议,决定在广州召开非常国会,商讨护法大计,成立护法军政府。

8月31日,会议通过了《中华民国军政府组织大纲》十三条,该大纲确定了军政府的唯一职责是"戡定叛乱,恢复《临时约法》"。

9月1日,非常国会选举孙中山为中华民国军政府大元帅,选举西南六省的实力派人物唐继尧、陆荣廷为元帅,负责行使军政府职权。孙中山表示将"荷戈援枕,为士卒先,与天下共击破坏共和者"。

9月10日,军政府宣告成立,孙中山就职大元帅。非常国会选出唐绍仪为财政总长,伍廷芳为外交总长,孙洪伊为内务总长,张开儒为陆军总长,胡汉民为交通总长。孙中山以大元帅名义任命李烈钧为参谋总长,林葆怿为海军总司令,方声涛为卫戍总司令,李福林为亲军总司令,章炳麟为秘书长,许崇智为参军长,李耀汉为筹饷总办。

至此,在袁世凯去世后,南北间又出现了两个政府分庭抗礼的局面。

倒是谁的错

然而,孙中山把事情考虑得太简单了。

晚清著名谴责小说《官场现形记》的作者李伯元(李宝嘉)在其另一部名著《活地狱》中提了一句赤裸裸的话:千里当官只为财!

用老百姓的话讲就是:没有好处,谁当官啊?

老百姓之言,话俗理不俗。百姓看到的是现象,但如果从政治学角度来进行一番分析,我们可以透过现象进行推理,并得出这样的结论:

当官追求的是权力,而当不上官的普通人追求的是权利。权利是平等的,权力是不平等的!在皇权社会中,在那个崇尚权力、以追求权力为事业成功标志的时代里,不可能实现人与人之间的真正平等。追求权力的背后,遵从的是物竞天择、适者生存、弱肉强食的丛林法则。所以,谁的地位越高,谁的权力就越大,拥有的特权就越多。所以,人与人之间不是追求平等的权利,而是想获得高人一等的特权、强权。权力就是他们的命根子。而狂热追求权力的现象背后,其逻辑其实是每个人在狂热地追求着不平等,从而成为人上人。即使有"良心"者,名曰有了权力之后可以为大家办好事,也是一种居高临下的恩赐状态。

孙中山满腔热血地到广东进行护法大业的时候,缺乏宦海经验的他根本就不知道,他的到来,让有些人很不高兴。孙中山想给人民以权利,但引起了追求权力者的抵触和反弹。

广东,是谁的地盘?是你孙中山的吗?

谁同意你在这里建政府、切蛋糕了?

你有什么资格来当老大?你有兵吗?有人吗?有钱吗?没兵、没人、没钱的"三无"人员,你愣充什么老大?

你没有兵,还敢在我的地盘成立政府,这不是当好靶子让北洋军前来进攻吗?到最后糟蹋的不还是我的地盘吗?你到底安的什么心?

要搬个椅子当老大,还轮得到你吗?我们不会?

退一步讲,你占我们的地盘当老大,我们有什么好处?

也就是说,护法军政府的成立并没有得到西南六省军人的支持!

因为,在陆荣廷和唐继尧看来,孙中山举旗的目的姑且不论,但手段却是再直接不过的了:借西南势力对抗北洋势力!此乃借鸡生蛋、借花献佛的招式。

你孙中山没兵没钱,还想干这么大的事?假如成功了,功劳归你,费人费力的事归我们;假如失败了,你拍拍屁股走人,费人费力的事还是我们的。你以为你很聪明吗?

正因为这样,非常国会虽然一厢情愿地"选举"了唐继尧和陆荣廷为元帅,但是,云南唐继尧不理不睬,桂系陆荣廷更为冷淡。

非常国会选出唐继尧为元帅后,唐继尧直接拍电报过来告诉大家,我本事太小,资格太低,这个元帅我当不了,你们另请高明吧。

孙中山派章炳麟等人携元帅印前往昆明请唐继尧,唐继尧也不理。孙中山又任命唐继尧为川、滇、黔三省靖国军总司令,又把唐继尧手下的大将、滇军师长张开儒任命为护法军政府的陆军总长,唐继尧仍然不合作。

在非常国会选出陆荣廷为元帅的当天,陆荣廷也直接拍电报过来,明确宣布,只支持黎元洪总统复职,反对另组政府。同时通电全国声明"以后广东发生任何问题,概不负责"。

对于连袁世凯都惧三分的陆荣廷,非常国会当然不敢谴责和撕破脸。且于9月3日补作一项决定,迎接黎元洪南来继续执行职权,孙中山也通电表示迎黎的态度。

广东的地头蛇陈炳焜也特别强调:你们成立军政府,我不赞成,可我不干涉,但是你们休想让我的广东人民负担军政府和非常国会的经费开支!

正因为这些复杂的情况,护法军政府在设立之初内部便矛盾重重。孙中山又没有自己嫡系的军队,更给段祺瑞执行既定的武力统一方针找到了直接的借口。

有人会疑惑,既然孙中山制定的约法是美国的舶来品,与中国的国情并不是很适合,且各省实力派都不遵守,那么孙中山为什么还要一遍遍地护法,甚至作为革命斗争的旗帜呢?

其实,如果说孙中山最初制定约法时,或许没有意识到这种"淮橘成枳"现象的话,那么经历了民国成立后这几年的折腾,孙中山自己也有所察觉,认为这个制度并不完美。但是,孙中山自有他的一番考虑:

> 余对于《临时约法》之不满,已如前所述,则余对于此与革命方略相背驰之约法,又何为起而拥护之?此读者所亟欲问者也。余请郑重说明之……故《临时约法》者,南北统一之条件,而民国所由构成也。袁世凯毁弃《临时约法》,即为违背誓言,取消其服从民国之证据,不必待其帝制自为,已为民国所必不容……余为民国前途计,一方面甚望有更进步、更适宜之宪法,以代《临时约法》,一方面则务拥护《临时约法》之尊严,俾国本不因以摇撼,故余自六年至今,奋然以一身荷护法大任而不少挠。〔《孙中山全集》(第七卷),中华书局,1985年,第69、70页〕

这段话发表于 1923 年,里面有几个关键词需要注意一下。孙中山已经认识到了,这部约法,其实是"与革命方略相背驰之约法",但因为这部约法是"南北统一之条件","民国所由构成也",是民国建立的基本依据,所以才要一遍遍地护法,"拥护《临时约法》之尊严,俾国本不因以摇撼",同时也希望有"更适宜之宪法"的出现。

虽说对这段话的理解是仁者见仁、智者见智,但孙中山也基本上说出了当时的实情。

不适合国情,大家闹矛盾,这也算是情理之中的;而为了使国本不动摇,坚持护法,也是题中应有之义。

这不是谁对谁错的问题,而是理想主义与现实主义冲突的问题。当然,这种冲突,对国家、对人民的影响却是非常大的。

正如新加坡国立大学东亚研究所所长郑永年所说:"用一种不合理的新制度,去对付另一种不合理的旧制度所造成的弊端,这样不合理的制度空间越来越扩张。结果法治越来越不可能,人权越来越得不到保障,政府和人民之间的矛盾越来越严重,整个社会也越来越难以治理。"

这可能也是北洋这团乱麻缠斗得越来越紧的一个非常重要的原因。

府院再斗

正如运动是事物的根本属性一样,斗争则是政治的根本属性。

如果停止了斗争,政治也就不存在了。换句话说,只要政治存在,斗争就不会停止。

段祺瑞第二次组阁后,一心要完成他武力统一中国的梦想,在他看来,这将是在功业上能够超过袁世凯的唯一亮点。

要想统一,主要目标就是西南六省,以唐继尧和陆荣廷为首的两大山头。而今孙中山主动冒出头来,新立政府,那就顺便把孙中山也削平。

段祺瑞要武力统一中国,他还有一个没有说出的隐秘目的,就是借机削弱直系冯国璋的势力。段本身没有太多直接掌管的军队,而一旦说服冯国璋执行武力统一计划,那段祺瑞便会名正言顺地派直系人马冲锋陷阵,以直系制约西南的计划便可以实行,待到直系和西南打得筋疲力尽的时候,自己再出来收拾残局。

如果发动战争,离前线最近的恰恰是冯国璋在长江沿线的部队。

冯段二人分任总统和总理后,为了重振北洋雄风,曾表示要互相尊重对方的权力。但二人很快就发现,这是一个幻想,也是一个真实的谎言。为了权力、为了地盘、为了人事安排等,作为内阁总理的段祺瑞总想总揽大权,而手握重权的冯国璋岂能甘当盖印机器?中国很快就陷入了新一轮的府院之争中。

对于这一问题的分析,传统的历史观是从权力争夺和个人品格(比如,认为段祺瑞刚愎自用是主要原因)角度来切入的,其实已经落入了就事论事的窠臼。

因为,从袁世凯总统与唐绍仪总理的不和,到黎元洪总统与段祺瑞总理不和,再到冯国璋总统与段祺瑞总理的新一轮不和,这绝不是个案,也绝不能为了解释的简单直接一概而论,而斥之以某个人的权力欲来解释。这个问题的根源,在于总统制下设总理制这种不伦不类的体制。

这一体制说白了,就是让人打架的体制安排!

这一体制的要害,就是让二把手凌驾于一把手之上。

这一体制是典型的理想主义,它希望一把手和二把手能老老实实地在划定的圈子里用权,可是,这不仅是幼稚的想法,而且是愚蠢的想法,更是不着边际的想法。

由于这一体制的理想主义安排,它就必然带来现实主义的打架后果,换了任何人上来都会是如此结果。如果单纯指责某个人(如袁世凯)权力欲过强,或指责某个人(如段祺瑞)刚愎自用,那不仅没有抓住问题的实质,而且会陷入典型的双重标准的思维方式。

袁世凯时期是总理干不过总统,所以就指责作为总统的袁世凯权力欲强?那么黎元洪时期总统干不过总理,按正常来说,人们应该高兴才是呀,最初设计内阁总理的时候,不就是为了限制总统权力吗?为什么反过来骂段祺瑞而不责黎元洪?这不是判断问题的双重标准吗?

权力主要掌握在总统手中时,大家骂了一百年;权力主要掌握在总理手中时,大家仍然骂了一百年!静心想一想,大家到底在骂什么呢?按照这个逻辑来看,全世界谁坐到这个位置上来都不对,只有骂人者才是绝对正确的了。

所以,府院之争的问题,不是通过骂人就能解决的,也不是更换一个总统或是总理就能解决的,根本问题就在于体制安排出了大问题。

我们今天回望历史时,争论谁对谁错已经没有意义,重要的是对当时的事件要进行客观而理性的思考,以后不至于走弯路,或尽量少走弯路。因此我们必须学会透过现象看本质:当乱象频仍时,我们要不停地反观,查找并思考到底是哪个环节的设计上出了大问题,才导致了如此乱局,这才不至于陷入就事论事的狭隘陷阱。

战略管理学家魏斯曼曾说:"一个问题的解决,总是依赖于与问题相邻的更高一级问题的解决。"也就是说,问题绝不可能在它出现的那一层面得到根本解决。"很多时候,我们遇到一些问题不能解决,并非因为下的功夫不够,而是习惯性盯着问题本身,却未意识到要着力于解决问题的更高一级。"

明白了这个体制问题和产生该问题的"土壤问题",再回头来看民国时期的府院之争现象,或许就能抓住问题实质了。

军队,对于国家政权来说,它是稳定的基石;而对于别有用心的人来说,它也是自己生存的命根子和向别人叫板的本钱。抓住军权,不管是对一个聪明的领导者,还是对于军阀,都有着至关重要的意义。

冯和段结成搭档后,如果按照体制构架,应该是总理负责制,对于这一点,冯国璋心里也有一定准备,毕竟他非常了解段祺瑞的行事风格。但是在对于军队的控制方面,二人却谁也不肯让步。内阁总理段祺瑞长期把持民国的陆军总长位子,对军事大权看得非常重。而冯国璋以前长期执掌禁卫军,对军权的理解更是不言而喻。

冯国璋就任不久,就提出要在总统府设立"统率办事处",这实际上就是想恢复袁世凯时期的"大元帅陆海军统率办事处",要把军权集中在自己手里。——所以，我们不要骂袁世凯，屁股决定脑袋，谁坐到那个位置，都会思考军权问题的。

段祺瑞一听就恼了，立时想起袁世凯怎么用这个机构剥夺自己兵权的事了，因此坚决反对，誓死不从，这是根本性的原则问题。

冯国璋一看段老虎反应这么强烈，口气上先软化了，让人捎口信来说：请芝泉不要多心，总统毕竟是军队统帅嘛，对军事不闻不问，那岂不是失职？

段祺瑞也不是不给面子的人，看冯国璋比较心平气和，而且也有一定道理，便也耐心地坐下来，与冯国璋协商这件事。

经过双方协商，两个人对府院的权限作了进一步规定：内阁必须定期向总统汇报军务，阁员有义务接受总统的质询。

然而，总统、总理的府院之争，既然是个制度性的问题，那它就绝不是通过一两件事能彻底解决的，双方更大的冲突还在后面。

段祺瑞想武力统一中国，但动机又不纯，想趁机削弱直系力量。冯国璋的智商也不低，他完全能看得出段祺瑞的招数，哪招是虚的，哪招是实的，他非常清楚。

更何况，纯从技术操作层面来说，你段祺瑞提出的主张要是实现了，受益最大的当然是你，功劳轮不到我冯国璋，我忙乎半天岂不是为他人作嫁衣裳？所以，你提武力统一，我就提和平统一，看谁的支持率更高。

不用想，西南军阀实力再强，也强不过北洋军，如果真刀真枪地干起来，双方付出极大代价之后，最后的胜利肯定是北洋军的。

鉴于此，冯国璋的和平统一政策肯定会得到大多数人的认可，这样，在谋略上，老冯就先胜了一筹。

讨价还价

然而，历史是很诡异的。有的人做事，迎合了当下，却不知已犯了历史性错误；有的人做事，可能遭到时人的不理解甚至辱骂，但放开历史视野时才发现，他的做法是对的。

　　对于有着几千年悠久文明历史的中国人来说，大一统的观念是深入人心的。中国人接受不了分裂的局面，总是以实现大一统为目标，"统一"的话语也占尽了道义上的制高点。谁敢公开喊出支持"分裂"的言论，立刻会被唾沫星子淹死。

　　如此看来，袁世凯要实现国家统一，段祺瑞要实现国家统一，这件事本身不应该被后人辱骂，因为他们是当时中国的实际领导者，他们要是不想统一，那才是民族的罪人。再往后看，孙中山和蒋介石也想实现国家统一，不想统一的人才不正常。

　　要想统一，就有两种手段，或是和平统一，或是武力统一，这两种手段，也无可厚非，不能因为段祺瑞被贴上了军阀的标签就骂他的统一是个人野心膨胀。不要忘了，孙中山和蒋介石力主的北伐大业，那也是标准的武力统一。

　　成王败寇的观点，可不是马克思唯物史观所提倡的。

　　明乎此，我们再来观察段祺瑞的武力统一政策。应该说，武力统一，本身并不一定是错的。要说它有错的话，那就是段祺瑞想把直系人马当枪使，把别人当傻子，只有他自己聪明，这一点大错特错。

　　这一花招，被冯国璋直接窥破，那接下来，不管段祺瑞采取什么措施，冯国璋都会采取软硬两种方法与之抗衡。因此，段祺瑞确定武力统一之日，便是新一轮的府院之争开始之时。

　　段祺瑞要想武力统一全国，其基本方略是：入川以攻云贵，攻湘以占两广。在段祺瑞看来，要打西南六省，广东尤其重要，更何况孙中山还在那里成立一个军政府公开进行南北对峙。

　　也就是说，枪打出头鸟，要统一，就要先灭广东护法军政府；要攻广东，就要先占湖南。因此，围绕着湖南问题，南北双方几股势力首先展开了激烈的较量。

　　早在冯国璋就任总统之前，冯和段就进行了秘密交易，段支持冯对于长江三督的安排，而冯也支持段对四川和湖南的人事安排，也就是任吴光新为长江上游总司令兼四川查办使，任傅良佐为湖南督军。

　　吴光新和傅良佐，同在段祺瑞帐下的"四大金刚"之列（另两位是靳云鹏、徐树铮），可见段祺瑞早就对湖南、四川布上了局，而任用的人员也是铁杆心腹。

但是，既然有无数双眼睛在盯着湖南，智商不低于段祺瑞的也大有人在，那么，段祺瑞对于湖南的人事任命，就必然受到极大的阻力。

虽然陆荣廷的势力范围是两广，但湖南也有一部分受其控制，而段祺瑞控制湖南，下一步会干什么，陆荣廷用脚丫子也能想得出来，所以，陆荣廷赶紧来搞破坏。

湖南此时有自己拥立的官员，国民党人谭延闿任湖南省省长兼督军。这位清末进士出身的湖南籍官员，在当地很得人望。湖南人也不愿意外来人染指，更何况是"北洋之虎"的人马要进来，这可不行，所以湖南人高喊"湘人治湘"的口号，拒绝外来人员管理湖南。

段祺瑞一看自己的意志受阻，干脆来个将计就计。你们不是喊湘人治湘吗，那我给你们派个湖南人不就行了吗？段祺瑞于是改派自己的另一心腹、湖南人傅良佐来任湖南督军，这样既可以堵湖南人的嘴，又可以执行自己的计划。

为了缓解湖南人的激烈对抗情绪，傅良佐接受任命后，发表了三大治湘方针：湘人治湘，军民分治，不带北军入湘。

湖南人根本不信傅良佐的话，不带北军入湘？你糊弄小孩呢？谁信哪？

冯国璋早在袁世凯时期，就与西南的实力派陆荣廷、唐继尧等人悄悄往来，当初冯国璋的内心深处，也想获得西南实力派的支持，以便于自己问鼎老大的宝座。待冯国璋真的从南京北上来当总统时，陆荣廷曾打电报给冯国璋，要求至少在三年内，不要调整西南各省的军政长官，冯国璋也同意了。

待到傅良佐真的要来督湘时，西南几省着急了。湖南谭延闿赶紧向陆荣廷求救，陆荣廷就向冯国璋质问，敬请收回成命。

可是，冯国璋也很无奈，因为自己为了保证南京权力稳固，已经同段祺瑞进行了秘密交易，以同意段祺瑞在湖南和四川的人事调整，来换取段祺瑞支持自己在江苏和江西的特权。

等价交换已经做了，冯国璋手里没有了多余的硬通货，只好把陆荣廷的电报交给了段祺瑞，你看着办吧。

段祺瑞不做赔本儿买卖，湖南这个问题，我已经让步了，你们要湘人治湘，我也安排了个湖南人傅良佐过来，你们要是还不答应，那就是别有用心了。

陆荣廷一看，知道靠嘴皮子已经谈不妥了，那好吧，咱们走着瞧，软的不行，来硬的。

西南六省拉开了架势，准备动武。段祺瑞会知难而退吗？

记得《三国演义》马超和韩遂攻打曹操一节中，毛宗岗批注道："兵法有妙于用间者。胜一人难，胜两人易，以一人不可间，而两人则可间也。"这句话的意思是，人多不可怕，因为人越多，越容易各怀心腹事，很容易被离间。

西南六省面临的就是这样的境况，没等段祺瑞用离间计，他们已经貌合神离了。

陆荣廷指示湖南，段祺瑞这个人太霸道，谈不妥的，你们做好武力抵抗的准备吧，我广西方面一定大力支援。

谭延闿又向云南唐继尧求援，唐继尧马上表示，好，我支持，并建议派遣驻在广东的李烈钧部带滇军开进湖南。

李烈钧部更为难啊，在护国讨袁时他率部从云南进入广东，后来以客军身份驻扎在这里，真是姥姥不疼，舅舅不爱。想退回云南？云南养不起。驻在广东？广东是桂系范围，不喜欢这个外来户。面对湖南的局势，大家谁也不上阵，却把李烈钧推出来了。李烈钧琢磨来湖南也可以啊，但是桂系又不给他提供充足的军火和军费。

明眼人一下便瞧出来，西南六省在踢皮球。他们都想当看客，谁也不想赤膊打头阵。

排兵布阵

就在西南方面互相扯皮的时候，段祺瑞派去的傅良佐已经对湖南动手了。

两手抓，两手都要硬，这是真理。摔跤之时使绊子，开战之前玩阴招，这基本算是高手对决时的定例。

就像袁世凯对付孙中山二次革命时使用的拉拢收买手段一样，段祺瑞也学来了他袁师傅的一招半式。许多时候，用钱砸人，比用炮弹砸人的效果要好得多。

驻在湖南的湘军只有两个师，而第二师师长陈复初早就被段祺瑞暗中拉拢了，第二师第四旅旅长朱泽黄、第一师第一旅旅长李右文也在军事会议上对于抵抗北军表示了冷淡的态度。剩下的湘军就更没有抵抗段祺瑞的攻势了。

在这种情况下，谭延闿决定对调动督军的命令不反抗，当然这并不等于谭延闿就真的放弃了抵抗，他只是在变换一种方式而已。为此，谭延闿接连使出了三招，以守为攻。

谭延闿使出的第一招，是派零陵镇守使望云亭到北京欢迎傅督军早日就任，这表面上显示他对北京政府命令的服从，实际上是在悄悄布另一局棋。望云亭是北洋系派在湖南的一个内线，谭延闿派他去迎接傅良佐，实质上是把他的屁股撬动之后，赶紧任命自己人刘建藩为零陵镇守使。

谭延闿使出的第二招，是调第一师第二旅旅长林修梅部接防衡山，表面上是不设防长沙，迎接北军进来，实际上是退守湘南以待两广援军，集中兵力。

谭延闿使出的第三招，更狠，反正傅良佐要是任督军的话，他也不想干省长了，用他自己的话说就是"当惯了婆婆，如何能做媳妇？"谭延闿决定把长沙的家底儿给折腾光，不给傅良佐留下多少值钱的东西。于是，他拍卖公产，用作军费，然后取一部分馈赠文武官员，广结善缘，军民两署职员一律加薪一个月，借以收买人心。

结果可倒好，长沙各级人员全体提出辞职，决定与谭延闿共进退。

8月26日，新任湖南督军傅良佐由北京南下，不过他没有直抵湖南，而是先到南京会见了李纯，又到武汉会见了王占元，这肯定是先与直系大将搞好关系,希望对自己多支持、多关照,如果有事,要看在两家主子的份上,站在同一战壕里。

傅良佐进入湖南后,没敢直接来长沙接任,而是在岳州停了下来。他早已把自己信誓旦旦地宣称"不带北洋军入湘"的保证置之脑后,他命令北洋军向湘阴以北推进。同时,北京政府调派驻马厂的第八师王汝贤部开进岳州。

这时,湘军将领联名发表通电,兄弟们并不反对傅督军治湘,但希望不要派北洋军进入长沙,这样双方可能会少些猜疑和误会。陆荣廷也电请冯国璋阻止北兵开进长沙,但根本就无济于事。

9月9日,傅良佐带精兵一营到长沙接管诸事。

此时湖南谭延闿手底下可用之兵很少,第一师师长赵恒惕正丁忧回衡山,而第一师也只有林修梅旅听谭的指挥,李右文旅已被北军收买。傅良佐如果能稳扎稳打、步步为营、拉拢人心,那湖南收入北洋的囊中应该是迟早的事。

然而,傅良佐忘了,政治上的事,有时候两点之间,曲线最短,直线最长。新来的傅都督在湖南一无根基、二无民心的时候,就直奔要害,来个下马威。9月13日,傅都督一连下了两道命令:

第一,湘军第一师第二旅旅长林修梅撤职,派邹序彬接任;第二,派陈蓬章为零陵镇守使,刘建藩调到省里,另有任用。

陈蓬章是湖南祁阳人,原任湖南水上警察厅厅长,也是段祺瑞的内弟(段这个人命比较硬,曾多次续弦,所以,小舅子也一大堆)。

应该说,傅都督想法是好的,看问题也比较准,举措也比较能抓住问题的实质。只不过,南北双方在没接触的时候,就已经较上了劲,那么在南北战争一触即发的时刻,傅良佐直接抢权的后果,只能是两个:要么对方乖乖低头任你宰割,要么对方反抗拼个鱼死网破。

湖南方面,虽然谭延闿辞去省长,离开了湖南,但林修梅等人不甘为鱼肉,选择了后者。

林修梅这个人,大家可能比较陌生,但在近代这些统兵大员中,他是非常有思想的一位,其"才能的高超,性情的淡泊,在近时军人中尤谓绝无仅有"。

林修梅出生于安福县(今湖南省常德市临澧县),是林伯渠的堂兄。自小熟读《春秋》《左传》《韩非子》《公羊传》《穀梁传》等书,通其大义。1906 年入日本陆军士官学校,又加入同盟会。早年随军入藏期间,就写出《西藏游记》《治藏策》两书,提出治理西藏、捍卫边疆的主张。从 1919 年起,先后发表《精神讲话》《社会主义之我见》《社会主义与军队》《战时财政计划草案》《农工军组织大纲草案》等演讲和著作。尤其是 1918 年写的《精神讲话》,从战争发生的原因,各国军事政策的趋势,军人的服从、爱国、牺牲、修养、农工化等九个方面,论述了军队的改造问题。他结合列宁领导的 1917 年革命,提出有觉悟的军队是克敌制胜的重要条件。他还宣称:"我相信马克思的共产主义,在中国今日社会情形,最为适合。"曾在孙中山军政府任顾问、国会参议员,1921 年 5 月,被委任为孙中山总统府代理参军长等职。

傅良佐的做法,估计应该是段祺瑞直接授意的结果,可见老段的谋略与老袁相比,相差太远。老袁在孙中山发动二次革命之前要的手腕,是让人叹为观止的。

傅良佐撤了林修梅的旅长职务后,林修梅与刘建藩决定奋起反抗,把北军逐出湖南。

9 月 18 日,刘、林毅然宣布独立,公开宣布与段祺瑞政府脱离关系,与海军、两广、云南各省一致行动,"保持正义,与国存亡",第二次南北战争的天门阵已经摆开。

傅良佐并没有把林修梅和刘建藩那一旅加几营的兵力放在眼里,以为自己能够一鼓作气,荡平收官。

一开始,傅良佐运用他从书本上学来的"以敌制敌"谋略,派李右文带着第一旅去招抚林修梅的第二旅,声称只要归顺北军,保证既往不咎,还加官进爵。

可是,李右文的本领实在太差,也可能林修梅的本事实在太高。第一旅不仅没招抚得了第二旅,反而在林修梅提出的"湖南人不打湖南人"的口号攻势下,被第二旅反招抚了,害得李右文单骑逃回长沙。

傅良佐恼羞成怒,彻底撕毁不带兵入湘的诺言。

傅良佐以第八师师长王汝贤为湖南军总司令,第二十师师长范国璋为副总司令,第八师和第二十师正面进攻衡山;站在北军一边的湘军第二师第四旅旅长朱泽黄为右翼进攻宝庆,同时北京政府发表朱泽黄为长宝镇守使,晋升陆军中将;又从安徽调来安武军进攻攸县。新一轮南北战争的枪声正式打响。

洞庭水深

大军压境,担任正面进攻的王汝贤和范国璋于 10 月 11 日轻松攻下衡山,坐镇北京的段祺瑞心里很是轻松,直觉告诉他,自己派出的兵应该会以摧枯拉朽的方式,顺利完成自己的既定计划。

然而,事情却完全不是段祺瑞想象中的样子。

湖南方面,第一师师长赵恒惕本来在衡山居丧守制,此刻见旧部向自己告急,便顾不得守制之礼,火速返回前线,与刘建藩、林修梅等人商讨军事,在衡山西南五十里的萱洲河设防,与王汝贤和范国璋大战四十天,使北洋军每前进一步都非常艰难。而傅良佐任命的零陵镇守使陈蘧章也于 11 月 9 日被刺身亡,局势顿时大为不妙。

按说,段祺瑞长期抓军权,应该对用兵之术熟谙于胸,可是从这次进军湖南来看,却不知他怎么鼓捣的,兵和将都没用好。

派往湖南的兵,算是杂牌军,不是北洋军中的精华,不仅兵将不和,士兵也怨声载道。有支军队开始南下时,说是派往湖北增防,但中途转向了湖南,又开赴长沙,被直接送上了战场。大家一听就乱套了,与湘军一接触就跑了,他们根本就不想上战场。而那支安武军本是张勋部队的老底子,内部非常乱。就是这样的军队派往湖南战场,直接埋下了失败的种子。

可能,老段确实没把湖南那点儿军队放在眼里,所以派了杂牌军上来,让双方火并,死多少人自己都不心疼。可是没想到自己的军队这么不禁打,一触即溃。应该说这个战略是段祺瑞自己定的,只能怪自己脑子缺根弦儿。

段祺瑞派的兵是如此不堪一击,而他派的几名将领也出了大问题。

就在段祺瑞美滋滋地等着北军告捷的时候,南北双方大战四十多天,战况近乎沉寂,突然一个晴天霹雳传到了段祺瑞的耳朵里。11 月 14 日,自己任命的两员大将——王汝贤和范国璋联名通电,主张撤兵！湖南方面又派出敢死队抄北军后路,把北军吓破胆了,湘军适时反攻,北洋军正面战场顿告溃败！无奈中的傅良佐趁乱逃离长沙！

段祺瑞简直不敢相信自己的耳朵,当初发生在老领导袁世凯身上的事怎么会这么快轮到自己身上？

其实,段祺瑞早就应该知道,这样的事会轮到他自己身上。因为,他任用的将领,与直系渊源颇深,不是他皖系的将领。

也就是说,从私心讲,段祺瑞既没把杂牌军的士兵性命当回事,又想借直系来成自己的功业,结果,人家也不傻,全悄悄撤梯子了。

此次北军南下的第八师,是段祺瑞组织讨伐张勋时的主力部队,但当时的师长是李长泰,也是讨张勋时的东路副司令。当初与辫子军打完仗后,李长泰被冯国璋任命为步军统领衙门的统领,老段就提拔了王汝贤旅长接任师长。段祺瑞以为王汝贤会对自己知恩图报,没想到却栽了一个大跟头。

王汝贤,北京密云人,他是袁世凯小站练兵的骨干与亲信,很得袁世凯的赏识,1915 年 9 月至 1916 年 6 月任保定军校第四任校长。从籍贯上看,应该与直系冯国璋的老乡关系更近。

范国璋,毕业于北洋武备学堂,曾在北洋嫡系的武卫右军中任职,天津人,这是冯国璋正宗的老乡。

如此推断,如果没有冯国璋的授意和暗中拆台,王汝贤和范国璋两员大将不会阵前通电杀回马枪,这根本不是小站出身的军人的样子。

看来人啊,不能私心太重,不能算计太多,事情是能算计出来的,人却是永远算计不尽的。再聪明的人,也有算计不到的时候;再聪明的人,对于复杂的人心,也永远不可能把握得很完美。

今天我们回看这段历史时才明白,原来,段祺瑞是想借直系的力量,为皖系打天下，成就自己的功业。而直系冯国璋也不白给，他也想壮大直系的力量，也不想为他人作嫁衣裳。

如果当时段祺瑞私心不这样重，而是采取谁打下地盘就直接任职的话，那直系人马会卖力得多。毕竟，人都有自己的小九九，段祺瑞怎么会知道，王汝贤和范国璋的心思是，打下长沙，由他们两个人来任湖南督军和省长，而不是让皖系傅良佐来执掌湖南！

段祺瑞这个毛病，犯了不止一次，这么看来，就有点儿蠢了。人可以在一个地方摔跟头，但不可以在同一个地方摔两次跟头。后文会重点介绍段祺瑞重新鼓动直系的曹锟和吴佩孚南下的时候，吴佩孚率军一路势如破竹，湖南全在掌握，广东岌岌可危，可也正是因为湖南督军这个位置，段祺瑞交给了别人，而不是交给吴佩孚，于是吴佩孚紧急刹车，宣布南北应该和平解决，给段祺瑞上了另一堂生动的政治课。谁让你段老虎吃一次亏还不长记性呢？活该。

王汝贤和范国璋阵前通电的电报发到北京后，一直表面看热闹、暗地里悄悄使绊子的冯国璋乐了，不过没敢当面笑出来，他连声说：快送给院，快送给院。让段总理快想办法。

这期间，冯国璋嘴上经常挂着的四个字就是"责任内阁"，啥事都推给内阁。

你不是想说了算吗？那所有的担子都压给你，看你有多大能耐。你不是能耐大吗？我累死你，气死你，玩死你。

当段祺瑞否了冯国璋的和平统一策略，派兵武力统一时，有人问冯总统："湖南问题闹大了怎么办？"他答："我有什么办法？有责任内阁。"

王、范通电后，有人问冯总统："王、范擅自通电停战，此风殊不可长，总统以为如何？"他也是一句话："问责任内阁。"

把段祺瑞给气得呼哧呼哧的，说道："啥都问我，我只有一个办法，辞职！"段祺瑞也看明白了，你冯国璋想把责任都推给我，那我要是急了的话，我也不干了，看你能不能控制得了局势。看谁狠。

虽然王、范两个人通电反战了，但在湖南人眼中，你们二位毕竟也算是北洋系，你们狗咬狗，我可不管，我要管的，是你们必须滚蛋。所以湘军借这个机会,把王、范两个人也给赶走了。

在这种情况下,傅良佐仓皇逃离,北洋军占领的宝庆、衡山、衡阳、湘潭等地相继失守。

洞庭湖这汪水,被搅得越来越浑了。

旗鼓相当

就在南北双方在战场真刀真枪较量的时候,北洋系内部的皖直两派,为执北洋系之牛耳,也斗得不亦乐乎。

从总体形势来看,虽然直系处处拆台、使绊子,但仍然是皖系压着直系。段祺瑞具有一定的优势。

但是段祺瑞高兴得太早了。他想先打湖南,再各个击破,但搅进来的势力,可不仅仅是湖南一个。搅在里面的还有几股势力,包括陆荣廷的桂系人马、冯国璋的直系人马以及孙中山的护法军政府。大家一起对抗段祺瑞,因为大家都明白唇亡齿寒的道理。

得知刘建藩、林修梅起义的消息,孙中山无比高兴,立即发电支持,电文中称"重奠共和,大局实利赖之",并派林伯渠回湖南前线慰问起义将士。但在开始的时候,桂系并没有与护国军合作,桂系不喜欢自己的势力范围内插进这么一股势力。桂系一直谋求与直系的合作。

桂系势力不仅控制了两广,还控制了湖南南部地区。在陆荣廷看来,如果湖南被北洋军占领了,那两广就岌岌可危;如果湖南地区保持湘人治湘的状态,这就是两广的天然屏障,对两广的稳定非常重要。

所以陆荣廷一方面利用冯国璋和段祺瑞的矛盾,悄悄与冯国璋进行联络、要求湘人治湘的同时,另一方面抓紧做了武力援助湖南的各项准备。

湖南战事刚爆发时,陆荣廷就在两广与湖南边界陈了重兵,但一直持观望态度,直到湘南告急,战火要烧到他家门口时,陆荣廷再也不能作壁上观了。10月2日在南宁的军事会议上,陆荣廷痛斥段祺瑞政府向日本借款,用以发动内战的种种罪行,呼吁赶走傅良佐,罢免段祺瑞。

会议决定推举广西督军谭浩明为两广护国军总司令,率领两广部队大约五个军,出兵援湘。

段祺瑞恼羞成怒。虽然说他的目标是打败桂系,攻占两广,但首要目标是拿下湖南。他本想通过蚕食的方法,逐步打垮桂系,没想到桂系却直接派兵来与自己对抗,迫使段祺瑞调整自己的作战计划。

就在此时,段祺瑞刚和日本谈好,从日本借来了钱款,因此他决定,罢免两广巡阅使陆荣廷、广东督军陈炳焜和广西督军谭浩明的职务。不管是湘军还是桂系或是孙中山,来者不拒,全面开战、征湘、平粤、伐桂、讨滇,四大任务同时进行。

段祺瑞开始调集重兵,他相信自己的北洋军完全能收拾得了这群土豪。

段祺瑞准备派卢永祥为湘粤方面总司令,打主攻;以驻防山东的第五师师长张树元继任淞沪护军使,作为主攻的后援力量;抽调倪嗣冲的安武军二十营及张敬尧部第七师开到湖南,以尖刀的形式争取中间突破;另方面唆使琼州的龙济光反攻广东,收买潮汕镇守使莫乘宇、惠州督办张六骥作内应,希望从内部攻破对方堡垒;令福建督军李厚基派兵经海道在广东沿海登陆,内外夹击。

另外,直系既然和桂系相呼应,搞小动作,皖系便积极拉拢奉系张作霖。在进行一番许诺之后,张作霖于 10 月 21 日发出马电,支持皖系,并敦促段祺瑞立即讨伐两广。所以段祺瑞便派奉军、陕军入川,协助吴光新、刘存厚从侧翼攻击滇军。

然而,段祺瑞还是严重低估了直系冯国璋的不合作所带来的后果。

直系的长江三督在这一时刻向段祺瑞发难了。

在冯国璋的授意下,10 月 20 日,江苏督军李纯、湖北督军王占元、江西督军陈光远联名提出解决南北问题的四项意见:一、停止湖南战争;二、撤回傅良佐;三、改组内阁;四、整理倪嗣冲部。

这个通电中的四项意见,暗含了四重意思:

一是反对段祺瑞的武力统一政策,强调自己的老大冯国璋的和平统一政策;二是借这次反对,尤其是要求撤换傅良佐、整理倪嗣冲部等,打击段祺瑞的威信,抬高冯国璋的权威;三是以改组内阁为名,清除段祺瑞内阁中的亲日派,阻止段从日本方面取得军费和军火支援;四是借整理倪嗣冲部为名,抢夺真正的利益。这主要是因为张勋复辟失败后,张系人马多数被段祺瑞属下倪嗣冲部收编,要把这股不小的力量抢过来,只有让对方整肃,然后直系再悄悄拉过来,才能实现。

占据中国富庶地区、手握重兵且直接捅刀的长江三督发电,打乱了段祺瑞的全部作战计划。为防长江沿线出大问题,段祺瑞不敢让卢永祥南下主攻了,还是留在上海以防意外。进攻西南的计划也不敢贸然推行了。

如果说长江三督这一招是硬的,那冯国璋在京城就是软抵抗。

段祺瑞要罢免陆荣廷、陈炳焜、谭浩明的命令需要总统盖印,冯国璋却拒绝盖印。

可是,冯国璋也知道,段祺瑞个性这么强,自己又在他的控制之下,还不能来硬的。

人在屋檐下,不得不低头。冯国璋委婉地说他希望大事化小,但冯的个性又比较委曲婉转,不敢坚持己见,怕段老虎真的翻了脸。

10 月 27 日,思来想去又非常无奈的冯国璋勉强下令,罢免广东督军陈炳焜。

可是,段祺瑞仍不放过冯国璋,他要冯国璋下令,派李耀汉兼署广东督军,莫擎宇会办广东军务,李福林接任广惠镇守使。这当然是段祺瑞借冯国璋之手,实现利用广东地方实力派驱除桂系的借刀杀人、釜底抽薪之计。

被人当枪使、自己做恶人的冯国璋,心里当然不是滋味。自己就这么被人耍了?怎么说自己也是总统,还掌握着长江中下游的三省重兵呢,太窝囊了。

怎么与段老虎对抗呢?

冯国璋把罢免陆荣廷的命令留中不发,一是因为老陆是除了段和冯之外最大的地方实力派,二是因为如果冯陆联手,还可能对抗老段,如果借自己手免了老陆,那冯陆联盟岂不是被各个击破?

段祺瑞见四哥老冯这么不听招呼,还倾向于陆荣廷,心里更为不满,他再度拟好了三道命令送给冯:一是调陆荣廷为宁威上将军,着即迅速来京;二是特派龙济光接任两广巡阅使;三是责成新任广东督军李耀汉督促桂军开回广西。

这虽然不是免了陆荣廷,给了老陆一个台阶下,但明升暗降的手法,连三岁小孩儿都懂。

段祺瑞一面催促冯国璋赶紧盖上总统印,别耽误事儿,一面让手下人散播"如果不听话就换人"的驱逐总统的谣言。

冯国璋真是后悔自己不该贪图虚名,轻易进入京城这个是非之地,坐上这个有名无实的大总统位置。

11月6日,走投无路、内心痛苦的冯国璋签发了段祺瑞的三道命令后,让手下人送交印铸局,准备盖印后正式发表。一直盯着冯国璋举动的段祺瑞松了一口气,早这样多好,省了多少事儿。

可是,把文件送走后,冯国璋越想越生气,越想越窝囊。终于到了半夜,冯国璋再也忍不住了,这口气实在咽不下去。

冯国璋让手下人立刻到印铸局,把那三道命令赶紧拿回来!

第二天上班,段祺瑞坐在办公室里等着这几道盖印的命令,可是左等也不来,右等也不到。怎么回事?一问印铸局,才知被总统连夜追回,不由得大为恼火。

段祺瑞怒气冲冲地来到总统府,见面后一点儿也不客气。他声色俱厉地责问冯国璋:为什么讲好发布的三道命令又要变卦,总统岂能出尔反尔?

面对咄咄逼人、脸色铁青又转成煞白的段祺瑞,冯国璋先软了,只好答应第二天发表。待段走后,冯就把命令交到印铸局去。

冯国璋终于没能顶住。

桂系陆荣廷本来与冯国璋一直有往来,双方结成了秘密的统一战线,可是,这个统一战线被老段强行从冯国璋这里撕开,这有点儿出乎陆荣廷的意料。再怎么说,冯国璋也是北洋系数一数二的大将,是当今大总统,怎么就这么容易被老段击溃了呢?

陆荣廷这时才开始跟孙中山亲近起来,虽然他看不上孙中山的力量,但多个人总是多份力量嘛。

然而,手握重兵的冯国璋可不是这么轻易就能被打败的人,政治这盘棋我没能赢得了你,军事这盘棋你可未必占到便宜。俺老冯搭台不一定行,但拆台却非常在行。连袁老大的台我都拆得,何况你段老二了?

正是在这种情形下,才有了范国璋、王汝贤的战场通电反击,直接给了段祺瑞一闷棍。

刚刚在政治上耍了冯国璋,不想在军事上却被冯国璋耍了。一还一报,打个平手,到底是兄弟交手,旗鼓相当!

以退为进

纵观民国政坛,段祺瑞和他那保定军官学校毕业的学生蒋中正有一个共同特点,就是在局势不利于己的时候,能够审时度势,以退为进,然后再卷土重来,攫取更大的权力。

有能力玩以退为进策略的人,需要政治资本,更需要权力和手腕。普通人要是辞职?那太好了,赶紧滚,滚得越远越好,巴不得你不干呢,还省得老子动手了。那样的话,自己就夹着尾巴灰溜溜的,成为时人和历史的笑柄。

有人说蒋介石一生中总共下野三次,也有人说六次,还有人说大大小小的以退为进手段达九次或十余次。他的前辈、老师段祺瑞也差不多。

袁世凯时代,段祺瑞撂挑子,逼得老袁在临终前低头请他出来做总理。黎元洪时代,府院之争不可开交,就着黎元洪发飙,段祺瑞没有反抗,以可怜巴巴的姿态展示在世人面前,黎元洪控制不住张勋复辟的局势,只得自己辞职,请段祺瑞出来收拾残局。冯国璋时代,同样的情形又出现了。

冯国璋在北京对段祺瑞的"非暴力不合作",使对手看到北洋系内部的矛盾重重,当年雄霸天下的"风云组合"也已是"风流云散";长江三督的磨刀霍霍,让人看到皖系身后露出了致命破绽;范国璋和王汝贤的阵前通电,湖南局势风云突变;就在段祺瑞酝酿重新撂挑子的时候,长江三督之一的江苏督军李纯又捅了一刀,来电建议总理不要兼陆军总长,解散临时参议院,派唐绍仪为北方议和总代表,迅速召开南北和议。

段祺瑞真的生气了。别以为你们玩撤梯子的招数很厉害,等我给你们玩一下,你们就知道到底谁的分量重了。

11 月 16 日,愤怒的段祺瑞再次提交辞呈,决定躲在幕后,把乱局抛给冯国璋,迫其就范。你冯老四不是拆我的台吗? 那我干脆把这摊乱局扔给你,我看你一个人能不能把台面撑起来。

段祺瑞辞职的同时,发出电报,痛论北洋派团结的必要。段祺瑞认为北洋系是中国的正统,没有北洋系,则没有中国。如果这个正统不和,不仅会让对手看笑话,而且会是中国灭亡的征兆。

由于段祺瑞政府与日本有秘密往来,且已向日本借了巨额贷款,如果段内阁垮了,日本的钱就有可能打水漂,所以此时日本公开站在段祺瑞一边,声称"欧战未定以前,希望中国政局不见屡屡之变动"。

袁世凯的结拜大哥、北洋元老徐世昌一见冯段兄弟二人闹得有些不像话了,北洋系弄成这样,确实不是好事儿,于是他赶紧出来打圆场。

这样,冯国璋感受到了压力,不得不以支持武力统一为条件,驳回了段祺瑞的辞呈。

有了徐世昌的圆场,有了冯国璋的挽留,段祺瑞脸上有了面子,通电"照常任事"。

然而,冯国璋的挽留其实是假之又假的,他手底下有重兵集团,他不相信自己控制不住局面,之所以挽留,是不想在面子上闹得太僵,毕竟徐世昌是袁世凯都敬重的北洋老人,而且挽留段祺瑞,也显示自己的雅量。想不到段祺瑞还真的顺坡下驴了。

这就好比是家里摆了一桌丰盛的菜,本想自家人捏起小酒盅慢慢享用,根本不愿意把自己不喜欢的客人留下来吃饭,只是碍于礼节和情面,说了一句"你在我们家吃一点儿饭呗",结果,客人太实在,一屁股坐下来等着上酒上菜了。你说主人心里得多糟心!

　　冯国璋一想，不行，怎么也得把老段撵走，还不能由自己直接撵，怎么办呢？

　　这，其实一点儿都不难。

　　11月18日，段祺瑞为了扭转湖南战场的不利局面，继续推行其武力统一的政策，发布了两道命令：一是将擅离职守的傅良佐、周肇祥撤职查办；二是很不情愿地任命那个在战场上反自己的王汝贤为湖南总司令代行湖南督军职务，督同范国璋负责长沙防务，并令其严申纪律，激励将士，不要贻误战机，否则军法不容。其实这是借刀杀人，让王、范两部与南方军队火拼。

　　结果可倒好，段祺瑞不但没吓唬住王汝贤和范国璋，反而把狼招来了。

　　就在段祺瑞的命令下发的同时，王汝贤像赌气似的，你不是让我守长沙吗，那好，我给你看看怎么个守法，您可看仔细喽。

　　王汝贤一拱手，就把长沙让给了湘桂联军。问了一下段祺瑞，这一招是实的，不是虚的，您老人家看明白没？

　　这还不算，冯国璋又暗中让人给段祺瑞送了个大礼包，加大分量的，买一送三的那种。

　　就在18日这一天，原直系的长江三督，外加直隶督军曹锟，联名通电，主张停战。长江三督忽然变成直系四督，声势大震。

　　曹锟是怎么回事呢？他在这个时候怎么加入了呢？这事颇为蹊跷。

　　曹锟，天津大沽口人，也算是正宗的直系人马，但是，曹锟却一直没有加入长江三督的主和集团。他自己也握有北洋嫡系人马，且是直隶督军，驻在京城附近，具有举足轻重的地位。

　　虽然曹锟还不能与段和冯争锋，但段与冯双方都不敢得罪曹锟，反而千方百计地拉拢曹锟。曹锟与皖系段祺瑞也一直保持良好的关系，一直不左不右，保持中立，因此有人称曹锟是直皖二系的两栖督军。

　　就在王汝贤、范国璋在前线发表停战主和通电时，11月中旬，长江三督的"第一督"、江苏督军李纯派代表赴天津征求曹锟意见，并鼓动老曹站在冯国璋这边，毕竟都是直系嘛。曹锟并没把冯段之争当回事，仍然展示其中立的面孔,循例答曰好好。

李纯的代表回江苏后,告知曹大帅同意与直系三督站在一起了,李纯就来个生米做成熟饭,再次发表通电时,把曹锟放在了长江三督前面,成了"四督"之首,隆重地推出了曹锟。

段祺瑞刚挨完一闷棍,眼前的金星还没散尽,又来了一锤子,还是重量级的,简直被打得晕头转向。

这次不仅是愤怒,更是羞愧,明摆着是被冯国璋结结实实地耍了,他简直羞愤交加。11 月 20 日,段祺瑞宣布辞职。我真不干了,我看你冯老四有多大能耐来解决时局。

直到这个时候,曹锟才意识到问题的严重性,尤其是自己被李纯推到长江三督的前面,成了领衔通电者,这也有被耍的嫌疑。

因为曹锟与段祺瑞私交不错,他在长途电话中向段解释,说那个电报根本就不是本人的意思,本人未参加任何行动。

段祺瑞明白了,原来是长江三督拉大旗作虎皮,这样的话,更坚定了自己辞职的决心。他坚信,袁世凯和自己玩不转的事情,他冯国璋不可能玩得好。他要像对付黎元洪那样,真的躲在幕后,静观时局了。

黎时代的翻版

曹锟选择中立的策略,无疑是正确的。就在他向段祺瑞苦苦解释这次通电不是自己的意思的时候,另一个重量级人物出面向他质问原因,也让他招架不起。

曹锟所感受到的这个巨大压力,来自黑土地上的张作霖。

远在奉天的张作霖此前就曾打电报征求曹锟对南方的意见,曹锟知道张胡子历来强硬的心理,便答复说只能打、不能和。然而这时由曹锟领衔的通电却公布出来了,张作霖打电报过来责问曹锟,你这人怎么这样?怎能出尔反尔?朋友之间言而无信,治国之策朝令夕改,怎么在道上混?我都不敢和你处了。说得曹锟无言以对。

除了张作霖,曹锟还感受到了另一个人对他施加的压力,那就是袁世凯的结拜大哥、北洋元老徐世昌。

徐世昌也来责问曹锟,北洋集团如此不和,如果真的解散了,让别人看笑话,诸君悔且莫及。你要再这样被人当枪使,别人可真要笑你是"曹三傻子"了。

为了挽回自己的过失,不至于与段系结怨太深,继续保持自己的中立形象,在段系智囊徐树铮的导演下,曹锟于21日单独发电:主张以南军退出长沙为南北议和的条件。这个电报,表面上好像仍是主和,实际上是暗中偏袒段祺瑞。

不过,对冯国璋来说,这已经无所谓了,借曹锟声势打击皖系的首要目的已经达到,段祺瑞的辞呈也递上来了,冯国璋像黎元洪一样,决心要免去段祺瑞这个"刺儿头",找个好合作的伙伴出来与自己搭档。

然而,冯国璋也面临着与黎元洪一样的难题,就是找谁来当总理。

冯国璋想到的第一人选,也是王士珍。

应该找个人给王士珍算一下,到底是什么命。自己明明是北洋三杰之首,但因为淡泊名利,反不如自己的两个师弟名头亮,可谁都还离不开他王士珍。不管哪一方有事,第一个想到的救火队长,都是王士珍,因为除了王士珍,没有人有能力和威望在北洋圈子中混。看来,王士珍天生就是消防总队长的命。

冯国璋找到王士珍,但不论如何苦口婆心,王士珍就是不答应,而且不肯接受总理一职,陆军总长一职也不肯就任。

冯国璋又去找熊希龄、田文烈、陆征祥等,可这些人的头都摇得像拨浪鼓似的,谁都知道在北洋虎豹双雄之间当夹心会是什么滋味。

一切变成了黎元洪时代的翻版。

冯国璋又找到外交总长汪大燮。经不住冯总统的苦苦哀求,汪大燮提出,自己可以帮总统这个忙,只做几天总理,只签署两个公文,然后就撒手不干。

冯国璋也只是想找人过渡一下。只要有人过渡,冯就可再请王士珍出山相助。

11月22日,冯下令准段辞职,派汪大燮代理国务总理。汪大燮也比较可爱，直接签署了一纸空白命令，请冯把继任总理的名字填在上面。他就是要帮冯总统一个忙，自己可不想真的坐这个总理之位。

段祺瑞"下野"休假去了，千斤重担就全落在了冯国璋身上。冯国璋终于明白：不仅在金碧辉煌的总统府中当盖印机器难受，自己一个人收拾一个烂摊子更难受。

汪大燮自代理总理那天起，就声称自己仅代理一个星期。就在这一个星期里，他天天催着冯国璋发表继任人选，弄得冯国璋心烦意乱。

冯国璋硬着头皮去找王士珍，可王士珍还是不肯，因为这样还是抹不掉"卖友"的嫌疑。

就在这时，让人出乎意料的是，段祺瑞登门拜访了王士珍。也不知老段跟老王说了什么，可能到底是不希望北洋系真的四分五裂，或者是不希望老冯万一真的找到一个铁心跟冯的人来任总理，反正王士珍勉强答应先就任陆军总长。又经了些时日，在冯国璋的鼓动、北洋军人集体劝驾之下，王士珍终于就任了总理。

人们戏说，在中国最不缺的就是官儿，一个官员倒下，立刻有千千万万的人等着争这个位置。可是北洋时期这个总理官位，被王士珍当到这个程度：被所有重量级人物请求，被人求着当官儿！做人、做官如果做到这个份上，还真有几分味道。

冯国璋控制北京政府之后，想通过贯彻其和平统一的政策，一步步实现国家统一，自己既能大权独揽，又能名留青史。因此，冯国璋主动向南方抛出了橄榄枝。

按照冯国璋的构想，第一步是先与桂系陆荣廷达成和解，湖南前线停战；第二步是双方坐下来谈判，把国会等重大问题解决。

直系四督的通电，以及冯国璋的主动和解，在南方各派之中引起了不同的反响。

孙中山认为，这纯是北洋系玩的一场骗局，此时南北不能议和。你们要是真想议和，那请取消你们的临时参议院，恢复以前的国会和约法。

陆荣廷认为孙中山太幼稚，以你国民党这么点儿实力，还这样跟北洋系叫板，天底下哪有一口吃个胖子的道理。你还不如直说让冯国璋把你请回去当总统得了。

其实,陆荣廷对孙中山不满的真实心理是,眼下桂系占领了长沙,既得利益保住了,谈判正是时候。什么旧约法、旧国会,那都是糊弄人的,我只认利益,不认虚名。因此陆荣廷表示赞成四督的主和通电,愿意南北停战并谈判。

上海的岑春煊也力倡南北调和。

民间有句话叫"多年荒地无人管,有人管就有人争",谁让你在那地上插橄榄枝来招摇了? 那地是我的,种什么东西我说了算。我偏不种地,我就要养狗。政治上也是此理。

就在冯国璋感到自己的和平统一政策初见成效的时候,段祺瑞开始反击了。

冯国璋知道段老虎不会善罢甘休,肯定会反攻,但没想到反攻来得这么快,这么迅猛。

要是你的和平统一政策奏效了,那我武力统一岂不就是失效了? 接下来不就是意味着你胜利了我失败了? 那我还怎么在政坛上混?

许多人不是奇怪为什么掌握权力的人就不能好好地做一点儿实事,就是这个原因和心理作怪,所以我们才会在政治问题上永远看见那些使绊子、设障碍、人为地给对手制造麻烦的事出现。

和平统一还是武力统一

我们今天读史时,不应该只看热闹,不应该只骂前人,确实应该静下心来反思一下,面对当时的情势,到底采取什么样的政策才是妥当的。

我们虽然无从知道冯国璋和段祺瑞的真实心理,但我们可以根据历史脉络、历史线索,对当时的历史人物和历史事件加以大致的描绘和勾勒。尽管研究历史要的是证据和原始档案的记录,需要的是实事求是而不是想象,但越是重大的历史事件,留给后人的关键线索就越发稀少。如果不借助于"大胆假设,小心求证",不借助严密的逻辑推理,那我们就不能将这些蛛丝马迹串联起来,形成历史的大致轮廓。

对于段祺瑞的武力统一政策与冯国璋的和平统一政策,我们也可做分析、判断和推理。

清朝末年,天下大乱,老袁携北洋军异军突起,他采取了与前辈不同的手法,虽说是逼宫,但毕竟没有让皇宫流血,不像明末崇祯帝亲手杀了公主,然后自缢于煤山那样惨。对于革命军,不管怎么说,老袁也是有能力以军事力量打服的,但仍然采取了谈判的策略,以和为贵。对于各省蠢蠢欲动的势力,老袁只展示了一下肌肉块儿,看大家服软了,也没有继续开炮。对于一起打天下的功臣部将,老袁也没有采取刘邦和朱元璋式的血腥屠杀手段,而是大封功臣……

就这样,老袁基本上是采取了和平统一的方略,使得天下暂时安定下来。

抛开先入为主的道德判断,抛开意识形态色彩的政治划界,单纯从处理手段来说,比起历史前辈来,老袁做得算是非常仁慈了。

可是,这样做的结果呢?天下真的安定了吗?

那些有心思、有机会又有能力反对袁世凯的人和势力全在,袁世凯通过和谈暂时压制了的矛盾很快浮出水面。

国民党人以一桩模棱两可的宋教仁案首先起兵,段祺瑞和冯国璋对袁世凯貌合神离,其他各派军阀观风而动,北洋世界很快就天下大乱。

那么,段祺瑞作为袁世凯理所当然的接班人,他在谋划治国方略之时,即使他不读历史,老领导袁世凯的教训也历历在目:天下如何治理才能长治久安,才能让人民过上几天安稳日子?

冯国璋的和平统一策略,听着不错,但可能会走上袁世凯的老路。

即使纯从道德角度而论,不管是段的武力统一,还是冯的和平统一,并不存在谁比谁高尚的问题,因为这只是冯抵制段的一个招数,并不是冯真的想和平统一,其实质都是从自己稳固权力的角度而言的,是同一个问题的两个方面,目的相同而策略相异而已。

当时报界人士邵飘萍就在《申报》上发表言论,说冯系是"以调停为手段,以击破段派雄视北部、中部,控制全国为目的,此冯派最初之计划也"。

一言以蔽之,这一切不过是府院之争的新形式。

理论分析告一段落,继续返回历史现场,看在这场政治足球赛中,段祺瑞是怎么打防守反击的。

借力打力

荀子曰:"君子生非异也,善假于物也。"君子是善于借用外物的力量来实现自己理想的。

毛宗岗读三国,就看出了"借"字的奥妙。他对于曹操和诸葛亮善于用"借"有非常清醒的分析和认知:

> 曹操一生,无所不用其借:借天子以命诸侯;又借诸侯以攻诸侯;至于欲安军心,则他人之头亦可借;欲申军令,则自己之发亦可借。借之谋愈奇,借之术愈幻,是千古第一奸雄。

> 孔明用计之妙,善于用借。破北军者,既借江东之兵;而助江东者,即借北军之箭:是借于东又借于北也。取箭者,既借鲁肃之舟;而疑操者,复借一江之雾:是借于人又借于天也。兵可借,箭可借,于是乎东风亦可借,荆州亦无不可借矣。

看来,一个简单的"借"字,不同的人使用起来,确实起到完全不同的效果。北洋时期的小扇子徐树铮也非常会用"借"。

段祺瑞身边有了小扇子徐树铮,可帮了他大忙了。虽然小徐锋芒毕露,坏了很多事,但也给老段成了好多事。

徐树铮把曹锟从直系四督中分化出来,这只是第一步,接下来要做的,是把曹锟真的拉入皖系阵营,为段祺瑞所用,借曹锟的力量来制约冯国璋。

徐树铮果然不简单,他多次跑到天津游说,凭其三寸不烂之舌,喻之以理,动之以情,唉之以利,说动曹锟要与段站在一起,并许诺将来皖系召集新国会选举副总统时，曹锟为不二人选。

徐树铮还告诫曹锟，直系的长江三督，以李纯为首，如果南北和平实现，那么李纯的政治地位必然大大提高，在将来竞争更高位置时，一定没有你曹督军的份儿。

徐树铮更直接告诉曹锟，在南方几省的眼里，大帅您可是袁家旧将，袁老大对您宠爱有加，您的北洋第三师是袁大总统嫡系的、赫赫有名的"赵子龙师"，那么议和后，南方几省必然排斥您。

徐树铮的这些话很有力量，说到曹锟心里去了，自己正不满处处出风头的李纯呢，他凭什么坐直系的第二把交椅？曹老三心下不住地点头称是。

曹锟当然明白时局，知道国会是被皖系控制的，此时帮皖系，皖系将来选他当副总统，没有任何问题，这不是空头支票。而此时帮直系，那么，占据富庶省份的长江三督，从经济上就比自己财大气粗，从心理上他们三个也与老冯更近，莫不如帮着老段。而且，不管是黎元洪还是冯国璋，能当上总统，都是段祺瑞点头的。段祺瑞的皖系没有直接指挥的人马，此时帮段，将来应该是得利甚厚。

曹锟的心思逐渐活动起来。经过徐树铮的一番运作，让冯国璋意想不到的事情发生了。

12月2日，在参加完王士珍就任总理的典礼仪式后，突然间十余个督军集体失踪，原来他们悄悄跑到天津去了。以直隶督军曹锟和山东督军张怀芝为首，山西、奉天、黑龙江、福建、安徽、浙江、陕西七省和察哈尔、热河、绥远三个特别区的军阀代表，以及上海卢永祥、徐州张敬尧，除了西南各省和长江三督没有代表参加外，都派人或自己亲自抵达天津孙家花园开会。这里既是曹锟的地盘，又是段祺瑞组织秘密串联的地方。这样，段祺瑞运筹帷幄，徐树铮煽风点火，曹锟和别的督军往里加柴，这把火就熊熊燃烧起来了。

徐树铮的活动能力还真是强。上一次段祺瑞和黎元洪总统打起来时，他鼓动督军团到徐州张勋那里开会，把张勋当枪使，赶走了黎元洪，然后段祺瑞挥师出山赶走了张勋。这次天津会议又是徐树铮鼓动起来的,用以对付冯国璋总统,这次的领头人物是曹锟。

这么多人被徐树铮拉来捧场,曹锟当然高兴啦,谁不想当老大呀。当不成老大的话,成为举足轻重的人物,那感觉也是不错的。所以,会议很快就达成一致意见,对南方,必须主战,实行武力统一,一定要让他们尝尝北洋军人的厉害。

会议决定,如果南军退出湖南和解散非常国会,就可以和谈,否则一切免提;如果总统不采纳,督军团将以对付前总统黎元洪的手法对付冯国璋——各省宣布脱离中央而自主。

会议还决定了三项内容:一、各省分别出兵,自筹军费;二、推直、鲁两省督军(曹锟和张怀芝)为主帅;三、排斥长江三督。会议还讨论了各省出兵的分配问题。

12月6日,会议结束。曹锟、张怀芝、张作霖、倪嗣冲、阎锡山、陈树藩、赵倜、杨善德、卢永祥、张敬尧等十人联名通电,请冯国璋总统迅速颁发明令,讨伐西南。

这一下子,形势逆转,轮到冯国璋手足无措、章法大乱了。原以为是直系自己人的曹锟都站到皖系那边了。

冯国璋的阵线开始全线崩溃。

就在冯国璋还在派代表争取南北和谈时,长江三督的湖北防线也出了问题。湖北督军王占元怕皖系主战派和西南护法军两面夹攻,为生存计,还是投奔北洋系稳妥,主动滑向了主战派。

在督军团的威逼之下,进退失据的冯国璋已无力控制住局面,连直系内部也控制不住了。12月15日,冯国璋低下了高傲的头颅,收起了那颗想独掌天下的心,邀请段祺瑞和王士珍到总统府举行会议,希望北洋这三驾马车取得一致意见,避免北洋分裂。

段祺瑞一如既往的霸气,他告诉冯总统,除了下令讨伐南军外,别无他法。

冯国璋原以为合自己与王士珍之力,说动段祺瑞让步,没想到涵养极深的"北洋之龙"王士珍,态度很少有鲜明的时候,段祺瑞的霸气让冯国璋不觉中败下阵来。

12月16日,冯国璋被迫发表电令,任命曹锟为攻湘鄂第一路总司令,张怀芝为第二路总司令。

12月18日,冯国璋任命段祺瑞为参战督办,主持武力统一事宜。任命与老段关系极好的"小段"段芝贵为陆军总长。同时下了一道手令,凡是关于参战事务均交参战督办处理,不必呈送府、院,也就是说,军事上的事由段祺瑞全权处理,总统冯国璋和总理王士珍全不过问。

这样一来,冯和段就划定了势力范围,对外问题由段处理,对内问题由冯处理,希望从此兄弟二人和平共处。

而段祺瑞也比较高兴,一来是冯国璋服软了,二来担任了参战督办,军权在握,其他就不必担心,还可以借着参战督办之名,对内暗中建立和扩大自己的军队,对外直接取得外援。

冯国璋任命段祺瑞为参战督办,"凡是参战问题,均交参战督办处理",其实是想让段祺瑞做恶人、背恶名,自己置身事外。

果然,冯的电令刚一发表,各路诸侯纷纷前来索饷,要求发放南征的军费。不来索饷的,也在自己的地盘上截留税收,招兵买马,壮大自己力量,以国家利益的名义捞足私人好处。

但是,冯国璋此时可能还没完全明白,这一划分,自己的亏就吃得太大了,军政实权完全落到段祺瑞手里,想剥夺段祺瑞权力的一切努力都化为乌有。钱的问题与权的问题相比,当然是权重要。钱没有,可以借,也可以先开空头支票嘛。

冯国璋为人随和,不像段祺瑞那么霸气,总是思来想去,做事追求稳妥、完满。他一面不得已宣布武力相向,一面派代表到广西武鸣会见陆荣廷,说明自己的苦衷。陆荣廷表示"颇为见谅"。

冯国璋之所以如此,据说是直系和桂系之间曾有密约:直系在北方推翻段祺瑞内阁,桂系则在南方推翻孙中山的护法军政府;直系在北方取消临时参议院,桂系则在南方取消非常国会。双方这样"二一添作五"之后,各自都取得了南北的势力范围,然后南北合流召集新国会,推举冯国璋为大总统。这就是冯国璋的和平统一的真相。

所以,冯国璋无奈宣布武力统一之后,自己属于"违约",这才派代表来陆荣廷处解释。

为使自己"违约"带来的损害降到最小，冯国璋还建议陆荣廷，取消两广自主，那样的话，主战派便师出无名，这样自己也有理由从中斡旋，实现南北和局。

陆荣廷当然不是那种不知深浅的政客，也不是只知赌气的孩子，面对北军的杀伐之声，此提议让陆荣廷颇为动心。只不过，为了那仅剩的一点点面子，陆荣廷坚持提出，请北京政府先下停战令，作为不进攻南方的保证，然后桂军就从湖南撤回两广，并取消自主。

实质上，陆荣廷已经软了，算是已经取消自主了。只不过，他坚持要他最后一点尊严而已。然而，段祺瑞却异常强硬，他提出的是与陆荣廷相反的要求：南军先取消自主，然后北军才停止进攻。

双方的条件一样，只是先后顺序不同。而谁都不让这一步，结果就是看起来这么简单的一件事，最终却因为面子问题而没有很好地解决。

双方都赢得了面子，却输掉了解决问题的最佳时机。

这也正应了历史的经验以及对和平统一还是武力统一的分析：指望"谈"出和平，是很难实现的。

因为，中国人都深谙曾国藩的"挺经"之道——谁能"倔"到最后，谁就可能胜利。

不过，人们忘了，想"倔"到最后，是在双方势均力敌的情况下；如果双方实力不对等，弱者之"倔"就是找揍的先兆。

动口解决不了，那就准备动手吧。

左右为难

其实，就在南北双方往来交涉、直皖内部争吵不休的时候，大家背地里的小动作一点儿也没减少。

还在段祺瑞"下野"期间的 11 月 26 日，段祺瑞就任命（其实是许诺，因为段此时在"下野"）驻在海南的两广矿务督办龙济光为两广巡阅使攻粤(实质是要他把陆荣廷打跑,然后他便是两广巡阅使),以牵制粤桂联军北上援湘。12月10日,龙济光果然起兵,率部由海南进犯广东。

这一举动,大大刺激着南方各路人马的情绪,也刺激着与段祺瑞唱反调的长江三督的情绪。大家都是丘八,谁怕谁呀。你会的招数,我们又不是不会。

就在督军团天津会议之前,王士珍就任内阁总理的时候,驻扎在湖北的第一师师长石星川在荆州宣布自主。

而同时,这样的事反过来更刺激了主战的督军们,使参加天津会议的各督军态度更加强硬。双方陷入了恶性竞争和恶性循环。主战派与主和派、南军与北军,越搅越乱。

12月16日,襄阳镇守使黎天才宣告自主。

12月21日,郭坚在陕西凤翔宣布独立,自称陕西护法军西路总司令。

1918年1月4日,王天纵在河南通电自主。

荆州和襄阳发生自主事件,这让长江三督之一的湖北督军王占元非常为难。在自己治下居然有石星川和黎天才与南方直接呼应的事。剿吧,简直是替段祺瑞作嫁衣裳,不剿吧,躲在宜昌的段祺瑞小舅子吴光新肯定趁机前来攻打,那样对自己就更不利。

荆州和襄阳发生自主事件,同样也给桂系带来了烦恼。尤其是援湘的联帅谭浩明,因为湘西的民军纷纷要求开往鄂西和自主军打成一片。可是,如果湘西军民开往湖北,那就犯到了湖北督军王占元的利益,而王占元本来隶属于直系的主和派,他一旦受到刺激,怀疑湘西军别有用心的话,那就直接把王占元推向了段祺瑞武力统一的阵营。因此,谭浩明一面阻止湘西军民,一面致电北京政府:如果北军攻荆、襄,则南军也会进攻岳州。

这种情况,无疑给段祺瑞的武力统一提供更多更充分的借口。"衅自彼开","调和无望",冯总统啊,你都看见了吧?你还想替他们说话吗?这可是他们先挑的头,如果我不打他,都有点儿对不起他。

段祺瑞命令驻扎在山东的北洋军由津浦线向南征讨,会合倪嗣冲所抽派的安武军二十营,通过江西进攻湘东;曹锟派吴佩孚率领精锐第三师由京汉路南下,会合张敬尧的第七师,通过湖北进攻湘北。

此时,又一个举动更加刺激了段祺瑞和主战派。

北军南下的两路人马,都要经过直系长江三督的地盘。冯和段闹得这样僵,长江三督当然不愿借道给主战派了。

坐直系第二把交椅的李纯,请冯国璋把调在浦口的冯玉祥旅归自己调遣,用以拦住主战派的去路。而冯玉祥的舅舅陆建章,是直系倒段的幕后人物。陆建章也是北洋系老人,当年袁世凯时代担任军政执法处处长,也就相当于"锦衣卫"的头。所以冯玉祥帮着直系人马,是理所应当之事。

段祺瑞是非常霸气的人物,越是有人阻碍其行事,越是激起他的反弹,属于"明知山有虎,偏向虎山行"的性格。此次出兵,见长江三督不配合,还拦住去路,更加恼羞成怒。

你南军不是要我别进攻荆、襄吗?我偏要打荆、襄这两个"自主"的。如果这个出头鸟不给打下去,接下来我还怎么在北洋地界上混?

段祺瑞决定开打之前,还没忘拉上冯国璋。想让我老段赤膊上阵,你老冯当老好人,这怎么可能?

你老冯不是在名义上同意武力统一了吗?那拿出一点儿实际行动来吧。你想让我独自背恶名,我偏要拉你下水。

皖系不断向冯国璋施压,同时放出风来,如果冯国璋坚持不下讨伐令,那咱们也不必客气,直接把总统推翻得了,再换个听话的人上来。

冯国璋有些心虚,如果真的这样的话,那就很不爽了。

人往往就是这样,自己选择离开的话,不管是对是错,都愿赌服输;如果被别人赶走,那是很屈辱的事,更何况是堂堂国家一把手?

冯国璋看到自己的小九九被段祺瑞窥破了,看来无论如何也不能置身事外了,可要真正全面开战的话,又心有不甘。冯国璋思来想去,既然自己的属下、长江三督之一的湖北督军王占元正处在窘境,他的治下有在荆、襄搞自主的,这也给自己的和平统一政策出了难题,就拿他们下手吧。这样,不是全面讨伐,而是局部讨伐,既顾及了陆荣廷的面子,也给自己方面和段祺瑞方面一个交代。而且,荆、襄自主军本来不是属于西南势力范围,而是地方上的抗命部队,北军进攻荆、襄只是解决内部问题,而不是对南用兵。

所以,冯国璋决定,讨伐荆、襄。这样一来,老大发话要打了,长江三督就不好拦路了。

不过,冯国璋仍然不想用"总统命令"的形式。1月9日,他以参战办公处奉大总统谕对前方军队发出电令:"凡抗命者均以土匪论。"

命令发出之后,冯国璋怕桂系误会,派人向桂系解释,荆、襄问题是湖北内部问题;同时也派人向岑春煊解释,"局部讨伐令决不会影响南北的和局"。

冯国璋这个总统当的,真是累呀。

1月中旬,主战派取道广水,大举进攻荆、襄。进攻荆、襄时,段祺瑞拉上冯国璋还不罢休,又向湖北督军王占元叫板,你本是北洋系的人,现在问你,你是帮着南方,还是帮着北洋军?给个话。

王占元当然无法拒绝,即使北洋系内部有矛盾,可他也不能帮着南方军队呀。

在这种情况下,湘桂联军于1月18日开始进攻岳阳,27日占领了岳阳。

1月22日和25日,荆州、襄樊在主战派凌厉攻势下,相继失守。

冯国璋苦心维持的南北和局轰然倒塌。

然而,冯国璋的苦心,却根本没有被各方所理解。相反,不管是主战派还是主和派,都对冯国璋的信用产生了怀疑,并强烈不满。南方军民说冯国璋是两面三刀,北方主战派说他是姑息养奸。

冯国璋本想来个刀切豆腐两面光,可结果却是猪八戒照镜子——里外不是人。冯国璋的心都碎碎的了,他越来越对自己来京当总统一事感到极大的后悔。

真应了那句话,金窝、银窝,不如自己的狗窝。

怎样才能脱离"北洋之虎"的"虎"穴,全身而退,回到"北洋之豹"

(也称"北洋之狗")的"狗"窝呢？冯国璋陷入了深深的沉思中。

想张飞，无奈关羽

22日攻克荆州的战报传到北京，冯国璋想让大家紧急刹车，开始南北谈判，争取和平统一。他立即拟就几道总统命令：

一、恢复陆荣廷的两广巡阅使，龙济光另候任用；二、北军从岳州撤退，但南军不得进驻；三、桂军从湖南撤退；四、令谭延闿迅速回到湖南，实行湘人治湘；五、责成川、滇两省当局协商解决滇军驻川人数及驻兵地点。

然而，冯国璋太一厢情愿了，局面到这个时候，大家怎么可能听这位裁判中场叫停？

24日，当王士珍在国务会议上提出这命令让大家讨论的时候，突然接到南军强攻岳州、岳州情势危急的急电。王士珍大为震动，匆忙偕阁员到总统府向冯请示怎么办。

冯国璋真是按下葫芦浮起瓢啊，情势发展至此，他已经控制不住了，控制不住南军，更控制不住北军。而此时北军更是强烈要求冯国璋下讨伐令。命令一旦下达，就表示南北战争全面爆发，这就会打破直、桂两系的秘密联盟，而冯的政治威望也将大大受损。

看来，实在不行的话，只有采取三十六计——走为上了？

心慌意乱的冯国璋赶到北洋元老徐世昌的府上求教。徐世昌说解铃还须系铃人，还是把段祺瑞请来商量吧。

段祺瑞来到后，脸上冷冰冰的，根本不发表意见。意思就是，除了讨伐，没有商量的余地。

看着段祺瑞那不可商量的强硬态度，冯国璋知道，自己无论如何也不能再待下去了。下定决心，撤！回到自己的一亩三分地再号令天下。

打定主意之后，让段祺瑞和徐世昌意想不到的事情发生了。

一向以好脾气著称的冯国璋突然拍案而起，大骂南军欺人太甚，太不把北洋派放在眼里了，是可忍，孰不可忍！为了要团结和巩固北洋派，他决定亲自出征,揍这群气焰嚣张的兔崽子!

冯国璋决定御驾亲征,这个态度来得太突然,简直比小孩儿翻书还快,冯国璋这个"突然的自我"的举动让段祺瑞和徐世昌看得目瞪口呆。他们和冯国璋共事二十年,从没见过冯国璋发这么大的脾气。段祺瑞一时脑袋转不过弯儿来,不知如何应对,只是不停地在想,冯老四今天吃什么枪药了?

此时,段祺瑞还没明白过来,原来冯国璋是想借机逃离这个是非之地,跑回自己的大本营南京!

冯国璋回到总统府,立刻拉出御驾亲征的架势,他命令拱卫军司令刘询在第十五师中挑选精兵一旅,补足军火弹药,作为自己的南行卫队,要在最短的时间内做好开赴前线的各项准备。同时冯国璋召见王士珍,请他坐镇北京,维持治安,等待本大总统凯旋的好消息。

段祺瑞虽然没弄清冯国璋要亲征的真实意图,但还是劝他不要轻易出动。冯国璋态度很坚决,一定亲自抵达前线,振奋军心和士气。

1月26日晚上8点半左右,冯国璋乘专车出京。零点左右抵达天津,直隶督军曹锟在车站迎候,同时也劝阻冯国璋不必远行。冯国璋说沿途各地都已发了公文电令,岂有中止之理?

冯国璋在天津作了短暂的停留之后,27日凌晨继续南下,下午车过济南,山东督军张怀芝上了冯的专车,陪着在山东境内走了一段儿。车过徐州时,张敬尧也上车随行了一段。

冯国璋专车的车轮飞速地旋转着,段祺瑞的脑袋也在飞快地盘算着,冯老四到底要干什么?段祺瑞盯着地图上的车行路线图,突然,灵光一闪,暗叫一声:"坏了,上当了!"

原来,按常理来说,如果冯国璋是出征的话,专车应该由京汉线奔湖北,而不是走津浦路奔南京!

而且,根据线报,冯国璋出京,一路上行色匆匆,既没有下车巡视沿线部队,也没有以元首身份检阅部队。这哪里是出征呀!这明明是想逃脱自己的掌控,跑回他自己在南京的老窝。到了他的地盘上,他有钱有兵,成了真正有权的大总统,说不定会对外宣称"总统蒙难",诰谕各方把枪口对准皖系,或者干脆就来个定都南京。

段祺瑞终于明白过来,惊出一身冷汗,赶忙拿起电话,让接线员接通了安徽督军倪嗣冲……

1月28日,冯国璋的专车经过长途跋涉,风尘仆仆地来到了安徽蚌埠,冯国璋的心里一阵轻松。车到蚌埠,南京已经近在咫尺了。如果顺利的话,再有不到半天,就可以到达自己的根据地了。那个时候,我老冯不仅是南霸天,而且是真正有兵有权的大总统了。

然而,蚌埠到南京,就在这铁路标准距离184公里、公路标准距离212公里的狭长地段,冯国璋却再也没能前进一步!

车到蚌埠,安徽督军倪嗣冲进站迎接。突然,冯国璋感到有些不妙,因为车站布满了倪嗣冲的军队!

倪嗣冲上车请示,态度虽然装作恭顺,却是笑里藏刀。他问道:"总统既然到湖北前线南征,为何来到这里呀?"

冯国璋心知情况有变,但还是硬着头皮撒谎:"哦,我要到南京召开一次军事会议,讨论对南作战问题。"

倪嗣冲说:"既然开军事会议,何必远赴南京,就请大总统下车,在蚌埠召开,我来承办,实行三包,欢迎惠顾,费用我理,包您满意。"

倪嗣冲在自己地盘上有恃无恐,当着冯国璋总统的面,以总统名义拍电报给江苏督军李纯,请李督军来蚌埠参加由冯总统主持的军事会议!

李纯非常机警,一听就不对劲,说自己有病动不了,派一个部下前来代表参加吧。如果不是这样,手握重兵的李督军也会被倪嗣冲软禁起来。

冯国璋总统眼看南京就在眼前,却寸步难行,只好低头向倪嗣冲求情:"现在各省督军都不肯服从中央,我这总统实在难做。"倪答:"总统可以惩一儆百,谁敢反中央就撤他职,总统如撤我职,我一定服从。"

冯国璋听了只作苦笑。

冯国璋知道,在这里对倪嗣冲来软的、硬的都不行了。倪嗣冲早就派重兵包围了车站,如果打起来,自己的一旅精兵肯定不行,只好调头北上,返回北京。

鸟在笼中望孔明,想张飞,无奈关羽;人在逆境盼时迁,欲施恩,可惜吴用!

此时冯国璋的心情,像小孩糖到嘴边被打落一样沉痛,又像学生翻墙快成功时,远处跑来一老师,一把抓住了其脚脖子……

冯国璋"南巡"回来后,已无力抗衡主战派,彻底成了主战派的"政治俘虏",总统府发布的命令,已经成了国务院命令的传声筒。

在这种情况下,紧拽南北大战之弓弦的手已经松开……

第二十二章 ＼ 十年踪迹 ＼

关外来客

就在冯国璋和段祺瑞矛盾越来越深,北洋系公开走向分裂,直皖两大系已初具规模的时候,北洋的第三大系奉系,也浮出水面,站稳了脚跟,不仅加入了冯段的府院之争行列,而且加入了南北大战的队伍。

偏居关外苦寒之地的奉系是怎样崛起的呢?袁世凯时代小小的二十七师师长张作霖,是通过怎样的奋斗完成"三步走",成为奉天王、东北王,乃至后来入主中原的安国军大元帅的呢?

奉系的形成,追根溯源,要回溯到袁世凯临终前天下大乱之时。

袁世凯恢复君主立宪制,改元洪宪之前,为了实现东北这个后院的稳定,决定派自己的御儿干殿下段芝贵为奉天将军。因为在东北三省中,奉天实力最强,远超过吉、黑两省的总和,控制了奉天,东北就能稳定。

派段芝贵来署理奉天还有一个原因。段芝贵的父亲段有恒,在张作霖当年接受朝廷招安时,是张作霖的保人,老袁以为派段芝贵前来,即使张作霖再不满意,也应该会给恩人一个面子。只要奉天二十七师师长张作霖支持了段芝贵,那么段芝贵的屁股就能坐稳。

空投干部,如果这个干部自身实力不怎么强的话,那关键是要看能不能得到地方实力派的支持了。

可是,老袁相了一辈子人,却远远低估了这个没读过书、有双机警小眼睛、留着小胡子的张作霖的野心。

张作霖虽然出身贫苦,当过兽医、胡子(土匪),所有社会底层的苦可能都受过,但他绝不是小富即安之人。他的追求绝不只是温饱,绝不只是小康;其志向绝不满足于沈阳,不满足于奉天,也不满足于东北……

这个判断,一点儿也不夸大其词、危言耸听。

在今天沈阳的大帅府,张作霖当年的办公处,还保留着多幅奇怪的浮雕,而最奇怪的有两幅:其中之一,是一大一小两只狮子在吃盘中的各种水果,名之曰"大小英狮吃各果";另一个,是雄狮双掌压住一个地球仪,名之曰"雄狮举掌握寰球"。这两幅浮雕都以蟠龙为边饰。"果"者,国也;"狮"者,师也,师长也,二十七师张作霖师长也。二十七师师长张作霖把各"国"都不放在眼里,何况奉天乎?东北乎?中原乎?

霸气,十足的霸气,在当小小师长的时候,他就已经有了这样的霸气。这股霸气,甚至超过了"北洋之虎"段祺瑞!难怪后来能问鼎中原!

段芝贵来到奉天时,奉天这里的实力派是二十七师师长张作霖和二十八师师长冯麟阁(也叫冯德麟)。段芝贵首先看望了张作霖。这也是老袁的意思,知道张作霖这小子不好对付,必须恩威并施才能控制住。

虽然张作霖早有心思当奉天王,但张作霖又非常怕老袁。打个不恰当的比方,张作霖怕袁世凯,就像唐代安禄山怕李林甫一样。

李林甫是谁呀?中国历史上排得上号的大奸臣,不仅奇奸无比,而且非常有才干,把持宰相之位长达十九年,属于小人中的极品,更从自己身上提炼出了成语"口蜜腹剑",被司马光传播出来,留着吓唬后代。

李林甫有个本事,就是非常擅长揣摩人的心思,而且屡试不爽。只要他和你唠上几句,你就已经成为"透明人"了。

安禄山连唐玄宗和玄宗的枕边风杨贵妃都不怕,唯独怕这个李林甫。只要李林甫在朝中说的话,安禄山都会派人查到说什么。

李林甫这样的"小人中的极品"无意中做了一件大好事,就是看住了安禄山。李林甫在位的时候,安禄山愣是没敢反叛。李林甫死的消息传到安禄山耳中时,安禄山兴奋得失眠了,因为自己苦等的机会终于来了……

袁世凯活着的时候,张作霖非常规矩,因为他知道袁世凯的厉害。所以段芝贵到来的时候,张作霖表面上非常恭敬。

尤其是段芝贵把自己的老爹、张作霖当年的恩人也带到东北来了,张作霖更是极尽巴结之能事,弄了一批古玩给段父,乐得老头合不拢嘴,总是在儿子段芝贵面前念叨张作霖这人不忘本,知道报恩。所以张作霖在段芝贵面前成功地塑造了一个"站在同一条线上"的形象。

稚嫩的段芝贵哪里知道,眨巴着小眼睛的张作霖就像东北林海雪原中的一只白狐,鬼精鬼精的。进京朝拜时,张作霖连袁世凯的眼睛都能成功骗过,何况他段芝贵这只小童子鸡?更何况,老张可决不做赔本买卖,他虽然现在付出一点儿古玩,将来迟早会连本带利收回。

为了表示对老袁的忠心,张作霖和冯麟阁在东北秘密给老袁上劝进表,希望袁早登大位。在帝制将成、奉天表决国体时,张作霖亲自带队,荷枪实弹监视公民投票,这便形成了奉天公民清一色赞成君主立宪制的"民意所向",也实践了张作霖从袁世凯那里离开时的承诺,"关外如果有异动,我张作霖一身当之"。

袁世凯称帝时,论功行赏,大封爵位。张作霖以一师长的身份,被袁世凯封为二等子爵。在袁世凯看来,这已经是天恩浩荡、破格对待了。然而,张作霖却在段芝贵面前对此表示了极大的不满。东北王我都没放在眼里,何况给俺一个区区子爵?

张作霖告诉段芝贵,我老张请假,我有病了。

传统中医理论对人体的病源进行了透彻的划分。一般来说,人要是有病,可分三种:其一是大自然给你的病,这是真有病;其二是别人强加给你的病,这叫"被"有病;其三是自己给自己的病,这叫主动有病。

张作霖,就是非常主动地有病了。

这可吓坏了段芝贵,他赶紧上门"探疾",满脸赔笑。您老人家可不能撂挑子呀,那东北不就乱了吗?

段芝贵向袁世凯密报张作霖的情况。老袁想调虎离山,让老张任绥远都统,那老张怎么能干?张作霖拒绝服从命令,袁世凯也无可奈何。

护国军开始讨袁之时,袁世凯召张作霖进京,说了许多好话,给了许多承诺,希望张作霖带兵赶赴前线。老张满口答应。

可是,待到老袁的弹药给养补充完毕,张作霖和广西陆荣廷、贵州刘显世一样,立刻翻脸不认人。我说出兵了吗?即使我说了,我也没说什么时候出兵呀？你就耐心等着吧。而且，张作霖手里还捏着段芝贵在奉天亏空公帑数百万元的证据。张作霖也把老袁耍了一顿。

张作霖不仅耍弄老袁，眼见着袁世凯皇位不保，老张开始耍弄段芝贵，要把小段驱逐出东北，自己来当奉天王。

张作霖三管齐下，耍弄小段。

张作霖使出的这三招，比程咬金的"切西瓜""剔牙""掏耳朵"还狠。

他一面指使手下在奉天频繁调动军队，让小段感到形势要乱的样子；一面让奉天官员指责段芝贵贪污，要求查账；同时和二十八师师长冯麟阁商量，二人联手把小段赶走，然后拥立冯麟阁为都督。

冯麟阁也是辽宁海城人，是张作霖加入土匪的引路人，无论是年龄还是资历都比张作霖老，冯麟阁也以前辈自居。而张作霖在表面上也时时处处尊敬着这位前辈，所以张作霖的话让冯麟阁信以为真。

商量妥当之后，张作霖和冯麟阁哥俩开始演戏。这方面，张作霖最在行。

天黑之后，张作霖先安排一伙士兵冲天放枪。枪声大作之中，张作霖出场了。他先在外面跑了几圈，直到把自己折腾热了，这才满头大汗地跑进段芝贵的将军府，说是二十七师和二十八师部分官兵联合奉天民众，以惩办帝制祸首为名，想要闹事，可能对您非常不利。

段芝贵被吓得六神无主。张作霖拍着胸脯保证，一定负责段将军的人身安全。

可是没过两天，张作霖又跑来报告，说冯麟阁率二十八师要冲进沈阳找您算账。

段芝贵和冯麟阁本来就不和，听到这个消息，不禁大惊失色，急得直转圈儿。

张作霖在旁边装作着急的样子，但也表示无奈，他说，冯麟阁带的人多，且以惩办帝制祸首为名，众怒难犯呀。

那怎么办？

好汉不吃眼前亏，三十六计走为上计啊。先躲过这一关再说。

段芝贵一面给北京发报，说要回去养病，同时也知道自己不会回来了,于是决定大捞一把,指使手下从银库里取出二百万元。

张作霖对此是一清二楚,却又装作一无所知的样子,还忠心耿耿地护送段芝贵上了专车。上车时,张作霖又送给段芝贵许多好东西,古玩、字画、人参、貂皮、鹿茸角等,并"真诚"地希望段将军"病愈"后早日归来。张作霖还派手下一个姓孙的旅长率领一队卫兵护送段将军,一定要平安将段送出奉天省,弄得段芝贵对张作霖感恩戴德。

张作霖演戏的本领真是超强,段芝贵的脑袋真是短路。小段要是研究一下张作霖幼年时把邻居的猪推下水再给救上来的"案例",研究一下张作霖年轻时截了盛京将军小老婆的轿子再给演戏求招安的"案例",估计就会明白张作霖的手段了。可是小段一心捞钱,没有研究过张作霖的发迹之路。

此时的段芝贵根本不知道,由张作霖导演的这出大戏才刚拉开第一幕,剧情的高潮还没出现呢。

火车出了沈阳,前行 170 公里,到达沟帮子车站,添煤加水。就在这时,卫兵慌忙来报,车站有大约一个团的军队拉开架势,机枪对准了专车。

原来是二十八师的人在此等候。

二十八师的一个团长拿着电报命令,对段芝贵大声宣读:奉天人民正要惩办帝制祸首,谁料此人畏罪潜逃,还携带二百万巨款,因此奉令就地拦截,押解回沈阳听候处理。

段芝贵这下子可真吓破胆了,赶忙向张作霖派来护送他的孙旅长求救。孙旅长装作义愤填膺的样子,岂有此理,待我问问他们怎么回事。

孙旅长下车,和那个二十八师的团长两个人避开段芝贵的视线,躲在车站的一间屋子里,谈笑风生,消磨时间。这把段芝贵急得呀,比沟帮子熏鸡烤得还难受。待到二人茶水喝足了,好处费也分完了,孙旅长这才返回车上向段芝贵报告交涉结果。

孙旅长严肃地告诉段芝贵,上将军,省城民众气势汹汹,二十八师冯麟阁师长也一定要把专车押回沈阳,后经我们张师长多方会商,这才答应不扣专车,但车上的财物必须留下,二百万元款项也要扣下。您看怎么办?

此时段芝贵只要能保证自己人身安全就行,其他事已经顾不得了,忙让人把钱财留下,连张作霖送的大礼包也都卸到车站,这才屁滚尿流地逃出了东北。

由张作霖导演的这场大戏,二十七师唱的是红脸,二十八师唱的是黑脸,冯麟阁能甘心自己背这恶名吗?

没关系,当时张、冯二人就商定了,扣下来的东西都给二十八师。这回不是扣下了段芝贵的二百万吗?张作霖大手一挥,请冯前辈笑纳。二十八师包括冯麟阁在内都喜不自胜。

可是,老冯哪里知道,张作霖在不经意间,把二十八师也给耍了。

钱算什么,钱乃身外之物,你们得了钱,却一定在袁世凯处失了"名",失了"机会"。俺张作霖在小段面前买到了好,下一步,我的所得一定比这二百万要多出数倍。

张作霖计算得完全正确。明明是他把段芝贵当猴耍了,可段芝贵却对他感恩戴德。

小段逃回北京后,在老袁面前哭诉,大骂冯麟阁欺人太甚,当然也不会忘了帮他安全离开东北的张作霖,好话没少说。

袁世凯这时分身乏术,南方已经乱了,东北不能再乱了,打脱牙和血吞吧。既然张作霖这小子很识时务,袁世凯一狠心,就在他退位后的那个四月,任命二十七师师长张作霖为盛京将军,督理奉天军务,自此张作霖终于成为奉天王。袁任命二十八师师长冯麟阁为军务帮办。

老袁之所以这么安排,既是段芝贵对张作霖力荐的结果,也是要让东北鹬蚌相争,然后他渔翁得利。

张作霖的引路人、绿林前辈冯麟阁一下子气昏了头。

本来,冯麟阁还在睁大眼睛看戏,生、旦、净、末都出场了,演得很不错。可丑呢?丑哪去了?如果没有丑的话,这出戏就有缺憾了,就不精彩了。冯麟阁正要高喊导演把丑角送出场的时候,猛然发现,原来,丑角就是他自己。

他终于明白,自己让张作霖这小子结结实实地给涮了一把,在政治上输得很惨。

屈居在同乡后辈之下事小,但被同乡后辈耍了,屈辱可就大了。

太极推手

张作霖得到任命状,心中窃喜的同时,也在盘算着怎么处理好与冯麟阁之间的关系,让他接受自己奉天王的地位。

张作霖演戏上瘾了,找到演戏的窍门了,而且自己是导演兼演员的那种大腕儿。他决定继续演下去。

张作霖召集了一帮绿林朋友聚会。他在宴会上痛哭流涕,对灯发誓,说自己绝无私心。袁世凯这样安排,一定是段芝贵使出的离间计,让我和冯麟阁大人二人不睦。

为了表明自己心迹,张作霖马上派人向北京发报,自己坚辞不受,力荐冯麟阁任盛京将军。

张作霖的表演,蒙蔽得了绿林朋友,但骗不过袁世凯。袁世凯暗笑,这小子,平常老来送礼,不就是要当奉天王吗?现在居然装模作样地坚辞不受?我要是真的把这个位置给了冯麟阁,你小子不得闹到天上去才怪,说不定捅什么娄子呢。

既然你想玩儿,那老子就陪你玩儿玩儿。

袁世凯回复:不准,请执行命令。

张作霖一看,老袁不愧是老袁,真是只老猿,真明白俺的心思。那我再推辞一次,把戏做全。张作霖又推辞了一次,老袁照例回复:不准。

绿林的弟兄们都看不过眼了,既然总统主意已定,您就当这个盛京将军吧。

面子功夫下足了,上边、下边都有交代了,张作霖这才坐上盛京将军宝座。不过,冯麟阁拒不合作,仍然是个麻烦事儿。张作霖派吴俊升和马龙潭两位镇守使去劝说冯麟阁屈就军务帮办,但冯根本就不见。

张作霖很是恼火。

　　然而,张作霖就是张作霖,他咬咬牙,自己的目标远不是这个奉天王,小不忍则乱大谋,继续忍耐,继续演戏。不管怎么说,自己已经是奉天省的一把手了,自己的头越低,忍的越多,越显出自己的胸襟和气度,获得的道义支持就越多。你冯麟阁越傲气,世人眼中所见的,你的胸襟就越窄,气度就越小。

　　想那舞台上,蔺相如的资历浅,头也压得最低,那又怎样? 不照样是上卿、宰相么? 宰相肚里能撑船嘛。

　　你冯麟阁想闭目养神? 那我就多给你上一点儿眼药。

　　第二天,张作霖换上便服,亲自登门拜访冯麟阁。面对着冷冰冰的冯麟阁,张作霖低声下气地说了许多兄弟有福同享有难同当的话。

　　冯麟阁只是冷笑,他再也不上张作霖的当了。他向张作霖提出自己就职的条件:要另设军务帮办公署,其组织和军务督办公署一样,要有骨有肉,设参谋长及四课,编制和经费也要完全相同。

　　张作霖没办法了。一来这个要求确实过分,二来自己也决定不了,张作霖只好向袁世凯请示。

　　袁答复张说:“成立帮办公署于体制不合,未便照准,但军务帮办办公费准月支十五万元。”不过冯麟阁根本就不接受,还率兵返回了自己的原防广宁。看来,张作霖此次把他要得太伤自尊了。

　　如果袁世凯在年轻精力充沛时,还能出手摆平这件事,但此时袁世凯已经焦头烂额,重病上身,无力来管东北之事,让张和冯二人自己处理吧。

　　因为冯麟阁的势力与张作霖不相上下,张作霖不敢轻举妄动,只好继续施展忍者神龟的本领。张作霖派二十五旅旅长孙占鳌带现款三十万元和大批礼品,到冯的驻地广宁犒军,恳请冯回省城就职。

　　冯麟阁回来了,不过是率领马、步、炮兵五个营耀武扬威地回来的。

　　张作霖以为冯麟阁回心转意了,赶紧来二十八师拜访,并邀请冯晚上到张的将军署赴宴,为前辈接风洗尘。

　　冯麟阁根本就不来。一则,如果来了,就等于承认张作霖的地位了;二则,怕张作霖这小子使坏,当年杜立三就是被张作霖设鸿门宴砍了脑袋。

张作霖见冯麟阁拒不出面，索性不生气了。为了继续陷冯麟阁于不义，张作霖大张旗鼓地让人把酒席从将军署抬到二十八师，并出钱召歌舞伎助兴。冯麟阁仍然不为所动。

你爱动不动，反正俺老张做的一切，外界都看见了。不管怎么说，俺是国家正式任命的奉天一把手。

不过，从道上规矩来说，冯麟阁的表现确实自陷不义了，而张作霖在外界看来是仁至义尽了。有的人开始埋怨冯麟阁"不懂事"，"倚老卖老"了。

从面子上来说，张作霖是越来越低了；但从政治上来说，张作霖是越来越高了。张冯二人之间的斗法，已经开始见出高下。

但冯麟阁仍然继续在给自己的政治上"减着分"。

此次回省城，冯麟阁要财政厅拨给他五十万元现款，作为二十八师的军费；仍然要求在北镇设立他的帮办军务办公署，所需财物一律由奉天将军拨付；然后自己又离开省城，跑回北镇去了。

张作霖还不生气，他知道，冯麟阁已经输了。为了让他继续输下去，张作霖命人大肆修缮二十八师驻省办公处，办公条件和自己一个样，然后派人请冯麟阁来省就职。

6月6日，也就是袁世凯归天这一天，冯麟阁带大队人马回到省城，向张提出了三个"起码"条件：一、帮办的权限和盛京将军完全相等；二、全省用人行政彼此互相咨询；三、财政厅指拨二十万元为第二十八师添购飞机之用。

张作霖又来拜访冯麟阁，可是冯已经挡驾不见了。张作霖忍无可忍，向北京发报，要求辞职不干了。

但这个时候，正是袁皇帝归天之时，已经无人理会东北了。

北京的主人，换成黎元洪和段祺瑞了。

趁着黎段二人争夺权力、无暇顾及东北，冯麟阁再次向张作霖提出条件：一、用人行政需征同意；二、奉天军政各费，不许超出预算，万不得已时须协同办理；三、张作霖亲率二十七师全体营长以上的军官齐赴二十八师办公处正式道歉。

冯麟阁原以为自己提出的条件比较苛刻，张作霖不会同意，结果没想到，张作霖听到奔走在他们二人之间调停的吴俊升汇报后，小眼睛眨巴眨巴说，"一切照办"。

你越不给我面子，我越多给你面子，不仅让弟兄们觉得我委屈了，而且拉上弟兄们一起来受委屈，看到最后谁挨骂。不要忘了，从行政上，俺老张才是老大，你只不过是在摆老资格。

张作霖亲率二十七师营长以上军官到二十八师登门道歉。

这下子，轮到冯麟阁慌了。不管怎么说，自己的这个要求有点儿过分，让绿林同道中人怎么看呢？伸手不打笑脸人嘛，冯麟阁这才手忙脚乱地出迎，冯张之手握在了一起，面子上的事，算是缓和下来了。

由于此时北京换了主人，张作霖和冯麟阁下半场的争斗，一方面由公开转到了地下，另一方面演变成了府院之争的加长版。

威猛先生冯麟阁打了几次刚猛的少林拳，却都被张作霖运用太极手法以柔克刚地化解了。冯麟阁不好明着打架，于是就暗地里使劲儿。

冯麟阁回到自己的驻防地广宁之后，把张作霖委任的各县警察队队长一概拘禁起来，要他们交代花了多少钱买来的官儿，不说就皮带蘸盐水伺候，打得这群队长鬼哭狼嚎，乖乖签字画押。

冯麟阁以此为证据，向北京告状，要求追究张作霖责任。北京的段祺瑞和黎元洪上任伊始都无暇顾及，冯麟阁就要挟说自己和二十八师全体将士要"总辞职"。

张作霖问冯麟阁，你到底要什么，说吧。冯麟阁说要以军务帮办的身份兼奉天省省长。

一山不容二虎，张作霖的忍让也是有限度的。你要是当省长了，手底下还有一大股军事力量支撑，那还有我老张的好日子过吗？

张作霖知道，这件事要真正解决，单靠自己是不行了，还得有北京的靠山伸手。张作霖思考了一下，决定向"北洋之虎"段祺瑞求援，希望他来摆平这件事，好尽快稳定东北。

段祺瑞根据以往与张作霖打交道的经验，决定支持张作霖。于是，他想面召冯麟阁进京商议,但冯麟阁深知"鱼不可脱于渊"的道理,对段的命令不理不睬。

段祺瑞也很头疼。

段祺瑞想让张作霖和冯麟阁的老领导、曾任东北总督的赵尔巽出面调停。可白胡子老赵到东北后,发现当年这两个小老弟已经羽翼丰满,不再听自己招呼了。他所开的调停会,不是冯麟阁拂袖而去,就是张作霖当面蹦高高。

唉,段总理呀,老夫朽矣,天下是年轻人的啦。

一将难求

连政坛前辈、曾坐到总督位置的赵尔巽都认为长江后浪推前浪,自己要被别人拍死在沙滩上,那么,张作霖此人到底有何过人之处呢?

古人云,立非常功业之人,必有其非常过人之处。张作霖,一介武夫,非小站练兵出身,不是袁世凯的嫡系,文不过三个月私塾,武不过保安队队长出身,基层工作经历就是土匪,却能崛起关外,在后袁世凯时代三分天下有其一,甚至问鼎中原,绝非等闲之辈。

对于张作霖的评价,世人众说纷纭。晚年张学良认为他是有雄才而无大略。老张到底有没有雄才大略,自然是见仁见智,但有一点要明确,老张虽然不比北洋龙头袁世凯那样开创时代、纵横捭阖,但其治疆治民的本领确实有过人之处,特别是他在主政奉天时招揽人才、组建班底、整顿财政、加强军力……一招一式,很有章法,已经让时人和后人刮目相看了。这也标志着张作霖从最初绿林招安时以升官发财为目标向以成就一番事业为目标的转变。

这里主要介绍一下老张是怎样招人用人的,从这个侧面来思考一下老张是怎样在关外崛起的。

张作霖主政奉天后,励精图治,招揽人才。他虽然读书不多,但也拉出了刘邦得天下后重用书生陆贾的派头:马上得天下,不可以马上治之,必须要有视野宏阔的知识分子来辅佐。他手下的人才很多,有"绿林派"，也有"学院派"；有"老人"，也有"新人"；有"文治派"，也有"武功派"；有国内的，也有留洋的……

历史学家金毓黻在《张作霖别传》中记述张作霖在当上督军后对亲信说的话："吾此位得自马上，然不可以马上治之，地方贤俊，如不我弃，当不辞卑辞厚币以招之。"这就表明了老张的态度，只要各位人才不是看不起俺老张没文化，那我不惜低头、说小话、花重金来招揽人才，共成大业。这比那种自认为是"领导"的人，说出"离了谁地球都一样转"的浅薄、狂妄、无知而蛮横的话，胸襟和气度要强百倍千倍。

在这种情况下，一个叫王永江的人进入了张作霖的视野。

王永江（1871—1927），字岷源，号铁龛，大连金州人。王永江是张作霖奉系军阀智囊团里不可或缺的重要成员，不仅是理财高手，而且是著名学者，又通政治，是不可多得的钻石级人才。在张作霖主政期间，王永江曾出任警察厅厅长、财政厅厅长、东三省官银号督办、东北大学首任校长、奉天省省长等职。虽然他是奉系的财神爷，张家天下的财政基础都是由王永江来奠定的，但他又一身正气，两袖清风。智者不谋名利，自然无失；仁者不近权贵，常处逍遥。王永江还有《读易偶得》等多部著作传世。他精书法，东北大学校训"知行合一"匾额乃其手笔。著名的史学家傅斯年生前准备撰写一部民国史，并留下了大纲，在《循良传》一节中，仅收录三个人，王永江位列第一。史学家金毓黻评论："论近三十年东北政治人才，应以永江为巨擘，以其手眼明敏，长于裁断，具有近代政治家之风度为足多也。"〔中国人民政协会议吉林省委文史资料研究委员会编《吉林文史资料选辑》（第4辑），吉林人民出版社，1983年，第255—256页〕

王永江的祖上是山东蓬莱人，闯关东来到了大连。他的父亲王克谦从小就在金州城双兴货栈做学徒，忠厚老实。王永江及其弟弟王永潮好学上进，全进了秀才。尤其是王永江，聪慧过人，二十岁时以县试第一考取优贡，与辽阳才子袁金铠等人结为学友。

父亲的雇主、双兴货栈的曹老板，很喜欢永江、永潮，知道这俩小子终非池中物，便把两个千金分别嫁给了两兄弟——这个自己手下打工仔的后代。曹老板还慷慨解囊,资助自己的亲家王克谦开设了一间杂货铺,名叫"永庆和"。

但是,天有不测风云。1897年,王永潮作为候补知县,因没钱没礼,一年多无音信,急火攻心,英年早逝。王永江的生意摊子也因为种种原因而一筹莫展。年轻时的王永江,虽然饱读诗书,但未得其时,也备尝了生活的艰辛。

王永江年轻时生意场上的遭遇,很难让人与日后张作霖帐下的"财神爷"联系起来。看来,正如《论语》所说:"君子不可小知而可大受也,小人不可大受而可小知也。"这样具有大智慧的知识分子,不可以用来管家理财,而可以治国理财。你让姜子牙去摆摊儿谋生,那他准得饿死!千里马不可以在磨坊间挥霍青春!

1907年,已经三十六岁却还一贫如洗的王永江,突然接到时任辽阳警务提调的好友袁金铠的一封信,请他帮助考察一下旅顺、大连等地的日本警察制度。

这件事听起来滑稽,让一个生意场上的落魄书生来考察警察制度,但袁金铠知道王永江的才能。王永江也不负老友托付,四处收集资料,登门向华籍警察请教,洋洋洒洒写了一份调查报告。袁金铠大为赞赏,推荐他去辽阳警务学堂当老师。

这位王老师以日本警政制度为蓝本,结合中国实际,自己编写了多种讲义,得到校方肯定。不久,王永江被提拔为警务处处长。

由王打工到王老板、王老师,再到王处长,虽然王永江的生活有了起色,但他的才能还没发挥出十分之一呢,主要原因是这匹千里马没有遇到让他展骥的伯乐。

1913年,袁世凯以大总统名义通令各省选拔人才,王永江受到奉天省的推举。不过,关外苦寒之地的人才,到底让袁世凯没怎么太放在眼里,特令"记名内务部存记道尹",让国务院备案,知道有这么个人而已。

王永江后来虽然进入了张作霖的视野,但中间却经历了诸多曲折。

从政治学上来说,权力的本质是不平等的(权力与权利不同,权利的本质是平等的)。谁的地位越高,谁的权力就越大,拥有的高人一等的特权、强权就越多。

因此,掌握权力之人,不管是掌大权者,还是握小权者,为了让那些权力比自己小的人充分认识到自己的相对优越性,必须要运用权力或享受权力。否则,有权不用,过期作废。

以《水浒传》为例,犯人到了发配充军之地的时候,如果没有银子孝敬,入门便是"一百杀威棒",打你个七死八活;如果有银子孝敬,便会以"有病"为由免了这顿棒揍。不管是林冲发配、武松发配,还是宋江发配,皆是如此。这就是小吏用权的百态。而最让人大跌眼镜的是,宋江发配江州时,牢城里管理的节级(节级,宋朝军事机关中低级军佐的总称)正是后来梁山泊大名鼎鼎的神行太保戴宗,人人钦佩的戴院长也是这个脸谱。刚开始宋江没送孝敬银子,而戴宗也不知道吴用捎来口信要关照时,见到宋江同样是这个态度:"你这黑矮杀才,倚仗谁的势要,不送常例钱来与我?"宋江顶了几句话,戴宗便要打他"一百讯棍"。

这,其实就是权力的展示,也是成为人上人的优越感的张扬。

张作霖统领重兵驻扎沈阳时,为奉天实力派人物,各方面都前来巴结,只有这个书生出身的王永江不来,上班做事,下班回家读书,让草莽出身的张作霖很是不满,一心要挫挫这读书人的傲气,给他一通"杀威棒"。

才气逼人却又不肯低头的王永江大概忘了,对待上级领导的态度,决定了一个官员的晋升或贬斥速度。就连李白这样的人才都因为恃才傲物而一辈子不得重用,你王永江能行吗?

东三省总督非常欣赏王永江的才华,想让他担任奉天民政局局长,但遭到张作霖的反对。赵尔巽无奈,授意王永江进张公馆"坐坐","拜访拜访","汇报一下思想"。王永江硬着头皮去了,但却是空着两手去的。张作霖听说此奇葩是这样拜访后,故意不出来接见,让王永江自己干坐半小时。王永江那知识分子的牛脾气上来了,我不干了能怎么着,起身拂袖而去。

当天晚上,王永江向赵尔巽声明,自己身体有病,干不了这省城的差事,辞职回了金州,并留下了一首讽刺诗:"士元竟以酒糊涂,大耳如何慢凤雏?才得荆襄宁志满,英雄通病是轻儒!"

这首诗是三国中的典故,"士元""凤雏"指的就是与诸葛亮齐名的庞统,"大耳"是"双耳垂肩"的刘备。庞统因为相貌粗陋,还有些傲慢,鲁肃介绍给孙权的时候,孙权不喜欢。后来投奔刘备时,当时孔明不在场,刘备也不喜欢庞统,只给他一个小小县令。庞统整日饮酒不做事。直到张飞来该县要审查整日泡在酒里的庞统时,庞统才露了一手,"将百余日所积公务,都取来剖断","统手中批判,口中发落。耳内听词,曲直发明,并无分毫差错。民皆叩首拜伏。不到半日,将百余日之事,尽断毕了"。连猛张飞都看呆了,当场拜伏于地,回去向刘备汇报,正好诸葛亮也回来了,告诉刘备说"士元非百里之才,胸中之学,胜亮十倍",这才让刘备如梦初醒。

张作霖开始掌权时,也犯了怠慢知识分子的错误。不过好在老张胸怀大志且又善于用人,所以很快就把自己的错误弥补了。

1916年4月,张作霖当上了奉天督军兼省长。作为主政一方的封疆大吏、奉天的军政一把手,张作霖深感自己能力的不足,于是决定不惜重金招揽各色人才。

这样,既在张作霖帐下做谋士,又深深知道王永江才能的袁金铠面见张作霖,并向张作霖强烈推荐王永江:"永江乃天下奇才,将军幕下诸君无出其右者。请将军直释小嫌,以就大业。"

张作霖一下子记起来那个不肯向自己低头的读书人。虽然张作霖没领教过王永江的才能,但既然袁金铠把话说得这样满,把"天下奇才"和自己"幕下诸君无出其右"这样的大帽子都给了那个读书人,这倒勾起了老张的兴趣。因为,袁金铠本身就很了不得,张作霖很是看重。金毓黻评论袁金铠:"金铠起自诸生,讲学闾里,已慨然有以天下自任之意。值清季多敌,遂以办团卫乡起家……其佐作霖治奉,位处宾师,言听计从。"袁金铠能这样推荐一个年轻人,实属罕见。老张决定派人备礼去请王永江。

王永江还在为上次自己在张作霖府上受到的粗鲁对待而耿耿于怀,

他告诉来人："张将军门前戈戟森列，我这个小小的芝麻官到了门口，可是诚惶诚恐啊！"同时也是怀疑：我是秀才你是兵，你张作霖小学一年级没毕业的水平，能真正用好我吗？

张作霖没弄清楚王永江传来的话是什么意思，只好去找袁金铠。经过袁金铠的分析，老张大笑，这个秀才，跟俺兜什么圈子呀，不就是个面子吗？我给他。

第二天，王永江如约而来。张作霖亲自出府相迎，满脸堆笑，拉着他的手进入自己的办公室。同时为了表明自己对王永江的器重，张作霖特意大声吩咐副官："告诉外边的人，我今天有贵客，谁来了也不见！"

张作霖和王永江谈了整整一天。老张感到十分满意，说："你正是我求之不得的人才啊！"并任命他为奉天省警务处处长兼奉天警察厅厅长。

用人不疑

人才的招揽和使用，其实是两件不同的事，是两个不同的过程。

正如春秋时期的管仲对齐桓公所说，对于国君来讲，好色与否，爱打猎与否，这对于霸业并没有大碍，对于霸业有大碍的是，"不知贤，害霸；知贤而不用，害霸；用而不任，害霸；任而复以小人参之，害霸"。晏子对齐景公也说过，国有三不祥："夫有贤而不知，一不祥；知而不用，二不祥；用而不任，三不祥也。"

这也就是说，知不知道人才，招不招来人才，用不用人才，信任不信任人才，对于成就事业各有着不同的重要影响。

作为领导，手底下招不来人才辅佐，肯定不行；但如果把人才招来后，只把硕士、博士等高级人才作为装点本部门的门面和向外吹嘘显摆的一组漂亮而有力的数字，那也起不了任何作用。

就像袁绍一样，手底下有田丰、沮授、许攸、逢纪等足智多谋的谋士，也有张郃等当世名将，就连诸葛亮和司马懿都对其暗竖拇指，却一个也用不好，最后不是被对手所用，就是因为自己的刚愎自用而阻碍群言，错过一个又一个被谋士们窥破的可以改变局势的机会，在临终大口吐血后,还被人嘲笑为"空招俊杰三千客,漫有英雄百万兵。羊质虎皮功不就,凤毛鸡胆事难成"。

幸好,张作霖不是袁绍。他得一当世英才王永江,力排众议,放手使用,其信任程度直到今天也让人闻之动容。这也使东北的社会治安、教育、财政等方面都得到了长足发展。

张作霖任命王永江为警务处处长时,王永江向张作霖要求有完全的用人权,不受军人干涉,老张居然答应了王永江。单凭这一点,就不是一般领导可比的。不信的话,你就放眼观察,有几个领导在对新来的有才能的年轻人时,会不顾本单位老资格,甚至对与自己一起闯天下的人,放手使用,言听计从——当然,任人唯亲者除外。

王永江执掌警政之时,奉天,尤其是沈阳的社会治安是个烂摊子。首先是因为当时的东北盛产胡子(就是土匪)。许多军人都是胡子出身,横行霸道习以为常了。而警察是干什么的? 警察是要执法的,是要维护社会治安的。这样,警察与绿林出身的军人之间的冲突时有发生,而警察被军人揍的事也时有发生。

而且,那时的警察不是公务员,没有那么多社会资源由其掌握。警察的地位很低,即使在普通群众那里,也被骂作"巡警狗"。所以,对当时的东北来说,社会治安是个大问题。

王永江这一介文弱书生,手无缚鸡之力,能改变这一现状吗?

可能别人不行,但是,对于既有能力,又得到主要领导信任的王永江来说,这件事就能做到。

想要干事业的知识分子,最大的"毛病",就是"抵御不了"领导对自己的礼敬和信任。如果领导真正放下身段,礼贤下士,那么被尊敬的知识分子,简直可以说是,如果不捧出一颗心、洒出满腔血来,自己都没脸存于世上,所以才有"士为知己者死"这句名言。

王永江得到老张的信任和鼓励后,大刀阔斧革除旧制,改革全省警政,设立高等警官学校,处处学习日本的警察方法,使奉天的社会治理初见成效。

然而,正因为张作霖对于新人、知识分子出身的王永江的绝对信任,而王永江也坚持依法办事,这就与张作霖身边那些绿林出身、目无法纪、且又看不起知识分子的人产生了矛盾和冲突。这个冲突还不小,因为与王永江发生直接冲突者,恰恰是与张作霖一起打天下的"老人"汤玉麟。

汤玉麟,字阁臣,热河朝阳人,出生于贫苦人家。他因得罪土豪,哥嫂母亲都含冤致死,遂落草为寇。他曾救过张作霖及其怀孕妻子的命,与张结为生死之交。张作霖当上奉天王时,汤玉麟是其手下五十三旅旅长,兼省城密探队司令,可算是张作霖的心腹爱将。

1916年对于张作霖来说,真可谓喜忧参半,甚至是忧多喜少。

喜的是,张作霖招揽了王永江这个当世奇才,又放手使用,为张作霖后来打天下奠定了坚实的基础。

忧的是,张作霖也算是流年不利。就在张作霖和冯麟阁在奉天争斗得越来越激烈的时候,张作霖队伍内部又出了问题,他的亲信部下五十三旅旅长汤玉麟和王永江闹翻了。

有一天,汤玉麟的部下宋某寻衅滋事(此人还开设赌场),被闻讯赶来的警察抓进了警察局。

霸道惯了的汤玉麟自认为救过张作霖的命,便有恃无恐,带领卫兵强闯警务处,蛮横地命令王永江:立刻给老子放人。

一来王永江有文人的倔脾气,二来也正得张作霖器重和信任,所以他根本就没给汤玉麟这个面子。

国有国法,家有家规,你凭什么要我放人?

汤玉麟挂不住了。这些年,他自认为即使在老张面前,也会得三分薄面,不料却被一个文人出身的人给否了,这件事要是处理不了,自己的部下都保护不了,还怎么在弟兄们面前混?

汤玉麟立刻回去集合部队,荷枪实弹把警务处围了个水泄不通,一排排黑洞洞的枪口指向警务处,勒令立刻放人。

王永江也不吃这套,命令警察严阵以待,并在警务处大院里架起小钢炮,随时准备开炮反击。

因为王永江的强硬,汤玉麟没处撒气,便直接枪杀了两名执法处的宪兵。这叫杀鸡给猴看,要王永江小心自己的脑袋,同时也发泄着自己对张作霖任用王永江的不满。

这样，因为一个部下之事，演变成了汤玉麟和王永江的冲突，进而直接演变成了旧人和新人、绿林派和学院派、武功派和文治派的直接对冲。

绿林出身且与汤玉麟关系好的孙烈臣、张作相等人纷纷出面，大闹督军署，要求张作霖撤换王永江。

冰冻三尺，非一日之寒。早在这事之前，汤玉麟就多次在张作霖面前讲王永江的坏话，想把这个白面书生挤走。但老张不为所动，有时甚至当头给汤玉麟一顿臭骂。

这次，汤玉麟旅长又来找张作霖理论，他嚷嚷道："天下是军人的枪杆子打出来的，他王永江有什么资格骑在军人头上？"

听他说得这么难听，老张也生气了，他骂道："枪杆子能打天下，不能治天下，你们懂个屁！就你们这熊样，给王永江牵马扶镫都不配！你还胆敢兵围警察局，想反天啊？马上给我滚回去！"

这批老资格军人虽然存在严重的不满情绪，但还是被张作霖硬给压了下去。

1917年春节，正月初五这天，按惯例，先是二十八师做东，请张作霖等省城官员吃饭。张作霖一看，他们没有叫王永江来赴宴，心中非常不满，但因为是过新年，所以他没好发作。

第二天，张作霖嫡系的二十七师请吃饭。张作霖一看，又没叫王永江，脸当时就沉下来了，把酒杯往桌上一按，当场问道："你们为什么没请王处长？"

一听大帅冒出这句火药味儿甚浓的话，大家吓得不敢吱声。奉系老人孙烈臣小心地搪塞道："我们把王处长漏掉了，改日一定补回来，您老别生气。"

正常说来，孙烈臣的回答是比较得体的，这让双方都有个台阶下，其他事，心照不宣，也就过去了。许多话可以留待私下里来说，许多事可以在事后解决。

可是，张作霖偏偏就是不下这个台阶。

张作霖继续骂人："我为了地方发展考虑，才用了王永江。我看上的人,你们就反对是不? 我告诉你们,谁敢对王永江不敬,就是对我张某人不敬。这个人我用定了,谁反对,谁就辞职。土豆搬家,滚球子!"

张作霖直接在宴会上骂人,已经很煞风景了,可还有更不识相的,汤玉麟偏偏在这个时候蹦出来了。

汤玉麟怒吼:"你不用骂街,辞职那算不了什么。要是姓王的这狗东西不去掉,我们不敢奉命。"

张作霖大怒:"这么说,你是直接反对我呀!"

大家赶紧把张、汤二人拽开。

这个客请的,吃了一锅夹生饭。众人不欢而散。

就这样,因为张作霖力排众议,坚决使用王永江,老张手底下绿林出身的老部下,以汤玉麟为代表,觉得很寒心。这些人从与王永江有矛盾,慢慢演化成与老张有矛盾了,而且越来越向不可调和的趋势发展。

有一天,汤玉麟去请张作霖赴宴。张作霖与王永江等人牌兴正酣,老张头也不抬地对汤玉麟说:"你先回去吧,我和岷源(王永江)过会儿就到。"

没想到,这一句普通的话,却把汤玉麟的绿林脾气又给激发出来了。他骂道:"谁他妈的请他?"

张作霖岂容部下这样放肆! 他腾地一下子站起来,哗啦一把推倒牌,掀翻牌桌,额头青筋暴胀,脸色煞白,简直像发怒的老虎一样,和汤玉麟干了起来。

汤玉麟这次是铁了心要干一架了,不是他王永江走,就是我汤玉麟走。所以,他虽然被众人拉开了,但气愤难平,煽动和联络一批绿林出身的武将,联名向张作霖上书,要求把王永江撤职。

张作霖也铁了心,就用王永江,别人谁说也不行。他看汤玉麟这么不识抬举,还敢煽动别人一起闹事,因此当着大家的面,把他们的联名上书撕个粉碎,揉巴揉巴砸到汤玉麟脸上,指着他鼻子大骂。不仅骂他本人,而且问候了汤的祖宗十八代。"没你汤屠夫,我也不会吃活毛猪,没你这个鸡子,我张作霖也能做出槽子糕。"

二人都是刀尖上滚出来的,都有血性,都不甘受辱。兄弟双方一下子都骑虎难下了。

汤玉麟收兵回营，煽动自己手下的弟兄，密谋发动兵谏。

绿林出身的这些人，本来也没多少文化，更不会动脑，加之平常许多人受过王永江警察厅的气，因此这把火一点就着。

汤玉麟告诉弟兄们，我们与大帅不睦，都是因为这个王永江。为今之计，我们要实行兵谏，一面堵住大帅，不让他的手够到王永江，一面出兵把王永江这个王八蛋给抓起来，直接剁了他，提头来见，所以必须兵分两路处理这件事，快刀斩乱麻。

而张作霖也不是吃素的，他紧急调动军队，全城戒严，架起了机枪。

王永江闻风逃往鞍山避难，并密切关注着省城动向。他一面感激张作霖对自己的知遇之恩，一面看到张与汤为了自己拔刀相向而心灰意冷，一封辞职信派人送到省城，自己回到家乡金州。

你们别打了，我不干了行不？

张作霖权衡了一下利弊，又琢磨了一下王永江主政警务后做出的成绩，决定保王永江，不惜与自己的老部下翻脸。

张作霖道："你想辞职，可以，但是现在不行。他们不喜欢的人，就要撵走？此风绝不可长，此端万不可开。如果他们以后还这样闹，那我还干不干了？"

此时的张作霖，真有点儿焦头烂额。一边是王永江死活不肯回来，一边是汤玉麟继续闹；一边是自己最中意的大才，一边是自己的救命恩人。真是难啊。

而且，此时的汤玉麟既然骑虎难下，他就想一条道走到黑了。不管谁出面调停，他都拒绝向老张认错，坚决赶走王永江。

双方剑拔弩张，弄得省城人心惶惶。局势危急时刻，还是大帅有定力，有主见。他一方面紧紧拉住奉系老人张景惠、张作相等人，一面派重兵围住五十三旅旅部，但尽量克制，不发生流血事件，同时又通过熟人瓦解五十三旅的下级军官。汤玉麟的五十三旅开始军心涣散，被迫撤出省城，移师新民。

但是，汤玉麟不甘失败。他公开与和张作霖不合作的冯麟阁来往，要联合冯麟阁共同发表反张通电，要求张作霖立即下野。

不过，张大帅就是张大帅，在如此乱局之中，他的心却没有乱。他一直在防着冯麟阁，更防着此"二麟"的联合。张作霖早就给自己留了后手，那就是在北京有段祺瑞做其靠山。

段祺瑞全力支持张作霖对抗汤、冯，并动员自己手下的第九师和第十三师协助张作霖。同时老张还通过自己的日本顾问，取得了日本方面的谅解和口头支持。

这样，汤玉麟是内外交困，被彻底孤立了。

老张像个围棋高手，从容布置好这一切后，开始下出强硬的杀招。

1917年3月19日，张作霖下令免去汤玉麟的一切职务，五十三旅旅长由邹芬代理；派五十四旅旅长孙烈臣率兵包围新民，由邹芬代旅长派人控制旅部。

汤玉麟在自己的五十三旅已经成了孤家寡人，调不动兵，遣不动官，只好带着新招集的一部分绿林弟兄约一千人，向广宁方向逃去，重新落草为寇，做了山大王。

这里，为了充分展示老张的用人气度，不妨再把镜头向后延伸一下。

汤玉麟兵谏事情摆平后，老张扪心自问，又想起了汤玉麟对自己的恩，就派了好几拨人马去说合。一把手领导能这样放下身架，老张确实有胸怀，但汤玉麟也抹不开面子，一直不肯回来。

据说，有一天，张作霖过生日，手下人为了让大帅高兴，就请了大戏。表演的诸多曲目中，有一出是关于关羽和张飞的《古城相会》。本来乐呵呵的老张忽然潸然泪下。众人吓一跳，忙问其故，不知哪里惹大帅不高兴了。大帅说："人家兄弟失散了还能相会，咱弟兄一去就不回来了！"这话传到了汤耳朵里，大为感动，就自己跑回来了。

后来，胡适听说这个故事，在1934年2月11日的日记中叹道："老张宁愿自己的老弟兄造反，而不肯减轻他对王永江的信任，这是他最不可及之处。"

张作霖用人还有一个特点是兼收并蓄，兼顾各派。

张作霖用人时，对于大才王永江，自然是完全信任，放手使用。即使自己的老兄弟造反,他也不改自己的初衷。

同时,用人上他也兼顾各派。有与自己打天下的绿林派弟兄张景惠、张作相,有受过洋学堂军事训练的杨宇霆、姜登选、常荫槐,还有经历复杂、多次改换门庭的张宗昌。

以张宗昌为例,张宗昌年轻时,由山东到黑龙江,当过民工和匪首。辛亥革命后,他率部南下,被沪军都督陈其美任命为团长。陈其美死后,张宗昌改投江苏督军冯国璋,任侍卫长。冯国璋死后,张宗昌又走直鲁豫巡阅使曹锟的门路。曹锟有意让张宗昌当师长,因吴佩孚反对而作罢。而张作霖就敢收留并使用他,在后来的直奉战争中,张宗昌也发挥了很大作用。

《芙蓉镜寓言》记载了这样一则故事:辽国皇帝问萧韩家奴,你在外面,听到什么新闻没有? 家奴说:我没听什么新闻,但在老园子里买栗子,了解到了炒栗子的诀窍——小者熟,则大者生;大者熟,则小者必焦;使大小均熟,始为尽美。

这位家奴是以炒栗子向皇帝讲治国的道理,执政者要公平、公正、公道,如只顾让大栗子熟透,则无数的小栗子都会被炒成焦炭。如只顾既得利益集团的利益,那小老百姓们还有活路吗?

用人方面,其实也是此理。张作霖虽然没读过这些书,但用人方面却真是合了古训。

奉天王

通过在警务处处长位置的牛刀小试,张作霖看到了王永江身上蕴藏的巨大能量。这个读书人绝不是平常人,他显出的能力只是冰山一角,还有更大的空间等待老张来开发,老张决定给他加加担子。

事态平息后,张作霖派人将王永江从金州请了回来,并把王永江从警务处处长位置调到了奉天省财政厅厅长位置。

而王永江也看到大帅为了自己,连与他一起出生入死打天下的老兄弟都不要了,感激之情无以言表,回来更是殚精竭虑、忠心耿耿地辅佐张作霖。

张作霖初领奉天时，金融紊乱，财政废弛，每年奉天仅收入一千余万元，多数时候是靠借外债生活。张作霖对王永江说："东北黑土地，本该是富得流油的地方，为什么我们穷得没钱花？你去接财政厅厅长，把毛病给我找出来。"

王永江仍然与接警务处处长时一样，要权。他说："我接财政厅厅长可以，只要您信任我，给我足够的权力，只需两到三年，不仅能实现财政自给自足，还可以还清外债。但我只怕有人说闲话，不高兴。"

张作霖说："你只管干，我什么也不听。"

王永江不负老张的期望，在新的职位上大刀阔斧地进行改革：重新丈量土地，对过去隐瞒不报的庄园、围场、牧场等统统加征田赋，又主持发行公债，筹集资金，创办实业……干得是风生水起，使奉天的财政状况迅速好转。

在这些一团乱麻式的事情中，王永江抓住了主要矛盾，主要做好了两件事，一个是整顿税务，一个是稳定奉天元。

税务系统，在那个时候，不仅乱，无章法，而且大面积腐败。

这也难怪，只要涉及钱的地方，以中国人那聪明的脑瓜，不管是穿制服的，还是市井小民，都有办法把钱往自己腰包里揣，而且许多时候，还光明正大，名正言顺。

本来该征 100 元的税，纳税人往收税的腰包里悄悄塞 20 元，收税的立刻就改征 50 元了，纳税人省了 30 元，政府却损失了 50 元。

王永江出身社会底层，亲眼看见这些发生在身边的"苍蝇"腐败现象。他既从制度根源入手，又结结实实地处理了几起贪腐案件，税务系统风气为之大转。眼见着税收额的数字唰唰往上蹿升，而老百姓却没有什么不满，张作霖乐开了怀。俺老张没看错人，姓王的到底还是有办法。

整顿货币，是任何一位理财或搞经济的人必须要做的大事。

晚清以来，包括张作霖时期，东三省一直处于半独立状态。除了海关税要如数缴给北洋政府外，其他财政算是独立的，东三省财政权力非常大。正因为这样，所以市面上流通的货币是东北自己发行的奉天元。

张作霖哪懂得财政金融学，更不懂得货币之中的奥妙。所以每当他缺钱的时候，就印它一家伙，这就造成市面上奉天元极不稳定，商人和百姓叫苦连天。许多人宁可用日元，也不用奉天元，这就让日本人占了便宜。

货币的奥妙弄不明白，但谁吃亏谁占便宜的事，老张还是明白的。肥水不流外人田，他决心整顿金融，这才有了王永江主持财政。

王永江严格执行银本位制，东三省银库里储备多少银子，才能印多少奉天元，绝对保证奉天元的信用。真银子稳定了整个社会对奉天元的信心。

张作霖虽然不明白王永江的理论，但他慢慢发现，用奉天元的人越来越多，币值稳中有升，不仅与日元不相上下，而且关内许多商铺也认奉天元。老张乐得没的说了，对这个读书人彻底服气。

两三年之后，到了1920年3月，奉天的财政状况明显好转，不但偿还了1000多万元的债务，还有许多结余。张作霖喜形于色，对王永江说："这是我做梦都想不到的事。"

从此，王永江深得张作霖的赏识、器重，老张更是开始对他言听计从。

老张对别人常常满口粗话，但对王永江，老张却从没对他说过一句粗话。

这，也是对人才的另一种特别的尊重。

特别是老张发现王永江确是万里之才后，更是放手使用，他想让王永江担任省长！

省长是何位？就是绿林前辈冯麟阁争了多次的位置，老张都没同意。可他却主动想让王永江当省长，与自己平起平坐！

王永江虽是读书人出身，但并不是不明白官场之道。他知道老张对自己的抬举，也清楚想在官场混明白的主要条件，自己毫无根基，根本就不具备当一把手的条件，因此再三谢绝。可是老张却主意已定，反复劝说。

王永江很明白，他对老张说："既然雨公您如此器重我，我就代你办理省长事务。但我不担省长之名，我还是如以往一样，做事之时，您只要给我放手施展的权力就行。既然代省长，那我要的条件是，凡省内大小官吏，悉由己任命，不许雨公干预。"

张作霖郑重点头，他已经完全信服了王永江的能力。

同时，可爱的老张也经常对到政府任职的小兄弟们叮嘱："王永江是大才，但脾气不好，颇难伺候，务要谨慎。"

这种屈己待人的方式和叮嘱，也不是一般领导所能具备的。

欲成就大业的老张与王永江、袁金铠的关系，颇有几分春秋时期成就霸业的齐桓公与管仲、鲍叔牙的关系（当然，这只是一个小小对比，不一定准确）——一个引荐，一个用心，一个放手。

用老子《道德经》中的话说就是："生而不有，为而不恃，长而不宰，是谓玄德。"

鲍叔牙毫无私心，极力引荐自己的生死之交、齐桓公的大仇人管仲，使齐桓公成就了霸业。鲍叔牙对管仲有推荐之恩、再生之德，但他却从未将自己的这份功劳、这份恩情挂在嘴上或是记在心里，可谓"生而不有"；管仲这匹千里马是被鲍叔牙拉到齐桓公面前的，齐桓公是伯乐，正是他们才使管仲立下了不世之功，人们只知有管仲而不知有君王，只知有管仲而不知有鲍叔牙，管仲也没有因居功自恃而有过什么非分之想，没有做出过什么出格的举动，还经常主动为君王分谤，可谓"为而不恃"；齐桓公，有容人之量、知人之明、用人之法，他敢于放手使用千里马，连缰绳都没带，不怕马跑了，不怕马野了伤人，是驭马的主人却没有主宰千里马，没有专权弄势，没有用小人牵制英雄，可谓"长而不宰"。

袁金铠也是极力推荐自己的同窗好友、张作霖本来很不感冒的穷知识分子王永江，为老张的大业奠定了坚实的根基。袁金铠没有因为自己发现和引荐了人才而沾沾自喜，挂在嘴上，可谓"生而不有"；王永江没有因为做出了很大成绩而骄傲自满、目空一切，可谓"为而不恃"；张作霖放手使用王永江，连与自己一起打天下的老兄弟都不顾，给予王永江莫大的信任，可谓"长而不宰"。

所以，一个国家的兴衰，一个组织的发展，一个领袖，抑或一个领导的成功，很大程度上取决于他能否甄选好身边的智囊、助手、下属，进而让他们去挖掘、引荐相关人才。同时，还要善于用好、管好这些人才资源，释放其潜能，确保人尽其才、能岗匹配。识人、用人，要举之以众、待之以礼、赋之以信、取之以公，方能回报天下。这一点，可供任何一级的领导以及想当领导的人们借鉴、思考。

从这个角度来说，老张这个领导当的，果然有水平！绝不能以其小学一年级都没毕业就小视之。

领导之道，其实很简单，就是选贤举能。但是又非常不简单，因为绝大多数的所谓领导放不下脸面和架子，不愿承认自己的不足。如果部下能力超过自己，感觉很没面子，于是，武大郎开店——比我高的不要。

一流领导用一流人才，二流领导用三流人才。这，就是领导和领导的差别。

张作霖由于用对了王永江，其事业蒸蒸日上，但距离真正的奉天王还有一步之遥，因为还有冯麟阁的二十八师不服从张作霖调遣。

就在冯麟阁处处与张作霖作对，让张作霖非常头疼的时候，一件大事的发生，改变了这一切，那就是张勋复辟。

政坛上发生的事，绝不是单一的事件，每件事都会是上下互动、勾扯连环。上面的人争斗之时，需要底下人的支持；而底下人争斗的时候，更需要上面的人撑腰。各自都有各自的兄弟，各自都有各自的后台老板。

黎元洪和段祺瑞进行府院之争的时候，他们也需要地方实力派的支持。而在奉天这里，张作霖与老段站在一起，黎元洪也找到冯麟阁来支持自己。

黎元洪与段祺瑞斗法，让张勋进京调停时，张勋为了实现自己的复辟大业，也四处寻找同盟军。他本来想联系和自己是儿女亲家的老朋友张作霖，但是张作霖非常滑，雷声大雨点小，一面派人到徐州开会，一面又骑墙观望，惹得张勋非常不满。

当张勋得知二十八师师长冯麟阁受张作霖排挤时，感觉可以利用，就秘密与冯麟阁进行联络，希望冯支持自己复辟，许诺事成之后，升冯麟阁为东三省总督。

面对如此诱人的许诺,冯麟阁决定赌一把,支持张勋!成了的话,一本万利;败了的话,大不了老子重新回绿林。

张勋与冯麟阁的秘密活动,被张作霖的耳目探到了风声。张作霖手下谋士袁金铠对老张说:"冯麟阁因你升为奉天督军,时有不平之色。还不如令其入京,暗中参加复辟,事情要是成功了,大帅也不失戴翎之功,要是事情不成了,有冯麟阁这个倒霉蛋顶着。这样一来,卧榻前可以免去他人酣睡,这也是一种调虎离山之计也。"

这样,张作霖以奉天督军名义让二十八师师长冯麟阁为奉天全权代表,入京并联系张勋,而张勋也邀请冯麟阁参加。所以,冯麟阁怀揣着自己的打算,欣然出发了。

张勋进京后把溥仪抬出来的那几天,冯麟阁也跟着风光了一把,身穿黄马褂,顶戴花翎。可是,还没过上几天好日子,张勋复辟闹剧失败,冯麟阁想乘火车返回东北时被捉住,被剥夺了一切官职和勋位,还要背上背叛共和的罪名,交付法院严惩。

冯麟阁被抓的消息传到奉天,冯的妻子不得不低头求助于张作霖,而张作霖为了争取二十八师官兵,也为了在绿林同道中博得美名,写信给段祺瑞,请求释放冯麟阁。

段祺瑞因为在讨伐张勋中名利双收,再造共和,高兴之际大手一挥,放了冯麟阁,卖给张作霖一个人情。

从此,冯麟阁成了被拔牙的老虎,重归张作霖麾下,当了无职无权的军事顾问。

冯麟阁的官职是被撤了,但他多年打造的二十八师还在,许多官兵都是他的绿林同道,一起出生入死过来的。尤其是他手底下有两个旅长,即五十五旅旅长张海鹏、五十六旅旅长汲金纯,并没有被收服。

这还得让张作霖继续动脑筋。

张作霖面对这两个旅长,针对他们各自的弱点,分而治之,达到了毛宗岗所说的"胜一人难、胜两人易"的招数之妙。

张海鹏是辽宁盖县人,他对冯麟阁是绝对服从,非常忠心。而汲金纯是鞍山台安人,跟张作霖算是地道的同乡,个性非常强,经常任性妄为,因此没有完全服从冯麟阁。

冯麟阁入京时,是由张海鹏率队护送的。当冯麟阁不小心被抓时,张海鹏巧妙逃回东北,稳住了五十五旅的军心。

而汲金纯看冯麟阁倒台了,自己也要寻找新的大树,于是以老乡关系为由,主动向张作霖示好。当然,他更长远的目的,是想当二十八师师长。

本来,张作霖想派自己手下的孙烈臣来担任二十八师师长,也获得了段祺瑞的认可,但由于张海鹏和汲金纯都想当这个师长,那他们俩当然就极力排斥孙烈臣了。

张作霖不想在这个节骨眼上让二十八师激起更多的不满情绪,于是他亲自兼任二十八师师长,正式收编二十八师,同时让孙烈臣担任二十七师师长。

张作霖虽说是兼任,但为了分化张、汲二旅长,他暗中把二十八师的事务交给汲金纯管理,这样就把矛盾的焦点转到了汲金纯身上。当张、汲二人斗得不可开交时,老张就轻松地以裁判员身份把他们俩都牢牢地捏在手里。

随后,为了防止冯麟阁"复辟",老张正式任命汲金纯为二十八师师长,并新编了二十九师,由吴俊升管理,以报答他在与冯麟阁争斗中对自己的支持和忠心。

至此,张作霖成了名副其实的奉天王。

霸业之基

要了解老张在东北是如何崛起,并具备问鼎中原的实力的,我们除了知道他招揽人才外,还要了解他如何培养人才。这就有必要再略为深入地了解一下老张在东北的教育政策。

青岛日报社的李洁先生有本非常著名的作品——《文武北洋》。他认为北洋群雄,武是其表,文是其里。这句评价非常精当,也抓住了问题的本质。北洋群雄绝不是赳赳武夫,在其粗犷的外表下,还隐藏着对

"文"的敬爱和尊重。

比如，北洋掌门袁世凯，自己科举考试屡次失败，一个功名也没有，但他招揽的人才之多之盛，是相当可观的。而且老袁还创办了山东大学和北洋大学，这些功绩都很了不起。

又比如，袁世凯当上总统之后就任命严复为北京大学校长，黎元洪也是任命非本党本派的蔡元培为北京大学校长，形成了北大在中国教育史上壁立千仞的地位。

再比如张作霖，他对教育的重视，也远远超出常人的想象。别的不说，单就东北大学和东北讲武堂这一文一武两所学校，足以把老张列入重视教育的领导行列。

先了解"武"的方面的人才培养。

鉴于奉军的老班底大多出身绿林，没受过正规军事教育，打仗全靠东北"虎"的虎劲儿，雄心勃勃的张作霖认识到，想逐鹿中原，必须培养高质量的军事人才。

早在1915年，张作霖还任二十七师师长的时候，为"集合各旅团营军官等研究战事，训练指挥，造就将才"，呈请东三省总督赵尔巽批准，借用原讲武堂旧院落已停办的陆军小学堂的房屋器具，设立随营讲堂，相当于"教导队"，培养青年军官。

1918年，针对奉军"冲锋对垒勇敢有余，决策指挥学术不足"的现实情况，张作霖决定重新开办讲武堂，也就是正式组建东北讲武堂，自任"堂长"，也就是军校校长。他追加大洋42 218.75元为讲武堂临时开办费和经费，此后不断加大对讲武堂的投入，1922年达到了现大洋146 765元。

东北讲武堂设备完善，教官也属于一流的，故与保定陆军军官学校、黄埔军官学校、云南陆军讲武堂并称近代中国的四大军官学校。

张作霖规定，奉军新任命的中下级军官，必须出身军校。而在军校学业不及格者，就要淘汰掉，从而保证自己手下军官队伍的高素质。

联想到前面帅府中"雄狮举掌握寰球"的浮雕，可见其志向高远绝非虚言，而是在其胸中有了通盘考虑。

从 1918 年到 1928 年,讲武堂共办了八期,毕业人数为三千五百余名,成为奉系军官的重要培养基地。

东北的这所陆军讲武堂培养了许多有名的战将,新中国成立时,开国将领中有十三人(其中上将一人,中将一人,少将十一人)是毕业于这所院校的。

再来看"文"的方面的人才培养。

张作霖出任奉天省省长伊始,就在一份教育条陈上批示:"学务为造就人才之所,振兴国家之基,关系最重,而奉天又处特别地位,若不从整顿教育入手,更无以希望。"

1916 年 10 月 28 日,张作霖训令各道尹重申省令,严责各县知事增加教育经费,要求各县每年的教育经费务占全县岁出总数的 40%,并将此标准作为考核各县知事政绩的内容之一。40% 可是比例相当高的数字了。为防止挪用、侵占教育经费的情况发生,张作霖还派专员赴各县调查教育经费的去向。

1918 年 12 月,奉天国立高等师范学校正式成立。

张作霖规定,奉天的师范学校不仅免收学费,而且还发给伙食费,这些费用全由奉天省政府买单。

这样的伙食,当然不是盒饭,而是"四菜一汤"级别的。据记载,当时学生伙食早餐为大米粥、咸菜;中午为大米饭、四菜一汤,两荤两素;晚饭为四菜一汤,皆为素菜。星期六午餐改善伙食,有坛子肉、木须肉、烧黄花鱼、烩海参等。

看这伙食清单,不会想到是免费供给学生吃的,倒像是培训团级干部的。

张作霖当时还做了一件轰动全国的大事:办东北大学。(虽然东北大学成立是 1923 年的事,但为了保持事情的连贯性,所以把东北大学的事放在这里一起说明。)这位视兵为命的草头王,竟然对王永江说:"我没读过书,知道肚子里没有墨水的害处,所以可不能让东北人没有上大学求深造的机会,岷源(王永江的字),一切事我都交给你了,开学越快越好。用钱告诉我,不管多少,我宁可少养五万陆军,但东北大学是非办不可。"

正因为张作霖如此支持教育,所以东北大学的常年经费在各大学之中也是首屈一指。资料显示,北京大学当时的常年经费是 90 万银圆,南开大学 40 万,清华大学虽有庚子赔款补贴也只有 120 万,而奉天省财政向东北大学的投资经费是每年 160 万!

当时东北大学老师的工资也非常可观。刚开始时,许多老师不愿来东北大学应聘,怕奉天元一旦贬值就成了废纸。了解此情况,张作霖当即做出决定:"凡大学教授等薪金,一律用银圆发给,并不许拖欠。"

傅国涌所撰写的《司徒雷登在中国办大学》一文中,是这样介绍张作霖办教育的:

> 司徒雷登在回忆录中说,张作霖、张学良父子对燕京的捐款呼吁有求必应。1923 年,他第一次去东北见到张作霖,印象很深的是在张作霖那把宝座似的椅子旁边两只形象逼真的标本老虎,"张个子矮小,却有一双清澈、乌亮而敏锐的眼睛"。在听了他关于燕京大学的介绍后,土匪出身的"东北王"居然说:"你办的教育事业本来是应该我们中国人自己做的。现在你做了,我十分感谢!"当场捐款五千大洋。以后,只要司徒雷登开口,张总是毫不推脱,慷慨出手。张作霖还把儿子张学曾送进了燕京。1926 年毕业于北大国文系的李鼎彝曾在吉林做过校长,他对儿子李敖说过,每当孔子诞辰日,张作霖会脱了戎装,穿着长袍马褂,到各个学校给老师们打躬作揖,说自己是大老粗,什么都不懂,教育下一代,全仗各位老师了,特地跑来感谢。

为吸引一流学者来此任教,东北大学所设定的薪金和待遇远高于国内的几所知名大学。以教授为例,北大、清华教授月薪 300 元,南开 240元,东北大学则为 360 元。后期章士钊等教授竟高达 800 元。东北大学还给老师们建新村、建别墅。

东北大学的教学设备在当时国内也数一流,各种仪器设备应有尽有,而且大都购自国外。

优厚待遇和工作环境,吸引了当时许多知名教授前来任教。

据东北大学 1928 年的统计,在其 128 名在职教员中,留学归来的有 77 人,其中 11 个博士、37 个硕士、29 个学士。而且他们当中大部分留学美国,毕业于美国的一些著名大学,如哈佛大学、耶鲁大学、哥伦比亚大学、康奈尔大学、麻省理工学院等。

近代著名的梁思成和林徽因夫妇就曾来东北大学任教,并创建了东北大学建筑学院。

至二十世纪二十年代末,东北大学已是国内学生最多的大学,有教授 300 人、学生 3000 人,而当时北京大学也只有学生 2000 人。

日本学者评价东北大学的教育水准"高于日本在'满洲'开办的高等教育院校"。

谁都没想到,这个只有三个月私塾文化的人,能办起来这么一所大学。

关于东北大学,这里面还有个小故事。前面提到和张作霖争斗许久的冯麟阁,他有个儿子叫冯庸。冯庸与张学良同年出生,比张学良小三个月。二人自幼关系就好,读书也在一起,情同手足。他俩曾结拜兄弟,并同取字"汉卿",张学良还任命冯庸为东北军空军司令。而且从孩时到晚年,从大陆到台湾,冯庸都坚定地站在张学良这边,这也着实让人赞叹。到台湾后,冯庸还担任过台北市市长、高雄港口司令等职。冯庸曾在二十世纪二十年代卖了家产,创办了冯庸大学。冯庸大学是一所以工科为主的院校,后来并入了东北大学。

有了一文一武两所著名院校,张作霖手底下的人才储备也一天天雄厚,为后来入主中原奠定了基础。

胃口越来越大

自从秦始皇以来,个人头脑中"成就一番事业"的观念,以及国家要实现"统一大业"的观念等,经过两千多年的浸润,不仅融入了每一个想有所作为的中国人脑海中，也融入了每个普通中国百姓的心中和血液里。

对普通人来说，做买卖时要是挣了几万块钱，一盘算，老婆孩子热炕头多好，立马收手不干了。这样的人，会被普通人讥笑为"眼窝浅""没见过钱"，用文绉绉的话说就是"小富即安""做不了大事"。

而对于有雄心有抱负的人来说，取得一片天地，就再也不能停下手来，必须不断地开拓、奋斗。

卧榻之侧，岂容他人鼾睡。

奉天丰足之后，老张有了发展的本钱，雄心也随之高涨。他把目光瞄准了整个东北，也就是吉、黑两省的大权。

此时，张作霖的兵力相当于吉、黑两省的总和。据 1917 年 3 月 7 日《远东报》透露："东三省军队的配额，奉天三万三千五百人，吉林一万二千人，黑龙江一万五千人。"这还只是正规军的人数。张作霖既然有了吞并东北的雄心，那他私下里悄悄招募的人就远不止此。

张作霖本想就近伸手，不过比较起来，虽然吉林兵力不多，但吉林督军孟恩远很强势，因为孟恩远是正宗的小站出身，又是直隶天津人，属直系人马，与冯国璋关系密切。孟恩远的女婿陆承武倒没什么，但陆承武的父亲是陆建章，既是北洋元老，又是与直系关系密切之人。虽说老张不愿奉天之侧，有吉林孟恩远酣睡，但要想动孟恩远的吉林，那可是块硬骨头，不好啃，先拣软柿子捏吧。黑龙江官员更换频繁，局势不稳，所以张作霖把目光瞄准了黑龙江。

黑龙江最靠近俄罗斯，身处沙俄三面包围之中。在大清衰落时期，沙俄势力长驱直入，在黑龙江这里制造了许多摩擦、纠纷甚至惨案。

1913 年 6 月，一名俄国间谍在黑龙江搜取军事情报时，被当地警方抓获。但沙俄蛮不讲理，派兵压境，对新生的民国进行武力威胁，既要求中国放人，又要求中方撤掉黑龙江都督兼民政长宋小濂的职务，还要赔偿俄国"损失"。

此时，民国刚成立一年半，大总统袁世凯正陷入宋教仁案的纠纷和孙中山举兵进行二次革命的前夜。焦头烂额的袁世凯无力与沙俄发生正面冲突，选择了退让，撤换了宋小濂，由曾任驻俄公使的"俄国通"毕桂芳接任并处理这一事件。

按照当时惯例，职业外交人员不能担任边疆省份的大员，所以毕桂芳处理完这件事后，又调回外交部，其职由黑龙江督署参谋长朱庆澜接任。

朱庆澜是个兢兢业业的官儿，在黑龙江做了不少好事。但他有个弱点，就是像诸葛亮一样，事无巨细都要一一过目。这样的人，如果走向极端，便会"昼不见泰山，夜能察秋毫，明于细而暗于大也"，并不是一个成功而合格的领导。而且，过度的明于谋事之人，一般多拙于谋身，被别有用心的人算计了也不知道。正因为领导力不过关，所以黑龙江省的军务大权实际上掌握在陆军第一师师长许兰洲和骑兵旅旅长英顺手里。

许兰洲，字芝田，河北南宫八里庄人，毕业于湖南讲武堂，儒术武功都大有过人之处，有"赛天霸"的称号。徐世昌任东三省总督时，把许兰洲调到黑龙江带兵。经过长期扎根经营，许兰洲成为黑龙江军界第一号实权人物。在平定蒙古王公叛乱时，许兰洲受张作霖调遣并与张作霖并肩作战，与张作霖私交甚密。张作霖成为奉天省的头号人物时，许兰洲也想控制黑龙江的军政大权。

张作霖也希望许兰洲控制黑龙江，自己再控制许兰洲，因此他对许不遗余力地支持。兄弟你放手干，需要钱还是需要枪，尽管跟大哥说。

等到喜欢抓鸡毛蒜皮小事不放的朱庆澜发觉自己军令政令不通的时候，却是为时已晚，再想调整中下级军官时已经来不及了。1916年，在张作霖的帮助下，许兰洲用金钱收买了人心，并炮制朱庆澜贪污公款案，鼓动士兵哗变，迫使朱庆澜辞职下台。

城头变幻大王旗。黑省的最高长官每年一换，不仅上面头疼，本省也是人心不稳。1916年5月，袁世凯去世前夕，又把毕桂芳调了回来，任省长兼督军。

但是，举止文雅的外交家毕桂芳，处理这些争权夺利的内政事务，却根本不是许兰洲的对手。他还不如朱庆澜，作为最高长官，他却调不动一兵一卒。几次冲突过后,他也被许兰洲逼得下台,把大权拱手送给了许兰洲。

许兰洲接手黑省之时,正值袁世凯刚去世、黎元洪就任总统,无暇顾及东北。因此许兰洲开始得意地按照自己的意愿大封功臣。

想不到就在大封功臣的事上,却起了意外风波。许兰洲曾向巴英额许诺,挤走毕桂芳,提拔巴英额为师长。但另有一位叫任国栋的人走了许兰洲的"夫人路线",靠着枕边风的威力,吹得许兰洲利令智昏,居然违背自己的许诺,提拔了任国栋为师长。

这样,两手空空、被耍弄了的巴英额恼羞成怒,联合骑兵旅旅长英顺,接回毕桂芳,讨伐许兰洲。黑省一下子走到了战争边缘。

这个时候,张作霖开始趁机捞稻草。他派出孙烈臣前往斡旋,结果却有意外收获。因为孙烈臣与英顺是东三省讲武堂的同学,英顺便向老同学泄了底,一切唯张督军之命是从。

同样,孙烈臣前往许兰洲所部时,许也同样声明,唯雨帅马首是瞻。

大家急切地想知道,老张会支持谁呢?

张作霖在处理这件事时,充分发挥了他脑筋急转弯的特点,显露出他精细的算计能力和狡猾的特点。

对于这两方,张作霖谁也没帮。他选择了第三方。

张作霖很清楚,许兰洲是匹野马,只可套上笼套,拽紧缰绳,不可有丝毫大意,更不可放手。自己如果想控制黑省,选许兰洲这样的人,是不太放心的,必须要找一个既与中央有关联、自己还能信得过的人来。这个人,他早就想好了,那就是中央陆军讲武堂堂长鲍贵卿。

鲍贵卿,奉天海城人,张作霖的同乡、儿女亲家,北洋武备学堂毕业,随袁世凯小站练兵而崛起,在军中以骁勇闻名,深得王士珍、段祺瑞等人赏识。也正是段祺瑞的赏识和提拔,才有了鲍贵卿现在的地位——中央陆军讲武堂堂长。

正因为有了这多重关系,在许兰洲与英顺等人大打出手时,张作霖向段祺瑞推荐,由鲍贵卿出任黑龙江督军兼省长,段祺瑞毫不犹豫地点头认可。

许兰洲和英顺、巴英额三人当然不服气,但是,既然张作霖出手了,他就有了稳稳控制局面的胜算和把握,更何况有段祺瑞的大力支持。这三条泥鳅已经掀不起大浪来了。

就在许兰洲和英顺、巴英额三人想继续兴风作浪、动用武力赶跑鲍贵卿之时,鲍贵卿、张作霖与段祺瑞筹划已定:由张作霖以剿灭蒙匪名义,派吴俊升率第二十九师奔赴黑龙江,用武力强硬干涉;把许兰洲及其所部调往奉天,因为只有张作霖才能镇得住许兰洲;以挟制长官、吞没公款为名,免了英顺和巴英额的旅长职务。

这样,黑龙江就成功地控制在张作霖手里。

黑龙江终于到了张作霖手里,那张作霖的下一个目标,不用说也知道,肯定是吉林了。

但是,吉林有孟恩远坐镇,让张作霖一时之间很难插手。

孟恩远,字曙村,1856 年生,直隶天津人。前半生穷苦潦倒,靠卖鱼虾为生。1894 年,孟恩远在马厂加入定武军。袁世凯小站练兵时,已经四十岁的孟恩远被编入小站的马队,从此开始步步高升。孟恩远属于正宗北洋系出身,且是北洋的"老人"——比北洋鼻祖袁世凯还大三岁,比1875 年出生的张作霖大出近二十岁。

年龄这么老的"新兵蛋子"孟恩远,如果没有过人之处,那就没有他的出人头地之日。

书中暗表,话说 1896 年,袁世凯小站练兵初见成效之际,慈禧太后凤驾亲临,视察小站。小站之兵"倾巢出动",列队接受检阅。

慈禧由太监搀扶,袁世凯紧随其后,绕场一周。当时孟恩远仅是一名骑兵营队官,作为护卫紧跟袁世凯。

慈禧太后眼见新兵军容之盛,是她在京城里所见不到的,不免左顾右盼,上下打量。一没留神,她竟把头上的凤簪甩了下来。

谁都知道慈禧这个女人讲究很多,也迷信,谁也不敢捡这根簪子,不敢在这个时候捻虎须。如果搞砸了,脑袋就咔嚓了。

可是,偏偏就有不信邪的。新兵孟恩远走近簪子,若无其事地弯腰捡了起来。

绕场完毕,孟恩远快步上前,双手捧簪,扑通跪倒在慈禧脚下。还没等慈禧发话,孟恩远朗声禀道:"凤簪落地,重返佛山。"

听了孟恩远这乖巧的话,慈禧不但没有因掉簪而败兴,反而越发高兴起来。袁世凯陡然悬起来的心一下子落到地上。

孟恩远退下后,慈禧问袁世凯:"刚才这捧簪子的是谁?"

袁世凯回答说是马队队官,也就相当于新兵班长。

慈禧说:"如今新军连一个队官都如此精明,足见袁大人练兵有方了。"

慈禧从天津返北京之前,突然想起这件事,于是对袁世凯说:"那捡簪的姓孟的小子可以做点大事。"

老太太开口了,那可是最高级别的指示。袁世凯看到孟恩远也给自己赚了面子,连太后都夸自己"练兵有方"。太后既然说这小子能"做点大事",那就得给他一点儿"大事"做,提拔小了肯定不行,必须要妥善落实太后的指示精神!

就这样,孟恩远由新兵班长连升四级,一跃而直升为标统,也就是团长。"捡簪子的"孟标统从此开始飞黄腾达。

1907 年,孟恩远跟随时任东三省督军徐世昌赴吉林,任吉林省巡防营翼长、记名提督,开始了他在吉林的仕宦生涯。

1912 年,孟恩远任第二十三师师长,兼吉林护军使。

1914 年,袁世凯封孟恩远为镇安左将军,督理吉林军务。

从履历来看,孟恩远每一步都要比张作霖早,且出手不凡,又在吉林经营盘踞了十年,势力遍及吉省,所以张作霖对孟恩远心存三分畏惧。

但是,与对付冯麟阁一样,吉林这里形势发生转机也是由张勋复辟引起的。

张勋复辟时,孟恩远积极支持,又是挂黄龙旗,又是接受溥仪任命。只是他没想到,很快风向就大变,而鬼精的张作霖比他反应快得多。孟恩远为了摘清自己,把全部责任都推到副官长高连甲身上。他同时赶紧亲自乘车赶到设在天津的讨逆军司令部,想当面拜见段祺瑞,遭到段的拒绝。后经多方奔走,孟总算暂时保住了这顶帽子,但威信却大大降低。

段祺瑞挤走黎元洪、重新当上总理之后,为了换上执行自己政策的人,决定撤掉孟恩远。

1917 年 10 月,段祺瑞任孟恩远为诚威将军,明升暗降,罢免了孟恩远的吉林督军,另调察哈尔都统田中玉任吉林督军。

此时的孟恩远已过花甲之年,他也不想抵抗了,但是手下人不答应。空投干部过来的话,会断了许多人的升官之路。

反对得最厉害的人,当然是最有可能升大官的人。这里面有两个人,一个是孟恩远的女婿,一心以未来的吉林督军自命的督军参谋长高士傧,另一位是吉长镇守使裴其勋。

高士傧眼看着自己伸手就能够到的果子即将被他人摘取,绝对不甘心,拼死也要放手一搏。他和裴其勋鼓动中下级军官,言明此中的利害和得失关系,以同一个声音向北京发出措辞强硬的电报责问:为什么把孟督军免职?如果没有正当理由,那休怪我们宣布独立。同时,高开始调兵遣将,拉开了架势。

本来,张作霖是一心想把孟恩远赶走,自己好控制整个东北。为此,他抓住孟恩远曾参与张勋复辟为由,没少在段祺瑞那里说孟的坏话。

不过,人不能太精明了,否则,就很容易让别人起防范之心。段祺瑞虽说不如袁世凯聪明,但在后袁世凯时代,智商能超过段祺瑞的也没几个。老段早就看出来张作霖的野心,所以,张作霖起劲鼓动的时候,老段一方面答应换掉孟恩远,另一方面则偷梁换柱,派出了自己的心腹田中玉。这就打乱了张作霖的如意算盘。

张作霖一看,这还了得?与其让田中玉来吉林,还不如让孟恩远这只老掉牙的老虎待着,田中玉更难对付。所以,张作霖表现出了少有的热心和好心,表面上积极进行斡旋和调停,实际上暗中帮着高士傧抵制田中玉。

一时之间,各界请愿代表陆续进京,积极奔走联络,为孟恩远叫屈;更有几省督军联合起来发表留孟宣言;而高士傧等人又以武力相威胁。田中玉一看,还没到任,就闹成这样,这要是去吉林了,还不得把我吃了呀? 便给段祺瑞打报告,谢绝了段让其去吉林就职的好意。

段祺瑞一看,恐怕来硬的不行,也就着这个台阶迈下一步,准许孟恩远延长任期两个月。高士傧等人也借坡下驴,宣布取消独立。

虽然张作霖夺权之路受阻,但此时又有另一个更好的机会在向他招手。这个机会就是:在段祺瑞和冯国璋进行激烈的权力争斗之时,段祺瑞为了执行自己的武力统一政策,需要张作霖出手相助!

地敞中原秋色尽,天开万里夕阳红。

中原的大门,开始向张作霖敞开。

第二十三章 ＼ 统一大业 ＼

辽兵进关

中原大门的敞开，对张作霖来说，可真是从天上掉下来的一块大馅饼，把老张幸福得乐晕了。

这张馅饼能够砸到老张头上，全在于皖系徐树铮的暗中调拨。

徐树铮的调拨，是因为皖系与直系斗争的需要。皖系与直系斗争之所以需要第三方势力介入，其直接导火索在于冯玉祥。

1918 年 1 月底，冯国璋"南巡"失败，返回北京后，主和派的士气受到极大打击。冯国璋已成"冯妇"，斗志大减；主战派开始按照己方的意志调兵遣将，准备向南方大举进攻。然而就在这个时候，由于冯玉祥的异动，主战派一边倒的形势偏又节外生枝。

2 月 14 日，与直系关系较近的冯玉祥率一旅官兵在湖北武穴发出通电宣布自主，力斥南北战争是一种最无意识和最无情理的战争。

冯玉祥呼吁，军人的天职在于服从。服从谁呢？当然是服从国家元首。国家元首是谁？自然是总统，当下要服从的国家元首，便是冯国璋。而冯大总统是提倡主和的，所以，军人也应主和，而主和就意味着服从总统。

府院之争和南北之争到了这一时刻，冯玉祥跳出来，当然就代表着直系，也就是主和派的又一次反扑。明眼人一看便知此中关节：冯玉祥台前表演，幕后筹划者肯定是冯玉祥的舅舅、北洋元老陆建章，而最终的操盘手，自然就是总统冯国璋。

一笔写不出两个直系，一笔也写不出两个冯字。

冯国璋、陆建章、冯玉祥的这一计划，还包含突袭安徽、赶走倪嗣冲的想法。然后，以陆建章取代倪嗣冲执掌安徽，再把安徽拉入长江三督的阵营。这样，津浦南段全在主和派掌握中，力量就大了。

然而，由于直系的龙头被困北京，各方面关系并没有协调顺畅，冯玉祥和陆建章的行动，竟未能够得到长江三督的响应！就在冯玉祥孤立无援之际，北京政府下令免除其旅长职务。

可是，事情大大出乎段祺瑞的意料，冯旅的全体官兵居然于3月1日电请北京政府收回撤换旅长的成命："……宁与旅长同死，不愿任其独去。……如不获请，请将我官兵九千五百五十三人一律枪毙。"

这一连串的举动，大大刺激了段祺瑞。大大小小的"牛鬼蛇神"们都露头了，这绝不是冯玉祥个人行为，而是一次有组织、有预谋的行动！

既然是有组织、有预谋，那所有的矛头指向，必然是我段某人，再搞大一点，就是要发动军事政变，要逼我下台了。

是可忍，孰不可忍。这个搭档已经没法继续共事了。

既然你不仁，休怪我无义。

段祺瑞决定先下手为强。他决心要搞一次军事政变以驱冯下台。

可是由于皖系能用得上的兵力都调赴南方，所以手中没有足够的兵力来支持他的计划，而段祺瑞又想同时下赢这两盘棋，因此他便派其亲信徐树铮，以"接洽国防"为借口，前赴东北找张作霖，说动"东北虎"出关来执行驱冯计划。

张作霖在关外翅膀硬了之后，早就把目光瞄准了关内，只是一直没有找到合适的机会。而直皖两系的矛盾纠纷愈演愈烈的时候，皖系红人、小扇子徐树铮居然来关外找老张出手，这可真是老天开眼，俺老张要走大运喽。

内心里乐开了花的张作霖，表面上却非常淡定，装出一副很为难的样子。他对徐树铮说："我老张大老粗一个，没读过书，连话都说不全，远比不上冯总统和段总理那样的文韬武略；我一直就待在奉天，没见过世面，不像段总理是海归，留德高才生，也不像冯总统那样从年轻时就经常到国外考察；更何况，我居于关外苦寒之地，穷棒子一个，冯总统和段总理拔下根汗毛也比我老张的腰粗。你说，我有什么资本出关呢？"

老张的一番话，小徐听得明明白白。他在说啥呢？当然是伸手要好处费呀。张作霖那小眼睛眨巴眨巴的，比商人还精，他能做亏本买卖？当初还是小小的二十七师师长时，连袁世凯总统都对他小心笼络，现在他已经是奉天王了，胃口大开，一般的利益他是瞧不上眼的。如果不许以重利，他决不会奉命出关。万一，冯国璋也派人前来拉拢他，如果对方许的利更重的话，那段总理就彻底被动了。

想到这些，小扇子徐树铮咬了咬牙，决定用重饵诱这只老虎出山。不过，这个重饵确实是太重，因为，这是一批从日本进来的军火。

按常理来说，这么大的事，自己应该征求段祺瑞总理的意见才是。可是段总理又非常执拗，他肯定不会同意下这一剂"猛药"。徐树铮决定来个先斩后奏。

这批军火，是徐树铮在当陆军部次长时办理的，恰好在这个时间点即将运抵秦皇岛。他知道这批货的接货时间、地点。

而且，徐树铮在交卸次长之职以前，曾留下好几张盖了印信关防的陆军部空白公文纸，这回都派上了大用。

2月25日，奉军参谋长杨宇霆率领奉军嫡系第二十七师第五十三旅开赴秦皇岛，持着徐树铮填好的假陆军部证件，顺利通过关卡，把从日本运过来的二万七千支枪劫走。

我们不制造武器，我们只是武器的搬运工！

搬运完毕，张作霖向身后的弟兄们一招手，立刻宣布，奉军入关。

消息传到北京，冯国璋和段祺瑞同时大吃一惊，又惊又怒。

冯国璋吃惊，是因为他知道，自己并没有召张作霖进关，那么在直皖斗争到这个时候，张作霖出关，肯定是段祺瑞召来的，这样自己的许多计划可能就要泡汤。自己失算了这一招，太大意了。

段祺瑞吃惊，是因为这批军火是为训练自己嫡系部队用的，如今被张作霖抢了。是谁走漏的消息？他张作霖怎么知道有这批军火？他又是怎么顺利通过关卡而拿到这批军火的？

冯国璋怒了，在总统府紧急会议上质问段祺瑞："我总统没有发出让奉军入关的命令，他们进关前也没有呈报入关命令，这是谁召来的？此人居心何在？"

段答不知。

冯说你也不知，我也不知，那张作霖就是非法入关，我们必须让张作霖退兵。

段祺瑞怎么能让张作霖退兵？你要是有办法，你就让他退兵吧。

不过，此时的段祺瑞也在发怒。他怒的是，张作霖怎么敢在太岁头上动土，怎么敢抢自己的军火？

"北洋之虎"对"东北虎"命令：你赶紧把这批货给我吐出来，原物奉还。

张作霖已经得了大便宜，他的无赖本性又开始露出来。张作霖对段祺瑞说：我老张已经布置了出兵计划，就是因为缺乏军火才没有开拔。之所以没经呈报就去提取军火，是因为我怕来回请示，太麻烦、太浪费时间了，才这么做的。何况，我此次出兵，为政府之后盾，我练的军队，不也是为了政府、为了国家嘛，练好了兵，悉听政府驱驰，这不是挺好吗？您是大人大量，区区些许器械，就不必和俺计较了吧？

段祺瑞发怒的同时，下令：给我彻查清楚，到底是谁走漏了军火消息！

徐树铮说：不用查了，是我泄露给张作霖的。我们用枪支换来奉军的支持，那可是在直皖较量的天平上加了一注重磅砝码。虽然我们确实付出了很多，但局势扭转过来了，这就是最大的胜利。

段祺瑞这个人也怪，对别人说话时，从来都是不容置疑、不容商量，唯独对徐树铮，不管他做对还是做错，都是以最大的爱意、最大的包容来对待。小徐瞒着他做了这么大的事，他的气也很快消了。木已成舟，只能这样了。

由于奉军进关，直皖均势的局面迅速被打破。

首先受到影响的是刚想露头的冯玉祥旅，不仅奇袭安徽的计划无法实现，而且自身难保。总算冯玉祥军队不少，北京政府想惩罚他，也得有所顾忌。最后在曹锟调停之下，北京政府给冯玉祥来个"革职留任"的处分，据去陆军中将，暂准留任旅长，交曹锟节制调遣。

其次便是长江三督之首的苏督李纯。张作霖提出要罢免李纯,谁让他不服从段总理的命令。虽未达到这一目的,但也是让直系的气势收敛了许多,给段祺瑞撑直了腰。

可是,奉军的兵锋实在是太咄咄逼人了。

为了显示自己的威风,3月5日,奉军一部由天津开到廊房,在车站检查往来旅客,使中外人士大吃一惊。

段祺瑞的国务院也受不了了,赶忙去电劝止。我们既不是紧急状态的戒严,你奉军也不是警察,怎么可以持枪检查旅客?

但老张根本就不听那套,回电时顾左右而言他。他说:"出兵扣械,系坚元首主战之心,兵已入关,无可撤退,长江有事,即可南下应援。"

张作霖还大大咧咧地请政府在北京天坛一带指定营房,让奉军驻扎。是你们请我们来的,你们请客,却不给我们驻个好地方,可不是待客之道哦。在没有接到答复的时候,奉军的一部已在天坛、南城一带找兵房了。这就对北京政府形成直接威胁,冯国璋如坐针毡。

长久以来,国人对东北这片苦寒之地充满了畏惧,此地更是古代官员挥之不去的梦魇。在皇权时代,哪位官员只要稍有不慎,惹得龙颜大怒时,流放宁古塔,那简直像是给发射到茫茫幽远、浩渺而未知的太空那样,让人感觉是在鬼门关前叩门,一切只能听天由命了。即使是在今天,许多没有到过东北的南方人,提起东北时会问:听说在东北的冬天,晚上喝酒,醉倒在大街上,就会被冻死?冬天上厕所时会迅速形成"冰棍儿"?冬天在户外,一扒拉耳朵,会不会掉下来?

国人还对东北兵屡犯中原而心存恐惧。从大辽的野性,到金兀术手提大斧、踩着冰面、越过黄河,再到多尔衮的铁骑冲出山海关,乃至后来国共两党在淮海决战时,国民党军突然见到戴狗皮帽子的队伍出现了(其实只是从东北调拨来的物资而已),心理上的最后一道防线顷刻之间就彻底崩塌了……

总之,东北兵,一直让关内之人感到可怕。

而此次,胡子出身的张作霖率领的奉军横冲直撞,让京津一带的人们极为不安,谣言四起。许多人仿佛已经嗅到了火药的气味,达官贵人纷纷出逃。

冯国璋在总统府举行紧急会议，报告局势的险恶。他知道奉军是段祺瑞招进来对付自己的，看来自己只有引退一途可走了。

就在冯国璋把辞职的电文都拟好了的时候，段祺瑞又决定不驱逐冯国璋了。段祺瑞的目的，只是让冯国璋听从自己。眼下目的已经达到，又何必破坏兄弟二人这个仍然亲密无间的形象呢？这样的话，对谁都有面子，也都有好处。如果换上来一个，还要磨合一段时期，成本未免太高了。

张作霖也于3月5日通电表明他的宗旨："拥护中央，维持大局，始终团结，戡平内乱，联络同志，共救危亡。"同时为自己辩护，声称自己毫无个人野心，自己对"财产、身家、功名、权位，均已逾量，尚复何所希冀？诚以目前时局，非武力不能促进和平，弟处扩张实力，专以辅导我兄起见……此外毫无私意……倘有虚言，鬼神鉴察"。虽然大家都知道这样的话没有一个字是真的，但无论在舆论上、程序上还是面子上，这些完全假而又假的话还是要说的，这些完全假而又假的事还是要做的。

3月8日张作霖又通电说："挽救时局，只我大总统一人。"他还建议"择定总理一人，组织完全内阁，总理得人，各方同意，政令自行，切勿轻怀退志"。

意思就是说，我老张提出个让你们双方都有面子的事：你冯国璋也不用退，只要请段祺瑞出来就行，共同把局势向前推，谁也别退。

曹锟此时已得到了皖系的承诺，把南方平定后，就选举自己当副总统。因此，曹锟已经公开站到主战派一边，又把自己的军队编成南征第一路。他通电欢迎奉军入关，而且称赞张作霖"耿耿大义，磊落光明，骨肉之交，谊共生死"，并"请奉军集中徐州，加入第二路"。

面对奉军的突然入关，冯国璋已无力化解危机，不得不请段祺瑞出山收拾残局。这样，王士珍辞职，段祺瑞重新组阁。

3月12日，奉军在军粮城设立奉军总司令部，张作霖自任总司令，徐树铮为副司令。

张作霖率军入关，段祺瑞重新出山，冯国璋举步维艰，这三件事综合起来，其实是表明做另一件大事的时机已经成熟，那就是段祺瑞的武力统一大业。

至此,南北大战,即将爆发。

冯与段兄弟二人有着二十多年的交情,却在如何对待南方问题上,因为"战"与"和"的问题,产生了严重分歧,甚至马上就要兵戎相见了。这件事,既不能以谁对谁错而论,也不能简单地归之于好心坏心而论。其实,这件事看起来复杂,但实质上并不复杂,甚至可以说很简单,仍然在于领导者的权力与权威,或者说是那可恶而又可怕的面子。

一般来说,自认为是领导的人的特点有三:嘴大、脸儿小、屁股沉。

嘴大,就是啥都想说,啥都想管,自认为啥都明白,啥都高人一等。脸儿小,就是说,领导一旦说错了、做错了,那也不能说错,而是时机的问题、形势的问题、其他人没有完全遵照领导意图做事的问题。别人决不能谈论说领导错了,否则领导没法见人、无以率众。屁股沉,就是一旦坐上领导位置,就只能当"领导",只能上、不能下,否则就是领导的"失败"。

记得《三国演义》中,官渡之战前夕,袁绍手下谋士田丰劝袁绍不要轻举妄动,袁绍怒而囚之于狱,待战事结束后再来取其项上人头。结果,官渡一战,袁军惨败,袁绍只带八百余骑逃回北方。听到袁军惨败的消息,狱中的田丰对狱卒说,自己的死期到了。狱卒问其故,田丰说:"袁将军外宽而内忌,不念忠诚。若胜而喜,犹能赦我;今战败则羞,吾不望生矣。"果不出田丰所料,袁绍没等回到河北,先命使者赍宝剑往冀州狱中杀田丰。

这,就是领导那可恶又可怕的面子,或曰权威。

领导所争者,恰恰就是这个面子与权威。有了它,领导就有了在台上发号施令的本钱;没有了它,领导的存在,至少在领导自己心里看来,已经成了跳梁小丑。

冯与段所争者,许多时候,亦在于此。

段祺瑞借债

大家都知道,打仗需要两个硬条件,一个是人,一个是钱。段祺瑞鼓捣一通,把奉军借来了,把曹锟拉过来了,人的问题解决了,那么钱的问题怎么解决呢？

当初袁世凯剿灭二次革命的时候，正逢善后大借款进账，袁世凯才实现了自己的愿望。而段祺瑞在决定实行武力统一南方的时候，北洋政府穷得叮当响，他的钱从哪里来呢？

当然是借啦。

可是，朝谁借呢？

段祺瑞政府借钱的对象，不是别国，恰是宿敌日本！

许多人可能会大吃一惊，在日本逼袁世凯签订"二十一条"的时候，段祺瑞不是一个强硬的主战派吗？他怎么会与宿敌日本走近？

这里面的原因和搅入的事情颇为复杂。

先介绍一下为什么段祺瑞政府必须要借钱才能度日。

袁世凯得病身亡，中国近代资本主义发展的黄金期就此打断。段祺瑞接替北洋掌门人之时，北京政府的财政状况可用八个字来形容：捉襟见肘，度日如年。政府根本无力承担推行武力统一政策所需的庞大军费开支。

所以，段祺瑞政府才要借参战之机，换来国外援助，然后用以实现自己的统一宏愿。

1916年7月21日《字林西报》曾报道北京政府的财政窘况："各省协济几已完全停止，铁路盈余又复尽为纸币，而盐税余款又仅敷外债之需……外国银行团无资可借，且非俟调查中交两行内容及中国政局安宁后，并不愿作借资之想也。"政府只能靠发行纸币过日子。

当时保守估计要九千万元巨款，政府才能渡过难关。

如果在几年前，在袁世凯政府时期，要说借款，人们会立刻将其与"卖国"联系起来。可能是天朝上国时间长了，瘦死的骆驼比马大，以前再穷的时候也没借过，像《辛丑条约》的几亿两白银，国人感觉也只不过是裤腰带勒紧一阵子而已。借钱，那可是耻辱的事。可是，经过了几年的折磨，以及与列强打交道的经验，到了段祺瑞时期，一般舆论都把借外债视为解决财政困难的不二法门。"借款二字，在五年前之中国人闻之，多趋而反对者；今则不惟无人反对，且稍有接近之消息，即群相走告，既祝其得成事实，又虑其或有他梗，一似非此即无以生活者。"（《申报》1916

年 9 月 11 日）

也就是说，这个时候，段祺瑞政府除借钱外，别无他法。

下面再谈一下段祺瑞政府为什么必须向日本借钱。

1916—1917 年前后，正是第一次世界大战打得筋疲力尽的时候，多数国家都很难抽出钱来。

前文有述，段祺瑞决定参加第一次世界大战，主要是受美国的影响。而段祺瑞的真正目的是想借参战之名，换来大笔钱款，用以实践自己武力统一中国的计划。

经过段与黎、段与冯的诸多风波，这回终于把反对武力统一的声音压倒了，段祺瑞便与美国芝加哥银行进行五百万美元借款的秘密谈判。

然而，就在段祺瑞真正说了算的时候，一战的形势和美国的形势却发生了变化。美国已经正式决定加入一战的战团，这就无暇顾及中国。而日本早就想独霸中国。美国和日本在一战问题上，处于同一阵线，美国并不想公开得罪日本。这样，在日本的要求下，美国不但责令芝加哥银行停止与中国谈判，而且还于 1917 年 11 月与日本签订了《蓝辛-石井协定》，承认日本在中国的特殊地位。

这个协定对中国的外交走向产生了重要影响。这表明，指望从美国得到援助的希望已经落空，而此时列强中唯一能指望得上的，只有日本。

段祺瑞政府与日本走近，或者说突然奉行亲日外交，还有一个很重要的原因，这事要从国民党人说起。

段祺瑞执掌北京政府后，就把武力统一政策定为基本国策。但是，这一政策如果得不到日本的谅解与支持，就很难付诸实施，因为，国民党与日本的关系曾相当密切。

在袁世凯当政之时，国民党人想借日本力量来反袁，双方也签订过几个协定。日本与国民党方面有利益纠葛。

段祺瑞想要武力统一中国，铲除国民党人，假如没有日本的支持，极可能引来日本出面干预。

要想让日本支持段祺瑞，就只能采取亲日外交，并让日本得到实际利益，那就是借款了。

而段祺瑞与日本走近，还有一个因素，就是日本方面的引诱与拉拢。

1916 年 10 月，寺内正毅出任内阁总理大臣。寺内上台后，一改其前任推行的对华"威压""排挤"政策，极力鼓吹中日两国的"亲善"与"提携"。同时日本政府还拟定了《对华借款方针》。他们要以扶持中国经济为幌子，通过各种借款，把日本经济势力渗透到中国的交通、金融、邮政等重要领域，借以操纵中国的经济命脉。

段祺瑞政府明知是饮鸩止渴，但也不得不喝下这杯毒酒。

这样，日本寺内首相的私人代表西原龟三就成了奔走在日中之间的穿线人。通过一系列运作，最后中国向日本共借了三亿八千六百万日元。中国的盐税、烟酒、钢铁等进一步受到日本的控制。

与此同时，段祺瑞政府还与日本签订了让人一直诟病的《中日共同防敌军事协定》。

1917 年 10 月，俄国发生了十月革命，列强对其内政进行干涉。日本也趁机出兵，并诱使中国与之共同出兵、"共同防敌"，更要借此据"北满"、煽蒙古、占西伯利亚。

借款和军事协定，一百年来，一直是段祺瑞亲日卖国的铁证。

我们不禁要问：借款就是卖国吗？也不应该这么武断。一个政权在初立无法运转、"各省协济几已完全停止"的情况下，除了借款，还能有何路可走呢？

亲日就是卖国吗？可能也不应该这么武断地下定论。君不见，国民党人，包括孙中山，也曾与日本有长期且多次的秘密往来，而且还有一系列至今仍让人感到不解的协定。

当然，段祺瑞与日本的这两个协定，确实给以后带来了诸多麻烦，经济上和军事上都受到了日本的控制，尤其以正式换文的形式，肯定了日本占领济南和青岛的合法性，为一战后巴黎和会上日本要求占领山东埋下了祸根。

但是，我们仍不能笼统而武断地直接认定作为国家实际执掌者的段祺瑞就是卖国。

段祺瑞也有自己的原因和考虑。

据《北洋人士话沧桑》一书中当事人回忆：

　　一天，细雨初晴。冯国璋打电话到国务院，约段祺瑞到公府去，有事面谈。恽宝惠告诉段时，段说："好，咱们去，开开柜子，带着点钱，大概是冯老四又想赢我几个。"他认为是冯约他打牌。当恽陪着段到了公府见到冯后，才知不是那么回事！段刚一坐下，冯就说："现在外面都说你竟向日本借债，打内战搞武力统一，你要慎重啊。"段问："谁说的？是谁在发这种不利于国家的谬论？"冯说："你别管是什么人说的啦，事情不是明摆着吗？"段说："政府经济拮据，处处需要钱，入不敷出，不借债怎么办？打内战搞统一，谁愿意打内战？可是你不打他，他打你，就拿湖南的情形来说吧，是我们要打仗，还是他们要打我们？主持一个国家的人，没有不想统一的，难道说你当大总统，愿意东不听命，西不奉令，跟中央对抗吗？"冯说："可是债借多了，将来怎么还哪！打仗又没有必胜的把握，枉使生灵涂炭，实在叫人痛心！我看还是都慎重点好。"段说："慎重是对的，可是不能不干事呀。咱们对日本也就是利用一时，这些借款谁打算还他呀，只要咱们国家强起来，到时候一瞪眼全拉倒。至于仗嘛可以不打，只要西南一伙听从命令、尊重中央就行，但不知两广、云贵和国民党的人能否听你的话？"冯沉吟了片刻说："别只顾眼前，要高瞻远瞩，多加考虑，你别把事情看得太简单了，日本小鬼也不是傻子，要谨慎，要想法和平。"（王毓超：《北洋人士话沧桑》，中国文史出版社，1993 年，第 45 页）

　　这段当事人的回忆，记述的对话内容非常精彩，从一个侧面揭示了段祺瑞的真实想法和打算。

　　也就是说，"主持一个国家的人，没有不想统一的"。因此，他必须要通过打仗实现武力统一；要打仗、要统一，就必须有钱；中国穷，没有钱，那就只能借一点儿；借钱的对象是鬼子，他们以前从我们手里抢的钱多了去了，我们把钱先借来，等我们强大了，我不还了，拍拍屁股走人了。

这就是段祺瑞的逻辑。

这个想法对不对呢？从国际法角度看，这种赖账方式是不对的。但从借钱对象的角度来看，他们从中国抢的东西太多了，他们太坏了，老段以无赖的方式对付无赖，听着还挺解气！

如果真能实行得了，估计会有很多人鼓掌。

所以，不妨以一句话来说明老段是否卖国：事出有因，查无实据！

不管怎么说，老段自己设定的目的，暂时算是达到了。

冯国璋已经无法阻拦段祺瑞武力统一的决心了。老段既有兵了，又有钱了，那还等什么？开战吧。

先锋大将

随着主裁判一声哨响，北方代表队开始进攻。

段祺瑞和徐树铮声称，攻不下广州，决不罢兵。

段祺瑞想以"4-3-3"阵形来打这场比赛，没想到开赛以后，立刻变成了"4-5-1"阵形。

按照预定计划，段祺瑞制定了以李厚基、张怀芝、曹锟分成左、中、右三路，分别从江西、福建和湖南攻粤的军事计划。为了消除长江三督的疑虑，段祺瑞还乘火车南下犒师，就战事问题与长江三督达成了一致意见。

但是，左路和中路军队的行进却并不顺利，迟迟不能达到预定的战略地点。只有曹锟的右路军不仅仗打得顺利，而且是攻城拔寨，长驱直入。

曹锟部队打得这么顺利，主要原因在于他做对了一件事，那就是用秀才出身的吴佩孚任右路军的前敌总指挥。

关于吴佩孚是如何成为曹锟手下第一员大将的，这里面还有一小段故事要交代。

前文说过，1911 年袁世凯重新出山时，派曹锟率第三师进攻山西，由于偶然因素，营长吴佩孚捉住了打入第三师内部、革命党出身的炮团团长,因此吴佩孚便由营长直接升任炮团团长。

可是,吴佩孚在团长位置上屁股还没坐热,就碰上了倒霉的事儿。

1912 年 2 月,临时大总统孙中山与袁世凯谈判有了很大进展,南京派出了迎袁专使团,到北京迎接袁世凯,准备到南京就任大总统。

袁世凯施展两面手法,一面满口答应迎袁专使团,准备南下,一面让心腹大将曹锟在北京制造兵变,造成北京离不开袁世凯的假象。

也可能制造兵变这件事太敏感、太重要了,万一传出去,会彻底影响袁世凯的高大形象,所以,曹锟就吩咐了部下去抢商铺,可是并没有说明为什么要这样干。连手下的吴佩孚团长也不知道为什么。

关于吴佩孚这个人,虽然人们印象中的他是个大军阀,但他一身正气,两袖清风,讲究原则,治身严格,治军严明。

兵变发生当夜,吴佩孚不在团部,而在南苑镇司令处。当他听说自己刚接手几个月的炮团士兵也要冲进北京城,抢老百姓东西,气得跳了起来。自己的手下怎么能这样干呢? 他马上让张福来组成执法队,并亲自前去弹压。

第二天,袁世凯亲自召集京畿部队团以上干部训话,处理兵变事宜,一本正经地要求曹锟认真约束部下。

一头猪向前跑的时候,撞到树上,撞死了,为什么呢? 因为它不会脑筋急转弯。

吴佩孚在这个时候,一根筋思想较重,也不会脑筋急转弯,真不是个合格的团领导,还是营连级干部水平。当然,这是就政治方面而言,军事方面,吴佩孚可是天才级的。

吴佩孚本该看出来,兵变是一件很严肃、很严重、应受严惩的事情,但师长曹锟却并未受到处罚! 如果再把此时迎袁专使团的到来联系起来的话,估计也应明白了。但他却还是没看出来,所以仍然慷慨陈词,一脸大义凛然,满口道德纪律,对于兵变者非要公事公办,这让曹锟好不容易对他积累起来的一点好印象,全给抖光了。

这,就有点儿大煞风景了。

所以,事情的结果是,真正发动兵变的曹锟有功。而对吴佩孚,还不能说他不对,却已没有了好印象。曹锟一看这小子还不是当一把手的料,便来个明升暗降,"升"官,从炮团团长的位置,调到师部当副官长,也就是第三师马弁的头。

马弁是什么呀？就是清朝时说的戈什哈,也就相当于亲兵、跑腿的、生活秘书等角色。

马弁,古代男子戴的一种帽子,旧时称低级武官为马弁,后指当官的身边带的随从(特别是骑马时),一直沿用到民国时期。

戈什哈,满语,清代高级官员的侍从护卫(武弁),简称"戈什"。总督、巡抚、将军、都统、提督、总兵等官属下均设有此职。

有人说,这不是挺好吗？领导身边人,升官不是更快吗？谁不想当秘书呀？

错,秘书部落的整体崛起,那是后来的事。在民国以前,整个漫长的古代社会,官员是靠科举考试选拔上来的,隋朝时创立了文科举,唐朝又创立了武科举,文武官员都从这些人中产生。只有那些没参加科举、没有功名的人,才去当马弁或称戈什哈,而这样的人是基本上没有机会进入"官"的行列的。

在最初介绍张之洞身边的两员大将——黎元洪和张彪的时候,我们就知道,从晚清到民国,从戈什哈发迹的人,只有两个,一个是吴佩孚,另一个就是张彪。

张彪,没什么能耐,走的是夫人路线,娶了张之洞身边的丫鬟,这才被提拔的。这么说来,整个晚清和民国,靠自己能力从秘书角色脱颖而出的,只有吴佩孚一个人！

吴佩孚靠着自己的机敏,从营长骤升团长,可一不小心,又失去了团长位置,被调到师部当马弁的头,从此又坐了冷板凳。

以前凡是当了马弁的人,自知没机会当官儿,所以除了伺候好领导,剩下的事就是靠着与领导走得近,给自己多搞一点儿钱,将来好回家养老。

可是,吴佩孚却不是这样的人。

1913 年夏,二次革命爆发,袁世凯派曹锟的第三师南下进攻湖南。

随后老袁派汤芗铭为湖南督军,以曹锟为长江上游总司令,节制四川、湖北、湖南三省。

作为副官长、马弁的头,吴佩孚一心想干些实事。凡是不合情、不合理、不合法的事,只要他看不上眼,他都要说,都要管。今天说这个兵没管好,明天说那个中饱私囊,惹得人人对这个"有学历的本科生",也就是有功名的秀才而侧目。他成了大家的眼中钉、肉中刺,谁也看不上他,连曹锟也不喜欢他了。如果不是看在这小子业务方面还有两把刷子,曹锟早就让他卷铺盖走人了。

吴佩孚自己也过得不自在,眼见着自己陷在淤泥里,周围的乌鸦一般黑,几度愤欲离职,却又舍不得自己从军十多年来与北洋系结下的这段缘。

然而,真是如《易经》所说,物极必反,否极泰来。在淤泥里挣扎不出、倒霉透顶的吴佩孚无意之间遇到了贵人。

这个偶然的机会彻底改变了吴佩孚一生的命运。

民国二年(1913年)十二月底,新年要到了,湖南省垣举行民众团体大会。会议发出请柬,热诚邀请驻在湖南的北洋第三师师长、长江上游总司令曹锟出席致训。

曹锟是个武人,一听消息他就头大了。他可不喜欢出席这种文人式的诗酒征逐、吟咏唱和的场合,尤其是要让他当众演讲,那不是当众让他出丑吗?这比给他一刀还难受。正好,吴佩孚是有功名的秀才,让他去代劳算了,他是自己的副官长,对外也能交代。

就这样,吴佩孚带着请柬来到了长沙。

吴佩孚,那是秀才出身,胸罗锦绣,一直没机会施展,今天终于有了他发言的场合。吴秀才连稿子都不用,就从《史记》上"楚虽三户,亡秦必楚"开始讲起,滔滔不绝,有理有据,有高度,有情感。虽然里面有些刺耳的话,但也显出吴佩孚这个人的正气,这让参加会议的各界听得很过瘾,哗哗鼓掌。

湖南都督汤芗铭一看,这真是个人才呀,这样的人在曹锟手下当马弁头,岂不有点大材小用了?于是,他起了爱才之心。

汤芗铭这个人，因为督湘手段特狠，大家都叫他"汤屠户"，非常反感他。但汤屠户确实是久困而不得志的吴子玉的大贵人。这可能也是他一生中做的极少的几件正确的事情之一。

几天之后，曹锟来长沙，汤芗铭热情接待，备上美酒美人，再拣好听话说给曹锟听，张口一个曹三哥，闭口一个曹司令，乐得曹锟手舞足蹈。

酒过三巡，菜过五味，汤芗铭看气氛差不多了，开始切入正题。

三哥，我们是好兄弟，我也不兜圈子，我想从贵师借个人来，就是您的副官长吴佩孚。

曹锟一听，开始有了机心。他向汤芗铭套话，你倒是说说看，我这位副官长，他有什么好？你用他干什么？

汤芗铭就把前几天吴佩孚的表现大大地夸了一通，并说自己这里的巡警旅正缺个人，想把吴调过来帮自己。

汤芗铭还是历史书读少了，说话太直接了，没有试探试探曹锟的意思，直接把自己的想法表露出来，这样握在手里的主动权就失去了。建议他应该好好读一读《东周列国志》。

同样是想从别人那里弄来人才，《东周列国志》中记载了这样一则非常智慧的故事。

百里奚是个大才，却一直得不到重用。当他从虞国流落到晋国，晋国不仅没看出来百里奚是个大才，还把他以奴隶身份"媵于秦"。媵，读yìng，指古代嫁女时随嫁或陪嫁的人。这样的制度在战国直至三国时候的贵族之间非常盛行。随嫁的人，既可能是姐妹，也可能是侍女。比如孙权的母亲就是和她的妹妹（即后来刘备的岳母吴国太）一同嫁给其父孙坚。

身怀绝世之才的百里奚不堪受辱，就逃亡到了楚国。此时，他已经七十岁了。因养牛养得好，引起了楚王的重视，就让他给楚王养马，荣升为弼马温。

此时，秦穆公也想学齐桓公那样成为霸主。他治下的秦国，正是大肆招揽人才的时候。他看到晋国送来的奴隶名单里有百里奚之名，而不见百里奚之人，就随意问了一下手下人，这个百里奚是什么人？

有个叫公孙枝的人告诉秦穆公说，这个百里奚可是个贤人啊。可惜的是，此人有经世之才，但不遇其时，未逢其主啊。

秦穆公动心了，就想得到百里奚。于是他想出重金来跟楚王换百里奚这个人。

公孙枝说："大王您要是这样做的话，百里奚肯定是来不了秦国了。为什么呢？你想啊，楚王把百里奚打发到南海喂马，就是因为他不知道百里奚是个贤才。而今您出重金来买，这不等于告诉楚王——百里奚是个贤才呀，我想使用他。楚王要是知道百里奚是个贤才，那他一定近水楼台先得月，自己使用就是了，怎么可能把人才送往我秦国呢？为今之计，我看您莫不如以晋国送往秦国的'逃媵之罪'为名，用最贱的方法把百里奚赎过来。这也是当年管仲脱身之计呢。"

秦穆公大喜，就派人拎着五张羊皮，向楚王要百里奚这个人。说百里奚是我们这里的贱臣，逃跑了，才到贵国。我们秦王想把这个人给揪回来，按律施罪，用以警诫其他人。

楚王一听，别因为这么个只值五张羊皮的贱民而害了两国的友好关系呀，就把百里奚从海边用囚车给"囚"回来了，送给了秦穆公。

开始时秦穆公看到百里奚已经七十岁了，很失望，但百里奚说，您要是想让我"逐飞鸟，搏猛兽，则臣已老"，可是，如果想让臣"坐而策国事"，那我还年轻呢！我比姜子牙还小十岁，算老吗？

秦穆公一听这个回答，就知道百里奚不是普通人，立刻来了精神，以国事向其询问，百里奚对答如流。君与臣一连谈了三天，百里奚没有一句不恰合自己想法的。君就封百里奚为上卿，也就是宰相，一人之下，万人之上。

这位七十岁的弼马温，摇身一变就成了"齐天大圣"，终于有机会施展才能，大闹春秋的"天宫"了。

曹锟虽然这两年没重用吴佩孚，但庄稼是我种的，外人想来收割，那怎么行？况且自己也知道，这个吴秀才应该是个人才，与其便宜了别人，不如我自己用。

打定主意后，他对汤芗铭说："你要借吴佩孚的话，可以，不过我也得征求一下他自己的意见。"

汤芗铭一看有希望,连声说好。

曹锟回来后,把吴佩孚叫过来,不露声色地问道:"汤四爷的都督衙门里有个缺儿,你愿不愿去?"

吴佩孚还以为自己又惹哪位爷生气了,曹司令想变相地赶自己走呢。走,倒无所谓,大丈夫合则留,不合则去,只不过,"汤屠户"名声太臭了,去他那里干事,断然不去。

于是没好气地回答:"衙门里的差使,我干不了。"

曹锟再试探一句:"你到衙门,可能有好差使等着你啊,你不想去?"

吴佩孚更以为曹锟在撵自己了,回答说:"司令您要是觉得我不配伺候您,觉得我在这里不合适,那您也不用拐弯抹角,我现在辞职就是了。"

吴佩孚的态度,让曹锟很是高兴。一方面,他感到吴佩孚还是很忠心、忠于自己的,不想走;另一方面,也打消了曹锟的另一个猜疑,以为汤芗铭调吴佩孚,是吴佩孚自己"活动"的结果呢。

曹锟说:"子玉,你这是什么话!你要是真不想去都督衙门工作也好,我正想给你派个差使做呢。"

吴佩孚又有点儿转不过弯来:"司令您的意思是……"

曹锟和蔼地一笑:"子嘉(卢永祥)调升第十师师长后,他那个第六旅旅长还空缺着。谁都知道,这个缺是留给子玉你的。我之所以还没任命,是因为我想让你立一次战功,这样上报的时候,比较容易通过。不过眼下还是没有大仗可打,我琢磨着,旅长位置不能再空着了,我准备上报总统。你放心,凡是我报上来的,他老人家还不曾驳回过……"

吴佩孚已经听不见曹锟后面说的话了,这是哪片云彩下雨浇到我头上来了?

直到鲜红的旅长任命书和金灿灿的少将旅长服送到面前的时候,吴佩孚才相信这是真的。

就这样,1914年,四十一岁的吴佩孚平步青云,重新当上统兵大员,成为北洋第三师第六旅少将旅长——北洋精锐"赵子龙"师的两员旅长之一,统率六千人。

此后,逐渐地,凡是第三师训练、作战方面的事情,概由吴佩孚包办。

　　袁世凯派曹锟所部进攻护国军期间，鉴于吴佩孚的表现，老袁又晋升吴佩孚为中将。

　　袁世凯死后，曹锟又接受吴佩孚的建议，大肆扩军，从两个旅一口气扩到七个混成旅。而这七个混成旅，有六个旅都听吴佩孚指挥，吴佩孚的权力，比师长还要大了。

　　冯国璋当上大总统时，段祺瑞为了分化直系，尤其是分化冯国璋和曹锟，先是升曹锟为直隶省省长，又设法升吴佩孚为第三师师长。

　　从此，吴佩孚真的成了曹锟手下的头号大将"赵子龙"，也成了曹锟的灵魂。不仅曹锟的军队全归吴佩孚指挥，而且曹锟对吴佩孚也是言听计从。吴佩孚为报曹锟的知遇之恩，更是尽心竭力辅佐曹锟。曹吴二人携手，开始逐渐走到了北洋政坛聚光灯的中心。

势如破竹

　　虽然吴佩孚升任了师长，但关于他的军事才能，大家还没有真正地领教过，所以，许多人并不认为他有多大能耐。只不过一个秀才嘛，读读书还可以，上阵杀敌、指挥千军万马，可就非你所长了。

　　张作霖没把吴佩孚放在眼里。当看到在召开军事会议时吴佩孚总是插嘴，老张有些不耐烦地说，如果一个师长也想说话，那我手底下能有十来个师长呢。

　　段祺瑞也没把吴佩孚放在眼里，压根就没想过这位秀才会挑大梁，所以在湖南战场，除了吴佩孚的第三师外，又派遣王承斌、阎相文、萧耀南三个混成旅。但段祺瑞仍然不放心，他还任命了张敬尧为援岳军总司令，一方面作为支援岳州战事的后备力量和"诸路接应使"，另一方面也是来抢功的。你曹锟、吴佩孚打胜了的话，自然也有我张敬尧一份功劳，没有我，你们不可能胜；同时，更是作为监军来监视前线的，防止出现反水的现象。

　　然而，吴佩孚的每一次露面，都注定了以惊世骇俗的方式出现。更何况，此次出战，为了一举成功，曹锟、吴佩孚投入了他们的精锐部队。

3月上旬,吴佩孚率军进攻岳州,他指挥的有第五旅旅长张学颜、第六旅旅长张福来、还有直军第一混成旅旅长王承斌、第二混成旅旅长阎相文、第三混成旅旅长萧耀南。兵力共五万人,又有海军兵舰助战,因此吴佩孚的军队如入无人之境,岳州轻松地被攻了下来。

就在吴佩孚连续发出三封电报报捷,以示自己指挥有方、北军神勇无敌的时候,张敬尧竟然把这功劳安到自己头上,不仅说自己的军队一星期拿下岳州,更要在旬日之间攻克长沙。

这可真是吹牛皮不上税了。张敬尧一枪不放,主要靠吴佩孚攻下地方后,拉长战线,再把占领的地交给张敬尧部接防。而张敬尧在给主子的电报中居然大谈特谈自己部队的英勇,大言不惭地伸手邀功。

而且,更让人不可忍受的是,张敬尧率军进攻平江时,一路烧杀抢掠,奸淫妇女,无所不为。在进入平江时,张敬尧居然宣布"三天不封刀",纵容士兵恣意妄为,抢夺战利品。

那些年的湖南,可真是倒霉,送走了汤屠户,又迎来个张屠夫。

1918年3月18日,北军攻占岳州。捷报传到北京,对不同的对象来说,就像一声春雷响过之后,蛰伏的虫儿要伸展,怕雷的动物却心惊胆战。

冯国璋心里就非常不是滋味。武力统一如果成功,那就预示着自己和平统一政策的破产,随之而来的,不仅是一项政策的破产这么简单,它还标志着自己能力的不足、眼光的不够、战略的短视和策略的失误等等。

所以,冯国璋还想做最后一次挣扎和努力。他认为,北军攻下岳州,已经展示了实力,威望也得以恢复,何必非要继续打下去呢?古有名训:杀人一万,自损三千。为什么不坐下来谈呢?

就在冯国璋草拟好电文,准备发表的时候,段祺瑞的"粉丝"——督军团抢先下手了。

3月19日,曹锟牵头,加上十五个省、三特区的督军,还顺带逼着长江三督也一起联合通电,要求段祺瑞重新组阁。

听到消息的冯国璋,不只是听春雷了,而是五雷轰顶了。这么多督军们一起发声,力挺别人,而不是自己这位国家元首,尤其是张作霖率奉军出关助段,冯国璋彻底失去了与段祺瑞对抗的能力和本钱。

冯国璋这回转变得很快,不仅指天誓日地表示愿与段同生死共患难,并且自动承认五个条件:

一、参、陆办公处仍然迁回国务院,以靳云鹏为主任代替师景云;二、国务院决议,总统保证不擅改一字;三、阁员由总理选择,不必征求总统同意;四、公府秘书长由总理推荐;五、中央(指总统)致各省的电报,须由院方核发。

这几个条款,表明这一回合的府院之争中,总统冯国璋彻底缴枪,连对抗的勇气都没了,自己找准了位置,就当盖印机器。

3月23日,大总统令准署王士珍辞去总理职务,任命段祺瑞为内阁总理。

此时的段祺瑞,志得意满,因为冯国璋终于彻底投降,把实权全部交给总理了。从冯国璋的态度来看,他对段祺瑞就是这样:你爱用谁就用谁,我不干涉;你想怎么做就怎么做,我不干涉。

第三度复任总理的段祺瑞上任后,做了两件事:给有功之臣授奖,制定对四川、湖南、广东三省进兵的第三期作战计划。

这两件事,段祺瑞认为当然是作战更重要,大家也认为是作战重要。可是,正是因为段祺瑞看作是细枝末节的第一件事没做好,立功受奖没处理明白,结果就在形势一片大好的情况下,自己阵营的人来了个惊天大逆转。这使段祺瑞的一切雄心计划都付之东流,成为泡影,甚至可以说,在这极有可能改变历史进程的时刻,最终烟消云散。

为什么说段祺瑞此时正处于形势一片大好的时刻呢?

第一,朝中冯国璋彻底屈服,他手底下的曹锟为段所用,长江三督也收起爪牙,段系在朝中大获全胜;

第二,前线曹锟、吴佩孚率领的军队势如破竹,湖南指日可清扫全境,广东的征服只在挥手之间;

第三,广东、广西、云南、四川等地的地方实力派矛盾重重,在曹吴军队大兵压境的情况下,仍然钩心斗角,根本没有足够的力量来与曹吴对抗。

　　这里着重介绍一下南方和西南各派的乱局，从中反衬段祺瑞面临的局势是何等有利，然后简要描述一下曹吴军队的神勇，再把段祺瑞出的昏招介绍一下，几相对比中，感受这一大好局势是如何遭到逆转而失去的。

　　单说在广东这个地盘上，尤其是广州这里，就存在着三股互相争斗的力量：有桂系，有国民党的护法军政府，还有一些是地方军人的力量。

　　1917 年 11 月 30 日，广东新任督军莫荣新被人行刺未中，局面陡然紧张起来。

　　此时，因为广东地方派军人和桂系有摩擦，省长李耀汉想以辞职相威胁，没想到国民党人乘机要推举国民党籍的胡汉民为广东省省长。这种强龙要压地头蛇的派头，惹怒了地方派军人。你们这些从上海来到广州落脚的外来户，想在这里欺负我们吗？于是，地方派军人将领联名通电，反对更换省长。国民党人只得退让，李耀汉仍然担任省长。

　　广东还有一支部队，滇军的两个师——第三师和第四师，他们内部也发生了分化。滇军的总头唐继尧想把这两个师调回来，开赴四川战场，以迎战从北方南下的奉军。滇军第三师师长张开儒对此置之不理，而第四师师长方声涛是福建人，他要向福建发展。不仅这两个师分成了两股力量，而且滇系和桂系都想争夺对这两支军队的领导权，他们之间又搅得不亦乐乎。

　　此时的桂系，表面上与护法军政府虚与委蛇，暗中又与直系暗通款曲，主要也是既想把国民党人挤走，又不能被直系吴佩孚的雷霆之力击垮，然后重新在两广称霸。

　　桂系的态度，让孙中山等人大为愤慨。不是自己人，到底不是一条心，于是国民党人开始在广东招兵买马，扩充实力。但莫荣新等人开始搞破坏，你国民党一个外来户，在江湖上混不下去了，来我的地盘上避难，还敢这么强势？告诉自己的手下，以后凡是遇到国民党招兵委员会来的人，以土匪论处，就地枪决！孙中山写信求情也不给面子，杀无赦！双方彻底闹翻。

　　孙中山忍无可忍，通过事先的运作，取得了滇军和部分地方军人的支持，便密令海军向莫荣新军队驻地观音山开炮。莫荣新装出一副打不还手的受欺负样子，让国民党治下的海军内部也起了分歧。海军总长程璧光就不主张以激进手段处理，而孙中山此次炮击行动本来就绕开了海军总长程璧光，惹得程总长很不快。内部分歧，加上地方实力派相互牵制，使得孙中山想驱逐桂系的计划无果而终，还惹了一身不是。

西南方面也好不到哪儿去，同样矛盾很多，错综复杂。

桂系首领陆荣廷的目标，是大广西主义，控制两广和湖南；滇系首领唐继尧的目标，是大云南主义，要控制川滇黔。而同时，陆和唐又在争夺西南盟主的地位。

就这样，大大小小的军阀们都在进行着自己的打算，算盘子拨拉得山响。

实力强的想当盟主，实力弱的力图保住自己的一亩三分地。而总体来看，这些人因为都干不过"北洋之虎"，所以为了对抗段祺瑞的武力统一，许多省份就提出"自治"和"联省自治"的主张。所谓自治，无非是保住自己的一点家底。而联省自治，无非是实力比较强一点的，想多占点地盘而已，这几个省都我说了算，不就"联省""自治"了吗？

所以，每一个口号的提出，都有它背后深沉的、现实的利益考量。后人不察，尤其是知识分子喜欢在文献中研究历史当事人，这就被一个又一个漂亮的口号所迷惑，然后又为这些理念争得面红耳赤，其实却都远离了历史的真面貌。

云贵川滇盘根错节，两广福建钩心斗角，而与北洋军对阵的正前线湖南这里，大家也没拧成一条心。

湖南的驻军有一部分是桂系陆荣廷的人马，由谭浩明、陆裕光、马济等率领；另一部分是本地湘军，包括赵恒惕、刘建藩等。大家各有各的心思。桂系一看，保全力量为上策，湖南，是你们的地盘啊，你们打头阵，俺给你们做总预备队。湘军一看，俺可打不过北洋军，但俺也不能白白地成为你们桂系的马前卒啊！你们想鹬蚌相争、渔人得利？算得太精明了吧！

就这样，一方面是吴佩孚仗打得太好，北洋军兵锋甚锐，另一方面是西南军阀自己窝里斗。吴佩孚轻而易举地攻下岳阳，拿下省城长沙，进入长沙一看,桂系的人马早就溜得无影无踪了。

3月26日,吴佩孚把长沙让给北洋第七师张敬尧部接防,而后北洋军兵分三路:中路直系兵锋直逼衡山、衡阳,右翼第七师进攻湘乡、宝庆,左翼第二路军进攻醴陵、攸县。整个广东即将迎来北洋军的泰山压顶之势。

此时的南方和西南地区,已经乱作一团。尤其是湘粤桂联军总司令谭浩明兵败如山倒,仓皇逃回广西,让大家更是觉得,已经再也没有力量对抗吴佩孚了。怎么办?识时务者为俊杰吧。

段祺瑞派兵南下,不就是要统一吗?而两广和西南实力派认为,北军之所以大举南下,皆因孙中山成立了军政府,想讨伐冯国璋和段祺瑞,自己实力不够,还把狼给招来了。为今之计,首要的任务就是改组护法军政府,从形式上服从统一领导,先服软,这样的话,还能保存自己的实力,不至于被彻底打散。

所以,南方这里改组军政府的呼声越来越高。不仅桂系把持的两广强烈要求改组军政府,远在云南的唐继尧也致电西南各省,主张改组,承认冯国璋的总统地位,并要求护法军政府的大元帅孙中山"游历外国","敦睦邦交"。你走了,大家就省心了。

1918年5月4日,南方国会召开非常会议,投票表决,结果超过半数赞成改组军政府。经过一番运作和讨价还价,7月20日,南方国会召开"总裁选举会议",选出了岑春煊、孙中山、陆荣廷、唐继尧、唐绍仪、伍廷芳、林葆怿为军政府总裁,同时宣布,以岑春煊为主席总裁。

七总裁实行"合议制",一人一票,这就从形式到内容上,否定了孙中山的大元帅首领制。孙中山认识到,南北军阀是一丘之貉。他愤然离开广东,回到上海。

所以,此时的形势对段祺瑞来说是一片大好,广东已经失去抵抗的信心了。两广的门户——湖南大门洞开,南方代表队的"守门员"也不见了,北方代表队即使派出一个技术拙劣的球员也能起脚劲射,使球应声进网,更何况是"罗纳尔多"级别的人物——吴佩孚!

如果顺利的话,正常来讲,一个月可完全扫平湖南,三个月可平定两广,基本上半年就可武力统一全国。胜利已经在向段祺瑞招手了。

踌躇满志的吴佩孚像曹操横槊赋诗一样也题了一首七绝,登车揽辔,慨然有澄清天下之志:"元首余威加海内,偏师直捣下衡阳。寄汝征南诸将士,此行关系国存亡。"将士们,弓上弦,刀出鞘,直捣广州城,与诸君痛饮耳……

可是,正是在这临门一脚的关键时刻,北方代表队的队员和裁判员同时犯下了大错。尤其是裁判员,因为一己之私,犯下了不可挽回的大错。正是裁判员犯下的这个错误,惹得前锋球员吴佩孚停止射门,反把足球向自家门前带,彻底改变了球场的局面……

痛失良机

先说一说北方代表队队员犯下的错。

吴佩孚把长沙交给张敬尧接防之后,张敬尧想采取铁腕治湘的政策。但他像个土匪似的,纵容官兵胡作非为,见到花姑娘就上,见到男人就抓,见到财物就抢,稍不顺心就杀。

湖南虽然民风淳厚,但同时民风也很强悍。张敬尧的所作所为,使湖南百姓饱受蹂躏,同时也激起了最强烈的反抗。

就在吴佩孚胜利进军的时候,张敬尧所部却接二连三地发出请求支援的电报,使得占领衡阳的吴佩孚不能继续进军,只得回防。

但是,这还不是北军犯下的致命错误,最致命的错误是段祺瑞和徐树铮自己犯下的。

就在吴佩孚的军队在前线屡建奇功、横扫湖南的时候,段祺瑞重新坐上内阁总理的宝座,且握有绝对实权。

记得唐初名相魏征曾劝诫李世民:"傲不可长,欲不可纵,乐不可极,志不可满。"(《贞观政要》)不管是一个普通人、一个领导者,还是一个领袖,当他傲了,当他志得意满了,那接下来,便是走下坡路的时候了,这是亘古不变的历史铁律。

所以古代的《列子》中就有这样的名言:"色盛者骄,力盛者奋,未可以语道也……故自奋则人莫之告。人莫之告,则孤而无辅矣。"

太骄傲自满的人,自己觉得很牛气的人,你也别和他谈论"道"了,他听不进去的。这个时候,没有人来劝告他。正因为无人劝告,所以他就被孤立起来,再没人帮助和辅佐他了。

如果说,单纯段祺瑞骄傲自满而徐树铮清醒的话,倒还好些,因为小徐能劝得动老段。可老段和小徐同时头脑发昏,那就相当于武功练到一定程度,基本上无人可以战胜他们的时候,自己却一不小心走火入魔了,与自废武功无异。

老段和小徐的头脑发昏,都源于自己的私心,并且自认为比别人聪明,把别人当成傻瓜。

老段重掌内阁,开始论功行赏,他最宠爱的徐树铮当然在他的心中该居首功。不仅对于段内阁的人事安排,小徐有决定权,南方的军事也由他主持,而且他还包办了新国会(此时策划的新国会,就是日后著名的安福国会)的选举。

小徐权力的飙升,让他的野心急剧膨胀,弄权要人的心理也更加明显。他觉得自己真是太聪明了,每天早起的时候,都想对着镜子给自己磕头,怎么就这么聪明呢?别人怎么就那么傻呢?尤其是曹锟,斗大的字不识一箩筐,要不是吴佩孚给他拉场子,他曹锟能威风得起来?

所以,徐树铮打起了曹锟的主意。

这个时候,小徐想,主子当上了实权总理,如果自己能当上直隶督军,那么京畿一带不就固若金汤了吗?自己也真正成为大权在握的实力派,而不是一个高级幕僚。

老段如果清醒的话,就不应该任着小徐胡来。即使你再想那件事,即使自己也希望如此,都不能如此心急,须知欲速则不达也。怎么着也得等把两广攻下来之后,再耍耍手腕,用用权谋,慢慢地研究这件事。

可是,老段也被胜利冲昏了头脑。他和小徐一研究,决定借着自己刚上任、论功行赏的机会,给曹锟来个大大的升官——当然,这就是众所周知的明升暗降、调虎离山。

所以,老段是这样对湖南前线的几员大将进行奖赏的:

晋授曹锟勋一位,一等大绶宝光嘉禾章;授予张敬尧一等文虎章,二等大绶宝光嘉禾章;授予吴佩孚勋三位,二等大绶宝光嘉禾章。另给攻克岳州和长沙的将士各三十万元。

为了显示对曹锟的特别奖赏,老段和小徐决定,升直隶督军曹锟为两湖巡阅使兼湖北督军。他们认为,以曹锟的智商,看到自己由一省督军调到另一省当督军,实权不减,而且升管两省,两湖巡阅使,曹锟一定会高兴得不得了。小徐还暗示曹锟,仗打得好的话,你还会得到封赏,说不定是五省巡阅使哩。

走开这一步棋之后,老段又任张敬尧为湖南督军。

对于吴佩孚,虽然仗打得不错,但你只不过是个小小师长,级别和资历还不够,继续好好干啊,我老段绝对不会亏待你。等你打下了广东,说不定我会任命你为广东督军哦。

可是,老段和小徐忘了,在权力面前,中国人都是无师自通的天才。

曹锟外号是"曹三傻子",这来源于他年轻时卖布,谁少给几个大钱,他从不放在心上,赊账久了,钱不给也行。不为蝇头小利动火,得失从不挂心,所以大家都说他傻。

可是,他真的傻吗? 他如果傻的话,能成为袁世凯手底下最精锐的北洋第三师的师长吗? 能成为直隶督军吗? 这只能说明,说他傻的那个人,才是真的傻。

直隶督军,如果放在皇权时代,那可是万众瞩目的直隶总督——天下第一督啊,只有李鸿章和袁世凯这样的大人物才能当上的。这一点,连市井之人都明白。

别说曹锟他不傻,就是真的有点儿"二",那他也能知道,这直隶督军是个什么位置,调到两湖一带这种穷乡僻壤、兔子不拉屎的地方意味着什么。那叫远离权力中心。

而且,按照曹锟和吴佩孚的预想,既然是吴佩孚攻下湖南,那么你老段就应该论功授爵,把湖南督军的宝座,让吴佩孚来坐。这样的话,既体现了你段总理的公心,我曹锟吴佩孚二人下一步打仗也有劲头。弄好了的话,我把整个天下都拱手送你,你却连区区一个湖南督军位置都舍不得? 这笔账,你不会算吗?

可是,段祺瑞和徐树铮真的没算过来这笔账。

论功行赏的命令发布之后,曹锟和吴佩孚大为恼火。老段,你太不地道了吧?我老曹离开直系地盘,替你皖系打天下,你居然这么对待我,我就这么不值钱吗?

你以为我傻,看不出来是吧?张敬尧坐在湖南,明明就是监视我吴佩孚来了,我本将心向明月,奈何明月照沟渠。

想要我是不?那我们看看,到底是谁要谁?

曹锟和吴佩孚给老段送了个出其不意的大礼包。

曹锟告诉老段,哎哟,不服老不行啊,我这身体扛不住了,我请假一个月,回河南信阳养病去啦。

吴佩孚告诉老段,我的战线拉得太长啦,战士连续作战太疲劳啦,所谓"强弩之末,力不能入鲁缟"也,我要把弟兄们带回直隶休养休养,然后再战吧。

曹锟和吴佩孚,像胖、瘦仙童打大鹏鸟一样,这个给老段一锤,那个给老段一棒,打得老段满眼金星。

老段头脑一下子清醒了一大半,原来世界并不是完全按照自己的意志运转的。如果吴佩孚撤回了,那么武力统一的计划便功败垂成,一腔心血也付之流水。

老段赶紧让小徐亲自跑到汉口,向曹锟道歉,求其不要在这个时候请假养病,也劝曹锟不要让吴佩孚部从战场上后撤。

这个时候,其实,如果老段足够聪明的话,别因为自己的面子下不来台,别因为怕自己的权威受损,直接把曹吴想要的给他们就是了,何必跟项羽似的,把印把子在手里磨得棱角都没了,就是舍不得授给下属呢?

可是,老段和小徐却不这样做,只跑跑腿儿、动动嘴儿,就想说服曹锟接受既定的安排,那怎么可能行得通?

舍得,舍得,有舍才有得啊。不给其以实利,只想玩空手道,就想拥有整个江山?你就是苏秦、张仪复生也不行啊。

老段和小徐不仅没有彻底纠正自己的过错,反而在错误的道路上越走越远。

小徐还琢磨着,离了你吴子玉,地球就不转? 没有你曹锟的军队,我还请来了张作霖的军队呢。

就这样,小徐在汉口暗中摆了另一局棋。他的算盘是:把调往四川作战的奉军改调湖南战场上来,用以监视曹锟和吴佩孚这俩小子,防止他们俩撂挑子。

所以,徐树铮在汉口设立了一个奉军前敌总指挥部,一口气把张作霖同意派到战场上来的三个师共六个混成旅全摆到了湖南战场上。

可是,小徐万万没有想到的是,他想用奉军监视直军的做法,不仅惹恼了曹锟,而且也惹恼了张作霖。

张作霖派兵出来,自有他的打算和目的。而小徐未经老张的同意,擅自把奉军全摆到了湖南战场,这与张作霖的战略规划大相径庭。而且,小徐的做派总是让人不喜欢,总给人一种指手画脚、高高在上、目中无人的感觉。老张一看,你在你自己家,爱怎么嘚瑟就怎么嘚瑟,现在还想把俺的军队视为你所有? 我的军队成了你的私产了?

老张很生气,后果很严重。他一个电报就把这三个师给喊了回去。

你还别说,还真得佩服徐树铮的执着精神。他充分发挥了不撞南墙不死心、撞了南墙上的钉子还不死心的精神,一点儿都没有气馁,继续施展他纵横家的平衡术,在老曹和老张之间走钢丝。

小徐从老张那里转过身来,又开始打起了曹锟阵营的主意。他要拆曹锟的台,挖曹锟的墙脚。也就是说,通过给予特别的荣宠,把吴佩孚从曹锟阵营里挖出来,那样,曹锟就完蛋了。

小徐把这个想法和老段商量后,老段觉得非常不错,可以一试,而且感觉成功的可能性极大。

为了表示对吴佩孚的重视,轻易不向人说小话的老段,主动给吴佩孚打了个电话。

内阁总理给一个小小的师长直接打电话,这可是极少见的事。

很快,6月3日,吴佩孚的新的任职命令就下来了——"孚威将军"。这个称号有点儿意思,吴佩孚,"孚"威将军,意思是"吴佩孚威武"? 而且是从师长晋升为将军。反正听着,还真有点儿拍马屁的味道。

虽然说这个孚威将军有名无实，但在官制上是特任级，与督军并行。对于吴佩孚这样一个手握实权的主力师师长来说，再配上这个头衔，那就是候补督军了，一只脚已经踏入了督军的门槛。

段祺瑞和徐树铮真是想不开，很简单的一件事，却弄得极其复杂，把自己都绕进去了。

就为了把直隶督军给小徐，段徐对吴佩孚绕了这么个大弯子，却没取得任何效果，因为他们选错了对象。如果是别人，可能就被拉拢过来了，但吴佩孚却不一样。吴佩孚有才，有追求，有气节，他是标准的职业军人，又是受传统文化熏陶的人，对于"忠"看得非常重。

在传统社会，一个人，如果为富不仁，为人不义，为子不孝，为臣不忠，那这个人在大家眼里，简直是猪狗不如，没有面目立足于世间。这也是那个时代之人的道德底线。

吴佩孚的地位，完全是曹锟给的，他对曹锟非常感激，要报答曹锟的知遇之恩，这个思想贯穿了他的一生。如果说吴佩孚稍微头脑一活动，或许可以取而代之，或者另攀高枝以取得更大的荣华，这都是轻而易举的，但吴佩孚始终忠于曹锟不动摇。

加之，就在小徐跑到吴佩孚这里说好话，答应给勋爵、补军费，以此交换吴佩孚对段祺瑞的服从之时，曹锟不知怎么知道消息了，立刻质问吴佩孚，这是什么意思。而吴佩孚感觉这肯定是小徐故意泄露的消息，以使曹吴不睦，所以，吴佩孚立刻翻了脸。

吴佩孚决不做背主之奴，他对老段和小徐的做法看得清清楚楚。因此，老段和小徐的行为不但没产生效果，还甚至起了反作用。

你老段和小徐不是要拆我吴佩孚和曹锟的台吗？那我给你表演一下，什么叫拆台，你们俩可要瞪大眼睛看准了啊！

5 月 29 日，没经段祺瑞同意，曹锟自己就离开汉口，"养病"去也。

5 月 30 日，另一员大将张怀芝率亲信返回山东。

6 月 15 日，吴佩孚在前线与湘军赵恒惕、谭延闿签订了停战协定！

前线将帅公然主和，极大地震动了段祺瑞，主战派全变成主和派了，而且这个新主和派的首领居然是手握重兵的曹锟。这让老段陷入了深深的恐惧之中。

然而，还没等老段缓过神来，又一波次的洪水猛兽冲击过来，段祺瑞那脆弱的防线被彻底冲垮。

紧跟着曹锟、吴佩孚行动的，是直军前线的五位旅长：王承斌、阎相文、萧耀南、张学颜和张福来。他们集体请假，集体怠工，集体示威，非暴力不合作。

段祺瑞刚想哭的时候，吴佩孚又一记杀手锏打过来了，从宣传舆论上揭段祺瑞的老底。看来，这个科班出身的吴秀才不仅仗打得好，对于政治宣传也非常在行。

7月13日，衡阳，罢兵息争大会。

8月7日，吴佩孚发电，大肆攻击段内阁的亲日政策，从更高的层面上来打击老段。

8月21日，吴佩孚又发表致冯国璋总统的电报，公然喊出"息战御侮"的口号。

…………

伤心铁铸九州错，棘手棋争一着难。

段祺瑞失去了武力统一的最佳机会，因为此时吴佩孚兵锋正盛，所向披靡，而南方军队正处在严重内讧阶段，根本就没拧成一股绳。广东军政府这里人马甚多，大家耍了一下心眼儿，就把孙中山给排挤了，把大元帅制改成了七总裁制，实权由桂系悄悄控制起来。而这里面搅进来的势力又包括了国民党、政学系、桂系、滇系和粤系，以及名流派如唐绍仪等，大家为了争谁说了算的问题，吵得不可开交。这里正是"九龙治水"最乱局面，武力统一的最佳时机，从此再无此局……

此时的段祺瑞，肠子都悔青了。

段祺瑞的亲日政策

吴佩孚所攻击的段祺瑞的亲日政策，到底是怎么一回事呢？北方代表队的裁判员除了赏罚不公、"吹黑哨"，还犯下了哪些错误呢？

前文在介绍黎元洪和段祺瑞关于是否参战的问题时,曾介绍了日本对华政策的改变。因为日本在与袁世凯政府签订的"二十一条"中没有占到多少便宜,还在国际国内惹得一身不是,所以新内阁一改前任政策,把自己打扮成亲华的形象。尽管其实质仍然是想借一战之机,在华攫取更大利益,但却缓和了中国与日本的关系,以软刀子的方式捞取了不少好处。

而袁世凯的继任者、曾以对日强硬面目出现的段祺瑞,此时为什么也转向亲日了呢? 这里面既有日本主动示好的因素,也有更复杂的内政外交考虑。

段祺瑞开始时也没想特别亲日,他也想展开平等邦交,也很想与美国有密切的往来。但是美国此时想加入一战的战团,收拾残局,那么就没有精力来顾及中国,在段祺瑞所需求的借款问题上,美国也没有满足。欧洲其他列强如英、法、俄等,更是陷在一战的烂泥潭里,根本指望不上。这就把段祺瑞推向了日本的怀抱。

当然,这是从宏观上、从国际上来看的,而段祺瑞与日合作,还有一些利益因素的考虑。

段祺瑞上台后,确定了武力统一的基本国策。但是,从当时形势来看,如果得不到日本的谅解与支持,那么武力统一政策就根本实行不了。这是因为:

其一,国民党与日本的关系曾相当密切。孙中山既派过代表,也曾亲自与日本人面谈,且在袁世凯时期,日本公开支持国民党反袁。所以,段祺瑞要想武力统一中国,要想进攻孙中山在南方成立的护法军政府,必须取得日本人的谅解。

其二,段祺瑞上台后,他的财政状况与袁世凯时代相比,基本一样,都是捉襟见肘,度日如年,必须借钱才能生存。要建设国家,需要借钱;要武力统一,更需要借钱。在张勋复辟后,段祺瑞执掌下的政府,"事实上是靠发行纸币过日子"。〔[澳]骆惠敏编,陈泽宪等译:《清末民初政情内幕:〈泰晤士报〉驻北京记者袁世凯政治顾问乔·厄·莫理循书信集》(下册),知识出版社,1986 年,第 655 页〕

据曹汝霖回忆,当时政府"每月约需二千万元,而财政部可靠之收入,每月只余关余、盐余(海关税、盐税抵押外债,每月付本息所余者)、烟酒税、印花税、所得税等等,合计不足一千二百万元,尚缺八百万元,则藉借款为弥补"。

当时有能力提供借款者,只有美国和日本。美国既然没把中国放在足够重要的地位,那段祺瑞转向日本,就是理所当然的了。

而且,人们都知道,在国际上,没有永恒的敌人,没有永恒的朋友,只有永恒的利益。昨天还在战场上拼个你死我活,死伤数万、数十万、数百万人,而今天就可能握手言欢。为何?利益也。这种情况并不少见,甚至可以说是普遍现象,所以不用举例说明。

而段祺瑞与日本人亲近,还有一个因素需要考虑到,就是日本既然想在中国攫取利益,那他一定会选择一个有能力执掌中国、统一中国,还对他友好的人。以日本人的精细风格,通过多方面分析,最后确定,段祺瑞是最有实力的,由此要支持段祺瑞政府。

所以,共同的利害关系,终于把段祺瑞与日本人连接在一起了。

经过多方奔走,1917年至1918年间,由寺内正毅的私人代表西原龟三经手,日本与段祺瑞政府达成了一系列公开和秘密借款,总称"西原借款"。

首先,从形式上来看,这起借款与中国近代外债史上的其他借款相比,有着低利息、无回扣、少担保的特点。〔来新夏等著:《北洋军阀史》(上册),南开大学出版社,2000年,第512页〕所以,有人指出,"西原借款大体上犹不失为差强人意者……诚借债条件之优者矣"。〔王芸生编著:《六十年来中国与日本》(第七卷),生活·读书·新知三联书店,1981年,第109页〕

其次,从性质上看,"西原借款"是以兴办电信、交通、金融、林矿等实业的名目出现。也就是说,这起借款是以进行国家建设的面目出现的。

但是,这笔款项,到底是怎么用的,可就不是表面上这么单纯了。到底是先建设国家,还是先统一国家?段祺瑞不用盘算,心里也早有定论。

西原龟三对这笔借款的用途说得更直接:"所谓电信借款,就其用途而论,亦可谓为参战准备借款,主要是充作建军费用。"〔王芸生编著:《六

十年来中国与日本》(第七卷),第 219 页〕

据统计,这笔借款被段祺瑞直接用作行政费、军费、购买军械、内债本利(这也被挪作军政费用)、议院经费等军政用途的近五千万日元,约占借款总额的 50%,占实际开支总额的 70%。([日]铃木武雄编《西原借款资料研究》,东京大学出版社,1978 年,第 489—490 页)

虽然前面提到,这笔借款的利息很低,但日本正是通过这样的诱饵,从经济上加深了对中国的控制。

至于这笔钱是先用来搞建设,还是先用来搞统一,今人不必苛责前人,每个政治家都会有他最深沉的利益考量。当国家处于四分五裂、诸侯天天叫板、拥兵自重者比比皆是的时候,换任何一个人在大位,会把钱往那无底洞里砸?

除此之外,段祺瑞还直接与日本有军事合作。

1917 年 11 月 7 日,俄国爆发十月革命,建立了世界上第一个社会主义国家。为了把新生的苏维埃政权扼杀在摇篮之中,帝国主义国家悍然对其进行武装干涉,日本就是其中的一员。

日本借着段祺瑞向其借钱的时机,提出要求,为了防止德奥势力经西伯利亚东侵,为了防范苏俄,要求与段祺瑞联合起来,共同防敌。

1918 年 5 月 16 日和 19 日,段祺瑞与日本政府先后签订了《中日陆军共同防敌军事协定》和《中日海军共同防敌军事协定》。

这两项协定的主要内容包括:两国军队协同军事行动,利害与共,平等相待;欧战结束后,中国境内的日军一律撤退;两国军队可视情势需要向境外派遣军队;在协同作战时,双方军事机关应派职员往来联络,相互提供陆海运输和通讯便利,以及兵器、军需原料,互相交换军用地图及情报等。

协定从字面上来看虽然是平等的,但日本此举,一方面是干涉苏俄,另一方面是加强对中国军队的控制,从而达到控制中国"北满"、煽动蒙古、控制西伯利亚的目的。

也正因为有了此协定,日本随后就堂而皇之地强行出兵满洲里,并以驻满洲里的中国军队兵力不足以担任防备任务为由,迫中国驻军撤出营地,交由日军驻防。

不管是段祺瑞,还是国民党人,都争相向日本示好,以求借款来壮大自己,其恶果,还是局外人看得清。那个与北洋政府许多高官有密切交往的英国记者莫理循说道:"……今天正被我们的那个一心只想削弱中国的东方邻居所利用。他们被人用连中世纪也从未产生过的阴险黑暗的外交权术和阴谋所愚弄而自相厮杀。他们在别人的财政资助下,彼此攻击,混战不休。以致到处苦难达于极点,正如我们当初用鸦片政策加深中国的苦难一样。"〔[澳]骆惠敏编,陈泽宪等译:《清末民初政情内幕:〈泰晤士报〉驻北京记者袁世凯政治顾问乔·厄·莫理循书信集》(下册),第750页〕

这些举措,有的是段祺瑞的无奈之举,有的是被日本人绕进去了,但却伤害了中国人的民族自尊心,所以吴佩孚抓住了段祺瑞的小辫子,开始大打舆论战。

就这样,段祺瑞被吴秀才的政治攻势弄得焦头烂额,政治声望大大受损。而吴佩孚作为一颗夺目的政坛新星,正冉冉升起,势不可当。

枪杀陆建章

眼见着段祺瑞阵营的防线全线溃退,而直系冯国璋的阵营卷土重来,其反扑之势甚猛,招招直取段祺瑞的要害部位,非要致段祺瑞于死地不可,徐树铮非常着急。

既然你们不仁,休怪我们无义。谁要让我们不好过,我就要让他不能过。

徐树铮决定在乱局之中,行一着险棋。

你们不是要串联起来吗?那我不仅要打断你们的关系链,更要直接打掉那个穿针引线之人。

徐树铮认准的这个目标是谁?陆建章。

陆建章,安徽蒙城人,冯玉祥的舅舅,毕业于北洋武备学堂,系北洋元老。他随袁世凯小站练兵起家,深得袁世凯信赖,从此步步高升。袁世凯当上大总统时,陆建章担任总统府警卫军统领兼北京军政执法处处长。

陆建章在任军政执法处处长期间,杀人如麻,心狠手辣,被称为"陆屠夫"。

袁世凯死后,陆建章一度投靠"辫子军"首领张勋。1917年冯国璋出任代理大总统后,任命陆建章为总统府高等顾问、将军府将军,成为冯国璋所倚重的重要助手和幕后军师。

在冯国璋与段祺瑞进行新一轮的府院之争的时候,陆建章奔走南北,务求扳倒段祺瑞。

直系各将领在前线撂挑子不干,联合起来向段祺瑞进攻,这后面都有陆建章的影子。

徐树铮看在眼里,记在心上,恨得牙根儿直痒痒。

五六月间,督军团要在天津召开会议,商讨对南方作战问题,并强调统一思想。这时,冯国璋授意陆建章的儿子陆承武,把他的父亲叫到天津来,然后再利用陆建章说服曹锟重新回到直系,从而扭转督军团不利于冯的局面。

1918年6月,陆建章由上海到达了天津。陆建章无论如何都想不到的是,此行竟成了他生命的终点。

因为,他遇到了一个不按常理出牌的人。

陆建章到天津后不久,秘书便递上一封徐树铮写给他的邀请函,请老前辈到驻津奉军司令部一谈。

皖系的徐树铮,邀请直系的陆建章,到奉系的司令部一谈,这听起来有点儿匪夷所思。

陆建章在袁世凯手下时,经常取人性命,他也不是没考虑到会有这种可能,但他很快就否定了自己的想法。

第一,自己是北洋元老,与总统冯国璋和总理段祺瑞都是天津武备学堂毕业的,而且又曾在袁世凯手下掌管大内,现在也是总统身边红人。这个资历,岂是一般人所能具备的?

第二,小徐邀自己到奉军司令部,这算是冯段之外的"第三方",小徐怎么也不会在别人地盘上胡来吧?

第三,陆建章知道,徐树铮与自己的儿子陆承武是日本陆军士官学校的同学,而陆承武的太太和徐树铮的太太也是同学,两家有密切的交往关系。

就凭这几点,小徐也不应该对自己不利。

正是陆建章过于自信,放松了应有的警惕,才使自己踏上了不归路。

6月14日,陆建章应邀来到天津郊外的奉军司令部。会谈中,小徐对老陆表现得格外尊敬,一口一个陆老;陆建章则以前辈自居,与小徐谈笑风生,根本没有料到自己的生命已经开始用秒计时了。

谈了好一会儿,老陆看小徐不切入正题,就单刀直入地问:你把我叫来,想谈些什么呀?

小徐不慌不忙,说请前辈移步后花园,咱们边走边谈。

一切都是那么平静。小徐很平静,老陆很平静,外面的风也很平静。

老陆和小徐,背着手,一前一后地走在花园的小路上,后面有两名卫士跟着。

走着走着,陆建章突然觉得小徐有点儿落后了,正待停下来叫他时,"砰""砰"两声枪响了……

一切都结束了。五十六岁的陆建章当场毙命。

陆建章杀人杀了一辈子,杀人手法既简单又恐怖。他经常是请人吃饭,然后在送客时从人背后开枪。所以,以前他发出的请帖,又被称为"阎王帖子"。

这次,没想到,年轻时的所作所为,全被还回来了。小徐也给他发了"阎王帖子",但没请他吃饭,就直接在背后喂了两粒花生米。

古语说得好,大凡做好事的心,一日小一日;做歹事的心,一日大一日。小徐平日飞扬跋扈,不把任何人放在眼里,以为天下人都在自己的股掌之上,做歹事的心一天比一天大。终于,连袁世凯时代杀人不眨眼的屠夫陆建章都给做掉了,小徐确实是胆大包天。

玩人丧德,玩物丧志啊。小徐此时绝对想不到,此举也为他日后死于非命直接埋下了祸根。当然,这是后话了。

小徐杀完人后,跟个没事人儿似的,向段祺瑞进行了汇报,说是拔掉了一颗眼中钉。

这也把段祺瑞吓了一大跳。自己都做不出这样的事，小徐却做出来了，还那么若无其事，这小子今天吃熊心豹胆了吧。做这样的事，那可真是麻烦大着呢。

然而，既然事情已经发生，当务之急，是如何把善后工作处理好。

老段可真像父亲疼爱儿子那样对待小徐。小徐拉的屎，还得段祺瑞亲自给他擦屁股。这可真应了那句话，自己孩子的屎都是香的。

平心而论，老段喜欢小徐，这无可非议，也是好事，因为纵观整个民国，才能超过徐树铮的屈指可数。人们称小徐是"小扇子"，也有人称其是"北洋军师"，说明小徐确实才气逼人、智慧过人。但是，老段却没有用好小徐。这应该怪老段，就像对待自家孩子一样，孩子可以培养个性，可以有个性，但大人绝不能任着孩子胡来而不加管束。看着菜盘子里的肉，谁都知道那东西好吃，但总不能往自己一个人碗里划拉吧？那样的话，再好的孩子也会惹人厌恶。对于徐树铮这样有才的人，如果稍加约束，使其在正道上驰骋，那将是国家之福、社稷之幸。可是，老段一味地娇宠小徐，就连枪杀北洋元老陆建章这样的大事，都包庇和娇惯，这便纵容了小徐在岔道上继续出岔。

徐树铮对枪杀陆建章一事的处理，可真是典型的徐氏风格。

小徐给国务院写了报告，申明原因。他说，陆建章勾结土匪，煽惑军队，希图倡乱，妄图颠覆国家，所以按照惩治盗匪条例，我给他来了个就地正法，为国家除去一害群之马。谨以此报，请予褫夺其军职……

向国务院打完了报告，小徐直接在电话里告诉国务院秘书：按照前面的意思，起草报告后，请冯国璋总统盖印，然后向全社会公开发布。

杀完了人，还往人家脑袋上扣了一盆子屎，并把人家辛苦挣了一辈子的军职给褫夺了。有道是，死者为大，小徐这样做，太不厚道了，太刻薄了，真是有伤阴德。

见到小徐打上来的报告，冯国璋吓得心惊肉跳。你徐树铮到底是个什么玩意啊？堂堂的前军政执法处处长、现任的总统府高级顾问、现职将军，被你一个江湖后辈小崽子先斩后奏，说杀就杀了？秦桧杀岳飞也没这么容易呀！你到底是艺高人胆大呢，还是无知者无畏？

冯国璋是又惊又怒又气又怕。当天白天，他拒绝盖印；晚上又翻来覆去地睡不着觉，觉得自己的生命安全也受到了严重的威胁。思来想去，冯国璋就是放不下，终于在 16 日那天，被迫盖上了总统的大印。

老段呢，还是念及北洋的袍泽之情，且两人都是北洋武备学堂毕业的，同在老袁手底下并肩作战多年，于是给陆的家人五千大洋，以示哀悼。

又考虑到冯玉祥是陆建章的外甥，以冯旅于 14 日攻占湖南常德为由，封冯玉祥为湘西镇守使，又授以勋四位，以安其心。

冯玉祥一反常态，表面上不动声色，绝口不提此事。给我什么，我就要；不给我，我也不吱声。

这正如《教父》中那句经典的话：最好的威胁是不采取行动，一旦采取了行动而没有收到效果，人们就不再怕威胁了。

冯玉祥把仇恨深深地埋在了心里，等待着那个能够一招置敌于死地之日的来临。

诸神的争吵

徐树铮在战场上不顺，但在政局的操控上却如鱼得水。

本来冯国璋已经在段祺瑞面前招架不住了，陆建章的离世，让冯国璋更无力与段祺瑞进行或明或暗的争斗。

段祺瑞和徐树铮决定利用这个大好时机，加快建立自己的直接武力，免得凡事都借助别人的力量。

所以，段祺瑞命令小徐到当年老袁和老段的发迹地——小站，成立三个混成旅的新军，其训练的名义是参战军，为上欧洲的战场准备，实际上是段祺瑞想编成绝对听命于自己的段家军。这样，小徐开始为了老段而一心一意搞起了新军训练。

然而，小徐注定是不甘寂寞的，注定是要搞出一点儿事来的，哪怕是让他编练参战军，他也非要弄出一点儿动静来。

这个"动静"的发生，是与奉系张作霖联系在一起的。

1918 年 7 月底，张作霖、曹锟等人到天津开会，研究下届总统问题和北军南征的问题。

关于总统问题，各派莫衷一是。冯国璋当下就任的总统，其实是代理大总统，这是由《天坛宪法草案》中的规定而来，"总统不能行使职务时，由副总统代理"。也就是说，冯国璋没有经过国会正式选举，也就没有转正。

直系以长江三督为主的力量，当然是希望冯国璋就任正式大总统；冯国璋本人热心卖力地调和南北，想在政见上推倒主张武力统一的段祺瑞，也是想为自己就任大总统做准备。但代理这一年，冯与段在政见上和权力分配上闹出了诸多不愉快，段祺瑞已经非常不喜欢这个"四哥"来当总统了。

为此，段祺瑞和徐树铮除加强军队控制外，又开始操纵国会，从军事与政治两方面向冯国璋展开进攻，使冯国璋节节败退，不得不对外界一再表示自己不愿当选总统。

如果冯国璋被迫退出总统选举，那么总统候选人就只有两人：段祺瑞和徐世昌。

但是，直系的实力派人马绝不答应冯国璋下台，那样只会让皖系得势，而直系元气大伤。退一步讲，即使冯国璋不当总统，那也绝不能接受段祺瑞当总统。照此局势发展，一旦冯下段上，那北洋系可能会立刻分裂，必然挥戈相向。这是谁也不愿看到的局面。

就这样，北洋两大军事政治集团拔河角力到了分不出高下的时候，或者说，一旦到了分出高下就是虎豹双雄两败俱伤的时候。

政治形势的发展，即将把一直躲在幕后的北洋元老徐世昌推到台前。

军事形势的发展，也把一直躲在东北深山老林里的"东北虎"张作霖推到了台前。

如今的张作霖，那可是兵强马壮了；加之是老段和小徐请他出来助阵的，自然身价就不一样。他不仅想有自己的发言权，而且想在这乱局中，使自己的利益最大化。

张作霖动了个心眼儿。因为会议要研究下届总统问题，张作霖一听,在京城憋闷坏了的冯国璋已经明确表示自己不参选总统了,他立刻建议,应该推举徐世昌为下届总统,推举段祺瑞为副总统。

张作霖这个小心眼儿,可真是费尽心思地为自己考虑。推举徐世昌,是要向当年的东三省总督、自己的老领导买好。张作霖当然知道,推不推举得成,还不是段祺瑞说了算?

而张作霖推举段祺瑞当副总统,这明摆着的事,老张知道段祺瑞肯定不会去当那个副总统,内阁总理才是实权在握。如果段祺瑞不去,那老段很有可能看在老张此次出关的功劳上,推举自己当副总统。别人当副总统可能无权,但俺老张可就不一样,俺的东三省,要钱有钱,要人有人,到时候,问鼎中原可就不再是幻想喽。

就在老张得意地扒拉自己的小算盘时,有个声音发话了,给他来了一瓢凉水。

说话之人是安徽督军倪嗣冲。倪嗣冲建议,副总统人选暂时先不定吧,留待对南方作战有特殊军功的人,如何?

倪嗣冲的话,其实不是他自己的意思,而是徐树铮授意的结果。

小徐想玩"对缝"的招数,对张作霖、曹锟双方都开了空头支票。尤其在曹锟面前,他说老段已经许诺要把副总统之位给他。可小徐也不敢把张作霖惹毛了,这位张胡子可是什么都干得出来的,当时连袁世凯和段祺瑞的命令都敢硬抗。小徐看出来了,老张有问鼎副总统的野心。既然张和曹都想当副总统,那自己就很为难了,而且对这两位爷,谁都不能得罪,这才想出借倪嗣冲之口表达自己不能说出来的话,以副总统之位,引诱张作霖和曹锟更加卖力地对南方作战,然后再以功定赏。

曹锟这时也比较为难。他一方面舍不得副总统的职位,另一方面,因为段祺瑞赏罚不公,前线吴佩孚已要求主和,不再南进,可大家又都鼓动曹锟继续往南打。而天津会议上,张作霖这只"东北虎",又虎视眈眈地盯上了副总统的宝座。

这个局面,有点儿乱,还真得理一下头绪。

曹锟虽然没有张作霖那么诡道,但脑袋转得也不慢。大家把球踢给了俺,俺也不能这么吃哑巴亏呀。于是,他提出,南进可以,但有三个条件：

第一，中央要拨军费给他，他才能开拔，要不然，将士们调动不起来积极性；第二，要把四省经略使的位置先给他（副总统是以后的事，老曹可不能成为那被一根胡萝卜牵着走的驴子，先要个实际位置才是真的）；第三，现在军火不够，应暂由奉天借拨，然后，要把德州、上海、汉阳三个兵工厂的管理权交给他。

满足了这三个条件，他的军队才能继续南进。

曹锟之所以提这么狠的硬条件，因为他发现，自己被段祺瑞和徐树铮当猴要了。

打下湖南，我们只得个军功章，实际位置却给了根本没出力的张敬尧。当初明明答应把副总统之位给我，现在却打哈哈，让我和张作霖这小子拼命来争。而我要真的南下，张作霖这小子肯定是削尖了脑袋要进北京。那样，俺就亏大了。

这三个苛刻的条件，如果段祺瑞答应了，更好，我就不亏了；如果不答应，那我就有理由不派兵南下，因为你们不想满足我。

坐镇北京的段祺瑞一看，曹锟这小子行啊，不是当年那个卖布时只赚吃喝、赔多挣少的曹三傻子了，肚里有点儿弯弯绕呢。段祺瑞想派豪华的花车把曹锟接到北京来面谈，曹锟摇头不干。别净玩儿虚的，给咱来一点儿实惠，比啥都强。否则，你就是拿宇宙飞船来接我，那也没有用。

天津会议讨论对南作战时，在谁先谁后的问题上，大家都在玩太极推手。他们一起忽悠张作霖：哎呀你们东北兵兵强马壮，都比南方兵高一头呀，一旦挥师必然所向无敌呀，张大帅你就大胆地往前走吧，给直系前线军队吴佩孚"打个样儿"，如何？

虽说东北人"虎"吧，但张作霖可一点儿也不"虎"。他可是修炼成精的人物，他不忽悠大家就已经很仁慈啦，岂能被这群人忽悠了？

张作霖说：用兵之道，最后决定胜负的关键在于战略预备队，也就是古代作战中责任重大的"诸路接应使"，我愿率东北健儿做大家的总预备队、总消防队，随时应援各路兵马，如何？

大家想让张作霖的兵马当炮灰，张作霖却反手一推，让大家往前冲，自己在后面坐收利息。真是一切尽在不言中。

就这样，热热闹闹的天津会议从 7 月 31 日开到 8 月 9 日，却没有解决任何问题，唯一取得了高度一致意见的是：伸手要钱！各省都伸手向北京要饷，其数目之巨，加起来大概有一千五百万元。

天津会议之后，各省督军们陆续返回，张作霖则留在了天津。就在张作霖想方设法多要军饷的时候，他突然发现了军费中的一个重大问题，自己被涮了！

按照皖、奉双方的秘密约定，徐树铮请张作霖率兵出关，是有条件的，条件之一就是徐树铮要负责报销奉军的军费开销。然而，张作霖突然发现，从 3 月 25 日段祺瑞第三次组阁时起，账面上显示徐树铮领到奉军军费五百五十万元，但奉军只得到一百八十万元，只领到了三分之一，那余下的三分之二呢？那可是整整三百七十万哪。

张作霖大吃一惊，火往上冒，血往上涌。查！给我一查到底！我看看到底是谁吃了熊心豹子胆，敢在老子头上动土。

事实很快查明，原来是"小扇子"徐树铮玩"假报销"，他把那三百七十万元用在编练新军和组织新国会的选举上了！

徐树铮，你还是不是人呐。早就听说你恃才傲物、猖狂霸道、飞扬跋扈、狗仗人势、作威作福、欺上瞒下、两面三刀、妄自尊大、心狠手辣，但我也爱惜你是个人才，如今你竟敢涮老子，你是不是活得不耐烦了？

张作霖本来就没把关内这些人放在眼里，现在就更没必要和段祺瑞打招呼了。他直接下令，先撤了徐树铮"奉军副司令"的职务，再从天空抛过来七个字：把钱给我吐出来！否则，我老张来教教你怎么样才叫翻脸不认人。免费教。

段祺瑞吓了一大跳。吴佩孚已经撂挑子了，张作霖这里再出事的话，那统一大业就彻底崩溃了。老段赶紧让小徐亲自见张，负荆请罪，不管说什么样的小话，都必须要稳住张作霖，并承诺一定在最短时间内把这笔款子交给奉军。

安福俱乐部

徐树铮除了在军事上帮助段祺瑞编练新军,借曹锟和张作霖之力在前线作战,在政治上也玩了一手绝活,那就是组建了在历史上名噪一时、声威煊赫的安福俱乐部,从而控制了国会。

安福俱乐部,是皖系为操纵国会、把持政权而特意组建的御用政党。

安福俱乐部正式成立的时间是 1918 年 3 月 8 日,但它的酝酿和筹备早在一年前就开始了。

段祺瑞继袁世凯成为北洋的新任掌门之后,在法理上没占到便宜,被迫恢复了民国元年的旧约法和旧国会。但让所有历史当事人想不到的是,这一举措看似承继了民国建立的法统,却严重脱离了中国的国情。

有人会问了,当年中国的国情到底是什么? 怎么那么一部看似非常完美的美国进口法律就脱离中国实际了呢?

中国的国情很复杂,非文字和笔墨所能形容得尽。但在政治上,传统中国有一个核心的、实质的东西:皇权不能被制衡,更不能被挑战。这一逻辑延伸开去,便逐渐演变为:一把手不能被制衡,二把手更是绝对不允许凌驾到一把手之上!

而新生民国从美国学来的法律体系,恰恰严重挑战了这个核心要义。加之民国初年还从美国之外引进了另一个更不适合中国国情的内阁总理制,遂使这一法律体系严重水土不服。

一把手不能被制衡,这是从秦朝就确立下来的传统和习惯。秦朝用严刑峻法治理国家,这一思想来源于韩非子。大家翻开《韩非子》就会发现,里面通篇强调法律的重要性、必要性,但它的前提是君主操纵着法律,生杀予夺集于一身。比如《韩非子·二柄第七》中说道:"明主之所导制其臣者,二柄而已矣。二柄者,刑德也。何谓刑德? 曰:杀戮之谓刑,庆赏之谓德。为人臣者畏诛罚而利庆赏,故人主自用其刑德,则群臣畏其威而归其利矣。……人主者,以刑德制臣者也。今君人者释其刑德而使臣用之,则君反制于臣矣。"

在几千年的中国社会中,只有这样用法,那君主才真的叫君主。难怪秦始皇读到韩非子的《孤愤》《五蠹》之书,慨然叹道:"嗟乎,寡人得见此人与之游,死不恨矣!"

能让自认为"德高三皇、功兼五帝"的嬴政说出这句话,那可见韩非对于君主之道的理解达到了相当高的程度。虽然秦始皇误听李斯之言而杀了韩非,但杀其人而用其言,更见韩非关于君主论的厚黑之道无人可比。此后的两千年,"百代都行秦政法"(毛泽东语),就一直延续到了清朝垮台。

民国倒是想另起炉灶,可一场表面的革命怎能革除人心之定见?恰是心比天高,命比纸薄。

于是,大家看到了民国的乱象:在民国的总统与总理之间,袁世凯与唐绍仪闹翻,袁世凯与段祺瑞闹翻,黎元洪与段祺瑞闹翻,冯国璋与段祺瑞闹翻……这些绝不是传统史观所认为的某个人妄图独裁那么简单,而是法律体系与中国政治实际不符、一二把手权力冲突带来的结果。

同时,还有一个现象,大家很少注意到,《中华民国临时约法》在内阁和议会的设计上,有明显的问题和漏洞,那就是,议会可以弹劾内阁,内阁却没有要求总统解散议会的权利。这对于以国民党籍议员占多数的议会来说,不能不说是为自己开设的后门。在这种情况下,正如萧功秦教授所分析的:"由于权力不平衡,就造成国会专制。成员大多数是国民党党员的国会肆意对内阁进行弹劾和阻挠,实际上成为对政敌进行攻击的工具。这是一种不正常的内阁制。"(萧功秦:《超越左右激进主义:走出中国转型的困境》,浙江大学出版社,2012年,第269页)

段祺瑞在权力的运行过程中,发现了这里面确实存在着不可调和的矛盾:他也想解散国会,但约法中又没赋予总理这项权利;他想按照约法行事,可是却处处受到掣肘,根本就无法对国家好好进行治理。于是,我们便见到袁世凯之后的北洋,就这样磕磕绊绊地前行着。

重新反思了这些,我们再来看段祺瑞对于旧国会与旧约法的复杂态度,可能会逐渐明晰一些。

虽然段祺瑞迫于形势,恢复了旧约法和旧国会,但随着府院矛盾的激化及内阁与国会间斗争的展开,段祺瑞开始有点儿明白了袁世凯活着时解散国会的初衷。但是,老袁被人用唾沫星子骂死的前车之鉴历历在目,使得段祺瑞不敢走出袁世凯的那一步。为了抵制孙中山在广东召开的非常国会,控制即将开始的国会选举,老段决定另辟蹊径,不走袁世凯的挨骂老路。他开始萌生"组织一个统一的大政党",以"充分占有议会的多数席位",从而达到操纵国会的目的。这样做,至少从程序上来说,是合法的。

1917 年 3 月的一天,段祺瑞的心腹大将徐树铮在明白主子的真实意图后,他找人谈话,决定付诸行动。徐树铮说:"自民元以来,政府为国会操纵,闹得天翻地覆,曷若自个组织,简直和编军队一样,我有子弟,则操纵在我。"

于是,段祺瑞手下"四大金刚"中的两大"金刚"徐树铮、靳云鹏奔走联络,把宪政会、新民社等 11 个小政团合并起来,终于在 3 月 25 日成立了皖系的"纯粹御用党"中和俱乐部。

中和俱乐部虽然在国会中占据了一些议席,但却根本没有能力与拥有四百多个席位的国民党相比,更没有力量影响国会。在对德宣战等问题上几经碰壁后,段祺瑞发现,还是老袁最明白,直接解散国会就得了,费这么多力气都是白扯。正好此时张勋复辟事件发生了,借张勋之手,旧国会被解散了。

1917 年 11 月,临时参议院在北京开会期间,皖系政客王揖唐等人为了招待各地到京的参议员,也便于相关人员相互联络,在北京西单安福胡同租了一所比较宽大的房舍,名曰梁宅(梁式堂的住宅)。

最初梁宅的集会比较随意,没有组织者,没有固定形式,没有固定内容,大家到这里确实是为了互相认识、互相交流。而且以"梁宅"的名义出现,政治色彩不浓,并没有多大的影响力。

1918 年 2 月,《修正国会组织法》及《参众两院议员选举法》公布之后,为了商讨有关国会选举问题,皖系及其相关政客的聚会越来越频繁,安福胡同里车如流水马如龙,外加许多包打听的、挖小道消息的,这里俨然成了一党之机关部。

在这种情况下,集会之人一致认为必须正式成立一个足具号召力的政党性质的组织。经过商议,他们把这一组织命名为"安福俱乐部",将3月8日作为正式成立日。

安福俱乐部说是"御用政党",但它没有党章、没有党纲、没有主义、没有信仰,只有一个总部、一个分部,没有基层组织。其成员非常复杂,不全是皖系,其他各派龙蛇也不少,皖系要人也没有都加入安福俱乐部。它只能算是皖系为了特定目的而组建的政治集合体或政治派系,所以人们又称其为安福系。

从安福俱乐部成立之日起,就有人赠联戏之曰:

安者危之基;
福兮祸所倚。

别看是戏联,里面蕴含的东西还真不幸言中了它日后的发展历程。

安福俱乐部成立后,骨干成员分头活动,全力投入到国会的选举中,不惜重金,一个省区接一个省区地用钱砸,据称段内阁为此支付了1000万元的选举费。功夫不负有心人,安福俱乐部的巨大付出终于有了丰硕的回报。

新国会自命为第二届国会,于1918年8月12日正式产生。此届国会,参众两院议员总额应为五百七十六名,但因西南护法各省抵制选举,所以实际选出的只有四百七十二名,其中参议员一百四十七名,众议员三百二十五名。而安福系大获全胜,获得了三百三十个席位,成为唯一能左右国会的多数党。由于该俱乐部操纵了第二届国会议员选举,故此届国会从成立后便被人们称为"安福国会"。

黯然销魂者,唯别而已矣。冯国璋总统也知趣,眼见大势已去,在安福国会开幕当天,宣布退出总统竞选。

有得有失

天下之事，有一得则必有一失。

就在安福俱乐部起劲地鼓捣、力图在政治上把握主动，冯国璋在皖系凌厉的攻势下失去抵抗意志的时候，段祺瑞在他根本意想不到的时间、意想不到的地点，被他意想不到的一个小人物，用意想不到的方式狠狠地戳了一刀。

冯国璋在安福国会召开前宣布退出竞选总统，但也没忘了继续强调全国的统一与和平，博得了全国的同情与好感。同时，他还话里有话地提出，"所冀国会议员，各本一良心上之主张，公举一德望兼备，足以复统一平和者"来当总统，这等于宣告，我不当总统，但段祺瑞也不配当，他不是和平统一的主张者。

此时的冯国璋，已是心力交瘁，与一年前兴冲冲地从南京来北京当总统，可谓天壤之别。冯段之争，段已占尽了优势。

可是，事情的发展永远是那么出人意料。还没等冯国璋的退出竞选通电发布，冯段之争的格局却突然逆转，其原因就是直系大将吴佩孚开始向段祺瑞展开猛烈进攻。

1918 年 8 月 7 日，在湖南前线的吴佩孚师长公开通电，痛斥武力统一乃亡国之策，痛斥安福系操纵选举乃强奸民意，痛斥从日本借款屠杀同胞乃饮鸩止渴……吴秀才亲自捉刀起草的通电真是慷慨激昂、有理有据、酣畅淋漓、文采飞扬，运筹一支笔也相当于排兵布阵，抵得上千军万马，把"北洋之虎"段祺瑞骂了个狗血喷头。在整个晚清和北洋历史上，从没有人这样对待过段祺瑞，老段一时间真有点儿招架不住了。他只能是怒喝：小小的师长，对于时局根本没有发言权。

是啊，与老段比起来，师长实在是太小了。民国成立前后，老段已经是湖广总督了，军区司令级别的，怎么会看得上区区一个师长？

可是，偏偏是这个小师长，不仅仗打得好，政治宣传又极其出色，让中外人士刮目相看。真是不鸣则已，一鸣惊人。

"辉煌金钟陷泥池，纵可巨响奈音失！金钟一旦重悬起，一鸣能使天下知。"包拯进京赶考时挥笔而就的这首诗，虽然用给吴佩孚有些出格，但大抵能反映出日后驰骋北洋政坛、手握雄兵数十万、"八方风雨会中州"的蓬莱秀才吴子玉的崭新风貌。

吴佩孚一纸通电，比金毛狮王谢逊的狮吼功还让大家措手不及。不仅对手蒙了，就连直系阵营的自己人也有些不适应。

皖系段祺瑞大动肝火，痛责吴佩孚不应"受人煽惑，不服从中央政府的命令"。

直系的老大、曹锟和吴佩孚的上司冯国璋也责怪吴，"吴师长……激于意气……宜先互商妥洽，不可即行列入人名"。

奉系的大师张作霖也不满意小师长吴佩孚这么猖狂。

吴佩孚的直接上级曹锟也不安，他斥责吴，"吴师长通电，殊属不明事理"。

曹锟这样说，是有他的苦衷，因为他此时人在天津，而他的大本营却在保定，他生怕吴佩孚的举动刺激了老段或小徐。曹锟深知，小徐心狠手辣，连陆建章都给杀了，万一他对自己不利，那可不是闹着玩儿的。所以曹锟一面发电责备吴佩孚不懂事，一面赶紧抽身离开天津，返回保定。

吴佩孚呢，根本不理会这些指责，继续在电报中嬉笑怒骂，专揭段祺瑞的疮疤。

一时之间，继续骂吴佩孚的有之，欢迎、支持、同情吴佩孚的有之。有的人看到骂吴佩孚并不起作用，就开始指责曹锟。曹锟脸上挂不住，只好在保定继续发电训斥吴佩孚。吴佩孚除了回一下顶头上司曹锟的电话，答复"一俟和局告成，当北上请抗言之罪"，其他事根本就不再理会。而且，他把所有同情和响应他的通电全都转交给全国各大新闻媒体任其发表。

直到这个时候，段祺瑞才决定暂时推迟他的武力统一政策，要不然，舆论对他就太不利了。

但老段的推迟，并不是真的推迟，只不过他想赶紧把总统问题先解决了，然后再鼓捣一个副总统，那样，不管是张作霖当上副总统，还是曹锟当上副总统,他们肯定会卖力地往南打了。

所以,段祺瑞暂时从吴佩孚对他的隔空骂街中抽出身来,宣布进行总统选举,并宣称,一旦政府改组完毕,国家步入正轨,自己将通电下野。老段此举的真正目的,是逼冯国璋实践同时引退的诺言,同时也对外显示自己"无私心"。

心灰意冷的冯国璋一看安福国会大胜,知道自己彻底没戏了。算啦,主动一点儿,还算有个面子。要不然,这么大个领导干部被别人宣布"选"下来了,那还不如撞头。因此,他正式宣布,不再参选总统。

但是,大家要知道,有的人下野了,他实际还在台上;而有的人下野了,他可就真的下野了。段祺瑞和冯国璋就分别对应此两种情况。段祺瑞可以宣布下野,但要是民意不允许,那也没办法,不得已,还得当啊。

以一部《明朝那些事儿》成名的当年明月曾这样总结说,在中国历史上,共同创业的人大都逃不过"四同"的结局:同舟共济、同床异梦、同室操戈、同归于尽。这"四同"还真是清晰地勾画出了段与冯一生的恩恩怨怨。

一年前段祺瑞邀冯国璋进京当总统时,曾经发了四个字的电报,"四哥快来";一年后段把冯拉下马,会用什么样的理由来说明呢?狂翻历史,查找一下政治家和政客们在面对此种情况时,会是如何托词,结果,可能要用三个字来形容比较恰当:"不得已"。

"不得已"这三个字,非常简单,却奥妙无穷,许多难以启齿的话,都可以用此轻轻带过,而且连脸都不用红。

大家试读一下《三国演义》,在刘备入西川取了刘璋的基业时,是这样说的:

> 玄德出寨迎接,握手流涕曰:"非吾不行仁义,奈势不得已也!"

毛宗岗到底是目光深邃,窥破了这三个字后面蕴藏的无穷信息量。他用了几个典型的例子批注道:"'不得已'三字亦是玄德实话。然古来以此三字解说者多矣。如重耳(晋文公)之杀怀公,小白(齐桓公)之杀子纠,唐太宗之杀建成、元吉,皆是也。兄弟之变至于如此,为之一叹。"

君不见,赵匡胤黄袍加身时,自己不也是"不得已"吗?坐上大位之后,睡觉时做了个梦,醒来后就向大将石守信等人端杯换兵权,不也是"不得已"吗?

以此逻辑,还原一下段祺瑞送冯国璋下台时,会不会也是这样说:"不是兄弟不是人,而是形势不得已啊。"

皖系控制的安福国会获得了大胜,那总统选举的问题就已经没有任何悬念了。那个位子,段祺瑞自己坐也行,再找一个自己的傀儡上去坐着也行。

老段考虑再三,觉得自己当总统的话,没什么意思。矛盾集中的地方,费力不讨好,还不如牢牢控制着内阁,有了功劳,便是自己的,有了过错,还可以有个挡箭牌。

想到这些,老段心里已经明白该怎么做了:请徐东海(徐世昌)出山。

经过一番推阻后,徐世昌提出了自己的想法:让我出来可以,但你们俩先都下去,要不然没法平衡。老段在与老冯斗法时放过话,两人同时退隐,这会儿也不好再说什么,反正权力在自己手里,先退一步也未尝不可。

8月31日,继冯国璋宣布辞职之后,段祺瑞也宣布"引退"。

徐世昌这才同意,出来解决时局。

安福国会的胜出,南方各省知道形势不妙。如果冯国璋下台了,那朝中就会清一色地拥护武力统一政策。所以护法军政府发表宣言:否认安福国会有选举总统之权;如果强行选出,南方各省决不承认。

段祺瑞可不这么想。你们以为自己是谁呀,你们不承认好使吗?我的武力统一,本来打的就是你们,你们起着劲儿叫吧,有你们叫不上来的时候。

1918年9月4日,安福国会组织两院选举。徐世昌在到会四百三十六人的情况下,以四百二十五票获得压倒性优势,当选为民国大总统。

段祺瑞亲自发来贺电,称其"德望尤隆,建树卓绝,为中外宗仰"。

冯国璋也诚恳地称徐是"群帅所归心,小民所托命",希望他能"依期就职,早释纠纷"。

一些国外人士也发表议论,认为徐世昌应该是解决时局的最佳人选。

有了北洋这两巨头的支持，再加上友邦人士的热捧，徐世昌的心才算稳定下来。

南方护法军政府也来了电报，但不是支持的，而是反对的：管徐总统叫"先生"，把安福国会称为"非法机关"。这也是徐世昌就任总统时的一点美中不足吧。

直系大将吴佩孚师长也拍了电报，也称安福国会是非法国会，劝徐总统别当这个总统。但徐世昌是袁世凯一生都敬重的人，而吴佩孚是小小字辈啦，所以徐世昌没把他的话放在心上。

只要有了段祺瑞和冯国璋的支持，总统位子就稳了。这两巨头要是不支持，全世界支持都没有用。

10月10日上午9点，总统交接仪式正式开始。民国成立以来，经历了孙中山、袁世凯、黎元洪、冯国璋，到徐世昌已经是第五任总统了。但总统不是被逐，就是病死，从来没有进行过总统面对面的交接（按照顺序来说，他是第五任；但如果从国会正式选举的角度来说，只有袁世凯和徐世昌符合规范，所以他又算第二任正式的大总统；其他人不是临时就是代理），因此这次交接让人耳目一新。

而且，身穿西装、温文尔雅的文人徐世昌，与身着戎装、威武雄壮的军人冯国璋进行交接，是不是意味着以后会文人治天下，结束武人政权呢？徐世昌心里一阵激动。

10月10日上午10点整，徐世昌正式宣誓就任大总统，同时指出当前国家要务就是解决南北局势，希望南北停战，和平统一。

段祺瑞之所以选择六十四岁的文人徐世昌出任总统，因为徐属北洋元老，既老成持重，又不掌握军队，这让段祺瑞感到非常安全。老段也希望借着徐世昌的大旗，实现北洋集团的大团结，把已经离心离德的直皖两派重新聚拢到一起。而且，既然是自己推举徐世昌上来的，那徐总统应该会把政策向皖系倾斜才是。

可是，老段再一次打错了算盘，就像他当初推举黎元洪出来一样，哪个领导都不甘心做别人的傀儡。智商比袁世凯还要高出一分的徐世昌自然有他自己的一套平衡术。徐世昌除了使用安福系的人马,也十分巧妙地联合非安福系的,比如交通系领袖梁士诒——梁财神。同时,徐也更希望借助曹锟、吴佩孚来与段祺瑞的皖系抗衡。

所以,虽然庄家换了,但玩法没有变,游戏规则并没有变,新一轮的争斗也是必然的了。

选举副总统的闹剧

9月4日的总统选出后,9月5日,又进行副总统的选举。

先说一点儿玄乎的东西。

从整个《周易》来看,"九四"可不是一个理想的数字,"九五"才非常理想。

《周易》乾卦的"九四"的爻辞说:"或跃在渊,无咎。"四爻和三爻的位置差不多,都是上不着天下不着地,既没到实质性的大位,又脱离了基层,所以才会战战兢兢。只有"九五"才是理想之位,"飞龙在天,利见大人",所以登大位的才叫九五之尊。

果然,徐总统"跃"到"渊"里去了吧? 一届总统下来,还算落得个"无咎",已经是不错的了。(曹锟呢,虽然副总统没当上,可人家后来还当了几天的总统,果然是"九五之尊"吧?)

副总统的候选人,本来有四个:冯国璋、段祺瑞、张作霖和曹锟。冯和段已经宣布引退了;张作霖也自动放弃,他思考了一段时间后,决定还是悉心经营东北为好。于是只剩下曹锟一个人。正常来说,曹锟的副总统位置应该是没有竞争对手,自动当选了,可是,事情却总没那么简单。这不是任命制,而是选举制时代。

然而很不幸,民国在学习美国选举制度的时候,只学来了形式,没认真研究精髓。就拿选举制度来说,美国总统和副总统是"配套出现、搭配竞选"。也就是说,美国的副总统是不单独选举的,而是和总统捆绑在一起,"打包"来的。这就防止了正副领导人之间可能出现的政见不合,互相拆台。

民国时期恰好相反,副总统也要选举。这就在政坛上演出了一幕幕让人哭笑不得的荒唐闹剧,然后还指责当事人不遵守游戏规则。

9月4日的总统选举热热闹闹;9月5日的副总统选举却冷冷清清,四百三十六位议员中仅有八十八位到场,因不足法定人数而流产。

为什么会出现这个结果呢?板上钉钉的事儿,怎么会烟消云散了呢?原来,由于吴佩孚的起劲儿折腾,段祺瑞一生气,就把许诺让曹锟当副总统的事儿给搁置了,指使安福国会的议员们故意造成这个冷场的局面,以此逼着曹锟向吴佩孚施压。

虽然曹锟向吴佩孚施压,喝令叫停,但吴佩孚却抗命不遵了,声称事后再来保定谢罪。同时,曹锟也为到手的副总统飞了,而感到十分恼火。

9月8日,主动退出竞选的张作霖被任命为东三省巡阅使,成了中央正式承认的东北王,结结实实地捞取了实惠。

就在总统和副总统选举的时候,吴佩孚的嘴可没闲着。都说自古胶东以"蓬莱腿子、黄县嘴子、掖县鬼子"而著称,但黄县的嘴子没有一个在历史上出名的,而蓬莱吴佩孚的嘴皮子和笔杆子功夫,却远非一般人可比。

当徐世昌当选总统的消息确定后,吴佩孚于9月13日在湖南前线发电,说这次选举根本就不符合民意,因为西南几省没有派代表参加,且国会是由金钱运作而成的,徐这个时候就职,民国必然分裂。为今之计,在你徐总统没正式就职之前,不如由你出面调解南北,促冯代总统发表停战令,改选国会,那时总统之位一定非你莫属。

9月20日,吴佩孚继续通电,建议徐世昌担任调解人领袖,由直系的长江三督来担任调解人。

9月26日,局势更热闹了。湖南战场上的北军将领吴佩孚率手下十多个旅团长一起通电,南军将领又有十多个一起通电,要求"冯代总统颁布停战命令,东海先生出任调人领袖,曹经略使、长江三督帅及岑、陆两总裁同担调人责任"。这是自南北战争以来,南北军人第一次联合起来,而且是反对国家元首。安福系惊呼:吴秀才造反啦!

一个小师长把局面搅成了一锅粥,这是令所有人都想不到的事。

段祺瑞气得呀,已经说不出话来了。他认为这已经不是主战主和的问题了，单就吴佩孚来讲，是对北洋系的背叛、通敌，应该抓过来送军事法庭了。段祺瑞激动之下，就要下讨伐令。但手下人无奈地说，现在，谁还能在战场上打得过吴佩孚呢？何况他又占了舆论先机。

10月3日，吴佩孚继续联合南方军人发表通电……

段祺瑞恨得牙都咬碎了。他本来想教训曹锟，故意把副总统之位弄泡汤，这回却不得不低下头来，旧话重提，重新拉拢曹锟，承诺可以让曹锟当上副总统，以换取吴佩孚闭嘴；又做张作霖的工作，劝他也支持曹锟当副总统，以顾全大局；另外，重新把安福系的议员们聚拢起来，要他们不再提关于惩办吴佩孚的一切动议。

曹锟看到那只飞走的鸭子又回来了，不禁喜出望外，从军费中抽取一百五十万，赶紧派自己的弟弟曹锐到北京活动，向议员们许诺每张票两千块大洋；又派另一个弟弟曹钧到张作霖那里活动。

这些都做完后，曹锟像眼巴巴地盼着过年的小孩子一样，盼着副总统选举那天的到来。

10月3日，安福国会召开茶话会，重新讨论了副总统的选举问题，决定于10月9日再次进行副总统的选举。

曹锟盼望已久的10月9日终于来了。不料，这天的选举仍然出了问题，出席会议的议员仍是稀稀落落，不足法定人数。

原来，国会中虽然安福系唱主角，但其他几派力量还在。比如研究系就拒绝与安福系合作，并在自己的会议上，决定选冯国璋为副总统。如果安福系非选曹锟不可，那研究系议员就拒绝出席。另一个与安福系走得近的旧交通系（以梁士诒为代表）也一反常态，与研究系坚持同一个立场，拒绝出席会议。

有人说，安福系自己的议员们已经占了议会多数了，他们只要全体出席，事情不就成了吗？殊不知，世事经常难料，总会节外生枝。就在安福系议员们要重新选举副总统时，大家突然听到传言：曹锟为了纳当红演员刘喜奎为小妾，竟然出手就是十万元！

刘喜奎是谁？现代人肯定不熟悉，刘当年可是红遍半边天的人物，社会号称"男有梅兰芳，女有刘喜奎"！她不仅长得漂亮，戏唱得更是当时一绝,惹得许多大人物朝思暮想。北洋时期的几任总统袁世凯、黎元洪、冯国璋、徐世昌、曹锟等都打过她的主意,小人物就更不必说了。直到 2013 年,还有人写文章称"颠倒众生的刘喜奎"。

据说,段祺瑞有个侄子,是个大学生,单恋刘喜奎已到发狂的程度。一次唱戏结束,这位段郎在后台门口等刘喜奎出现,众目睽睽之下,一把抱住刘喜奎狂啃,"心肝宝贝儿"地乱叫。之后,被人们扭到警察局,罚了 50 大洋。他出了警察局,大声呼道:"痛快!痛快!值得!值得!"时人戏作一诗:"冰雪聪明目下传,戏中魁首女中仙。何来急色儿唐突,一声心肝五十元。"

传言曹锟在如此花魁身上花钱,那应该也算是情理之中的事。可是,议员们不干了。

中国人的数学成绩和计算能力都不含糊。大家一看,一个戏子的身价足足顶得上五十个议员,你曹锟太抠门儿,太吝啬,太不是东西了。这不是贬斥我们议员们加起来也不顶一个戏子吗?赶紧的,要不然就加钱,要不然我们就不玩活。

曹锟可不这样想。他认为,当副总统,是为了你们皖系打江山,本来就应该你们出钱来让我当,现如今我自己掏了这么多钱,已经够意思了。你们既想让牛拉车,又想让牛不吃草啊?天底下哪有这样的美事。

不给了,就这么多,坚决不给了。

10 月 9 日的副总统选举就在这样的拉锯中又一次流产了。

皖系不甘心呀,如果曹锟当不上副总统,那统一大业怎么办,谁出兵向南打呀,还得指望曹锟和吴佩孚。于是,徐树铮操控下的安福系决定,10 月 16 日,再选副总统。

这个时候,徐世昌已经正式就任大总统了,他对于副总统的人选,有自己的另一番考虑。他想让南方军政府总裁岑春煊来当,这既表示了和平的诚意,也有利于局面的平衡。所以徐世昌与旧交通系梁士诒走近后,就授意旧交通系的议员们拆安福系的台。这就使最简单的副总统选举,搅得热闹连篇,笑话连连。

为了副总统的选举,10 月 14 日,旧交通系的周自齐邀请一百四十多名议员跑到天津游玩,免费旅游,免费泡妞。

大家这个乐啊,把选副总统的事早就给忘到脑后了。

这可把安福系急坏了。如果不能让曹锟选上副总统,那么南征计划就会泡汤,吴佩孚更会蹦高高地埋汰段总理。15日,安福系的负责人王揖唐派人到天津大街小巷的娱乐场所找议员,先是许诺每人给五百块大洋,引诱大家赶紧回京,可是议员们都泡在温柔乡里了,对此不理不睬。

马上就到16日——预定选举副总统的日子了。怎么办?来硬的吧!

16日凌晨3点半,安福系派出的人不管三七二十一,冲进妓院,像绑票一样,把议员们从床上拽走。

安福系连拉带扯,议员们乱嚷乱叫,妓女们赤身乱窜,把天津的警察都给招来了,以为真的发生绑票了呢。

就这样,不容分说,议员们喊着要回宾馆收拾行李也不允许,直接就给拽上了火车,在茫茫夜色中向北京进发。在混乱之中,有的议员在车站溜走,有的到北京站躲在厕所里不出来,瞅个空重新上车跑回天津。

10月16日这一整天,王揖唐在北京分派各路人马,带人带车,分头去抓议员前来投票。投票的会场,也有警察把守,进去的议员,禁止出来。即使是这样强拉硬捆,弄到会场投票的议员也不足法定代表人数。

段祺瑞很无奈,曹锟很无趣,议员们很无情,跑腿儿的很没脸。

轰轰烈烈的副总统选举,就这样在一片哄笑声中结束。

闹剧过了,悲剧就要来了。段祺瑞就因为他人事任命不慎(任命张敬尧为湖南督军,惹恼了吴佩孚),以及第一次选举副总统的轻率操控,付出了惨重代价,不仅很快导致了直皖战争,使自己在吴佩孚的凌厉攻势面前威风扫地,而且在最有可能武力统一中国的时候错失良机,使北洋的天下越搅越乱。

徐世昌的心思

徐世昌上台时,国际上正值第一次世界大战接近尾声的时刻,而国内的人们也希望和平。10月10日,徐世昌正式就任总统当天,美国总统威尔逊在向徐致贺电的同时,也劝告徐总统,如果中国不早息战端,那么两国邦交就难以达到一致维持正义之目的,希望徐总统尽快实现南北统一,这样中国在国际上也会得到应有的国家地位。所以徐世昌上来,正想顺应这个时局和民意,实现国家的和平统一,因此在人事安排上,就想使用能贯彻执行和平路线的人。

徐世昌沉着冷静,协调沟通,稳扎稳打,实施有序。他站在大局高度,将各种因素分析得很透彻,看得很清晰,故而布阵也缜密。他充分发挥有利因素,及时弥补不利因素,对当下形势进行优势、劣势、机遇、挑战的宏观分析,故而其想法、办法、做法也法法到位。他既像一名高级琴师,黑白键在他手底下轻、重、缓、急、抑、扬、顿、挫跳跃自如;又像一名高级烹调师,不急不躁、不温不火地掂拨着掌中的勺,充分展示出了翰林总统的非凡功力和政治智慧。

当初老段逼老冯下台时,口头上说是两人都引退,徐总统借着这个名义,加紧把自己人调到重要岗位。段祺瑞刚一辞职,徐世昌本想让梁士诒来组阁,却遭到安福系的坚决反对,于是改任命内务总长钱能训为代理总理。

徐世昌之所以器重钱能训,一是因为两个人都是清末进士(徐是1886年进士,钱是1898年进士),惺惺相惜;二是因为徐世昌任东三省总督时,钱能训也跟在他身边,不管是工作上还是私交上,二人都非常要好;三是因为钱能训也主张和平统一。另外,徐世昌任命钱能训,还因为钱能训与西南的岑春煊、陆荣廷关系很好,这对于徐世昌的和平统一政策的贯彻执行非常有利。

与徐世昌搭班子的总理,变成了自己人,而徐世昌又想把副总统也变成能够拥护和平统一政策的人,这才在曹锟参加副总统选举时,让梁士诒等人从中搞破坏。虽然徐世昌和段祺瑞双方谁都没能如愿实现目标,但局面对徐世昌来说,显然更有利些。

只是,段祺瑞没想到的是,赶走了力主和平统一又握有重兵的冯国璋,本以为换上一个手无兵马的徐世昌会老实一些,但徐世昌以文人身份呼吁和平统一的想法更强烈。大概老徐心里是在想:连袁世凯都口口声声尊我为大哥，我也承担着托孤寄命的重任，北洋陆军的创建也是我一手操办的，你们小兄弟敬我、让我，那还不是应该的呀？

10月23日，徐世昌总统让钱能训总理致电西南，声称世界上的欧战已经结束，我们国内如果还这样打打闹闹，这让我们情何以堪呀。我们倡议，大家先停战，然后坐下来商量问题，如何？

这是北洋集团首次以政府姿态向西南表示和平。

与此同时，徐世昌授意梁士诒组织"和平促进会"，网罗社会名流，声势甚是浩大。这些名流包括：曾任国务总理的熊希龄、状元实业家张謇、蔡元培、王宠惠、孙宝琦、周自齐等人，容纳了国民党、政学系、研究系等大派；有的安福会分子也被吸引过来，惹得安福系在他们的机关报上大骂徐世昌忘恩负义，拆安福系的台。

10月24日，徐世昌又以总统身份颁布和平令，呼吁和平，并对西南方面晓以大义，希望念及同胞之情，避免同室操戈，共谋国家发展。

在这里，徐世昌没有对南方加以指责，而是晓之以理，动之以情，这让南方颇为心动。

徐世昌趁热打铁，派出特使赵炳麟到广西，与岑春煊、陆荣廷接洽，共商和平大计。

徐世昌的努力终于取得了一定成效。10月30日，岑春煊、陆荣廷致电北洋政府，声明南北双方可以派同数代表，以同等地位和身份参加会议，谋求和平之道。

不过，孙中山坚持要把护法运动进行到底，反对与北洋政府进行无原则的妥协。但孙中山此时力量太弱了，忠心的追随者、海军总长程璧光也被刺身亡，孙中山的发言已改变不了大局。

徐世昌虽然取得了这些可喜的成就，但他头脑一直冷静，心里并不糊涂。他知道要做好北洋军人的沟通工作，必须把北方军人召集起来，开一次大规模的会议，解决南北和平、裁军、军民分治、擅自扣留国税等问题。

老徐虽然是老狐狸，但也怕那位不按常理出牌的小徐。为了避免小徐从中煽风点火、暗中捣乱，老徐特加小徐为陆军上将衔，并派赴日本观操,以"高度重视"的名义,支走了这个小徐。

从这几招来看,当年小站练兵时北洋军的"总政委",如今的"翰林总统"徐世昌,果然比"教头总统"冯国璋有想法,有办法,有章法,一招一式,朴实无华,劲气内敛,收放自如,体现了阴阳八卦的政治智慧,舞动起来像雾像雨又像风,一切尽在不言中,确实是绝顶的太极高手。

当然,徐世昌的这整套连贯动作,看起来都是为公为国考虑的,但从权谋之道来分析,自然有他不可言说的秘密。

徐世昌非常清楚,自己没有兵权,连冯国璋这样手握雄兵的都会被皖系控制得死死的,黎元洪也基本是皖系的高级俘虏,那么自己要想摆脱皖系控制,只能是通过抬高声望,获取更多派系和民众的支持。而徐世昌对南方抛出橄榄枝,当然是能获取南方对其总统位置的支持。支持的派系越多,自己的总统位置就越稳固。

做好了这一系列工作,老徐才决定召开北洋军人的会议。

11月上旬,张作霖、孟恩远、卢永祥、阎锡山等封疆大吏齐聚北京,更难得的是长江三督中的陈光远和王占元都出席,李纯则派代表参加。其他各省督军没来的,也都派了代表出席。这些情景,在以前是从来没有过的。

徐世昌一看,咦,缺了一个重要的大督军哪,曹锟怎么没来?主要演员没来怎么能行?赶紧请。

曹锟此时正在家里怄气呢,羞愤交加。自己的钱花了,副总统没选上,刘喜奎也没弄到手,这可真是让人笑话,根本就不想参加这个什么会议。更何况,曹锟心里明白,自己副总统没当成,在背后搞破坏的是旧交通系,而旧交通系又是受徐世昌的指使,这股恨意,岂是能轻易忘了的?但总统徐世昌为了开会,对其千呼万唤,又是电报又是特使的,这才把曹锟请出来。

11月15日,会议在北京如期举行,"下野"的段祺瑞也应邀到场,并表示自己已经下野,不便参与国家大计,和平问题就请总统主持。

总体来说,会议进行得还算顺利,经过一番激烈的对话和磋商,最后通过了决议:

一、如果南方不提出过苛条件，一致赞成和平统一的方针；二、欧战停止，参战督办处改为边防督办处；三、预筹各省善后；四、收束军队，先从调查军队实数入手；五、责成各省照章报解中央税收。

11月16日，徐世昌正式发表停战令。一个礼拜后，南方军政府也下令停战。南北双方终于走出战场，向谈判桌靠近了。

对立统一

世事交错纵横，更有奇巧常生。事情的发展永远不是以某个人的良好愿望为结果，事情的发展更会出现许多根本无法预料的形势，有时甚至完全走向了预定目标的反面。

徐世昌想继续把这锅热饭做好，赶紧敲定南北双方谈判时间、地点、谈判人员等事宜。安福系一看，徐先生，你还知道你姓啥不？你现在可真是坐着花轿骂人——不识抬举。谁把你抬上来的，你不知道吗？你这样明目张胆地与我们作对，真把自己当老大啦？

你想和平统一，那把我们段总理武力统一的政策往哪放？你要是对的话，段总理不就错了吗？

所以，你要和平统一，我们就偏要武力统一不可。

安福系忍不住了，开始发动了攻势。

安福系先是拉拢曹锟，让曹锟与安福系一起攻击梁士诒和钱能训，以断徐世昌的左膀右臂。

曹锟心里当然明白，在自己想当副总统之路上，正是旧交通系梁士诒等人搞破坏，正想报仇呢，安福系求着自己来，这个机会，肯定不会错过。

于是，安福系就和曹锟一起，威胁梁士诒，要参议院（梁士诒是参议院议长）再选曹锟为副总统，同时攻击梁此前的暗箱操作。若要人不知，除非己莫为，不要以为你做的那点事我们不知道，把我们惹急了，有你的好果子吃。吓得梁士诒避走天津，想要辞职。

安福系还声明，可以让钱能训当上正式总理，但必须把曹锟选上副总统，要不然就对总理进行弹劾。

钱能训终于明白了这潭水里的暗流汹涌，也不想干了，找徐世昌，要求辞职。

老徐一方面不想自己的左膀右臂被砍断，另一方面当然明白这是皖系给自己的下马威。他安慰钱能训说："我们一定要共进退，不能轻易退缩，如果局势真到了他们逼你下台，我和你一起辞职，如何？"

老徐亲自去找老段。

段祺瑞虽然"下野"了，但军国大事之权柄完全操在手中。老徐直接问老段："为什么要弹劾钱能训？"老段说："他对南方示弱退让，大大地损我北洋将士的体面和威风。南北谈判，本来就是我北洋系为主，南方怎能与我们对等谈判？太抬高他们了。"

徐世昌柔中带刚地指出："钱能训的意思，大体上也是我的意思。从国际国内大局来讲，我们现在必须实现和平，把权力集中于中央，而不是让各省自己说了算。所以我们与阁下的统一愿望并不违背。"

段祺瑞虽然没再反驳，但脸上的不满情绪完全显露在外。

12月2日，英、美、意、法、日五国公使拜见徐世昌，呈递劝告和平的正式文件，给徐世昌以很大支持。随后，五国银行团又以盐税余款四百五十万元交给政府，以示对徐世昌的支持。又郑重表示，在中国实现南北统一之后，更大数目的善后借款也会随即跟进。

徐世昌赶紧把段祺瑞、曹锟、张作霖等都邀来召开会议，申明国际上的态度和期望。段祺瑞等看风向有变，口气也软了下来，希望众人服从总统政策，早日实现国家统一。

徐世昌很懂火候，一看形势对自己有利，既想把自己的局布完，也想趁机发泄一下自己就任以来的不满。于是他严肃地对大家说道，本来我是不想出山的，只因局势无法收拾，你们又三番五次地请我，我这才勉为其难。但我就职之后，也不能让我老哥一个登台演戏呀，正式组阁之事，拖延至今也无果。如果事事都这样，那我还干不干活了？

经过这一番明里暗里的较量和讨价还价，会议决定，允许南方召开对等和平会议，同意钱能训担任正式总理，副总统问题暂时搁置。

　　徐世昌这一方取得了明显的胜利。

　　在众参两院全都投票同意钱能训担任总理的情况下，12月18日，徐世昌以总统令的形式，正式任命钱能训为国务总理，靳云鹏担任陆军总长。

　　就在徐世昌正式任命的前两天，也就是12月16日，被老徐支开骗到日本去的小徐回国了。本来他是反对主和，也反对由靳云鹏担任陆军总长的，但已经没办法改变局势了。权谋家中招，这可真是稀有的事。

　　徐树铮本来和靳云鹏并无矛盾，而且也是同一个战壕的战友，徐树铮与靳云鹏、吴光新、傅良佐一起，并称段祺瑞手下"四大金刚"。靳云鹏还是段祺瑞的学生。徐树铮之所以反对靳担任陆军总长，是因为自己想当陆军总长，绝对不希望看到靳云鹏坐大。

　　但老徐可不想把这个刺头放在这么重要的位置上，那总统和总理就没法办公了，所以，老徐是紧着倒腾，终于在小徐回国前把大局搞定了。可真是长出了一口气。

　　看来，老徐不愧是"水晶狐狸"、翰林总统，自己考进士时的那些书没有白读，不管是在关系协调方面，还是人事任命方面，都大有过人之处，其手法已经达到炉火纯青的艺术境界了。

　　从老徐暗中排斥小徐、任命自己人担任要职这些动作要领上，以及老段那无处不在的大手对于政坛的掌控方面，我们抛开情感和道德要素，纯从技术层面，来仔细品味一下领导的正反之道。

　　这里所说的"正"，是领导的"正经"，摆在台面上的，相当于武功的标准套路。一个好的领导，要关照好三个关键词：领导、管理、整合。领和导，即方向正确，因势利导。这是大方向的定位，即执政方针。管和理，即管人理事。知人善任，人尽其才，把自己人用好到位，既利人，又利己。比如西游记团队里面，探路的就是猴儿，扛耙子陪领导聊天的是八戒，挑担子搞后勤的是沙和尚。如果搞乱了次序，八戒打前锋，沙僧聊天，猴儿负责后勤，这就乱套了。理事就是抓住关键问题，这样就把握了事物的主要矛盾。整与合，就相当于统一战线，即资源整合，把各方面力量集合起来，助长自己，借势借力，为我所用。

徐世昌总统上任后,先要实现国家和平,维护社会秩序,以完成领导的基本职责,所以他抓南北和谈,促和平统一,以稳定自己的新政地位,并为此作不懈努力。徐世昌内争各方支持,同时又外借国际力量,充分展示了领导之道,非常得法。

品味了领导的"正"之道,接着再来感悟一下领导的"反"之道,也就是领导的"反经"。这是不能拿上台面的,它是在领导心间运筹的、只可意会不可言传的东西。从某种程度上说,"正经"的阳谋之道,是领导的必修课,但作为"选修课"的"反经",也同样是领导水平和领导能力的重要体现。

"反经"之道,博大精深,无穷无尽,这里仅从领导选人用人之术方面,窥见一斑。

领导对于部属的任命和使用,是一门艺术,很好玩的艺术。运用之妙,存乎一心。

正常说来,干部任命和使用,干部晋升和各种重要位置的获得,当然是要看他的成绩与贡献。

但其中有一个奥妙,就是上级给不给你这个做事的机会。而给不给你这个机会,关键在于领导对你的信任度。

对于自己人,可以给你一个既能露脸又少风险的机会,那么,成绩不就有了吗?同样是智力测验,我问你是不是"1+1=2",或问你怎样证明"1+1=2",那难度能一样吗?其中一道是需要牛顿类型的人来解的,另一道是钝牛类型的人都能解的。

待到评功授奖择能使用时,你们别人谁有这个功劳?谁的经历这么全?既有基层经历,又有机关经历,既当过副职,又当过一把手,既有资历,又有学历,还在核心部门工作过,没有吧?那我提拔他,你们还有什么话说?有能耐,你们也做出这样的事,我也提拔你们。其实或许心里想的是,我知道你们肯定能做好,但我不给你们这个露脸的机会,你们能怎么着?是条龙,你们也得给我盘着;是只虎,你们也得给我趴着。

为什么人们常感叹乱世出英豪?因为乱世里,需要有真正才能的时候多。那种没有什么才能,只想靠巴结领导上位的,自然机会就少。

这里，我们只说了"多"与"少"，哪种情况都不是绝对的。

即使是在生死较量的战场，同样是打仗，让你当运筹帷幄的小领导，还是当冲锋陷阵的小战将，其生存率和死亡率如何，大家心领神会。而功劳呢，当然是劳心者治人，劳力者治于人。"指挥有方"和"一介武夫"，能同日而语吗？

所以，这门大大的艺术，可要慢慢学。

而从前面段祺瑞不管在什么情况下，都信任和任命徐树铮这件事，我们还可以看到，部属要是想高升，关键在于"站队"，关键要看跟着谁走。

跟对了人，缺点是"大者亦小矣"，优点是"小者亦大矣"。如果跟不对人，那么，缺点就"小者亦大矣"，优点是"大者亦小矣"。

灵活运用望远镜和显微镜，是领导艺术成熟的表现。

老徐和老段这对老油条，果然是领导中的领导，公鸡中的战斗机。

"和谈"

然而，政治上的事远远没有那么简单。

政治玩的是实力，有枪杆子，才会挺直腰杆子。没有实力，想凭空手道就玩转大盘是不可能的。徐世昌总统没有兵权的支撑，纵然有千般能耐也是万般无奈。他所构想的一切美妙图景，就像是在沙滩上作画一样，潮水一来，一切都会无影无踪。

因此，徐世昌在谋求和平统一的道路上，遇到的困难越来越多，越来越复杂，越来越解决不了，事情根本就不会按照他头脑中设计的思路进行。

单说南北双方停战这一事，远远不是"1+1=2"那么简单了。

陕西是陈树藩（给袁世凯敲丧钟的"送命二陈汤"其中的一"陈"）的地盘。早在1918年元月，陈树藩的部下、曾是同盟会会员又与国民党于右任走在一起的胡景翼率部独立，成立陕西靖国军，并加入了西南护法军，随即把陈树藩赶出了渭南。

陕西地处关中，地理位置极其重要，既是北方的屏障，又是抵达西南的战略要地,段祺瑞决不允许南方部队占领。因此,在徐世昌发布停战令时,段祺瑞坚持陕西这里为"匪区",以"剿匪"为名,派兵攻打陕西靖国军。

你胡景翼竟然敢在握有北洋重兵的"北洋之虎"眼皮子底下玩军事,我要是不打你,都对不起你。谁再敢拦着我,我就连这个人也一块儿打。

有的人可能会说,事情真的不能通过和平谈判解决吗?历史上赵匡胤杯酒释兵权,那不是说服的吗?其实,这样理解杯酒释兵权,就大错特错了。我们只看到表面上的一派祥和,其实背后必然是杀机四伏。如果赵匡胤不把刀斧手准备好,那万一大将反抗怎么办?皇帝怎么可能这样大大咧咧?他要是不做万全之备,绝不敢端杯对将领说话。而将领也自然知道,当皇帝这样说的时候,他们再也没得选择了,敢说半个不字,连饺子馅儿都当不成,立刻得做成"醢"——和鱼子酱差不多的东西。

杯酒释兵权,可不是谁都能玩的,玩不好就会血光四溅。大家试欣赏一下《三国演义》第二回中,也有人想玩这一招,想靠嘴皮子说动别人放权,结果成了笑柄。

> 何太后见董太后专权,于宫中设一宴,请董太后赴席。酒至半酣,何太后起身捧杯再拜曰:"我等皆妇人也,参预朝政非其所宜。昔吕后因握重权,宗族千口皆被戮。今我等宜深居九重,朝廷大事任大臣元老自行商议,今国家之幸也。愿垂听焉!"董后大怒曰:"汝鸩死王美人,设心嫉妒。今倚汝子为君,与汝兄何进之势,辄敢乱言。吾敕骠骑断汝兄首,如反掌耳!"何后亦怒曰:"吾以好言相劝,何反怒耶!"董后曰:"汝家屠沽小辈,有何见识!"两宫互相争竞。张让等各劝归宫。

这就是"只能打服、不能说服"的生动注解。

南方政府提出抗议,要求陕西必须停战,才能坐下来和谈。但段祺瑞寸步不让,撸胳膊卷袖子,坚决要给胡景翼施以颜色。

徐世昌不甘心自己费了九牛二虎之力才促成的和局中断,争取舆论,奔走呼吁,调动各方面力量来调解这件事。

好在徐世昌的面子比别人大,段祺瑞对其还算尊重,也比较买账,同时在社会各界名流、期待和平的社会团体的共同努力下,加上有主张和平的封疆大吏,如江苏督军李纯等多次向政府致电呼吁和斡旋,双方终于答应陕西停战、共派人监视停战、划定停战区等,这样才使南北双方在谈判桌前坐下来商讨和平统一问题。

1919 年 2 月 20 日,上海和平会议开幕。唐绍仪和朱启钤分别代表南北双方致辞,随后便拉开了将近三个月的曲折谈判。

从 2 月 20 日到 5 月 13 日这段时间里,双方共进行了八次正式会议,二十多次非正式谈话会,却总是吵吵嚷嚷,毫无结果。南北双方都指责对方应负和会停开的全责:南方说北方毫无诚意,北方说南方别有用心。

谈判桌上是这样,战场上也同样是这样。大家口头上宣布了停战,其实一直没有停战:北洋军进攻势头不减,非要吞掉靖国军不可;靖国军针锋相对展开对打,坚持要从徐总统宣布停战之日起划定边界,以此要回被北洋军攻占的土地。

双方就这样打打停停,并围绕着陕西停战、撤换陈树藩和军事外交等问题展开了激烈的辩论。

关于陕西停战和撤换陈树藩问题,南方政府态度非常强硬:如果不撤换陈树藩,其他诸事免提,就在会场坐着,直到把陈树藩撤掉才能谈下一步工作;并且向北洋政府下了最后通牒,限令四十八小时之内给以圆满答复,否则就中止和会。

这是一个非常棘手的问题。徐世昌很清楚,打狗还得看主人呢,陈树藩与皖系走得近,如果动了陈树藩,那会直接触怒段祺瑞。万一段老虎真发怒了,哪一方面都不可能得好。

在此期间,双方还就裁撤参战处和参战军问题、停支参战借款问题进行了谈判。南方注意到,世界大战都结束了,可皖系的参战军还在练,小徐起劲地鼓捣,这是什么意思,目标指向谁?所以参战借款必须停止,参战军必须裁撤。可是,军队大权完全被段所垄断,这个问题徐世昌怎么敢做主？不过可以考虑先移交陆军部，以后再议裁撤的问题。

关于裁军问题，总统徐世昌也有自己的想法和考虑。他想把全国的一百三十八万军队缩减为五十万人，然后实行军民分治，军人不得兼任省长，以此逐渐把大权收归中央，也就是集中到自己手里。

面对徐世昌的理想主义，小徐没有直接反对，但他玩了个花样。他对老徐说："裁军好啊！但你看见没？南方这几个人明显就是不想遵从您的意见，他们居然让北洋军先裁，这是何道理？依我之见，为了防止南方人不听我们北洋系的话，应该'保存参战军用以监督裁兵'。"

老徐只能苦笑。看来，即使自己磨破嘴皮子也动不了这个裁军问题啊。

四十八小时到了，徐世昌的代表没有在陈树藩问题上给予答复，和会宣告中断。

和会的中断，引起了国内外的高度关注。不仅英、法、美、意、日公使准备对中国提出劝告，希望在欧洲和约签订之前，中国最好能实现内部和平，国内的各团体也纷纷致电谈判双方，请顺应民心，维护大局。

迫于各方面的压力，南北双方谁都不想承担"破坏和平"的罪名，所以中断了一个月的和会又像老牛拉破车一样，吱吱嘎嘎地继续艰难进行。

为了避免前面的谈判因为某一个问题陷入僵局的情况，这次双方各提出自己的想法，把一揽子协议都摆明，分类之后，再逐项讨论。这样，和会基本上就围绕着六大议案而展开了：国会案、财政案、军事案、政治案、善后案、承前续议案。

在这些议案中，双方意见虽然都存在重大分歧，但逐渐趋于一致。只有国会一事，双方无法谈拢。

南方护法军政府坚持恢复旧国会，解散安福国会。这个问题，和军队问题一样棘手。安福系的后台老板是段祺瑞，这怎么可能解散？而徐世昌也是安福国会选上来的，解散了安福国会，那不就是连徐世昌都没有合法性了吗？

连大力倡导和平的徐世昌听到这个提案，都直摇头，表示南方的提案太过分了,得寸进尺,不知深浅。

这哪是为了和谈?明明是故意要谈崩。

还好徐世昌见多识广,他大概对这些问题早就有过考虑,所以他并不着慌。徐世昌认为,当前的局势,南北双方应该各退五步,可以考虑在南京恢复召开 1917 年中断的宪法会议,继续完成从前宪法"二读会"通过的宪法案,算是恢复旧宪法,并通过旧宪法追认徐世昌为总统。这样的话,南方的地位得到了法律确认,自己的总统地位也有了保证。然后,也别管什么新旧国会,同时解散,再根据宪法选举新国会。这样的话,不是两全其美吗?如果南方不同意,可以在金钱上给点补助。

本来,徐世昌前面的一系列运作,像是老狐狸手法;但想把新旧国会同时解散,再由宪法选举新国会的事,却又显出了徐世昌的天真和没有兵权的无奈。

南北都有重兵,谁会退步?同时退步吗?那不是便宜你这个没有兵权的人了吗?哪家国会能让你解散?凭什么让大家在自己身上割肉来成就你徐世昌的美名?

徐总统的提案,立刻遭到了安福系的强烈反对。他们痛骂徐世昌、钱能训见利忘义,企图以牺牲安福系来换取南方的支持,真是痴心妄想,可笑之至。让旧宪法确认你的地位,那不就是变相地推翻安福系吗?我们安福系岂能容忍?

安福系对和会代表提出了严厉警告。

南方军政府也对徐世昌的提议感到不满。

谈判又陷入了僵局;政坛老狐狸徐世昌也感受到了前所未有的压力,苦苦地解释自己绝没有取消安福国会的意图。

然而,一波未平,一波又起。就在徐世昌感到力不从心的时候,另一场更大的风暴和危机已经降临,那就是国际上的巴黎和会与国内的五四运动。

危机,危机,危险中才蕴藏机会。只是,在这一次危险中,到底藏着谁的机会呢?

第二十四章 ＼ 风云激荡 ＼

战胜国的待遇

历史本身非常复杂。

如果有谁敢说他看懂了复杂而深邃的历史，其实，毋宁说是历史看懂了他，看懂了他的浅薄、他的无知、他的自大，以及他的狂妄。

只有真正读史阅世之人，才会明白一个至深至浅的道理：岁月太深，人太浅。我们多数人不过是以管窥天、以蠡测海、以莛撞钟、以锥刺地罢了，所以结果必然是"所见者小，所刺者巨，所中者少"。

不要说历史这么一个大概念，即使是历史进程中的某一事件，也不是轻易能看懂的。如果你真的要接近历史的真相，有时可能会需要十年、数十年，甚至上百年的时间，而且还要心态平和、史料充足、悟性过人。

正因为历史是这么复杂，并不是单面体，也不是直线思维所能领悟的，所以恩格斯为了让人们尽量全面、科学地把握历史，他曾经提出过一个著名的"历史合力论"，这个合力论认为：

> 历史是这样创造的：最终的结果总是从许多单个的意志的相互冲突中产生出来的，而其中每一个意志，又是由于许多特殊的生活条件，才成为它所成为的那样。这样就有无数互相交错的力量，有无数个力的平行四边形，由此就产生出一个合力，即历史结果，而这个结果又可以看做一个作为整体的、不自觉地和不自主地起着作用的力量的产物。因为任何一个人的愿望都会受到任何另一个人的妨碍，而最后出现的结果就是谁都没有希望过的事物。

那么,对于巴黎和会这样的国家角力舞台,到底牵扯了多少方面的合力才形成最终的结局呢?而由巴黎和会引发当时国内的五四运动,其形成过程又有多少股合力呢?

当我们今天回望的时候,必须先把这几股力量的"线头"牵在手里,再顺藤摸瓜,才有可能向真相迈进。

单纯从"线头"上看,脉络就清晰多了,可用几句话来概括:

美国想利用中国牵制日本,徐世昌总统趁机利用美国力量来打击亲日的段祺瑞,以梁启超为代表的研究系又想拱掉财力极其雄厚的新交通系,大家在互相利用中又涌进了学生这股力量,直系吴佩孚又在后面起着劲地用笔和剑向皖系投掷……

乱局之中,究竟谁是赢家?谁是输家?谁是棋子?谁是下棋之人呢?

故事还得从"一战之后,竟是谁家天下"说起。

1918 年 11 月 11 日,第一次世界大战以协约国的战胜而告终。

消息传来,中国人欢欣鼓舞,因为中国也是战胜国的一员。

自从 1840 年鸦片战争以来将近八十年的时间里,我们是一败再败,这次终于也尝到当"战胜国"的滋味了。虽然中国没派兵,但我们向欧洲战场输送了十四万多名华工和大量的粮食,后勤战线、修桥筑路方面,我们是出了大力的。历代兵家有名言曰:外行看战场变化,内行看后勤供给。真正的战争,不就是打的后勤吗?所以,我们是理所当然的战胜国。

前文有述,国内曾经因为参不参战的问题,斗得不可开交,最后段祺瑞占了上风,决定参战。如今一战胜利了,这回大家知道出兵的好处了,再也不嚷嚷了,都想抢风头亮相了。举国上下一片欢腾,刚刚上任一个多月的大总统徐世昌也是喜不自胜,决定在紫禁城举行盛大的阅兵式,以示庆贺。

欢呼声还没消尽,有识之士开始考虑长远问题了,那就是怎样利用战胜国的身份,在即将召开的战后巴黎和会上,改变中国半殖民地的国际地位,为国家谋求更大的利益。

　　经过第一次世界大战,英国和德国打得筋疲力尽,日不落帝国的国势开始衰落,美国和日本双双步入世界强国的行列。美国财大气粗,也想主导世界,确立国际关系的新秩序。为此,美国总统威尔逊发表了十四条宣言:呼吁各国签订公开和约,杜绝秘密外交;公正处理殖民地问题,在决定一切有关主权问题时,应兼顾当地居民的利益和殖民政府之正当要求;建立国联;等等。

　　对于威尔逊的口号,列强反应冷淡,他们明白美国拼命推销的"民族自决论",即"各民族有权按自己意愿处理自己的事物",不过是想用唱高调的方法来取得发言权和话语权,进而取代英国的霸主地位,这套把戏,欧洲人早就玩过了。

　　但是,威尔逊的口号,对于饱经战乱、长期受到欺凌的弱小国家来说,却非常有吸引力。对于积弱的中国来说,也很难抗拒这个诱惑,所以热情地回应了威尔逊。

　　威尔逊一看,虽然列强不理我,但到底还是有理我的嘛。China,你是友邦,你的事儿,就是我的事儿,我们美国要全力扶持中国发展。

　　这样,美国突然送来"秋天的菠菜",使中国各界对战后召开巴黎和会的期望值陡然提高。

　　威尔逊大打中国牌,对中国大加示好。他要干什么呢? 难道真的是为中国好? 要判断威尔逊的真实意图,其实并不难。我们不妨重温一下阎锡山的一段名言:

　　　　突如其来之事,必有隐情,惟隐情审真不易,审不真必吃其亏。但此等隐情,不会是道理,一定是利害,应根据对方的利害,就现求隐,即可判之。

　　阎锡山的"心"经,确实有味道,字字警示人心。不管是用在人际交往还是国际交往上,都很灵。其核心要义是,要根据利害来判断对方的行为和心理。

　　那么,美国威尔逊的"利害"关系是什么呢?

刚才说过，经过第一次世界大战，英国和德国衰落了，美国和日本步入世界强国行列。美国借着收拾残局的余威，在欧洲已经能与大英帝国平起平坐，甚至在相当程度上超过了英国。因为，虽然二者现在是并列的交集，但英国走的是下降路，美国走的是上升路。

而在亚洲，美国要想压日本一头的话，必须拉拢盟友。当时的中国虽然实力较弱，但毕竟是曾经的天朝上国，瘦死的骆驼比马大，如果恢复发展，会是压制日本很好的伙伴。

正是出于这个考虑，威尔逊才向中国抛出橄榄枝。

当时的北洋政府，与日本关系如何呢？

应该说，当时的中日关系，步入了缓和期。

前文有述，袁世凯在世的时候，大隈重信内阁不顾国内元老派的反对，逼着袁世凯与日本签订"二十一条"。但日本在"二十一条"上并没有取得实质性的便宜（核心要件都被袁世凯谈掉了，只剩下十二条），却激起了中国人强烈的民族情绪，日本的企业和个人因此在中国处处受到敌视，所以大隈重信内阁很快倒台。

继任的寺内正毅内阁上台后，吸取了大隈内阁的教训，开始主动缓和与中国的关系，还以非常优惠的条件给段祺瑞政府借款。这种优惠和友好，取得了相当的回报，连一向主张对日强硬的段祺瑞都软了下来，与日本外交走近，使日本获得了在中国东北筑路、采矿等权利。

在此情况下，中日同意在巴黎和会上互相支持，步调一致。

不过，美国人一点儿也不傻，对中日之间的外交关系非常了解。美国人也知道，想让段祺瑞政府改弦更张，可能不太容易，要投入比日本更优惠的条件，才能吸引段祺瑞，莫不如支持与段祺瑞作对的总统，这就事半功倍了。

所以我们看到，黎元洪与段祺瑞进行府院之争时，美国会经常鼓动黎元洪。没有他们的鼓动，可能黎元洪的胆子还没那么大，竟敢直接罢免段祺瑞。但老段腰杆儿硬，黎元洪向老段打出一掌，反被内力雄厚的老段震成内伤，最后不仅没撼动老段，还把自己搞下台了。冯国璋任总统时，段祺瑞仍然是坚挺的。

徐世昌当上总统时,一战也进入尾声。美国急于拉拢中国,并使中国改变亲日态度,要怎么办?当然是鼓动徐世昌了。鼓动徐世昌干什么?走亲美路线。

正是威尔逊给中国传来的好消息,才使中国朝野上下对巴黎和会的期望值大大提高。要不然,只派民工上前线进行修桥筑路的"参而不战"方式,中国自己都没底气。

为此,北洋政府高度重视战后的这次和会。12 月中旬,北洋政府任命陆征祥、施肇基、顾维钧、魏宸组、王正廷五人为中国代表,也是总统派出的全权委员,组成中国代表团,团员共五十二位。

和会还没开始,中国代表团突然接到巴黎方面的通知,原定给予中国的五个代表席位被减至两席。

这是怎么回事呢?据记载,原来列强们把参加和会的国家分成了三类:一是五个主要协约国,每国五个席位;二是战争中提供过某些有效援助的国家,每国三个席位;三是协约国阵营中的其他成员,每国两个席位。中国竟被归在第三类,因此仅分给两个席位。〔天津编译中心编《顾维钧回忆录缩编》(上册),中华书局,1997 年,第 45 页〕

中方再三要求也没能改变这一决定。和会答应,虽然给两个席位,但可以轮流派代表参加。五位代表谁也不愿意下来。顾维钧是最年轻的,刚刚三十一岁,他认为把自己排在最后是正常的,可当时也不知是怎么协调运作的,最后决定派陆征祥和顾维钧为正代表,另三人是副代表,其他几十个人出谋划策。这也是到异国后必须携手并肩的作战团队。

北洋政府当时挑选这批外交精英,也是煞费苦心。正代表陆征祥,就是参加"二十一条"谈判中让日本人非常头疼的"陆难缠",精通法语和俄语,此人带队且为正代表,正合适。

顾维钧,美国哥伦比亚大学哲学博士,曾参与"二十一条"的谈判。经过几年的历练,当年的年轻人更加英姿勃发、沉稳老练了。但他自己不知道,在即将到来的巴黎和会上,自己会唱主角,力争国权,大出风头。

另外三位副代表也相当了得:施肇基是美国康奈尔大学博士,魏宸组毕业于法国,王正廷毕业于耶鲁大学。这些人不仅是人才中的精英,在国外也有相当的人脉关系。

为了进一步掐断中日的缓和关系与氛围，就在陆征祥动身前一周，美国突然对华提出：中国不能脚踩两只船，在美国与日本之间，只能选一个。

要跟我好，你就别和小日本好；要和小日本好，你就别抱我的大腿。你们休想既联美，又联日，我山姆大叔可不是为了让你们占便宜而生的。

对于徐世昌来说，要想当上真正的实权总统，就得对抗段祺瑞，取得美国的支持是最好不过的了。但他又不敢过分得罪段祺瑞，便采取了"联美、不反日"的方针。

说白了，"联美"就是要"制段"，反不反日，就得视外交情况而定。如果美国确实靠得住，那就反日；如果美国靠不住，那也不能得罪日本。

按计划，此次中国代表团前往巴黎之前，外交总长陆征祥要先访日，在那取得中日一致意见，再赴美国，然后赴巴黎。中国驻日公使章宗祥大力斡旋，为陆征祥争取到了与天皇见面的机会。

可是，徐世昌把外交的调子悄悄作了调整。而美国得知陆征祥首站是日本，便发出强烈讯息给陆征祥，意思就是警告中国不要与日本走得太近。

陆征祥很是为难。段祺瑞目前"下野"，徐世昌政策微调，靠近美国，章宗祥还把自己访日的声势造得这么大，要与天皇见面，陆征祥应该怎么办？得，装病吧。

所以，陆征祥离开奉天赶往汉城（现首尔）时，就给驻日公使章宗祥发电报，说自己中途受凉，旧病复发，喘气费劲，离不开担架，"病"得实在不轻。

12月4日，陆征祥一行搭夜船从釜山到达马关，随即又给章宗祥发报，说自己病得厉害，也给日本外相内田康哉发了电报，为不能如期赴东京而抱歉。

老外交官章宗祥虽然对于陆氏行为感觉莫名其妙，但也敏锐地嗅出此中的极不寻常。明摆着陆老油条是不想来东京见天皇了，他猜出外交政策可能出现重大调整，而自己在其中还热心地做着无用功，怎么办啊？

你陆征祥不是装病吗？那我也不干了。

章宗祥向钱能训总理发电，说自己要辞职。

钱能训总理赶紧给陆征祥拍电报，请克服"身体困难"，赶紧奔赴东京。

陆征祥就这样磨磨蹭蹭地向前行进着，先派参事刘崇杰赴东京接洽，自己是边拖、边走、边思考。几经折冲后，陆征祥最后决定还是赴东京，但因为"身体原因"，与日方做最低限度之接洽。

12月8日下午，日本外务省派汽车到横滨，接陆征祥一行前往东京。到东京后，陆征祥与日本的内田外相进行了会晤，然后请日本外相把徐世昌总统的亲笔信转递给天皇。

据驻日公使章宗祥回忆，日本外相来探口风时，陆征祥用了典型的外交辞令，模糊应对，即"漫应之"。章宗祥说："内田力言中日两国务宜步调一致，陆答甚含糊。谈次偶及交还赔款问题，内田顾余曰：日本政府愿将赔款退还中国，从前业向贵公使声明，经贵公使报告贵国政府来电致谢，此事无须再向和会提议矣。陆闻之，亦不置词。"（唐启华：《巴黎和会与中国外交》，社会科学文献出版社，2014年，第126页）

章宗祥同时又记录说，内田外相非常希望中日两国步调一致，因此"对于中国希望各节，口气间尚无拒绝之意。至青岛问题，内田谓日政府将来必照前定交还中国之精神进行，惟照法律手续，形式上须俟日本向德国取得后，再行交还中国"。（唐启华：《巴黎和会与中国外交》，第126页）

从中我们可以看出：在此之前，中日似曾达成一定的谅解或共识；且从字面意思来看，日本急于稳住中国，口头答应的条件很优厚——只要你不吱声，别在巴黎和会上提出那个山东问题，我们会把以前的许多赔款都还给你们。青岛嘛，只要你们支持我们大日本从德国手里抢回来这件事，那么我们将来也会转交给你们。

鬼子的外交鬼话，到底有几分可信度，人们自会心知肚明。反正当时装病的陆征祥是一味地打哈哈。

12月10日，陆征祥离开日本，自横滨乘船赴美。

巴黎和会开幕

陆征祥到美国后，双方进行了哪些交谈，目前并没有史料证明。只是陆征祥在给外交部的电报中提到美国对他们的接待甚殷，"照料周至，深为可感"，弄得病恹恹的陆征祥"病体渐愈，已可走动"。（唐启华：《巴黎和会与中国外交》，第130页）

陆征祥在美国取得的外交成就也不小。他在纽约就针对即将进行的巴黎和会发表声明：交还青岛，置中国于各国同等地位，改正国际通商条约。

从这个声明，我们可以进行推测，陆征祥不愿表现出与日本过度亲热，是怕美国人不高兴。陆征祥到美国后，美国一定是对中国做了许诺，所以中国才提出这几款明显有威尔逊十四点建议痕迹的声明。尤其是要"置中国于各国同等地位"，这便是要摆脱日本控制的信号。这在与美国会谈前是没有提出的。

唐启华教授考证后认为："陆征祥之急遽转向联美制日，决定在和会中提出山东问题及《民四条约》应是他抵达美国以后的事。此后陆征祥极力否认在东京曾与内田有过承诺，并试图消除档案文件中的相关痕迹，但在巴黎和会时，陆氏对日本有过承诺之说传布甚广，陆征祥颇感困扰。"（唐启华：《巴黎和会与中国外交》，第127页）

也就是说，在得到美国明确承诺之前，中国是没准备在巴黎和会上提出山东问题和"二十一条"问题的。没有大国支持，中国贸然提出也不会起作用。

纵观1900年以来的国际政治和国际关系，美国在亚洲政策的习惯手法有一个鲜明的特点：不是用中国牵制日本，就是用日本牵制中国。明白了这个道理，再来反观巴黎和会时大国之间的政治较量，就清晰得多。

1919年1月11日，中国代表团抵达巴黎。顾维钧在回忆录中这样描述自己对和会的期望："即将召开的和会是一次非同寻常的机会，中国可以借此谋求某种程度的公平待遇，并对过去半个世纪以来所遭到的惨痛后果加以改正。"

12月17日，顾维钧电告外交部，把陆征祥与美国会谈的情形进行了介绍："我国对于和会之主张及希望，于上月26日在美京见威总统，及29日见蓝辛密谈，要旨已电告。美国各全权14日抵巴黎，钧约谈过两次，第二次会晤时与胡、施二使同往，美全权云中国希望条件能办到何等程度，须与他国接洽商议后方能断定，语意甚诚挚；并谓此次和会断无损及中国，且相信可增进中国国际地位。"（唐启华：《巴黎和会与中国外交》，第136—137页）

此时，顾维钧和其他与会代表在集中精力忙着会前的准备工作。据顾维钧在其回忆录中说，代表团到巴黎后，"我整天埋头于准备工作。为中国代表团草拟了一项计划，已备陆总长抵法后呈请批准。我至今还清楚记得，我曾经开列过一张单子，包括以下七个问题：一、"二十一条"和山东问题；二、归还租借地；三、取消在华领事裁判权；四、归还在华各地租界；五、撤走外国驻军；六、取消外国在华设立的邮电机构；七、恢复中国关税自主"。〔天津编译中心编《顾维钧回忆录缩编》（上册），第45—46页〕

从顾维钧在和会召开之前进行的准备工作来看，他一定是接到了来自陆征祥总长方面的电报，有了明确的指示精神，那就是联美抗日。而顾氏准备的这七个问题表明，中方已经决定在巴黎和会上，不与日本"保持一致"，直接抛出日本人最想回避的山东问题，请大国裁决。

实际上，当时的中国已经长期积贫积弱了：庚子赔款还没付清，还年年借钱，清末的几次战场惨败的心理创伤还没恢复。如果没有美国的鼓动，此次和会，本没有力量和勇气来争取平等地位。中国方面对此本来十分清醒：杨白劳和黄世仁，怎么争平等？哪有给东家提要求的份儿？正如唐启华教授所写："北京政府在和会前没有想过可以废除《民四条约》，规划将山东问题依据中日成约处理，主要担心日本是否会遵守承诺归还青岛，以及归还条件如何。"（唐启华：《巴黎和会与中国外交》，第166页）

但美国的支持，像是给中国注入了兴奋剂一样："受威尔逊十四款影响,中国代表团对于和会颇具奢望,欲一举而除去一切束缚,使中国进入自由平等之地位。"(唐启华:《巴黎和会与中国外交》,第 140—141 页)所以才提出了上述七个方面的一揽子解决方案。

然而,唐启华教授的分析也提道:"事实上,中国对欧战贡献有限,而拟在和会提案的范围却很广泛,固然展现中国朝野对追求平等自由国际地位的愿望,但牵涉太多战胜国在华之特权,相当不切实际。"(唐启华:《巴黎和会与中国外交》,第 142 页)大家不妨回头再看《顾维钧回忆录缩编》中记述的七个方面问题,就知道,那不仅仅是与日本开干,而且是要抹掉列强在华的所有利益,这就必然遇到更大的阻力。其实,这并不是很理性的外交策略,须知当时的中国有多弱,须知古有明训"欲速则不达"。

1919 年 1 月 18 日,巴黎和会在法国凡尔赛宫隆重开幕,来自二十多个国家的一千多名代表参加这次会议,会议主席由东道主法国总理克里孟梭担任,副主席由美国国务卿蓝辛、英国首相劳合·乔治、意大利首相奥兰多、日本代表团长西园寺公望侯爵担任。这次会议也就由美、英、法、意、日五大国来操纵。这五大国的代表都是五人,而中国只许两名代表参会。

巴黎和会还设立了决策机构——最高会议。最高会议设一个议长,由法国总理克里孟梭担任;议员由那五大国各派两名代表组成,他们分别是:美国总统威尔逊、国务卿蓝辛,英国首相劳合·乔治、外相贝尔福,法国总理克里孟梭、外长毕勋,意大利首相奥兰多、外相沙尼诺,日本西园侯爵和牧野男爵。

日本此次参加和会的主要目标,一是要国际承认日本的大国地位,二是让列强承认日本对华的独特关系,尤其是取得德国原在山东的一切特权。

以日本人的精明,陆征祥在日本的态度,他们不会不察觉。即使陆征祥痛痛快快地与日方会谈,日本人也不会不做好应对中国问题的预案。

所以,日本人当然没有那么傻,他们很清楚,即使中国在和会上抛出山东问题,日本人也相信,中国实力弱,列强不会公开支持一个弱国而与强国为敌。而且,日本人早就留了后手。

早在世界大战正酣的时候,列强急欲取得日本的支持,且为战后瓜分殖民地做好了准备。1917年2月,日本与英国换文:对于在和会之际,日本提出对德国在山东省的诸权利和德属赤道以北诸岛的要求时,英国保证支持;日本则支持英国取得赤道以南德属诸岛屿。法国于3月1日、俄国于3月5日、意大利于3月28日做出了同样保证。日本又于11月2日与美国签署《蓝辛-石井协定》,美国承认日本于中国有特殊之利益,两国政府声明,在中国支持门户开放与工商机会均等主义。〔日本外务省编纂《日本外交文书——大正六年》(第3册),1968年,第644—660、813—817页;参见唐启华《巴黎和会与中国外交》,第139页〕

也就是说,日本在法理上已经占了先机,牢牢捏住了英、法、美、意的小辫子。只要在关键时刻抛出他们与自己的协定,那列强准得乖乖低头。而中国人却毫不知情,以为美国给的承诺真的像天上掉下的馅饼砸在了自己头上呢,视美国为自己的唯一有力援手,高高兴兴地准备在巴黎和会上与日本开干。

也不知美国人对陆征祥都许诺了什么,我们今天所能见到的美国对华承诺,也就是他们宣称不承认中日之间以往的既成条约,主张"公理正义",反对秘密外交,总之使中国谈判代表对此次和会的期望越来越高。1月18日,就在巴黎和会开幕当天,陆征祥就拍电报给国内的外交部说,我们马上要在和会上提出山东问题,请把与山东铁路借款有关的合同赶紧给我发过来。

陆征祥此举表明,在谈判出发前,国内并没有想在和会上直接提出山东问题。能让老牌外交官陆征祥如此激动,一定是美国做出了非常特别的许诺。否则,慢性子的"陆难缠"不会是这种风格。

外交部很快就把中日之间的密约条款发过来了。济南至顺德、高密至徐州二铁路,原来是要从德国借款修的,1918年交通部转向日本借款,又由驻日公使章宗祥与日本银行签订了二铁路的借款预备合同。其关于解决山东悬案,另用换文提议。

虽中日之间有成约，但既然美国人都主张"公理正义"，不承认中日之间的既成条约，那么中方代表认为可以把山东问题公诸大会解决。且有中国参战的有利条件，打破日本的束缚，是能做到的。

中国代表出击

1月25日，巴黎和会第二次大会，陆征祥见到日本代表牧野时，说中国的态度不变。大概此时陆征祥仍在观望中，看日本会不会把青岛交还中国。

此时的大会，正在讨论德国殖民地的处置问题。27日上午，日本代表发言时，要求把太平洋岛屿与胶州问题放在一起讨论，但却试图把中国排除在胶州问题讨论之外。

这个时候，美国开始帮中国发声了。不管怎么说，还是得感谢老美，没有老美帮着说话，当时的中国在和会上是发不出自己的声音的。

美国人说，讨论胶州问题，把中国排除在外，这样不好吧？还是邀请中国代表出席会议为妥。中午时分，美国代表把上午会议情况、日本的态度都知会了中方代表，让中国做好准备，下午出席会议，申明自己立场。

据《顾维钧回忆录缩编》说，这时中国代表团的第一主力陆征祥却卧病在床，只好让王正廷和顾维钧出席。但真实的情况应该是陆征祥接受了美国人劝告，暂且回避，先派别人前往，这样会为整个事情留有回旋余地。

下午，中国代表王正廷和顾维钧参会后，大会开始讨论青岛问题。

日本代表起身发言，因欧战时日本大力铲除德国在太平洋的海军基地，功劳甚大，故此，日本政府要求胶州湾租借地及铁路，连同德国人在山东其他一切权利，德国应无条件让予日本。

顾维钧起来发言说，青岛问题，关系中国利益甚大，深望最高会议给中国代表团一些时间，待我们充分协商后再进行讨论。

最高会议同意了中国代表的要求，决定第二天听取中国代表发言。

　　尽管形势比较紧张，但中国人仍不忘"工夫在诗外"。散会后，陆征祥携顾维钧拜访了美国总统威尔逊，双方交换了对日本的看法。中方请美国总统发言相助，威尔逊总统慨然应允。这样，中方代表的心才安稳下来。

　　回到寓所后，代表团成员们熬了个通宵。最后，年轻人顾维钧整理执笔，做了透彻的分析和充分的准备，于是大家决定由顾维钧来向大会作陈述发言。

　　第二天的五国会议上，顾维钧沉着冷静，侃侃而谈。他把这次陈述分为四个部分：分述德国租借权暨其他关于山东省权利之缘起及范围，日本在山东军事占领之缘起及范围，中国要求归还胶澳之理由，胶澳应直接归还中国之理由。而且，顾维钧从山东历史、文化等角度阐述中国对于山东的不容争辩的主权。当顾维钧指出"山东为中国孔孟两圣所诞生，实中国文化发源之地，为人民之圣城"时，无论从情感还是心理上，都表明山东问题对于中国来说，不容有丝毫损失，听得美、英、法、意四国代表很是动容。谁都没想到，巴黎和会上代表中国唱主角的，竟然是一个三十一岁的小伙子。加之顾维钧为民国出名的美男子（也有人说他是民国四大美男子之一），受美式教育，口才又好，中英文俱佳，其仪表、风度都让其他国家的代表另眼相看，暗竖拇指。听到精彩处，他们甚至不由自主地鼓起掌来。

　　他们哪里知道，以自己的举止和言谈征服与会代表的顾维钧，在参加巴黎和会前，其妻子唐梅（唐绍仪的掌上明珠）在席卷全球的"西班牙流感"（实起源于美国堪萨斯州的军营，造成全世界 5 亿人感染，约 2500 万—4000 万人死亡。但美国人成功甩锅给西班牙，所以其实应称"美国流感"）中刚刚病逝，并留下了两个年幼的孩子。顾维钧是强忍悲痛来参加和会的。

　　日本代表恼羞成怒，当堂与中国代表展开辩论，但在顾维钧有理、有据、有法的回击之下，日本代表丝毫没占到便宜。

　　比如，日本代表牧野想从既成事实和有约可依两个方面反驳顾维钧，这让美国总统威尔逊听出门道来了。怎么着，你还有我们不知道的密约？说出来让大家听听吧。

美国人当时为了避免与大英帝国发生冲突，所以把重点放在太平洋地区，先后得到夏威夷、关岛和菲律宾，与日本形成争夺与对峙状态。美国最担心中日间存在密约，美国不愿帮助一个对日本没牵制作用的中国。

而且，威尔逊十四点建议的头一条就是不得私订密约，特别是对于中国，美国本着利益均沾的原则，不能让日本人独吞。所以，他想让日本人把这个密约公布一下。

日本人面露难色，说，公布可以，但得向国内请示。

顾维钧是全权代表，直接就说，我们极愿意公布此约。

顾维钧此时，也是拼力一搏。他明白，公布的结果，无非是两种：第一种是认定密约有效，那山东问题就由日本人管；第二种是认定此前的密约无效，山东问题由国际共管。而顾维钧凭着他对美国人的了解，以及对威尔逊政策的分析，认为如果实在实现不了山东完全由我们自己说了算，那国际共管肯定比日本人独占要好得多。

但顾维钧深知，要想否定此款密约的有效性，必须从法理上否定其在订立时的合法性。所以顾维钧就既在法理上下功夫，又在感情上下功夫。顾维钧在大会上陈述道：

> 诸君都能知道，"二十一条"签订时，是中国地位最困难的时刻，而日方又下了最后通牒，我们实在是被逼无奈，这件事还得请大会来裁决，请诸君主持公道。话说回来，即使当年的条约有效，但我们是参加了欧战的，对德宣战方面我们是出大力的，巴黎郊外就有我们许多同胞长眠在那里。我们是战胜国，中德之间的一切章约，都因德国的战败而烟消云散。此时，从国际法上来说，山东问题已经从法律上归属了中国……

顾维钧的发言和辩论，措辞得当，不卑不亢，声情并茂，理由充分，气势磅礴，极富感染力，他的发言是在英美等国代表的掌声中结束的。美国总统威尔逊、英国首相劳合·乔治竟走过来与顾维钧握手并表示祝贺，称赞"这一发言是对中国观点的卓越论述"。而顾维钧在巴黎和会上的名言——"中国的孔子有如西方的耶稣，中国不能失去山东，正如西方不能失去耶路撒冷"，被《费加罗邮报》等多家重要报纸引用，顷刻之间传遍西方。

三十一岁的美男子顾维钧一时之间轰动了整个巴黎。

中日两国代表团在和会上的首次交锋，让日本人大吃一惊。他们没想到中国对于青岛问题的态度如此强硬，没想到这个年轻人顾维钧这么难对付，更没想到日本处心积虑计划吞掉青岛、霸占山东的计划遇到这么大阻力。会后，中日代表围绕山东问题，开始在几大国之间奔走，同时也不停地与日本进行激烈交锋。

这次巴黎和会，日本遇到顾维钧这根硬钉子很是不爽，于是想通过日本驻华公使压迫中方撤换几个代表，换上亲日的，这样就好交流了。

但这回日本的策略没有奏效。徐世昌总统褒奖顾维钧，并力挺顾维钧。同时他指出，别国无权干涉一个国家为生存而争取应有的权利，并希望世界各国均能发挥公正、自由和正义。

日本驻华公使小幡继续对中国进行百般恫吓："日本陆军有精兵百万，海军军舰也有五十万吨，现在无地用武。中日两国地在近邻，有纠纷应自家解决，不可依赖欧西列强，因为欧西列强远隔重洋，要想过问远东问题是力不从心的，中国不是有句俗话，'虽鞭之长，不及马腹'嘛。"意思就是说，你别指望欧美国家来帮你，他们鞭长莫及、力不从心，亚洲问题我是老大。

小幡的话，被美国人所办的《华北明星报》披露，接着英国人也在报纸上转载了，大家都来谴责这个没有礼貌的日本驻华公使。这下让日本人很被动。

2月12日，中国代表在巴黎和会上公布了从外交部传过来的中日密约。

和会不"和"

　　就在中国代表准备向日方步步为"赢"的时候，美国总统威尔逊因事回国，法国总理克里孟梭又被激进分子打了一枪，巴黎和会进入了低潮。

　　克里孟梭本来是坐车去与威尔逊的顾问豪斯上校会谈的，车行途中，遭到无政府主义者埃米尔·科坦的狙击。可是这小子非常不专业，开了八枪，只打中一枪，靠近克里孟梭的心脏部位。结果科坦被捕并被判死刑。但克里孟梭却出面干预这起刺杀案的判决。他说："我们刚刚赢得这场历史上最可怕的战争，可是这位法国同胞使我们大失颜面——对着靶子开八枪，只中一次。当然由于他使用了危险武器，应受到制裁。但我建议，判他八年监禁，好让他集中精力在靶场上练练枪法。"

　　克里孟梭这老头表现得既大度，又幽默。听他的口气，感觉好像是对刺客很不满，太丢法国人的脸了，八枪才打中一枪，传出去，多让国际友人笑话！我们法国人就这么屄吗？你还是练练枪吧，练好了再来找我射击。

　　美国总统威尔逊回国了，而大会主席克里孟梭的身体出了毛病，需要养一养，五巨头缺了两位，别人又忙于起草对德和约，好多瓜分些德国的利益，谁会管你什么山东不山东的，中国问题就被搁置了下来。

　　这一搁置，就是两个月。

　　4月中旬，英美等国把德国问题搞得差不多了，这才重新回到中国山东问题上来。美国总统威尔逊提出，山东问题应由五国共管。

　　中国代表把威尔逊的意思向国内汇报。徐世昌总统经过分析和思考，认为中国直接收回山东权益的希望很渺茫，那么由五国共管，要比让日本独占更有利，这也算是"以夷制夷"之道，无奈中的办法。徐世昌告诉代表，在同意山东必须交还中国的前提下，暂由五国共管。

　　中国代表把这个意思在和会上陈述之后，以为山东问题就此告一段落了，谁知道很快便风波再起。

　　在22日上午的会议上，意大利因为争夺阜姆问题没达到目的，愤而宣布退出会议。日本代表趁机发难，声称接到本国训令，如果山东问题不能满意解决，那日本绝不在对德和约上签字，必要时日本代表可以退出会议，同时还会把1917年日本与英、法、意等国所订有关问题的密约都公布出来。在这密约上，英、法、意为了让日本对德出兵，都默认了日本在华的不正当权益。

日本对美国的反击，手段既狠又准。美国最初提出的口号是各民族有权自己决定自己是否独立。这句话听起来像是很民主，其实也就是老美最常用的鼓动别国民族自决、民族独立（其实他不会允许自己国家的民族全去独立），然后他再插手，将利益悄悄揽入自己囊中。日本针对美国的手段，直接提出一个更有力量的口号：各民族平等。

这个"民族平等"，看似平常，却藏着凶狠的杀招。因为，如果这个民族平等原则写入国联，那么英、法、美等国的殖民地问题，就彻底玩完。民族都平等了，你还有什么理由占殖民地呢？

日本的威胁精准地击中了英、法、美等国的软肋。意大利首相奥兰多已经退出最高会议了，如果日本步意大利后尘，再退出和会的话，那这次和会便瓦解了，许多问题没法解决了，自己想得到的利益也会成为泡影。英法怕日本真的公布以前的密约，这涉及他们国家的形象问题，所以自己主动软了下来。刚刚崛起的美国，觉得没必要为了中国而损害自己的利益，损害自己与英法等国的外交关系，所以威尔逊也把自己提出的十四点抛到脑后，决定牺牲中国。

22日下午，陆征祥、顾维钧被邀参加最高会议。

美国总统威尔逊对中日争执作了一个总结性发言，他说：

"我们参加世界战争，主要目的就要维持条约的神圣，中日两国既有1915年5月25日的中日协定于前，又有1918年9月24日换文于后，英法等国与日本所订的条约又有维持日本继承德国在山东的权利义务。在这种情形下，山东问题似无法变更！"

威尔逊话音刚落，顾维钧立刻起身表示反对，说当年的条约我们是被迫签订的，怎能视作"神圣的条约"？

英美两国明知道中国理直，也很同情中国，但一想到自己的利益，即使同情中国,也不能同意中国的意见了。

英国首相劳合·乔治颇有歉意地说出了自己的无奈。他说英日订约时,是因为局势紧张的缘故,不能不依靠日本力量。当时允许日本之价,确实高昂了些,但既然有了条约,总不能作废吧?

美国总统威尔逊也表示爱莫能助。他劝中国,我们几个国家并不是不想主持公道,无奈受了条约的束缚,所以真是帮不上你们啊。好在,国际联盟就要成立了,将来如再有强加于中国的,国联会员自有援助中国的义务。你们看,好不好?

劳合·乔治也说,世界各国对中国都抱有好感,但就是因为受到条约的限制,我们也没法更改了。这样吧,如果日本今后再欺负中国,我向你们保证,大英帝国一定给中国以支持。

美英两国给中国画了一块大大的饼来充饥,拍拍中国人的肩膀,然后便散会了。

此后,中国代表又进行了一个礼拜的艰难交涉,仍然没有效果。有人提议,我们也可以仿效意大利,退出会议,向和会施加压力!

代表团团长陆征祥这时说话了,他认为,意大利是强国,退出和会,和会因此会发生动摇。我们是弱国,我们退出和会,算是个什么角色啊?我们退出后,他们肯定会不需要中方出面而私下里就把我们卖了,到时怎么办?

所以,中国代表没有退出和会,只表示了严正抗议。

为保住国联,美国最终出卖了中国,在山东问题上向日本做了让步,但还是给中国以最低程度的安慰。美国要求日本在美国总统、法国总理、英国首相这三巨头面前做出口头承诺,在得到德国在山东的权益后,除经济权益外,其他均还给中国。日本也答应了。

至此,中国代表在山东问题上的交涉落下帷幕。剩下的,只是在不在和约上签字的问题了。

美国国务卿对顾维钧说:"有我们三个大国给你做保证,还怕什么?签字吧?"

到底签不签字呢?

我们的传统观点,比较简单,只认为签字就算"卖国",就算"外交失败",不签字才算"胜利"。

其实,签不签约这件事,可不是这么简单。

正如唐启华教授所说的:"过去这种历史叙事结构中,民族主义及革命史观色彩太重,遮蔽了许多史实。百年来国人的印象就是:凡主张签约的就是亲日卖国,主张拒签的就是爱国。"(唐启华:《巴黎和会与中国外交》,绪论第 4 页)所以,应该说,签不签字,各有利弊。

而当时的真实情况是,如果不在和约上签字,那么,中国可能就无法取得战胜国的地位,也无法享受战胜国待遇!

通过这次和会,中国人终于明白了这样的道理:国际法只有在势力均衡时起作用,而在失衡的世界里,仍然是实力说了算。唉,真是弱国无外交啊。

战胜国之一的中国,在这次巴黎和会上,却像个战败国一样,自己的领土和主权任人宰割,这是对和会所宣称的"公理正义"的最大讽刺。消息传到国内,引起了连锁反应,五四运动爆发了。

余波未消

五四运动之所以爆发,主要是由于当时中国人认为巴黎和会外交失败,但也有着一些鲜为人知的深层次原因。这里结合唐启华教授的考证,并参考当时的历史当事人曹汝霖等人写的回忆录,来大致描述一下此中背景。

徐世昌刚上任时,也想当一个有名有实的总统,为了冲破段祺瑞的控制,必然要悄悄布局。因为他没有兵权,以梁启超为代表的研究系自然而然地成为徐世昌所倚重的对象。

中国在确定谈判代表赶赴巴黎参加和会后,在梁启超的建议下,徐世昌给自己专设了一个外交委员会,原外交总长汪大燮任委员长,林长民(林徽因的父亲)为理事长,委员有熊希龄、朱启钤、孙宝琦、李盛铎、王宠惠等,多为研究系中人,主要是为总统提供有关巴黎和会的方针、政策、措施。实质上,徐世昌想借此打破段祺瑞势力对外交的控制。

为了进一步了解前方谈判的真实情况,徐世昌接受林长民的建议,"派梁启超以欧洲考察团的名义,与各国联络。梁氏赴欧的身份是私人还是公务,颇为暧昧"。(唐启华:《巴黎和会与中国外交》,第 259 页)

梁启超此行,声势颇为浩大,随行人员,全在江湖上有响当当的名号:"政治张君劢、军事蒋方震、外交刘崇杰、经济徐新六、科学丁文江等。"

就在陆征祥离开美国抵达巴黎的第二天,国内外交部就打电报过去,"奉大总统谕,前财政总长梁启超赴欧以私人鼓吹舆论,可为会议策应"。(唐启华:《巴黎和会与中国外交》,第 260 页)

今天的人看不出徐世昌这样做有什么奥妙,但当事人清楚得很,这个电报蕴含的信息量可就大了。

首先,外交部明确告诉陆征祥总长,这是徐世昌总统安排的,不是段祺瑞的意思,你可要清醒一点儿。

其次,前文有述,巴黎和会的谈判代表和智囊团本来已经非常强大了,额外又派出一群人来,"鼓吹舆论,可为会议策应",明摆着是徐世昌对代表团不放心。

再次,于正式代表之外,另派一股人马,如果放在军事上,这算不算"监军"? 不管怎么说,肯定是来者不善。

坐在台上的人,躲在幕后遥控的人,陆征祥能得罪哪个呀? 哪个都是大爷。

所以,聪明的陆征祥脑瓜一转,在日本装病的基础上,再装病加装傻吧。

1919 年 1 月 19 日,巴黎和会开幕的第二天,陆征祥打电报给外交部声明,我又得病了,而且我本人的才能也不像梁启超那么突出,怎么办呢? 我不干了,让贤,行不?

外交部没敢把电报转给徐世昌,直接对陆征祥进行劝慰,说此次谈判,肯定千难万难,我们不能自乱阵脚。您不妨跟梁启超先生多协商,内外一致,"裨益于无形者,实多一得之愚"。

当然,陆征祥此举也是做给别人看的。他自然明白,当前紧要的事是谈判,不能以私废公。所以在接到外交部劝告后,他也借坡下驴,暂时放下了别的顾虑,专心谈判诸事。于是,他回了电报给外交部:"任公先生祥所素佩,俟其到法后,自当密与接洽,共图大局,请勿悬系。"

梁启超到巴黎后,受到法国政府的高规格接待,巴黎万国报界联合会开会欢迎梁先生,朝野名士及英、美、日政报界到会有百余人。梁启超发表演说,"首述游历战地感想,次言和会关系重大,国际联合之必要,末论中国地位,山东问题密约问题尤当注意,闻者动容"。(唐启华:《巴黎和会与中国外交》,第264页)

但是,随着事情越来越复杂,代表团内外交困。国际对手难对付,国内各种声音叽叽喳喳,说什么的都有。这说明,梁启超以私人身份把巴黎的消息反馈给国内时,人们根据只言片语来判断巴黎形势,给谈判代表团造成了很大的压力。2月3日,陆征祥又一次请辞。当时就盛传梁氏将取代陆氏。当事人之一的颜惠庆在日记中记载:"顾认为梁是来取代陆的。"(颜惠庆:《颜惠庆日记》,上海市档案馆译,中国档案出版社,1996年,第825页)由此可见,当时国内府院之间的明争暗斗也是非常微妙的。3月7日,陆征祥离开巴黎赴瑞士,三度请辞,弄得舆论纷纷,许多人开始怀疑并指责梁启超在巴黎活动目的的纯洁性。连国内的报界和外交部都惊动了,专门向巴黎问及此事。在紧张的谈判之余,这件事也搅得不亦乐乎。

4月下旬,梁启超得知了英、法、美要牺牲中国利益,向日本让步,同意把德国在山东的权利转给日本的消息,急电北京国民外交协会汪大燮、林长民两总长,建议发动不签字运动,抵制卖国条款。

接到梁启超消息的林长民赶紧拟了一份新闻稿,并于5月2日在《晨报》上发表林长民的署名文章《(代论)外交警报敬告国民》。文章指出:"昨得梁任公先生巴黎来电,略谓:青岛问题,因日使力争结果,英法颇为所动,闻将直接交于日本云云。呜呼……胶州亡矣!山东亡矣!国不国矣!……国亡无日,愿合我四万万众誓死图之。"

这篇激情四射的长文,就成为学生爱国运动的导火线。

在激情四射之前,我们先冷静冷静。因为,这里面有一个问题需要分析,这个问题长期没有得到重视,却又必须思考,那就是,梁启超、林长民等人为什么反对签约的态度如此强烈?难道说,德国占领山东时,山东就不亡,日本得到了这个权利,山东就亡了?山东在德国人手里控制时,中国人就很开心?这里面,可能并不是"灭不灭亡"这么简单而直接。

张鸣教授也认为:"五四运动激昂的民意,那种认为'中国就要亡'的危机感,其实不是因为当时中国的处境真到了中华民族最危险的时刻。至少,1919 年的中国,比 1915 年日本提出'二十一条'的时候,要好得多。日本已经改变了当初的强硬政策,开始怀柔,即便对于山东的权益,至少在口头上,也说今后要还给中国。"(张鸣:《北洋裂变:军阀与五四》,广西师范大学出版社,2010 年,第 92 页)

2014 年 8 月 11 日,《北京晨报》发表一篇文章——《唐启华:超越屈辱视角看真相》,文中指出:

> 梁启超、林长民为什么反对签约?因为北洋政府派系复杂,有所谓"亲日派"和"亲美派",双方为了争夺铁路打得不可开交,梁、林处于下风,巴黎和会恰好提供了翻盘机会。美国是希望中国签约的,可国内的"亲美派"却主张拒签,日本是希望中国拒签的,可国内"亲日派"却主张签约。可见,"亲美派""亲日派"只是标签,并不代表美国、日本的意见,两派都是为了国家利益,都是爱国的,可在民族主义情绪支配下,人们往往会忽略这一点,结果学生们"火烧赵家楼",把章宗祥差点打死。

梁、林同属研究系,他们想引进美国资本,打破铁路被交通系控制的局面。交通系利用的是日本资金,特别是此时的交通系由留日生曹汝霖把持,所以被称为"亲日"。

谁都知道,修筑铁路时会拨来大量资金,谁掌控铁路,谁就掌控了权力。梁士诒因掌握铁路,被称为"二总统",便是明证。

正因为有这样复杂的争斗,所以唐启华教授在其书中直接指明:"和会期间研究系发挥最大影响力的领域,不在外交而在内政。巴黎和会期间,北京政府内部徐世昌、段祺瑞间文治与武力统一的争执,交通系对铁路控制权的极力维护,与外交上亲美亲日的竞争,合混成研究系与新旧交通系在'铁路统一案'上的抗争,又与巴黎和会中理想主义新外交与现实主义旧外交的角力相纠缠,遂引发五四学生爱国运动。"(唐启华:《巴黎和会与中国外交》,第 273 页)

另有一条线索也值得人们思考。2009 年 4 月 29 日,凤凰网历史专题关于五四运动系列专题中,有一篇文章——《点燃五四运动导火索的徐世昌》,文章是这样分析的:

如果外交失败,日本在华权益得到承认,就意味着段祺瑞实现独裁指日可待,那么徐世昌一切"偃武修文"、和平统一的努力都将付诸东流,总统之位也将难保。徐世昌心里明白,现在政府已不可靠,"挽救危局的唯一希望,只有靠学生了"。如果说五四运动的导火索是巴黎和会上的外交失败的话,那么徐世昌此时则有意点燃了这根引线。

特别是 5 月 2 日,徐世昌准备将拒签电稿交给国务院准备拍发时,不料国务总理钱能训却密电命令代表团签约。恰巧林长民有位同乡在国务院电报处工作,连夜将消息透露给林长民,林长民找到汪大燮,汪大燮找到蔡元培,蔡元培大为震惊,5 月 3 日与部分学生代表通告情况……

就这样,近代以来中国人饱受欺凌的屈辱,内部政争的不满,不对等外交的反弹,各种因素汇聚到一块,再也控制不住的时候,中国人长久积累的愤怒终于像火山一样爆发出来,一场规模空前且具有划时代意义的爱国运动——五四运动爆发了。

五四运动

1919 年 5 月 4 日,以北京大学为首的北京高校学生,从四面八方赶到天安门。他们打着各种标语:"誓死力争,还我青岛""拒绝和约签字""废除二十一条""打倒卖国贼"等。学生们整队前往东交民巷,要向各国驻华公使请愿。教育部代表劝阻无效,京师警察总监吴炳湘乘摩托前来拦阻,也根本没有效果。

5月4日这天是星期天,各国使馆都在放假,学生们扑了个空。当这股愤怒没找到目标发泄后,有人提议去揪曹汝霖、陆宗舆、章宗祥这三个"卖国贼"。学生们为什么认定这三个人是"卖国贼"呢?因为曹汝霖是订立"二十一条"时的外交次长,章宗祥是山东问题换文的签字者,陆宗舆曾任驻日公使,也曾参与签订"二十一条"和向日本借款的合同。

但当时有一个比较奇怪的情形,据维护治安的警察队长说,对于学生,上头命令要"文明对待",故连警棍都没有带。所以这群警察在开始时是赤手空拳地维护治安的。

如果说徐世昌点燃了五四运动,那么下令对学生"文明对待",是徐总统发自内心地爱护学生,还是别有他意?

学生们来到曹宅,大门紧闭,还有警察把守。学生们更生气了,涌上前来,爬窗而入,非要找曹汝霖不可。

比较巧的是,驻日公使章宗祥正好回国述职,也在曹宅,同在这里的还有参战督办处的军法处处长丁士源。

大家看学生来势较猛,分头躲藏起来。曹汝霖跑到箱子间,章宗祥躲到锅炉房。学生们没找到曹汝霖后,先是砸了一顿,然后点起了一把大火。

章宗祥怕被烧死,从锅炉房钻出来向后门跑,结果被学生追上、摁住,也没管是谁,反正是从曹宅里跑出来的、穿得西装革履的,就当成曹汝霖了,一顿拳脚相加,把章宗祥打得头破血流。

学生们本来是到曹宅找曹汝霖,没想到的是章宗祥成了最大的倒霉蛋。

据曹汝霖在其《一生之回忆》中记述:

　　仲和(指章宗祥)在锅炉房,听到上面放火,即跑出来,向后门奔走,被学生包围攒打。他们见仲和穿了晨礼服,认为是我,西装撕破。有一学生,将铁杆向他后脑打了一下,仲和即倒地。问樵向警长说,现在学生已放火伤人,成了现行犯,还能文明对待吗?警长亦不理。适日友中江丑吉闻讯赶到,见仲和倒在地上,他亦认识,即推开学生,将仲和连抱带拖,出了后门,藏在对面油盐店,把门而立,说日本腔的中国话,这是我的朋友,你们要打即打我,我不怕!他虽知自卫之法,亦已受铁杆打伤多处,臂背红肿,经月余才愈。吴总监随即赶到,一声"拿人"令下,首要学生听说,早已逃得无影无踪了,只抓了跑不及的学生二十余人,送往警察厅。(曹汝霖:《一生之回忆》,春秋杂志社,1966 年,第 198 页)

愤怒的学生把章宗祥揍得有多惨?据 2011 年 6 月 15 日人民网文史频道的文章《〈建党伟业〉中的 3 个"卖国贼"都曾有善举》说,"只瞧见学生们拖着章公使的腿出来","用砖头在门外打","章公使被打得躺在地上了"。

就在这个时候,有个日本记者中江丑吉不顾混乱中的危险,用自己的身体硬挡了几下。最后,京师警察总监吴炳湘率大队巡警赶到,救出了章宗祥。

中江丑吉,是主张对华友好的亲华人士,研读过《资本论》,倾向马克思主义,酷爱中国文化,与曹汝霖、章宗祥等人的私交不错。如果不是他用身体硬挡了几下,章宗祥的小命能否保住,还真难说了。

即使是这样,被送到北京日华同仁医院的章宗祥也是很长时间才脱离危险。外科主治医生平山远给出的伤势诊断为:全身共受伤大小五十六处,头部挫创,全身各处打扑伤兼脑震荡。此后两日,章宗祥均无大小便,宛若死人。

章宗祥的夫人告诉曹汝霖,若无中江丑吉,仲和之命休矣。

学生这么一揍章宗祥,并且火烧曹宅,这样情势就发生了变化。爱国可以,请愿可以,但不可以打人放火啊,用警察的术语就是"性质变了"。警察们从开始的"文明对待",变成抓捕学生了。但是,这样却激起了学生们更激烈的反抗,商人、工人、市民也加入其中,声势越来越大。

鉴于学生们对于曹汝霖、陆宗舆、章宗祥的强烈愤慨,北洋政府最后把这三个人罢免了。

五四运动是一场反帝反封建的爱国运动，这是世所共知的，它唤醒了社会各界对国家民族命运的共同关注，尤其是一个月后的6月3日，运动中心由北京转到上海，运动主力由学生变为工人、商人等，使工人阶级以独立的姿态登上政治舞台，并直接促成了中国共产党的诞生，它因此而成为新民主主义革命的开端。今天人们把这次运动所凝聚的"五四精神"与我国历史上的先秦思想、魏晋风骨、盛唐气象相提并论，足见其具有划时代的历史意义，并一直激励着人们奋斗与前进。

鉴于本文的主角是北洋势力，而当时政坛的主角也是北洋势力，所以我们在研读历史时，不能把主角给弄丢了，或者人为地遮蔽了这群政坛大佬们的表演。如果那样，这出戏再精彩，也会喧宾夺主，把握不住重点。

正如张耀杰先生于2010年7月20日在《经济观察报》上发表的文章《文人的蛮横与武人的温柔》所说的，我们不能把由甲、乙、丙、丁多方面共同参与的完整历史，简化为某一方面的独角戏："1919年5月4日发生在北京街头的一场并不十分热闹的学生运动，在当时就表现出文人学生蛮横爱国与武人军阀温柔管制的一边倒格局，留在历史叙述中的更是一幕只有文人学生而没有武人军阀的独角戏。用张鸣的话说：'跟五四关系密切的军阀和政客，比如直皖之争，官僚政客中的亲日派和亲英美派之争，全都为人忽视了，好像五四期间，这些政坛上的要角，全体失踪了一样。另外，五四运动作为一个政治事件，它的运作是怎么回事？怎么动员的，怎么宣传的？运动中的学生跟商民是怎样的关系，跟军警又是怎么回事？好像都是一笔糊涂账。'"

所以下面要把北洋各势力围绕五四运动进行的角力与表演进行介绍。这里的介绍又可以分为三个波次：第一波次，介绍学生与警察；第二波次，介绍曹汝霖、陆宗舆、章宗祥这处于风暴中心的三个人；第三波次，是介绍的重点，就是徐世昌与段祺瑞的府院之间的较量。

五四运动的舞台上，活跃的当然是学生。学生们表达爱国之情，这是谁都认可的。

张鸣教授是这样分析的：

学生闹事,往往具有天然合理性,即使无理取闹,社会对他们也有相当的包容性。在帝制时代,每届科考,应试的举子闹事,只要闹得不太过火,都会被优容。在士子与丘八(士兵)之间,不仅存在着社会地位的悬殊差距,而且有声望方面的天壤之别。士兵天然地就对读书人有敬畏之感,还在晚清时节,士兵们就不大敢轻易进学堂生事,哪怕这个学堂里有革命党需要搜查。进入民国之后,这种军警怕学生的状况,并没有消除。即使有上方的命令,军警在学生面前依然缩手缩脚,怕三怕四。他们尊学生为老爷,说我们是丘八,你们是丘九,比我们大一辈。(张鸣:《北洋裂变:军阀与五四》,第 107 页)

正因为传统社会的士人或北洋时期的学生们有这样的社会地位,所以在五四运动期间才发生了奇怪的现象:军警跪地哀求学生别游行。这里,引用几段文字,看一下那个年代的警察有多“可爱”。

据五四青年、后来成为党的一大代表的刘仁静和张国焘回忆,当时只要警察一碰学生,他们就指责警察违法,到了警察署,就不肯走,无论自称“职等”的警察怎样劝,都不行,非让警察把他们抓起来不可,警察不道歉,誓不罢休。匡互生回忆说,到了 6 月 4 日,军警不仅不敢再抓捕学生,而且极力苦劝学生不要再外出演讲,“甚至于有跪地哀求的”。〔匡互生:《五四运动纪实》,载中国社会科学院近代史研究所编《五四运动回忆录》(上),中国社会科学出版社,1979 年,第 314 页〕

当学生在街头演讲,警察前来驱逐时,学生就给警察来个反劝阻,而且经常劝阻成功。警察不仅被弄得感动泣下,而且也跟着大骂“段、徐、曹、章卖国的不是”。〔匡互生:《五四运动纪实》,载中国社会科学院近代史研究所编《五四运动回忆录》(上),第 313—315 页〕

即使政府已经开始抓人,但主动进攻的一方,依然是学生。因此,学生很快就发现,其实军警对抓人并不积极,即使被抓了,好像也无所谓。在某种程度上,是学生主动找军警来抓他们。(张鸣:《北洋裂变:军阀与五四》,第 113 页)

上海的军警,其基本策略是不抓学生。复旦的学生出来,沿途军警就像没看见一样。（上海社会科学院历史研究所编《五四运动在上海史料选辑》，上海人民出版社，1960 年，第 403 页）凡是被抓的学生，大抵跟北京近似，都是学生主动"找抓"，甚至"欺负"到警察门上去找事。《时报》报道，6 月 5 日，居然有百余学生来到上海警察厅，"摇铃演说，言政府如何野蛮，欺压同胞，谄媚日人。警厅派出巡士多名，劝阻驱散。各学生不听，于是用强迫手段拘拿，各学生态度文明，既不抗拒，又不走散，口中大呼同胞看看，当被拘住数人，带入厅中，各学生全体随之入门。嗣上海县知事沈宝昌闻信到厅，与徐厅长晤商之下，立将各学生释出"。（上海社会科学院历史研究所编《五四运动在上海史料选辑》，第 397 页；转引自张鸣《北洋裂变：军阀与五四》，第 115—116 页）

当然，学生的群情激愤和警察的维护治安之间，虽然最大限度地保持了克制，但也还是有克制不住的时候。如湖北督军王占元麾下的军警与学生冲突时，就发生了枪杀学生的流血事件。这起事件引起了轩然大波。最后王占元不仅派人到医院慰问伤者，还督促湖北警察厅厅长何佩瑢将直接负责的警务处督察长撤查，将警务处处长一并记过。对于学生，地方军阀也是让了三分。

今天，当我们回看这一场景时，一方面很是惊叹，另一方面，不免也产生疑惑。人们不禁会问：学生与警察之间，怎么会出现这样奇怪的一幕？即使在号称"最民主自由"的美国，如果学生运动烧了别人家的房子，把人打成重伤，警察会不会开枪？张鸣教授在分析这一段历史时也认为："在任何一个西方国家，发生了这样的事情，警察都是会毫不犹豫地抓人甚至开枪的。在整个事件中，即使不是站在曹汝霖的角度，从纯粹社会治安的立场，警察实际上也是失职的。"（张鸣：《北洋裂变：军阀与五四》，第 108 页）

看来，对于警察的反常行为，我们只能进行推测和假设了。

第一种可能，以前读书人社会地位高，警察尊敬、敬畏读书人。

第二种可能，警察被学生的爱国心所感动。但如果这个假设成立，那警察怎样向上级交差？统治者允许警察有这样的价值判断？

第三种可能，如果说北洋统治者允许警察有这样的价值判断，那却会得出另一个结论,就是北洋政府的统治者,胸怀相当宽大。

第四种可能,警察可能接到了完全相反的命令,受到多个"婆婆"的施压。总统徐世昌与总理钱能训的命令,是不是一致？而那个虽然"辞职"却握有绝对实权的段祺瑞,对学生的态度,又肯定与徐世昌完全不同。警察局局长可能来个两头都不得罪的方式,既派人"抓"学生,又不是真抓。警察们成了难做人的童养媳:婆婆的话要听,公公的脸要顾,姊婆姑嫂妯娌的事也要顾及。这个结论如果成立,那就说明徐世昌与段祺瑞的矛盾已经非常尖锐了。

事情并不简单

第一波次学生与警察的介绍告一段落,接着看一下当时被骂为"卖国贼"的三位:升任交通总长的曹汝霖、币制局总裁陆宗舆和担任驻日公使的章宗祥。

曹汝霖毕业于东京法学院,是民国第一个拥有正式律师执业资格证书的人,也是清末民初中国少有的具有现代法治理念的法律人才,历任民国外交次长、交通总长、外交总长、财政总长等要职。

从其早年的职业生涯来看,他还算是个很有良心的人。他在法律界引人注目,是在一桩太监买妻案中,为此女做辩护律师,取得胜诉。此后名动一时,但又不计较报酬,有时遇到贫困人家,他索性免费帮打官司。

之所以被称为"卖国贼",是因为他参与了当年的"二十一条"谈判。那时,曹汝霖当外交次长。在激昂的民族情绪之下,很容易把他与"卖国"联系起来。曹汝霖自己就称"世人对此交涉不究内容,以讹传讹,尽失真相"。

陆宗舆幼年师从张謇读书学问,有状元级别的老师指点,自然学业方面差不了。1899年自费赴日本早稻田大学攻读政经科。1911年秋任交通银行协理、印铸局局长。1913年曾任驻日公使,其间,曾参与"二十一条"交涉的相关工作。1916年后任交通银行股东会长,"中日合办"的中华汇业银行总理。

1918 年，陆宗舆以中华汇业银行总理的名义，代表日本兴业等三家银行与段祺瑞政府的曹汝霖等签订了五千万日元的《中日有线电报借款合同》和《中日吉黑金矿及森林借款合同》，将中国有线电报财产、收益和吉黑两省的森林金矿抵押给日本。

章宗祥年轻时考取的是日本东京帝国大学，成为 1898 年南洋公学（上海交大的前身）的第一批留学生，而且是公费生。他被称为"卖国贼"，很大程度上与 1918 年 9 月中日签订的关于济顺、高徐二铁路借款换文和山东问题的换文有关。但这也都是当时国家的无奈之举。

对于这件事，陈占彪在其《交涉者的悲哀：揭曹汝霖三人"卖国"真相》一文中，进行了冷峻的分析："当时，中国政府陷入财政困难，日人以利息低、无回扣、无抵押的优厚条件给中国政府提供借款，然而，世上哪有免费的午餐，尤其是日本，它岂能供你免费午餐？借款得有担保，中国先以吉黑两省官有林矿相抵，后又要求以德国已失之济顺、高徐铁路为担保，而这后者则涉及山东问题，便为以后巴黎和会埋下伏笔。"

所以，曹、陆、章三人，亲日不假，但今天看来，轻易地加之以"卖国贼"之名，确是大有值得商榷之处。今天许多学者在写文章时，都认为不能说他们三个是卖国贼。而且在后来日本侵华时，他们三个也没有卖国。虽然日伪想拉拢他们三人，并在一些机构上挂了此三人的名头，但他们没有参与卖国行为。蒋介石还都后，查明了这一事实，让戴笠马上释放曹汝霖，还说他"有功于党国"。今天我们的人民网上就登载了题为《被冤枉的曹汝霖：抵抗"二十一条"却被骂卖国贼》的文章，可见历史给他"卖国贼"的称呼，是有失公允的。

五四运动中，此三人被形势推到了风口浪尖上。他们虽然挨了揍、挨了骂、免了职，但总体上还是比较理性平和的。

比如，曹汝霖虽然家被烧了，但他承认，五四运动是学生们进行的爱国行为。即使在曹汝霖晚年时，他在回忆录中谈起"火烧赵家楼"一事，还这样说："此事距今四十余年，回想起来，于己于人，亦有好处。虽然于不明不白之中，牺牲了我们三人，却唤起了多数人的爱国心，总算得到代价。"

章宗祥被揍成那样,但他闻听肇事的学生被捕时,不仅没有提出控告,反而由其妻子代替章宗祥具呈保释学生。

从这个角度来说,已经是很难得的了。

分析完这三人的经历,并介绍一下他们"卖国贼"名头的由来,还有一处值得注意的地方,那就是他们的职务特点:曹与陆都把握着有钱的实利部门,而且他们都与日本有关。

如果放在北洋更大的背景下来看,尤其是前面分析研究系为什么把目光瞄准他们,其中最直接的一个原因,就是有人要把他们从"肥差"位置上拱掉,从而达到占据这个实利部门的目的。

而且,应该说,他们三个是徐世昌与段祺瑞权力斗争的牺牲品,因为徐世昌想亲英美,打击亲日派,而此三人是亲日派的得力干将。

唐启华教授这样分析:"研究系与新旧交通系积怨甚深,又与徐、段之争相纠结。和会期间为'铁路统一案'及新银行团,抗争更形激烈,双方借报纸互相抨击,传闻谣言与派系斗争相纠缠,对国内舆论民情发生重大影响,五四运动的导火线,即与此密切相关,三个'卖国贼'罪名之坐实,与'内除国贼'之口号,也与此有关联。"(唐启华:《巴黎和会与中国外交》,第279页)

所以,我们大概可以得出这样的结论:喊曹、陆、章是"卖国贼",实质上骂的不是这三人,是想攻击段祺瑞。这只是府院权力之争的一个变相手法而已。

就像有的人骂别人家的孩子"有娘养、没娘教",这哪是骂孩子啊,骂的是大人。大人之间有积怨,借着孩子的由头骂出来而已。

分析完了前两个波次,再把视野放宽,放到徐世昌、段祺瑞权力之争的大背景下来看,可能头绪会略清晰一些。

学生们把曹家烧了之后,徐世昌出面把曹汝霖安置到了团城。

到团城的第三天,段祺瑞来了。曹汝霖在回忆录中这样写道:"此老向不做虚伪的敷衍,他说这次的事,他们本是对我,竟连累了你们,我很不安。又问仲和伤势如何。且说你们不必辞职,看东海(指徐世昌)如何处置。

"东海知而不加制止。尤其对你们,为他冒大不韪,借成日债,这种举动,真所谓过桥拆桥,以后还有何人肯跟他出力?他对我作难竟累及你们,良心何在,岂有此理!说罢不等我答复,竟悻悻然而去,可见此老心中之愤懑,满腹牢骚。"

这两段话,已经完全印证了前面的分析,而且历史当事人曹汝霖看得很清楚,段祺瑞更是说得直接——这次的事,他们就是对我来的。并且段祺瑞前来支招,你们自己不辞职,我倒要看看徐世昌怎么来处置。

结果是,徐世昌通过研究系的鼓动,又借学生之口,"请求罢斥曹陆章三人,以谢国人"。

而政府接到此电,以为这正是剪除段祺瑞羽翼的大好机会。段祺瑞让曹汝霖等人不主动辞职,静观徐世昌如何处理时,结果徐世昌方面借着民意,不等曹陆章三人递辞呈,就直接下了"辞职照准"之令。

徐世昌在通过国务总理钱能训之手免了曹陆章三人职务后,夹在徐与段之间受气的钱能训自己也宣布辞职,龚心湛继之当上了代总理。

曹汝霖对于徐世昌和段祺瑞的权力之争,看得很明白,他已经看到最初街头演讲的,并不是学生,而是林长民。林抬棺呼吁"国家将亡",大骂亲日派,其背后受谁支持,自是一目了然的事。所以曹汝霖对于学生的活动,下了最直接的断言:"学生运动,可分前后两段,前段纯系学生不明事实,出于爱国心,虽有暴行,尚可原谅。后段则学生全被利用,为人工具。"

曹汝霖对于徐世昌与段祺瑞的权力之争,是这样分析的:"以我的揣想,东海(指徐世昌)本拟借上海和会,抑制合肥(指段祺瑞)势力,故南方代表,初提陕西及参战借款问题,都是针对合肥。若合肥不理,即以破坏和会之责,委之合肥,公之世论。乃合肥测知其用意,即令陕西划界停战,参战案件送阅和会。南方代表,乃提议裁撤参战军,同时提到国会问题,到此反关于东海自己地位问题。适发生学潮,攻击我们,即利用此机以剪除合肥羽翼,断其日援之路,本非初意。又不敢直接下令罢免,于是绕了大圈子,达成目的,惜百密不免一疏,不先设法令我辞职,竟下辞职照准之令,反授合肥以口实,斥为命令造谣,成为政府笑话。"

就在徐世昌与段祺瑞斗法斗到白热化的时候,又有一个声音如炸弹一般投了过来,炸向了段祺瑞,这就是吴佩孚的发言了。

吴佩孚在这个时候发言,有两个原因:一是他早已与段祺瑞闹翻,双方在巴黎和会之前就已经打了好长时间的口水仗了;二是巴黎和会涉及中国最重要的问题就是山东问题,而山东是吴佩孚的老家,乡情所在,绝不会置之不顾。

5月9日,远在湖南前线的吴佩孚听说北洋政府有抓捕学生之事,而且要在和约上签字之后,立刻向政府并全国发出通电:"大好河山,任人宰割,稍有人心,谁无义愤?彼莘莘学子,激于爱国热忱而奔走呼号,前仆后继,民草击钟,经卵投石,……其心可悯,其志可嘉,其情更可有原!"并且明白揭露,"此一国耻事件的来由,全系段祺瑞和日本人所签订的卖国条件有以致之"。这封通电的落款更是威武:陆军第三师师长吴佩孚,直隶陆军第一混成旅旅长王承斌,第二混成旅旅长阎相文,第三混成旅旅长萧耀南率第一路全体官兵同叩青(青电,指的就是6月9日这一天发的电)。

吴佩孚一面维护学生,一面把矛头直指段祺瑞。尽管我们不知道吴佩孚是爱家乡心切、爱学生心切还是爱国心切,或者只是政治秀,目标全是为了打击段祺瑞,也是通过学生来找个借口,但是,它起到的效果却是极其明显的。

6月25日,吴佩孚再次向全国通电:山东问题不保留,中国决不签字和约。

枪杆子发言了,这个问题就严重了,如果北洋政府再不明确表态尊重民意,那很可能产生难以预料的激变。如果说,学生们激昂的爱国行动,无产阶级展示的"咱们工人有力量",全国其他力量的声援,是促使北洋政府拒绝在巴黎和会上签字的三个重要因素,那么,吴佩孚以师长名义并率三个旅长同时通电,就是对犹豫不定的北洋政府进行了最后一击。

三天之后,北洋政府公开表态:已经训令北京政府参加巴黎和会的中国全权代表陆征祥拒绝在和约上签字。

蓬莱秀才吴子玉由于对皖系毫不留情的批评,对学生运动表示了支持,从而赢得了社会各界的广泛称赞,"爱国将军"的名号从此确立。

而这个吴秀才尝到了舆论的甜头,从此"言人所皆欲言","谏人所不敢谏",处处以全国民意为先,遂成为举足轻重的人物。国家有事时,小小吴师长的一纸通电,其主张立刻就风行全国,场面甚是壮观。

就连大总统徐世昌都说:"吴子玉一言一行,可以动天下之视听,天南地北,到处响应,他的种种意见,我们倒是必须注意留心。"

激情与理性

过去我们的研究认为,巴黎和会上,中国外交失败了,因为在英美主导下的和会同意把原德国在山东的权利让给日本。而由于学生、工人等释放的巨大爱国热情,北洋政府没有签字,因此五四运动取得了胜利。

当激情燃烧的岁月走进历史后,我们今天要做的是回归理性。因为,激情毕竟不能代替理性,激情的理性也不能代替理性的激情。悲剧刺激后的情绪化反应人皆有之,但冷静而理智的思考却殊为不易,而当代中国人也已经有了足够的勇气和理性,来直面这一段备感屈辱的历史。当下有两个问题需要我们冷静地思考:第一,巴黎和会的外交,中国到底是不是真正的失败?这个问题今天已经有无数人在重新研究思考,许多人认为,不能简单用成功失败来解释。第二,北洋政府在和约上签字,对于中国国家利益的影响有多大?

当时学生们及朝野上下这种强烈反应,就连美国人都被弄糊涂了。老美说,我们不断地替你们对小日本施压,最后虽然是把德国权益给了日本,但 1919 年 6 月 28 日签字的结果是,日本只保留一份经济权益,所有的政治权益全部归还中国,而且有英、法、美三巨头联合担保,这不是挺好吗?还闹什么呢?日本早在签订"二十一条"之前就已经占领了山东部分地区,你们想直接全部争回山东,那现实吗?掂量过自己的分量吗?

其实,如果我们暂时把感情因素放在一边,仔细分析一下当时中国

的国际地位,再对照一下陆征祥放在比利时的原始档案,大概可以这样理解:

第一,虽然中国属于一战的战胜国,但是,中国的国际地位却很低。不要说近代以来中国屡次战败、割地、赔款,就是连一战的战胜国名号,其实也不是凭真正的实力挣来的。从感情上,我们每个人都希望自己享受到真正的战胜国的权利,但是在事实上,中国派出的是劳工,虽然也达到十几万,但没有军人在战场上为国家争来那份战胜国的荣光,始终是被人看不起的。所以在巴黎和会上给中国两个席位,这就是实力和地位的直接反映。

第二,从陆征祥留下来的档案来看,如果不是美国要以华制日,向中国许诺了好处,那么中国最初就根本没想在和会上提出这个山东问题,因为他们知道,提了也没用,当时的中国,是没有实力与日本叫板的。

第三,由于中国的精心准备,在巴黎和会上突然提出山东问题,打了日本一个措手不及。虽然日本对英法美的把柄握得紧,也比较成功地进行了拆招,但总体上来说,中国在和会上取得的成就,比当时中日之间在战场上的较量,要威风得多,实惠也不少。

第四,中国当时对和会的认知是"中国外交失败",这既有人民的感情因素战胜了理智因素的原因,更有政坛上的亲英美派攻击亲日派所制造的口号的原因。这里面的复杂,远远超出时人的意料,更超出今人的意料。

第五,以当时虚弱到一定程度的中国,想和列强平起平坐,享受同样的权利和国际地位,可能吗?现实吗?你凭什么与人家平起平坐?你比人家军事实力强,经济实力强,文化软实力强,还是人民凝聚力强?也正因为从情感上想和列强平起平坐,所以才一口认定,巴黎和会外交失败。

第六,当时还有一个普遍的认识错位问题,那就是,自从近代以来,不知如何形成的习惯和心理,人们居然普遍认为,凡是主战的、强硬的,就是爱国的,凡是主和的、妥协的,就是卖国的。

我们尤其不能简单地认为,"腐败的北洋政府"仅坐在办公室里准备大笔一挥就想卖国,然后学生、工人和市民的眼睛是雪亮的,他们强烈反抗,这才阻止了一场卖国行径。这可不是历史研究的真正态度。

正因为传统史观中对此类问题的判断过于简单,过于情绪化,激情战胜了理性,所以近代许多忠心为国呕心沥血搞外交的人,都被打入了"卖国贼"的行列,比如大名鼎鼎的曾国藩、李鸿章,又比如小字辈陆征祥、曹汝霖、陆宗舆、章宗祥。今天许多历史学者在思考,他们真的卖国了吗? 经过巴黎和会与国内激烈的政争,这些在巴黎和会上为国尽心谋利的人,个个心灰意冷。陆征祥远赴瑞士和比利时,终老他乡;曹汝霖避居天津,不再与闻政治。

说句题外话,大概陆征祥等人的心灰意冷,与"北洋龙杰"王士珍低调处世的心路历程有相通之处。

北洋三杰号称"龙杰"的王士珍,曾出任民国总理,以低调闻名。他为什么要低调处世呢? 据他自己说,他年轻时也挺狂,睥睨天下,目无余子,从军时遇到李鸿章,发现李鸿章的智慧才干不知高出他多少,可是却处处碰壁,天天挨骂。这时王士珍才知天下事之难,难就难在你干得越多,挨骂也越多,从此收起狂妄之心,低调淡定过了一生。

当要对这一段历史往事做小结时,还是引用唐启华教授对世人的启发与思考吧:"北京政府及代表团对于是否签署凡尔赛和约,考虑因素较多,签约、拒签与力争保留三种选择之间关系错综复杂,不宜简单做二分法。至于中国拒签和约的历程,过去的研究仍是迷雾重重,真相不甚明晰。"(唐启华:《巴黎和会与中国外交》,第 284 页)

唐教授还有篇文章叫《超越屈辱视角看真相》,里面的结语值得我们每个人认真思考。唐教授这样写:

"长期以来,我们已习惯了用无能、盲目、卖国来评价这段往事。但,事实真的如此?""很多人说,巴黎和会上中国失败了,两年后华盛顿会议才把山东收回来。但从资料上看,华盛顿会议里山东问题的解决方案,基本上就是巴黎和会上日本做出的口头承诺。""巴黎和会是不是失败? 最好要长远看,依我看成绩不小,比如中国签了对奥地利的和约,加了国际联盟,后来中国跟德国单独签约,取得了一大笔战争赔偿。"

唐启华教授对此进行研究时,查到了日本人对巴黎和会的态度,出乎我们意料的是,日本人也认为他们巴黎和会是外交失败!"当时中国的外交是不是失败可以考虑,我们可能没有失败。但日本认为他们失败了,不认为自己在巴黎和会外交成功,他们认为像是在被美国、英国、法国审判,有一种被白种人看不起的味道。后来中国又不签约,美国签了约又不批准,所以日本完全没有外交胜利成功的喜悦,而中国又认为自己外交失败,所以中日两国的民族主义都充满了挫折感,两国的民族主义互相激荡。"

这就像"二十一条"签订时的结果,中国人当然是自己严重受挫,但日本人同样也没占到便宜,这一点是被传统史学研究所忽略的。

对于这段历史的研究告一段落,但这段历史的思考将会长期进行,许多东西都值得继续深思。这里还有一点题外话作为补充说明,那就是对知识分子与执行者之间思考问题的不同,作一下对比。

知识分子有知识分子的想法,但执行者也有执行者的难处。对此,晚清中兴名臣曾国藩曾经深刻指出:

"作文与做官并不是一回事。作文以见深识闳为佳,立论即使尖刻、偏颇点亦无妨,因为不至于伤害到某一个人,也不去指望它立即收到实效,只要自圆其说,便是理论,运笔为斤,自成大匠。做官则不同,世事纷繁,人心不一,官场复杂,尤为微妙,识见固要闳深,行事更需委婉,曲曲折折,迂回而进,当行则行,当止则止,万不可逞才使气,只求一时痛快。历来有文坛上之泰山北斗,官场上却毫无建树,甚至一败涂地者,盖因不识此中差别耳!"〔唐浩明:《曾国藩》(第三部),湖南文艺出版社,1992年,第 241 页〕

这段文字,从以立德、立言、立功著称的曾国藩口中说出来,确实是值得后人认真品味与思考的。

确实,白天不懂夜的黑啊。

第二十五章 ＼ 皖系落幕 ＼

稳住蒙古

民国果然是多灾多难。

袁世凯时期,内政焦头烂额,日本趁机施压,然后周边问题不断,不是蒙古闹独立,就是西藏"麦克马洪线"。虽然在袁世凯的强力交涉下,蒙古被迫取消独立,但由于中国乱局频仍,沙俄势力基本上主导了蒙古的走向。

1919 年巴黎和会召开前后,蒙古又乱起来了。蒙古乱的原因主要有三:一是北洋之乱,国内无暇顾及;二是俄国发生了十月革命,苏俄也顾不上控制蒙古;三是日本势力趁机进入,驻库伦武官松井中佐与蒙古部分首领策划成立大蒙古国。

蒙古的政制是王公管政、喇嘛管教,政与教之间界限分明。沙俄从中作梗之后,活佛哲布尊丹巴为政教领袖,喇嘛的权力越来越大,王公的权力受到了排斥和抑制。这时又掺进了日本人瞎搅和,王公们的日子更不好过。由于蒙古上层斗争激烈,一些王公想重新归属中国,并借机重新掌权,于是就派人与北洋政府联络。

一直想建功立业并对边疆离心问题高度关注的小扇子徐树铮对此很感兴趣,跃跃欲试。

前文有述,徐树铮被徐世昌暗中使绊,派往日本观操,远离了段祺瑞,归国后发现自己没有争到应有的职位,只担任了个西北边防筹备处处长。

蒙古出现问题时,负责西北事务的小徐感到责无旁贷,便于 1919 年 4 月向政府提出了"西北筹边办法大纲",提出了自己的一整套解决蒙古问题的方案。

徐世昌正头疼小徐在老段身边出谋划策呢，一看小徐对蒙古感兴趣，就赶紧来个调虎离山、发配边疆，大力支持小徐去思考并解决蒙古问题。

而在小徐来解决蒙古问题之前，北洋政府一直派一个叫陈毅的与蒙古接洽谈判。但这个陈毅，可不是后来共和国的元帅、外交部部长陈毅，这可以说是"司马相如，蔺相如，名相如，实不相如"啊。北洋那个陈毅的谈判很不得要领，也没有与蒙古实权派的喇嘛进行交涉，所以不仅进展不大，而且蒙古离心之势几成定局。但他还很要面子，不想别人掺进这件事，以防抢了他的功。徐树铮就是在这种情况下来解决蒙古问题的。

小徐对于蒙古问题的处理，做得非常漂亮，这既是他聪明才智的充分展示，也是他为国家作出的重大贡献。

小徐这个人虽然在府院之争的过程中惹了很多事儿，但在对于国家民族的大是大非问题上，还是非常清醒并一直密切关注的。

段祺瑞利用国外借款，编练参战军，想实现国家统一时，让徐树铮担任西北筹边使兼西北边防军总司令，辖地包括新疆、甘肃、内蒙古、察哈尔和热河等地区，实力非常雄厚。就在段祺瑞把用兵的方向放在南方几省时，小徐却一直收集着蒙古的情报，对蒙古的一切外在关系、内在阴谋，无不了如指掌。因此他招兵买马，聚草屯粮，等待时机准备一举收复蒙古。

此时，俄国国内发生了一系列革命，混乱不堪，蒙古高层钩心斗角，日本势力蓄势待发。由于中国没往欧洲战场派出军人参战，这批训练有素的参战军就派上了大用场。北洋政府抓住有利时机，把参战军改为西北边防军，派遣徐树铮准备出兵蒙古。

小徐对于收复蒙古采取的战略策略，应该算是典型的"三分军事，七分政治"。其计算之精细、规划之完整、操作之巧妙、胆略之过人，都令今人叹为观止，这大概是小徐一身本领的最集中体现，我们有必要细细品味之。看来，有才能的人虽说毛病多，但就是有才！与有财的人都很任性一样，有才的人也很任性，这一点在小徐身上体现得淋漓尽致。

徐树铮首先在内蒙古多伦镇守使唐启尧将军署的署衙内设立"收复外蒙古前进指挥部"，作为此次进兵的统一指挥机构。紧接着，他一面派出大批侦察人员分赴要地收集情报，一面派遣一个旅的兵力在大青山进行备战和军事演习，还在多伦诺尔设立西北边防军后勤供应部，保证后勤补给和战略物资的充足供应。

为了展示中国军队的威风，小徐还在军队的形象、素质方面下足了功夫。他给招来的士兵按照阅兵式的标准赶制了新式的、整洁的、威武的军装，又不惜血本增添了大批新式武器；同时针对蒙古地域广袤的特点，筹措资金购置了八十多辆大卡车从北京开到多伦，这在当时的中国部队是绝无仅有的，可谓是最先进、最快捷的装甲机动设备了。

1919 年 10 月 23 日，近不惑之年的徐树铮率领军队英姿勃勃地前往库伦，拉开了中国军队收复蒙古的战幕。

从多伦诺尔至库伦约为一千公里，途中多为沙碛，即使用小徐配备的先进交通工具汽车来输送，也需时五至七天方可抵达。所以小徐向段祺瑞要这八十辆汽车派上了大用场。

大家都知道，蒙古的地盘太大了，而当时徐树铮的兵力严重不足，这次军事行动也只派出了四五千人。如果不出奇兵，恐怕那么点儿兵力投进去之后，相当于杯水车薪。

不过小扇子徐树铮还真不是徒有虚名，他对自己的能力深信不疑，并以左宗棠收复新疆为榜样，信心满满地踏上了征程。别的将领进兵打仗，多是采取出其不意的招数，但小徐却反其道而行之，大张旗鼓、声势浩大地向蒙古进军，准备展示雷霆万钧之势，来个先声夺人。

由于库伦当局和战不定，徐树铮又率领着蓄势已久的精选劲旅，崭新的军装、新式的武器、现代化的交通工具，把沿途的蒙古哨卡都给镇住了，他们根本就不敢螳臂当车。俄国方面由于国内的乱象，待他们知道徐树铮进军神速时，已来不及做出反应，只能眼睁睁地看着中国军队抢先占领了战略要地。

10 月 29 日，徐树铮率领军队抵达距库伦大概一百四十里的叩林，他突然命令车队全部停下，然后便拿起电话拨通了驻库伦的日本武官松井中佐处。都说鬼子心眼儿多,但这次鬼子却结结实实地被小徐给耍了。

小徐毕业于日本陆军士官学校,日语非常流利,所以他也不用翻译。他拨通了松井的电话后,先报上自己的姓名和使命,然后就开始耍弄鬼子。

小徐说:"根据我派驻库伦的办事人员报称,贵国派驻库伦的武装部队多达两千余人,请问是否真有此事?"其实小徐早就派人侦察到了日本的兵力,知道他们还没派进来多少人马,只有一百多人。小徐这样诈他,只不过是想让他在情急辩解之时,承认日方在蒙古有驻军而已。

果然,松井上当了。

松井急于辩解己方根本不是这么多人马,脱口而出:"你这一情报是不确实的,我这里实在仅驻了一百二十名武装部队呀。"

徐树铮听罢松井的坦白承认,不禁哈哈大笑,随即厉声问道:"我要问你的是,你依据中日两国何项条约,公然在中国领土内的库伦驻军?"

松井这才明白小徐问话的用意,不过为时已晚。就在他为日方开脱辩解时,小徐已没有耐心听鬼子瞎扯了,直接下了最后通牒:"你们现在驻军库伦,既无条约依据,又未得到中国政府同意,显然是违法行为。请你在三小时之内,将你这一百二十人的武器,送缴我驻库伦的办事处去。倘若超过了时限,则我所率的部队进入库伦时,如双方发生冲突,其一切责任须由阁下负之。"

松井说自己做不了主,这得向国内请示。徐树铮说,此事的错误,完全在于你方政府,希望你能拿出负责的勇气来。这样,我再给你宽限一小时,四个小时之后,如果不把你们一百二十人的武器缴上来,发生什么后果,由你完全负责。说完不等对方回话,就把电话挂了。

结果,不到半小时,日本人就把他们的武器全部向小徐缴了上来。

小徐高兴地下令,汽车启动,全速行进,开进库伦!

如果说,小徐浩浩荡荡地进军用了心理战,对付日本人用了心理战,那他率军进入库伦城时,同样用了心理战。进库伦城时用的心理战,大概是杂用张飞长坂坡的疑兵之计和孔明的增灶之法,把士兵进城给导演得轰轰烈烈,气壮山河。

　　这里先简要回顾一下《三国演义》中张飞的疑兵之计和孔明的增灶之法。

　　张飞的疑兵之计是这样的:赵云匹马单枪,独踹曹操百万大军的营盘时,豹头环眼的张飞带着二十多名骑兵,在长坂坡上大摆迷魂阵,作为疑兵之计。"教所从二十余骑,都砍下树枝,拴在马尾上,在树林内往来驰骋,冲起尘土,以为疑兵。"待曹操手下人马追赵云赶到长坂桥时,只见张飞倒竖虎须,圆睁环眼,手绰蛇矛,威风凛凛地立马桥上;又见桥东树林之后,尘头大起,疑有伏兵,谁也不敢上前。张飞那二十几个兵果然发挥了巨大作用。等曹操亲自赶来时,也疑神疑鬼地不敢上前。待到张飞打雷般的连喝三声,直接吓死了夏侯杰,吓跑了曹操,曹操手下诸军众将也一齐往西逃走。一时弃枪落盔者不计其数,人如潮涌,马似山崩,自相践踏。

　　孔明是用计大师,他在一次退兵时,反用孙膑"增兵减灶"之法为"退兵增灶"之计,吓住了司马懿。话说孔明四出祁山之时,形势一片大好,但司马懿妙用反间计,使刘后主下令诸葛亮班师。诸葛亮明知是主上年幼,必有佞臣在侧,却只能服从命令。这时姜维问道:"若大军退,司马懿乘势掩杀,当复如何?"孔明曰:"吾今退军,可分五路而退。今日先退此营,假如营内一千兵,却掘二千灶,明日掘三千灶,后日掘四千灶:每日退军,添灶而行。"杨仪曰:"昔孙膑擒庞涓,用添兵减灶之法而取胜;今丞相退兵,何故增灶?"孔明曰:"司马懿善能用兵,知吾兵退,必然追赶;心中疑吾有伏兵,定于旧营内数灶;见每日增灶,兵又不知退与不退,则疑而不敢追。吾徐徐而退,自无损兵之患。"司马懿果然中计,派人蹲地一个一个地查坑数灶,越数越多,越数越害怕,便不敢来追。待到川口土人来报司马懿,说孔明退兵之时,未见添兵,只见增灶时,司马懿仰天而叹,深为折服。

　　明白了三国中这两个故事的效果,回头再来欣赏徐树铮的妙计。小徐下令,每一辆卡车,限载二十名官兵,每名官兵要把携带的武器尽量显露得极其明显;车行的路线是特意绕着商铺稠密的街道行进,然后才开向库伦西郊的红城(袁世凯当国时命令修建的驻军区域);车到营区后,不准士兵下车,由军官监视,让士兵全部趴在车厢内,盖上大帆布,让别人看不到车内有人;再把汽车开离营房,在城外重新加入运兵行列,把士兵重新拉回来。这样来来回回反反复复地玩了好多圈,直到自己不想玩了为止。蒙古人被惊得目瞪口呆,弄不清这天朝上国到底派了多少军队来。

袁世凯时期修建的驻军营房,能住五万人左右,但这次来的只相当于它的十分之一,而小徐这样一安排,就像真的有五万人进城了似的。营区严加岗哨,不让周围百姓靠近,从外边看来,这能容纳五万人的大营区,住起来,还紧紧巴巴的呢。

徐树铮的心理战发挥了巨大作用,不战而屈人之兵,胜券已经稳稳地握在手里了。

《鬼谷子·谋篇第十》载:"事贵制人,而不贵见制于人。制人者,握权也;见制于人者,制命也。"徐树铮在处理蒙古问题上,不管在军事方面还是政治外交方面,一直牢牢地握着主动权。

小徐不仅军事方面有独特才能,在语言方面也是个天才。他到蒙古后,找来翻译,恶补一阵子蒙语,仅用两个礼拜,基本的对话已经挺流利了。这期间,小徐以学蒙语为由,拒不会客,让急着请和谈判的蒙古高层心急如焚,生怕小徐一发怒,直接动用天兵开战啊。

11月14日和15日,小徐和蒙古"总理"巴特玛及各喇嘛会谈,靠着他两个礼拜的蒙语,加上强硬而不失灵活的手腕,轻松搞定了蒙古。小徐施展铁腕,把蒙古"总理"那木那苏伦"请"到了自己的司令部,把哲布尊丹巴软禁,收缴了蒙古上交的枪支九千支以上、大炮五门、机枪几十挺,及大批炮弹、枪弹。所以,前后算来,他在库伦住了二十二天(10月29日到达库伦,11月21日动车回京),没费一枪一弹,就成功地使蒙古自动撤销自治,一举稳住了蒙古。

1919年11月17日,历史永远记住这一天,蒙古正式上书中华民国大总统徐世昌,呈请废除中俄"蒙"一切条约、协定,回到中华民国怀抱!

此后一段时期,小徐开始治理蒙古,发展商业、农业,设立银行等,成绩斐然。如果他能一心一意治理蒙古，以他的才华，不出几年，定会大有成就。只可惜他志不在此，尤其是直皖战争爆发后，小徐离开了蒙古，很快造成蒙古的重新失去，甚是痛惜。

东北王诞生

老徐本来想把小徐支走，支到兔子不拉屎的地方自己玩儿去，却没想到小徐本事大，像左宗棠一样，新栽杨柳三千里，引得春风度玉关，一不小心，立了不世之功，人们开始称他为西北王了。这可是所有人都没想到的。

小徐在西北春风得意，顺风顺水，让一直想当东北王的张作霖心里很不是滋味。自己在关外折腾这么多年，还没成为名符其实的东北王。吉林仍然在孟恩远的盘踞之下，不听张作霖的召唤，像一块鱼骨头一样卡在张作霖的喉咙里，咽也咽不下，吐又吐不得，真真难受极了。

张作霖嫉妒小徐在西北能放开手脚地做一番事业的同时，倒也没让嫉妒心蒙蔽了自己。纷乱的局势之中，他看到了有一招绝妙之棋可下，那就是小徐可以为己所用。

为什么张作霖这样自信，认为小徐可为己所用呢？

因为，张作霖发现这样一个逻辑链：徐树铮胆大妄为，枪杀了直系老人陆建章后，一直在防着两个人，一个是陆建章的外甥冯玉祥，一个是陆建章的儿子陆承武。陆承武是孟恩远的女婿，孟恩远是张作霖必欲撵走的眼中钉。那么，徐树铮如果不愿陆承武势力坐大的话，他就一定希望看到孟恩远垮台。这，正是张作霖可以利用小徐的原因。

果然，虽然张与徐有过矛盾，但在对付孟恩远一事上，二人却是不谋而合，互相利用。

其实，早在徐树铮赴蒙古之前，他就已经开始拆孟恩远的台了。小徐当时就悄悄怂恿张作霖的部下孙烈臣率二十七师移驻长春，在长春设东三省巡阅分署，为驱逐孟恩远做准备。

老张当然高兴啦。为配合小徐的动作，张作霖唆使吉林士绅向东三省巡阅使及北京告状，给孟恩远列了八条罪状。张作霖自己也向北京告状，说孟恩远滥发纸币，招兵买马，图谋不轨。

小徐一看老张这么明白事儿，更加起着劲儿地折腾。这时国务总理是钱能训，小徐就指使龚心湛在国务会议上以孟恩远的罪名坐实为由，提出撤换吉林督军。钱能训知道谁都不好惹，孟恩远也非善类，如果撤不动，岂不是使自己威信大大受损，所以犹豫不决。

而孟恩远本人这段时间也确实如张作霖所说，在印纸币、扩军，因为他感受到了张作霖给他带来的巨大威胁，不能不提早防备。

6月13日，由于巴黎和会与五四运动期间发生了许多事，钱能训被迫辞职，财政总长龚心湛被指认代总理。但龚就职当天就声明，自己只维护十天，请你们赶紧选出合适的总理来。

张作霖与孟恩远在关外争斗，他们的靠山——直皖两大系也跟着互动起来。张作霖与皖系走得近，孟恩远与直系关系密切。1919年6月18日，直系的陈光远发动王占元、李纯等人，联名致电政府，为保安全稳定，请勿草率更动吉林督军。

直系的通电不能不考虑，张作霖的请求也无法拒绝，怎么办？段祺瑞思来想去，还是先找前辈调停调停。于是，北京请出了两位东北元老——赵尔巽和张锡銮，去关外调停，他们都是张作霖的老领导。可是张作霖对他们的到来毫不在乎，自己像个没事儿人一样："我对孟恩远毫无私怨，不过是把吉林公民的意见转达中央而已。"除此之外，不管你们说什么，老张都坚决不作让步。

经明察暗访，孟恩远私印钞票、扩充军备之事"基本属实"，加上皖系对张作霖的袒护，以及小徐从中的鼓动，北京决定免去孟恩远的职务。本来张作霖是希望派自己的嫡系将领孙烈臣直接接管吉林，但北京怕引起孟恩远的强烈反弹，所以派了与张的关系不甚浓的黑龙江督军鲍贵卿到吉林任职，而派孙烈臣到黑龙江。同时又派出调停者到孟恩远处，劝其不要违抗中央命令，并承诺保障孟恩远的地位和财产。

孟恩远当然不肯就范。他鼓动吉林军人强烈反抗，要求中央在四十八小时内撤回免孟的命令,否则后果不可预料。

孟恩远的外甥高士傧更是反应强烈。因为如果孟的地位没了,那自己接任孟恩远、成为吉林王的梦想就成为泡影。所以,高士傧直接通电,宣布吉林独立。

可是,这样一来,高士傧和孟恩远就更加引火上身了。张作霖名正言顺地找到了动武的借口——自己是东三省巡阅使,吉林要独立,我这个东三省的最高长官,能不出兵吗? 我们之间可不是"私人恩怨"啊,我是为了维护国家的统一,所以必须要打你。

张作霖派第二十七师师长孙烈臣为南路总司令,第二十九师师长吴俊升为北路总司令,分南北两路夹攻吉林。

高士傧也不示弱,决心奋力一搏。他在农安自称讨贼军总司令,发布了讨伐张作霖的檄文。

可是,就在双方要大打出手的时候,驻扎在东北的日本人通过权衡利弊,决定帮张作霖的忙,派兵横在中间,直接强硬地对孟恩远和高士傧发出了严厉警告。

日本人横插一刀,一方面坚定了北京免去孟恩远和高士傧的决心,另一方面彻底打碎了孟恩远的幻想。孟恩远知道,一个张作霖都已经对付不了,还有一个小徐瞪红了眼要把自己搞垮,更有日本人从中作梗,那自己无论如何都无力与张作霖抗衡了。真是剑老无芒、人老无刚,在面对一场没有任何胜算的战争时,六十三岁的孟恩远已经心灰意懒了。

接到革职令的高士傧极端愤怒。虽然他也知道自己没有胜算,但嘴上仍然不服输,扬言不惜以生命为赌注,与张胡子决一死战,如果战败,自己就重回绿林当土匪,决不让你东三省安稳下来。

孟恩远不想事态继续扩大,连自己都斗不过张作霖,志大才疏的外甥高士傧更是白给,所以在7月28日,孟恩远主动与张作霖通了一次电话。他说:"我上了六十岁的人,名利心很淡,看得太多了,现已说服高士傧。"29日,他电催"霆九兄(鲍贵卿字)速来长春赴任,本人负责令高士傧办理交代"。

既然孟恩远这么识时务、给面子,张作霖也不是那种非要斩尽杀绝的主。他大手一挥,保护孟恩远安全出境,对高士傧既往不咎,对吉军所提军费一百二十万元不予追还。

张作霖真是做大事的人,得饶人处且饶人,不在细枝末节上费思量,不在蝇头小利上动心眼儿。正所谓"径路窄处,留一步与人行;滋味浓的,减三分让人尝",这一做派,让人暗竖拇指。

也可能,张大帅在学雷老虎,满脸笑容地说:以德服人,我要以德服人!

8月5日,孟恩远、鲍贵卿同赴吉林市举行交接典礼。吉林终于收入了张作霖的囊中。

东北王正式诞生。

斗争升级

这一时期,北洋政坛大舞台上出现了一个很有意思的现象:主角全隐藏到幕后了;台上表演的,不是主角,而是配角。

总统徐世昌,非直系,非皖系,无兵权;徐世昌任命的总理,也不是主角。主角段祺瑞"下野"了,主角冯国璋回家了,直系曹锟和吴佩孚还没正式成为北洋主角。

但这丝毫不影响直皖两系的争斗效果,而且斗争越来越升级。

前面说过,袁世凯在世时,为了给冯国璋掺沙子,在冯国璋的江苏地盘,硬是把徐州划给了张勋。而老袁当时还给冯国璋使绊子,就是把上海划给了别人,单设淞沪护军使来镇守。好好的江苏督军冯国璋,却对于江苏境内的徐州和上海两个地方不能行使职权。尤其是上海,那可是聚宝盆,老冯眼睁睁地看着别人吃自己的肉,自己还有苦说不出,心里那个气啊,真是不打一处来。

1917年11月,浙江督军出缺,淞沪护军使杨善德率兵进驻杭州,当上了浙江督军。杨善德贪多求大,就把上海给闪出个空隙。虽然杨善德是想把上海和杭州全收囊中,但冯国璋却不这么认为。他一看,杨善德跑杭州去了,上海这么重要的地方,怎么能没人管呢?冯国璋此时已是总统,总统当然得为国家着想啦,所以,冯国璋趁机就把上海这个淞沪军区纳入了江苏督军的管辖范围。

当然,这只是冯国璋一厢情愿的想法,段祺瑞控制下的政府并不承认冯国璋的这一任命。段祺瑞强硬地任命了第十师师长卢永祥继任淞沪护军使。凭此一件事,就使刚上任三个月的冯国璋总统与段祺瑞总理搭档的蜜月期彻底结束。

1919 年 8 月 13 日,浙江督军杨善德因病去世;14 日,北洋政府调升卢永祥署理浙江督军。经过巴黎和会与五四运动,加上吴佩孚通过电报对皖系的攻击,段祺瑞的声望大大受损,江苏督军李纯便乘机提出收回淞沪军区的要求,直系的长江三督联合保举第六师师长齐燮元继任淞沪护军使。

一直以袁世凯继承人自居的段祺瑞,在面对这么大的问题上岂能受别人摆布?皖系其他将领也与段祺瑞是同样态度。为了把杭州和上海稳稳握在皖系手中,卢永祥急电北洋政府,力保第四师(杨善德的部队)第八旅旅长何丰林继任淞沪护军使;准予第四师扩充为一师一混成旅,由何丰林兼任混成旅旅长;晋升第四师第七旅旅长陈乐山为第四师师长;卢永祥以浙江督军身份仍兼原有的第十师师长,且卢的嫡系第十师一旅驻杭州,一旅驻上海。

卢永祥的态度非常强硬,如果政府不接受这一意见,自己的浙江督军不要了,宁可回上海当一个淞沪护军使。

皖系的这一要求,明摆着是没把直系放在眼里,大咧咧地把好处全装在自己口袋里了,还冲着直系伸臂挥了挥拳头示威。

为了保证上海地盘不丢,9 月 14 日,卢永祥竟由杭州回到上海,以此向政府施压。

直皖两个大爷在后台踢皮球,坐在台上的徐世昌总统与龚心湛总理太为难了。本来徐与龚是尽力照顾直皖双方的面子,可不管费了多少心思来处理,直皖却都指责总统与总理偏袒对方。

比如对于这个上海问题,为了和缓李纯与卢永祥之争,北洋政府小心地走钢丝,想让台下看热闹的两大佬都满意,于是明令发表三案:

一、特任卢永祥为浙江督军;

二、裁撤淞沪护军使,改设淞沪镇守使;

三、令何丰林为淞沪镇守使。

北洋政府这一安排,也算是煞费苦心,照顾直皖双方利益了。因为淞沪在江苏辖境内,护军使可以不受督军节制,但是镇守使则必须受督军节制。也就是说,徐世昌和龚心湛想设置一个"你中有我,我中有你"的九连环:上海划归直系的江苏督军管辖,但上海的镇守使却由皖系人马出任!

但皖系大为不满,因为这一安排等于宣告把上海划给了直系,在皖系看来,直系的便宜占大了。段祺瑞眼睛一瞪,你徐世昌收了冯国璋什么好处,这样袒护直系?弄得徐世昌有苦说不出。

卢永祥和何丰林对于北洋政府这一决定更是不满,直接通电抗议,而且是附上他们属下全体军官的名,拍电到北京,请政府务必收回成命!

直皖双方剑拔弩张,在苏、浙地区分兵布防,差一点儿擦枪走火。

直皖双方除了争夺地方权力外,对于政府中的安排,也斗得不可开交,力图使己方利益最大化。

以内阁总理为例,徐世昌刚上任时,任命钱能训为总理,皖系段祺瑞抱着姑且试之的态度,同意了这项任命。但在权力运行的过程中,段祺瑞发现钱能训与徐世昌走得近,他们想摆脱皖系的控制,自己掌握大权,这就犯了忌。所以,经过巴黎和会与五四运动,直系想斗倒段祺瑞的目标没达到,却导致了钱能训总理辞职。

龚心湛压根儿就没想在这个位置上干,他勉强替乱局中的国家维护一下局面,天天催着徐世昌赶紧选总理上来,自己好撤退。

按约法规定,国务总理的人选,应由大总统提名,再经国会通过。可是,规定与现实之间,总是差距那么大。徐世昌想提名旧属周树模上来任总理(周树模与钱能训曾是徐任东三省总督时的左、右参赞,形同他的左膀右臂),但皖系控制下的安福国会不答应。刚赶走了徐世昌的"左膀",再提上来个"右臂",那皖系的利益仍然保证不了。皖系的提名是时任农商总长的田文烈。

徐世昌无奈,就把周树模和田文烈二人一起提给议员表决,安福系求之不得。讨论的结果是,只有两人支持周树模,田文烈以压倒性票数获胜。

可是,田文烈早就看明白了内阁是个传声筒、受气包,坚决不干这个总理。徐世昌以为,提名二人,其中一人不干,那周树模又有希望上来当总理了,但安福国会坚决不答应。到底任命谁来当总理呢? 连"水晶狐狸"徐世昌都感觉到头疼了。

这个时候,陆军部次长张志谭登门,建议徐世昌从皖系内部进行分化,应该把陆军总长靳云鹏提名为国务总理。张志谭认为:"段祺瑞一向袒护徐树铮、靳云鹏,而徐、靳为争权邀宠互相仇嫉。总统如果提名靳云鹏组阁,段祺瑞必予以支持,徐树铮就反对不得。以后再以靳制徐,以靳联直奉而制皖,造成直皖奉势力平稳,总统之地位由此可巩固矣。"

聪明的老徐眼珠转了几下,一下子茅塞顿开。

靳云鹏,字翼青,1877 年生于山东省济宁邹县(现山东省邹城市),亚圣孟子的老乡。自幼家贫,因兄弟靳云鹗卖货得罪了当地缙绅,遂与老母逃往济南、烟台谋生。袁世凯在小站练兵时,靳家兄弟都投身了军营。靳云鹏因右眼外斜,开始时没得到好差使,只列名备补兵,清扫马厩厕所。有一次袁世凯巡营,发现这个靳云鹏工作认真、好学不倦,便给予提升,又选送新建陆军附设炮队随营武备学堂第一期学习。该学堂监督为段祺瑞,受段知遇,靳从此步步高升。清朝末年段祺瑞领导北洋四十六名军官阵前通电,要求清帝逊位,就有靳云鹏一手策划的功劳,靳从此成为段的亲信。靳云鹏曾任第五师师长和山东将军,徐世昌欲提名其为总理之前,靳是陆军总长,可见受段的器重之深。

靳云鹏既是段祺瑞的左右手,又是段祺瑞帐下"四大金刚"之一,同时具有多方面的有利条件,可赢得多方面的支持:他是奉系张作霖的儿女亲家,和直系曹锟是拜把兄弟,与冯国璋关系交好,又与直系的实力派王占元、吴佩孚是山东同乡。

靳云鹏虽然与徐树铮同为段祺瑞帐下"四大金刚",但是与小徐关系并不好,两人为邀功常常争得面红耳赤。如果提名靳云鹏为总理,既可以利用他与小徐的不和牵制安福国会,又可以利用他与各派交好的关系而联络直、奉、制衡皖系。

徐世昌越想越觉得妙,当即决定,提名靳云鹏为总理。

段祺瑞一看,靳云鹏啊,不错不错,可以让他当总理;小徐这个时候正在集中精力忙蒙古的事儿,想表示反对,却慑于各派势力对靳云鹏的一致支持而作罢;安福系国会一看大老板同意了,也不好再反对。这样,11 月 5 日,靳云鹏当上了国务总理。张作霖和曹锟立即表示支持,就连一直通过电报骂段祺瑞的吴佩孚,也对他的山东老乡表示了支持。

然而,段祺瑞没有想到,自己的心腹爱将靳云鹏当上了总理,却并没有完全按照段祺瑞武力统一的构想来解决时局。

靳云鹏有他自己的抱负,有他自己的想法,有他自己对时局的研判。

其实,靳云鹏是忠心于段祺瑞的,但想法却与段不一致。

靳云鹏认为,眼看着北洋系内部虎豹双雄因为一些事情而走到分裂边缘,自己既然有了这个总理位置,就应该尽力促成直皖两系重归于好,这样,对北洋系、对国家,都有莫大的好处。靳云鹏还认为,段祺瑞之所以威望大减,都是由于徐树铮不知深浅、胡乱弄权造成的。因此要恢复主子段祺瑞的声望,就非除去小徐不可,尤其是废止那个招人骂的中日军事协定。

但是靳云鹏的这两点思考,却是段祺瑞所为难和坚决反对的。

靳云鹏仍在热心努力地做着想让直皖、冯段和好的事,而这又与徐世昌的想法不谋而合。

在老徐和老靳的努力下,9 月 23 日,下台了的总统冯国璋来到北京;26 日老段又设宴招待了这位四哥。在外界看来,这是一次气氛友好的宴会,也是直皖和好的标志。

然而,世事总是难料。就在和平友好的气氛刚有起色的时候,1919年 12 月的一天,一向主张和平统一的冯国璋在会见了一位美国客人后,由于严冬久坐受寒,当晚洗过澡后就病倒了。

按照冯国璋自己所说,他的病开始本没什么,都怪自己没在意,伤寒加上年老体弱,遂成不治。

1919 年 12 月 28 日,冯国璋病逝于北京地安门帽儿胡同冯宅,享年六十二岁。临终之前,仍放不下和平统一,他留下遗言给徐世昌总统:"和平统一,身未及见,死有遗憾,希望总统一力主持,早日完成。"同时遗电给南北各省长官:"愿内外同心,化除轸域,和平统一,务底完成。"

北洋政府通令全国下半旗三天。徐世昌和段祺瑞这两个北洋老人亲赴冯邸吊丧。段祺瑞在冯的灵前想起了小站练兵、风云组合、铁三角,数十年悲欢离合一朝而散,不禁放声大哭。

老段回去后不久,派人送来一副他亲自写的挽联:

兵学砥砺最相知,每忆拔剑狂歌,曾与誓澄清揽辔;
国事纠纷犹未已,方冀同舟共济,何遽伤分道扬镳。

有壮志,有回忆,有感伤,也有些悔意,总体上道出了老段对老冯的兄弟之义、战友之情,以及对手之叹。

冯国璋自幼聪明好学,勤奋刻苦,但用今天的话说,就是不会应试考试,屡试不第,与他同年出生的袁世凯也是这样,一逢考试就落败。但冯国璋的水平和素质却很高,应该是标准的"大学漏子",在我国近代军事教育史上作出过不可磨灭的贡献。冯国璋写出了我国第一部现代军事操典书《新军兵法操典》,先后创办了北洋陆军师范学堂、南京陆军讲武学堂等十多所军事学校,培养了大批军事人才。他曾与段祺瑞一起反对袁世凯称帝;在袁世凯死后,反对段祺瑞的武力统一。他倡导的和平统一之策,不管在当时的中国有没有可能性,但确实是在为和平而努力着,这一点在历史上是值得充分肯定的。

冯国璋去世之前,直皖矛盾已经很尖锐了。冯国璋的去世,让这种矛盾更加公开而不可调和。有冯国璋在的时候,凭着他与段祺瑞二十多年的交情,直系与皖系怎么着也能克制,不至于轻易动武。直系的大首领冯国璋没有了,直系的另两个小兄弟曹锟、吴佩孚,与段祺瑞可就没这么深的交情了,直皖之间的冲突就愈演愈烈,大有刹不住车的趋势。

撤防风波

1919 年以后的吴佩孚,虽然职位还是小师长,但经过湖南兵锋小试,"五四"通电全国,他已受到四方瞩目,其个人声望与地位,远远超出了他的职务与兵权。

随着直皖矛盾的加深,吴佩孚审时度势,提早下手,提出了建立"反皖三角同盟"的计划,即南联粤桂、北结奉张,并与中央徐世昌、靳云鹏互通声气,拉动大家联合起来反对段祺瑞和徐树铮。

南方军队被吴佩孚的兵锋吓怕了,一听吴佩孚主动和好,求之不得。1919 年 8 月,吴佩孚首先与南方签订了《救国同盟军草约》,确定了与南方的同盟关系。

张作霖本来依附皖系,以段祺瑞为靠山。但由于徐树铮弄权,冒领奉系军费,被张作霖查出来后,张作霖大怒,从此深恨小徐。虽然在对付吉林督军孟恩远一事上,老张与小徐有共同利益,但随着张作霖当上了东北王,与小徐的西北王为争夺利益很快又陷入矛盾之中。而小徐由于平日就飞扬跋扈,这次收复了蒙古,声势如日中天,他更加目中无人。张作霖和曹锟非常清楚,此人万万不可得志,此人若得志,吾辈将无噍类矣("无噍类","噍"读 jiào,语出《汉书·高帝纪》:"尝攻襄城,襄城无噍类,所过无不残灭。"比喻没有一个人生存)。因此,张作霖与直系曹锟和吴佩孚又开始走近了。1919 年冬,直系控制下的直隶、长江三督的地盘,外加张作霖的东北三省,联合起来,结成了七省反皖同盟。

徐世昌看到有人来制约段祺瑞,心中当然高兴,对这个七省反皖同盟暗中给予支持。

七省反皖同盟开始时并不反段,而是主要反小徐,他们提出了"清君侧"的口号。然而,老段无论如何都割不开小徐。在老段看来,反小徐,就是反自己。何况,边防军就是小徐编练的,安福国会也是小徐一手操办的,去掉了小徐,就等于把段祺瑞的文武长城给毁掉,这是无论如何都不能答应的。

因为老段不能满足七省反皖同盟的要求,所以局势的发展就越来越恶化。直皖双方,都在悄悄地做着最坏的准备。

如果局势真的不可收拾,那么直系当下面临着一个非常大的麻烦,就是兵力分散:头号大将吴佩孚远在湖南;曹锟在保定的兵力薄弱,很容易被皖系分割包围,分而歼之。因此,吴佩孚把七省反皖同盟组织起来后,就着手计划把他的军队撤防北归,收缩兵力,做好真正开战的准备工作。

从 1919 年 5 月的南北议和破裂后,吴佩孚就天天哭穷,请求撤防。

1919 年 12 月中旬,吴佩孚派代表赴京面见徐世昌、靳云鹏,陈述对于谋和的意见,以及驻湘直军的困苦,请求撤防。

然而,段祺瑞和徐树铮非常清楚,吴佩孚的军队驻在衡阳,那就形成了北军的天然屏障。如果吴佩孚撤军,南军随时都可向北进攻。而皖系一则没有足够的兵力来填补空白,二则预示老段武力统一政策的破产,三则直系兵力集中后会对皖系形成致命威胁,所以,皖系控制下的政府和国会对吴佩孚的撤军要求一直未加允准。

1920 年 1 月,吴佩孚再次电告政府,"久戍疲劳,请求撤防北归"。国务总理靳云鹏本来对吴佩孚印象非常好,早在保定陆军速成学堂时就教过吴佩孚,二人又是山东老乡,但吴佩孚撤防的问题,涉及皖系的大计,是段祺瑞极力反对的事,靳云鹏怎么能惹老段生气呢? 所以,他也只能对吴佩孚要求撤防的电报置之不理。

但是,吴佩孚撤防的愿望越来越迫切。从元月到三月,吴佩孚的电报像雪片儿一样飞往京城,口水战越来越激烈,电报上的文字也一次比一次精彩。

徐世昌总统考虑到,吴师北撤,既可向南方示以和平之意,又可牵制北方段系人马。尽管在开始时他也不敢贸然惹老段不高兴,但如今吴佩孚折腾得越来越欢,曹锟也经常拍电报过来要求撤防,而吴佩孚自从五四运动之后,深得人望,许多势力都很支持他。所以,徐世昌顺应这股潮流,同意撤防。而老段一看,也没有理由再强留吴佩孚,也默认吴佩孚撤军,但决定在吴的撤军路上搞出一点儿动作,让吴师步履艰难。瞅准空隙,说不定还能直接派兵吞了他。

文武兼备的吴佩孚自然不傻,他很清楚地知道自己的部队面临着三大困难:

一、唯恐大军一撤,南方的军政府或湘军方面紧跟其后,而退兵遇击,必定凶多吉少。

二、吴佩孚怕坐镇湖南且兵力超过自己三四倍的皖系将领张敬尧扼住吴师北上的咽喉。如果他张开大网,布下口袋,那么将有一场恶仗。

三、吴佩孚治军很严,不扰民,而其治下的一师三旅眼下非常缺钱,没有开拔费。

这么大的困难,却没有难住春秋鼎盛的吴佩孚。

吴佩孚把南方代表集合起来问,你们还有谁不服?还有谁想打?

南方军队早就被吴佩孚凌厉的兵锋镇住了,回答说,服了,我们都不想打,绝对不想打。

吴佩孚说,那好,不打不相识,我们交手后也成为朋友了,那就都不打了吧。我们签停战协议,如何?

南方代表连说好好好。

吴佩孚又说,我们军队要往回开拔的话,没有钱,怎么办?

南方代表说,只要你们走,我们给你们报销。

3月中旬,吴佩孚师长带着三名独立旅旅长王承斌、阎相文和萧耀南,堂而皇之地与广东军政府七总裁的代表,兼湘军总司令谭延闿的代表钟才宏,外加滇军唐继尧代表韩凤楼、陆荣廷的代表朱兆熊,签订撤军协议。

这不怪吴佩孚心眼儿坏,都怪此时的吴佩孚太霸气,他的一师三旅横扫湖南后,如泰山压顶般地架在了南方军队的头上。而他主动提出签约、撤军,那南方军队还不乐开花啊。所以,吴佩孚与南方签约的举动,不仅解决了撤防的后顾之忧,而且顺带着让南方军队乐颠颠地给报销了六十万元的开拔费。撤防的三大难题,一起解决了两个!而且吴佩孚的签约撤军,引起了国内外的瞩目与轰动。这可是国家和平之大计,百姓之福分呀,吴佩孚还因此闹了个名利双收满堂红。

吴佩孚此时还多了个心眼儿。他把这个为了和平而撤军的签约向全国通电，自己站在了法理的高度，把握了舆论的主动权，给人感觉非常正义，这样，段祺瑞如果敢直接出兵拦截，那就是他段某人敢冒天下之大不韪，会被人骂死。

所以，吴佩孚的这一招，看似不甚着力，实则非常巧妙，对皖系来说是非常"狠"的一着妙棋。

但是，局面仍然不容乐观。吴佩孚从湖南撤防，路途上要经过四省，从湖南，取道湖北，经过河南，再进入河北，这才回到曹锟直隶的地界；而这一路，却是杀机四伏，皖系张敬尧、吴光新、徐树铮三路大军摆开了架势，且每一路的人马都多于吴佩孚的军队。想都不用想，段祺瑞肯定早已密令几路人马瞅准机会对撤防的军队下手。

吴佩孚撤防要经过的几省中，湖北地界，可能对吴佩孚还好些。湖北督军王占元与吴佩孚、卢永祥、张怀芝、周自齐号称"山东五子"，都是山东老乡，平常就有很不错的私交，又加入了反皖的七省联盟，所以，王占元不会听段祺瑞的命令，肯定会把吴佩孚军队全部放行。

其他几个人就不同了。张敬尧坐镇湖南，段祺瑞当初把湖南督军的位置交给他，而没有交给战功赫赫的吴佩孚，就是用他来看着吴佩孚的，他在这里构成了对吴佩孚军队的第一道防线。另外两位更是虎视眈眈。段祺瑞已令自己的小舅子、长江上游警备总司令吴光新移师河南，看住河南督军赵倜，并在河南这里准备对吴佩孚军队构成另一道防线。虽然河北是曹锟的地盘，但是，吴佩孚的北洋第三师南下后，第三师在保定一带的营房空了出来，徐树铮正好见缝插针，"借"去占用了，构成对吴佩孚的最后一道防线。也就是说，连直隶大本营都已经不安全了。

如此看来，吴佩孚撤防之路，应该是凶多吉少。后起之秀吴佩孚师长，能突破得了"北洋之虎"布下的天罗地网吗？能闯过段祺瑞山门的"十八罗汉阵"吗？

围追堵截

面对段祺瑞"一字长蛇阵"的"合纵"之计，吴佩孚给他的老长官曹锟提出了"连横"之谋：联徐世昌，联张作霖，联靳云鹏，直接破皖系的后院。

徐世昌与段祺瑞的矛盾，那是有目共睹的。虽然段祺瑞此时不是总理，但他躲在幕后遥控总理，俨然太上皇，老徐与老段之间的矛盾，仍然是府院之间的权力之争。而且小站练兵时的小兄弟段祺瑞，对于当年小站系的灵魂人物徐世昌指手画脚，让老徐心中总不是个滋味。在吴佩孚的劝告之下，曹锟直接拜访小站时的老领导，也是现在的新领导，大总统徐世昌，回首往事话今朝，字字说到老徐心坎里。老徐也正想有一股力量制衡段祺瑞，曹锟的出现，让他喜出望外。所以，曹锟首先取得了总统徐世昌对于吴佩孚撤防的支持。

曹锟此行，不止为了联合一个徐世昌，还有张作霖。尽管曹锟与张作霖关系也不错，但徐世昌与张作霖之间关系更不错。徐世昌当年担任东三省总督时，张作霖只是个小喽啰，也得到过徐世昌的提拔，徐世昌也算是张作霖的老领导。现在的张作霖今非昔比了，简直就是"土豪金"。他坐镇东北，手底下有五个师、二十三个混成旅和三个骑兵旅，共约十五万大军，飞机大炮全有，装备之精良，军事实力堪称全国第一。徐世昌与曹锟两个人一起出面，说动张作霖坚定地站在曹锟吴佩孚一方，这样反皖的力量就大大增加了。

对于靳云鹏怎么联呢？他不是段祺瑞手下"四大金刚"之一吗？其实这里面的关系也很微妙。

前文说过，靳云鹏与直、皖、奉几系关系都不错，与吴佩孚既是师生关系，又是老乡关系。吴佩孚在保定的北洋测绘学堂学习时，靳云鹏就是教官，算是吴的老师。靳云鹏是山东邹县人，吴佩孚是山东蓬莱人，是山东老乡，两人这么多年关系不错，一直有联系。靳云鹏虽然当上了总理，与徐树铮同为段祺瑞帐下"四大金刚"，但靳、徐二人却势同水火。小徐那嚣张的性格，不把任何人放在眼里，这正是吴佩孚想利用的。

段祺瑞在布置河南防线的时候，既想换掉河南督军赵倜，换上吴光新，又想换掉河南省省长。但是内阁总理靳云鹏请徐世昌总统盖印时，徐世昌只同意换掉河南省省长，不同意换掉河南督军，理由很简单，两个一把手怎么能同时换掉？那不乱了吗？

靳云鹏只好把徐世昌的意思向段祺瑞汇报。段祺瑞大为恼火，当面骂靳云鹏：没用的东西，怎么选你当国务总理？你倒是跟他斗啊！

原来，段祺瑞就是想让靳云鹏和徐世昌斗，自己好从中谋利。可是靳云鹏谁也斗不起啊，眼看着老领导段祺瑞都对自己这么不满意，靳云鹏为难死了。得了，别干了，辞职，免得受这窝囊气。

2月29日，靳云鹏递交了辞呈。

这个时候，徐树铮控制下的安福系也想把靳云鹏赶走，重新组阁。小徐赶走靳云鹏的目的，是想自己捞取实权。为了换取徐世昌的支持，小徐找到老徐，郑重地表示可以把徐世昌最想提名的周树模拉来当总理，然后把靳云鹏兼着的陆军总长位置交给小徐自己，小徐说自己一定好好地帮助总统做事。

徐世昌一听，这徐树铮为了自己的官位，说话也太直接了。即使小徐自己不说要这个陆军总长，老徐也能看出来他的目的。老徐平日躲还躲不及这个飞扬跋扈的小徐呢，如今怎么肯让他进来当陆军总长？

看着徐世昌总统不为所动，安福系在小徐的授意下，继续下猛药攻击靳云鹏，硬说是靳云鹏签订了中日军事协定，是个忘恩负义的卖国贼。

小徐这种张冠李戴的做法，真是太不地道了。

然而，小徐没想到，靳云鹏与其他派系的关系会那么好：首先是徐世昌坚决挽留，不许靳云鹏辞职；然后曹锟和吴佩孚支持；最有力量的张作霖在东北也高声喊着支持自己的亲家，并带上几省督军同盟一起支持靳云鹏。在这种情况下，连段祺瑞都很无奈了，小徐就更拱不动靳云鹏了。

3月4日，靳云鹏回到办公室继续上班。

就在这一天，河南督军赵倜公开发表通电，响应吴佩孚撤防，完全倒向了直系阵营，以示对皖系想把他的豫督换掉的严正抗议。并不牢固的皖系河南防线，就这样被拆得七零八落。

原来，段祺瑞想在河南拦截吴佩孚军队的时候，对河南督军赵倜并不放心，所以才想让吴光新取而代之。为此，1920年2月中旬，段祺瑞指使河南部分军人反对河南督军赵倜，又借口赵倜纵容他的兄弟赵杰卖官鬻爵，以此激起民意，逼迫靳云鹏下令撤换赵倜。赵倜在河南干得是不好，但段祺瑞此举就是假公济私。还没撤换赵倜之前，以为握住了赵倜兄弟小辫子的段祺瑞让吴光新率军队进驻了河南信阳，与河南内部的反赵军取得联合行动。

可是这样一来，把赵倜逼上了梁山。本来赵倜在直皖之争中是采取中立态度的，现在为了自身生存，主动参加了反段阵线。于是反皖的七省同盟又加了一省，变成八省同盟了。

这样，声势浩大的八省同盟，一出手就战果辉煌。不仅挺住了靳云鹏内阁，使小徐的安福系想倒阁的愿望落空，而且由赵倜出面喊出支持吴佩孚，更是八省同盟的集体示威。看到赵倜在河南噭地喊了一嗓子，吴佩孚心领神会，大力配合，站在湖南也噭地回应了一嗓子。吴秀才用他的妙笔，继续电报战，对着世人喊道："全国之大，能否尽为一系所盘据？疆吏之多，能否尽为一党所居奇？兆民之众，能否尽为一人所鞭笞？"段祺瑞和吴光新想换掉河南都督的想法被彻底击碎，不敢直接对抗八省的力量了。

这一系列事件的结果，使靳云鹏更不见谅于老段，段系其他人马也骂靳云鹏忘恩负义、背叛恩师、通谋敌党，弄得靳云鹏都想去撞头。自己哪有这想法啊！

可是，事情还没有结束。3月14日，靳云鹏的儿女亲家张作霖从东北派人给段祺瑞捎来一封信，劝段祺瑞要信赖靳云鹏，不要听小人的挑拨离间。张作霖本是想在靳、段之间说合，可是却起了反作用。段祺瑞恼羞成怒。

刚巧此时靳云鹏来段府问安，段祺瑞火气正旺，直接挡了驾，没有接见。不知原委的靳云鹏过了一天，又来晋谒，不待通报直接就进来了。他本是"四大金刚"之一，与段平常熟悉得不得了，可以直接进段的家门。不料，段祺瑞劈头盖脸地把他一顿臭骂，并说："你已当到国务总理了，怎么还是这样不明事理？你以为借重外援就可以骇倒我吗？你眼中还有我没有？”

靳云鹏连喊冤枉，对天发誓自己从无二心，更不会忘恩负义。

段祺瑞更生气了，从抽屉里拿出张作霖的信，说：“你说你没有，那你看这是什么，这个时候你还在我面前撒谎。”

靳云鹏一看，是亲家张作霖的说情信，信中全是替自己说好话，难怪段祺瑞说自己“借重外援”了。这可真是哑巴吃黄连——有苦说不出。

段祺瑞借着这股火气，继续发威，把张作霖也大骂一通：“他张作霖是个什么东西，就是个土匪，也敢在我面前指手画脚？”

靳云鹏只得乖乖地站在段祺瑞面前，直到他骂够了、骂累了，这才离开段府。

这个时候，段祺瑞还做了一次补救。他想授意安福国会把曹锟选为副总统，以换取吴佩孚不撤防，但曹锟已经对副总统不感兴趣了，八省同盟的督军们也要求本省籍的议员们不许出席安福国会，让安福系想搭台唱戏都唱不起来。

与此同时，曹锟和张作霖也加紧串联，做好对抗皖系的准备。3月27日，八省同盟的督军都派代表赶到沈阳，为张作霖祝寿，并趁这次祝寿的时机，召开秘密会议，通过了反皖的一系列决定。祝完寿后，大家又一起来到保定曹锟的大本营，名义上是参加保定举行的追悼直系官兵阵亡会，实际上是召开秘密会议。

虽然沈阳会议和保定会议的内容略有差别，但两者的共同点很多：大家一致同意坚持留靳云鹏当总理，排斥徐树铮；反安福系但不反段祺瑞；准备联合起来勒令安福国会解散。同时保定会议上曹锟还说动大家通过决议，支持吴佩孚撤防北归。

吴佩孚撤防已是万事俱备，只待扬帆了。

回师千里

正式撤防之前,吴佩孚先放了一个风向标,试探一下风向。

吴佩孚给兵力超过自己数倍、以逸待劳、扼守要冲的张敬尧打电报,让他来湘南接防。

张敬尧可没这个胆,他怕自己是有来无回,万一吴佩孚联合南方军队夹攻自己,那自己就翘辫子了,所以他不敢回应吴佩孚,紧急向段祺瑞请示求援。

吴佩孚看张敬尧没动静,又派出一支七百人的小部队,大摇大摆地沿着长沙北上,看他张敬尧敢不敢拦截。张敬尧非常惧怕吴佩孚的军事指挥才能,所以,根本就不敢对吴佩孚下手,连这支七百人的部队也不敢动。

这下,吴佩孚就放心了,原来张是个色厉内荏的家伙,那就不怕了。

5月17日,接到张敬尧求援消息的段祺瑞,召开紧急会议,研究沿线布防拦截的事宜。段祺瑞一面召回徐树铮,让他带上全部西北边防军开往北京,一面准备自己亲任川陕剿匪总司令,向陕西方向进发。段祺瑞这是急糊涂了吗?怎么自己带兵往边缘地带跑?其实不是的,段祺瑞的目标不是剿匪,这只是个幌子,是假途灭虢之计,真实目的是要抢占河南郑州,赶走赵倜,对吴佩孚军队来个大拦腰。为了防止靳云鹏有变,段祺瑞任命靳云鹏为副司令,拴在自己身上带走。

段祺瑞想法很好,但被八省同盟很轻松地给破解了。张作霖心眼儿多多啊!张作霖轻松地逗老段:老哥,你们边防军都去“剿匪”了,北京防务空虚,这可不好。这样吧,我就辛苦辛苦,派几个人来北京替你看家护院,如何?没事的,我不收取任何费用,完全是无偿的。要不然,我的兵也是闲着,把他们闲的啊,你都不知道,这群小子天天不是看蚂蚁搬家,就是聚在树下看螳螂捕蝉玩儿呢!

这把段祺瑞给气得,如果张胡子来了,那这里成谁的家了?自己领兵去河南的计划就泡汤了。

1920年5月20日，吴佩孚带一师三旅，作环次队形——主力第三师居中，另配前锋、后卫以及左右两翼——大张旗鼓地开始北归。

张敬尧率几万大军布在湖南，可就是不敢碰吴佩孚的军队，怕自己反被吃了。他下令长沙四门紧闭，全城戒严，在湘江右翼配备了强大兵力，但只做防御准备。双方均未放枪，张敬尧眼睁睁地看着吴佩孚军队的身影远去。段祺瑞在北京嗷嗷地骂张敬尧真是个蠢货。

而吴佩孚也应该对张敬尧说一声，谢谢你，张敬尧，谢谢你从里到外都这么蠢。

吴佩孚军队到湖北时，王占元不仅没听段祺瑞的命令拦截，反而给吴佩孚补充了些开拔费，还叫停了沿线的客运及货运火车，全部用来送吴军北上。吴佩孚军队迅速向河南挺进。

段祺瑞本来想派吴光新从长江上游四川一带调兵进入河南拦截，可是吴佩孚此前布的闲冷棋子起了效果。这枚闲冷棋子就是冯玉祥的第十六混成旅。

冯玉祥的舅舅陆建章被徐树铮枪杀后，冯玉祥没有一刻忘怀。吴佩孚借机与冯玉祥套了交情，把他拉到自己阵线中来。聪明的徐树铮忘了"打人一拳、防人一脚"的道理。当皖系吴光新想调兵进入河南时，冯玉祥全旅出动，在宜昌、沙市一带暗中埋伏，待吴光新兵船一到，伏兵四起，把吴光新的队伍全打散了，只跑了个吴光新。段祺瑞眼睛都气绿了。

河南洛阳这里，驻着徐树铮西北边防军的两个旅，但吴佩孚根本没把这两个旅放在眼里，三下五除二就夺得了洛阳的控制权，并把一部分主力部队驻在了洛阳这个战略要地，与河北保定的曹锟遥相呼应，其他部队则迅速赶往保定与曹锟会师。

吴佩孚像关羽千里走单骑、过五关斩六将一样，把曹锟的这批精锐队伍完好无损地带了回来，还抢占了洛阳这个战略要地，然后自己轻装简带地回曹锟那里报到。

段祺瑞在这段时间的"有点儿背"之处，还不止此。吴佩孚示威般地把军队从他的眼皮子底下晃回来了，而段祺瑞的人还不争气，不光河南洛阳被吴佩孚占了，整个湖南皖系，张敬尧也没能保住。

张敬尧率领数万军队,怎么就这样软柿子般地被人给捏了呢?

张敬尧字勋臣,安徽霍邱县人。听其名字"敬尧",感觉应该是个温文尔雅的人。他老爹也像个有文化的人,给四个儿子分别取名:张敬尧、张敬舜、张敬禹、张敬汤。但张敬尧可一点儿也不"敬尧",他像上海滩老大冯敬尧一样心狠手辣。

张敬尧在担任湖南督军期间,在湖南杀人放火,无所不为,采取血腥手段统治湖南,湖南人咬牙切齿地称其为"张毒"。要说民国时湖南可真不幸,送走了汤芗铭那位汤屠户,迎来了张屠夫,后来还来过更不是人的东洋屠夫。张敬尧治湘期间的最大"功绩"就是贪污,只要能来钱,没有他不敢做的,种鸦片、贩毒品,比黑社会还黑社会。张敬尧治下的湖南每天都有劫案,奸淫焚杀是司空见惯的事。然而,凡有控告说军人抢掠的,无不被张敬尧用乱棍打死。

段祺瑞任命这样的人为其打前站,皖系大业能不败吗?

张敬尧的胡作非为,引起了湖南人的激烈反抗,大家恨不得剥其皮、食其肉,方解心头之恨。

所以待这边吴佩孚撤防时,看张敬尧这么尿,湖南本土的军队和人民一哄而上,开始向张敬尧发起了攻击。

张敬尧的军队,个个抢钱抢多了,哪个还想打仗。张敬尧更是如惊弓之鸟,知道激起了民愤,赶紧把军眷撤走,同时又向段祺瑞求援,加急电报从十万火急升级到百万火急,再升级到千万火急,气得段祺瑞在北京连骂张敬尧的话都骂不出来了。

湖南本土的军队就三四千人,且全配的破枪,根本不可能是张敬尧大军的对手。可是偏偏这几千疲弱之师,加上过去受张敬尧欺压久了的湖南百姓,如今是人人皆兵,满山遍野地与张敬尧玩起了游击战,衡阳、宝庆相继被湖南人民攻占,张敬尧的军队全线崩盘。

全线崩盘的时候,张敬尧还向主子段祺瑞电报汇报说,"为保全和平起见,我军节节让防……",说他的军队"并非用以对内,将士均不愿与南军作战,以此节节退守……当此外侮日亟,国家养兵不易,留此军队为堂堂正正之用,何忍牺牲于内战之中"。对此,段祺瑞已经怒不起来了,感觉自己居然像个局外人在看张敬尧的笑话一般,脑中一片空白。

张敬尧退到长沙时,还神气地说准备与长沙共存亡。话音未落,湖南军和老百姓就开始对张敬尧展开了进攻。这个时候,张敬尧终于明白,他面对的不是三千湖南军,而是三千万湖南百姓。没支撑几天,张敬尧终于以保命为主,从湖南逃之夭夭了。而且这个软骨头在向政府汇报时,把战败的责任全推到了别人身上,"检举"自己的四弟张敬汤临阵退缩、其义子张继忠轻弃衡山,如此不仁不义之辈真真可笑之至。

要不怎么说皖系真是气数将尽呢?这么多人马,怎么能让吴佩孚从几千里外大摇大摆地转了回来?冯国璋去世后,既然直皖之间的战争已不可避免,为什么不先下手为强?好虎还架不住群狼呢。让吴佩孚与曹锟兵合一处,然后双方再打起来,这不是给自己增加几倍的难度吗?而段祺瑞在用人方面出现重大问题,也是其大业衰落的原因。他不敢把官爵送给立下汗马功劳的吴佩孚也就罢了,偏偏把这个功劳给了人见人恨的张敬尧,这一举措直到今天,人们还不住地摇头。老段啊老段,你确实不如老袁多矣,相差太远啦……

其实,静心想一下,老段也很无奈。我们今天讲史时都说直、皖、奉三大系,其实直系冯国璋长期坐镇南京,执掌重兵,奉系张作霖崛起东北,更是标准的地方实力派,他们都有自己的嫡系人马。而段祺瑞却与他们两个有点儿不同,段祺瑞一直在北京,基本上没有自己嫡系的子弟兵,只是靠着自己在江湖上积累的二十年威名来指挥。正因为自己嫡系兵马严重不足,所以他才会不得不使用这些杂牌。而这些人还真的不争气,不仅处处给老段丢脸,更给皖系大业造成了无法挽回的损失……

调停失败

段祺瑞流年不利,举动失措,自己的棋局上步步失招,满肚子火没处撒,靳云鹏就成了他的出气筒。不管靳云鹏说什么,段祺瑞都怒;不管靳云鹏做什么,段祺瑞都不满意。靳云鹏都要抑郁了,实在受不了了,辞职,谁说也不行了,必须辞职。

可是，靳云鹏此时像个受尽恶婆婆刁难的小媳妇，就连辞职不干都不能来得太直接。他先找到自己的老领导段祺瑞，态度非常诚恳地说，自己身体确实有病了，有心而无力，做不了更多的事，特向老领导提出辞职。

段祺瑞的气还没撒尽，讽刺地说，你要真是有病，暂时休养休养倒也无所谓，只是将来别再说是哪个哪个排挤你了。

靳云鹏忍着气，回去后，立刻写辞职报告。

但是，徐世昌不同意靳云鹏辞职，只同意批其休假十天，假满后"身体还没好"，再给批假二十天，后来又给到三十天。可是，靳云鹏这次很坚决，第四次打了辞职报告。

靳云鹏之所以这么坚决地辞职，而徐世昌之所以这么坚决地留，这反映了靳云鹏问题绝不只是一个总理职位的问题，而是牵涉到皖系内部靳、徐矛盾，向外延伸到直皖矛盾，以及徐世昌与直皖之间的纠葛等一揽子问题。而随着直皖之间的矛盾越来越尖锐，吴佩孚撤防之后这种矛盾更加公开，双方就要走到撕破脸的边缘。

在自己就任总统期间，由于协调不住手下的两位老兄弟，即将发展到动武的程度，徐世昌面子上挂不住。本来自以为即使是袁世凯活着，自己也算得上是北洋系的灵魂人物，现在看来，人家不给面子，自己啥也不是啊。而且，一旦出现动武的局面，于国家建设也是极大损害。所以，徐世昌在拖了几次之后，觉得不能再回避矛盾，他决定把实力派人物请来调停，尽量把矛盾和冲突化解掉。

6月中旬，徐世昌电邀曹锟、张作霖和李纯，希望三位于百忙之中，拨冗赴京，共商大计。

李纯首先复电，称病婉辞。曹锟则借口吴佩孚的军队刚刚回防，须加布置，无法分身。而张作霖早有问鼎中原的野心，所以他应声而至。

6月19日，张作霖抵京。为了给这位调解人足够的面子，几乎所有的要员都到车站迎接。安福系也不希望因为面子问题而让张作霖心里偏向徐世昌，所以也抢着巴结张作霖，把奉天会馆粉饰一新，以备张大帅下榻。

张作霖抵京后,依次拜访了徐世昌、靳云鹏,然后去见段祺瑞。在徐世昌面前,张作霖强调解决时局的前提是必须让靳云鹏任总理。在晋见段祺瑞时,张作霖劝老段应该接受八省同盟提出的几个非要害条款,让双方都有个台阶下。但老段不答应。

张作霖一看话不投机,而且自己一个人在这里说道,矛盾难免会集中到自己身上,他就和李纯的代表商量了一下,一起去保定找曹锟。

因为部下吴佩孚向南晃了一圈,又大摇大摆地回来了,给自己挣足了面子和政治资本,现在曹锟身价大增,不是谁都能请得动了,得让各方面向自己这里靠拢,以显示自己身份和地位的重要。所以,等张作霖来到保定后,大家一起坐下来时,十三省代表都来曹锟这里了。这让曹锟感觉爽极了。

在保定开会时,吴佩孚在会上高谈阔论,一会儿国家,一会儿人民,一会儿仁义,一会儿道德,这让张作霖觉得很不爽。打仗就打仗嘛,说那些糊弄人的玩意干什么。可能也正是因为张作霖看不上吴佩孚,这也暗中埋下了以后直奉战争的种子。

张作霖问曹锟,如果和皖系最终没谈妥而开战的话,他们边防军比你们人多,你们能不能打?

曹锟看了一眼吴佩孚,吴佩孚坚定地说:能。

曹锟呵呵笑了,对张作霖说:子玉说能打,那就是有把握了。

既然能和又能打,那么,向皖系提什么价码,张作霖心中大致有谱了。

经过一番讨论,最终会议形成了准备向皖系提出的五项决议:

(一)解散安福系;(二)靳云鹏复职;(三)撤换北方议和总代表王揖唐,取消上海和议,由中央与西南直接谈判;(四)内阁局部改组,罢免安福系三总长,补提外交、农商、教育三总长;(五)解除徐树铮之兵权,撤销筹边使官制,边防军改编后归陆军部直接管辖。

张作霖把会议决议带回,去见段祺瑞。

段祺瑞首先表示自己没有政治野心,并暗示张作霖可取得副总统之位,想以此换取张作霖对自己的支持。但段祺瑞对保定会议决议不是很满意,尤其是对于解除徐树铮兵权一项,表示更有困难。对于撤换安福系三总长一事,可以商量,但不可继续查交通部和财政部的账(这两部因为支持安福系,挪用了许多公款,如果追查起来,麻烦可就大了,所以段表示如果保证继任者不追查这些账目,便可以叫他们辞职下台)。

就这样,大家一连磋商了三天,也没结果,段祺瑞依然坚持自己的观点。

张作霖耐不住了,磨嘴皮子真没意思,有能耐你们就打去吧,我还不管你们的破事了。

老张这么一甩手,大家还真傻眼了。段祺瑞又开始挽留,徐世昌也使劲留张作霖。

6月29日,徐世昌邀请张作霖、段祺瑞进一步会谈,又提出一些折中意见。对此,段祺瑞没表示反对意见,而徐树铮等人却在次日皖系要员会议上表示强烈反对。小徐主张,除将边防军改归边防督办直辖外,其他概不接受。

老段一如既往地听小徐的话,小徐的态度影响了老段,老段也跟着火了,他对前来调停的张作霖吼道:"吴佩孚区区一师长,公然要挟罢免边防大员,此风一开,中央政府威信何在?徐树铮不费一枪一弹收复蒙古,有什么地方对不起国家,一定要他去职,分明是给我难堪,太欺负人了!你们一定要他去职,必须同时罢免吴佩孚!"

老段的话,也有道理。小徐不费一枪一弹收复蒙古,不管怎么说,要去掉小徐职务的话,是很难交代的。况且,老领导袁世凯都没能撼动老段对小徐的偏爱,别人就更别想了。

7月6日,徐世昌拉着张作霖找段祺瑞,做最后一次努力。可老段受小徐影响,也把他"北洋之虎"的脾气充分展示了出来,咆哮道:"罢免吴佩孚,万事皆休。"

张作霖劝段冷静,应该大事化小,各退一步。不料老段听了很不耐烦地说:"你回你的奉天,不必管这儿闲事。"张作霖讪讪而退。

既然双方都这么强硬,张作霖也不想再劝了,先回东北布置兵力配备吧。张作霖觉得自己简直是在跟两头蛮牛说话,谁也听不懂,还都死犟。

7 日深夜,张作霖乘车离京,同时宣称"局外中立"！他知道,直皖战争已是不可避免了。

徐世昌也知道大势已去,为了避免在直皖打起来时靳云鹏左右为难,正式批准了靳云鹏辞职,由萨镇冰代理阁揆。

战争不可避免

在大战打起来之前,暂时撇开大家的争吵,静静思考一下。

老子曾经说过:"为学日益,为道日损。损之又损,以至于无为。无为而无不为。"这里的"损",不是我们俗常所理解的损。在周易中"损"卦的意思是"君子以惩忿窒欲",主要是减少自己的贪欲、增加自己修为的意思。《道德经》中"损"的意思与周易的差不多。

当一个人随着生活阅历的增加,真正成熟的时候,他对生活的态度用的不是"加法",而是"减法",这也算是一种"损"。他会对物质需求越来越淡,对精神追求越来越浓;他会重新甄选自己的朋友,宁留明珠一颗,不要土豆一车,留一两个知己,用一生去维护;他会明白自然规律的不可抗拒,对于权力,该放手的就放手,让年轻人后浪推前浪。

这样的态度,既是一种智慧,更是一种胸怀。就像日本明治维新之前、风云激荡之际,阴谋与权术相纠缠,大义与私欲相冲击,德川幕府的末代将军、"日本第一公子"德川庆喜选择了退一步,不顾个人得失,主动还政天皇,避免了更大规模的冲突和流血,为明治维新的顺利进行立下了第一功。

道理很简单,就像过桥或上车一样,每个人都争一小步,结果就会酿成惨剧。对于国家来说,每个人只要退后一小步,国家就会前进一大步。

中国要想前进,每个人就要学会在个人得失的某个环节上退那么一步。

段祺瑞的失败,就在于知进不知退。太刚则易折,事业盛极则必衰。老大退一步,所起的效果,可能会引起小兄弟跟着退三步、五步或十步。

这既是一个姿态,也是一个面子,更是互相之间的一种尊重。

张作霖协调不成功,以及直皖之间的症结,就在于小徐一个人。如果小徐被免职了,其他问题都好解决。但老段偏偏坚持这一条不能动。当初袁世凯不能劝动老段,徐世昌、张作霖和曹锟、吴佩孚合起来劝,也不能让老段让出这一条。

老段真可谓是"成也小徐,败也小徐"。

惜哉!

8日上午,一直躲在幕后指挥的段祺瑞回到北京城,把军政要员集合起来召开特别会议。段祺瑞极端愤怒,决定呈请总统将曹锟、吴佩孚免职。

段祺瑞知道,此令一出,曹吴必然反抗,这就标志着战争的大幕正式拉开了。于是他加紧调兵遣将。

7月9日,就在段祺瑞逼迫徐世昌以总统令的形式发出惩办曹吴令的当天,段祺瑞以"举师讨逆"为名,组建"定国军",在团河(今北京大兴一带,由于清朝乾隆在此修建团河行宫并建立皇家猎苑而闻名)设立总司令部,自任总司令,令徐树铮为总参谋,严厉指责曹锟、吴佩孚"私勾张勋出京,重谋复辟,悖逆尤不可赦",宣布誓师讨伐。

老段有点儿急糊涂了,这都哪儿跟哪儿的事给联系到一块儿了。

段祺瑞把自己的人马兵分三路:段芝贵为第一路司令官兼京师戒严总司令,曲同丰为第二路司令官兼前敌司令,魏宗潮为第三路司令官;傅良佐为总参议;并命边防军第三师陈文运部开赴廊坊,第一师曲同丰部与陆军第九师魏宗潮部、第十五师刘询部等开往长辛店、卢沟桥、高碑店一线,分路进攻直系军队。

直系方面,当得知政府正式发布惩办曹吴令后,更是军心激愤。

9日上午,曹锟亲自到天津行誓师礼,任命吴佩孚为前敌总司令,大小军兵,悉听吴的调遣。吴佩孚把曹锟的部队定名为"讨贼军",设大本营于天津,设司令部于高碑店。曹锟坐镇天津负责联络,做好与张作霖军队的接洽工作。潘榘楹为总参谋长,留守保定。吴佩孚自任前敌总指挥,宣言将亲率三军,直向北京,驱老段、诛小徐,为天下伸张正义。

　　吴佩孚是秀才出身,文章写得好,通过电报骂人也是一绝,此次讨伐也不例外。在口水战阶段,吴佩孚先从道德角度骂段祺瑞是一个"秉性凶残,专擅恣睢,阴贼险狠"的人;又通过挖掘历史将其否定,认定民国成立九年以来,"海内分崩,追原祸始,段为戎首";说他搜刮民脂民膏,穷兵黩武,搞得民不聊生,且在巴黎和会上卖国,并私自大借外债,"不下六万亿元";紧接着又给段祺瑞树立起了一个"乱臣贼子"的形象,说老段曾经参与推翻清朝、推翻袁世凯、推翻黎元洪、推翻冯国璋,现在又要推翻徐世昌……这顿痛骂,把老段给造蒙了。敢情这么多年老段别的啥也没干,一直在玩儿"推翻"。

　　吴佩孚知道段祺瑞曾向日本借款,与日本关系交好,所以在 7 月 10 日,他让曹锟致电北京公使团,请其注意日本暗中助段的事实。结果,英、法、美三国公使逼日本表态,日本只好说决不助段。

　　口水战还没结束,子弹还没乱飞的时候,段祺瑞又接到一个非常不好的消息:张作霖宣布率奉军入关,与直系站在一起。这对段祺瑞来说,简直就是晴天霹雳。

　　张作霖虽参加了八省联盟,但他从北京退回东北时不是宣布"局外中立"了吗?怎么会这么快就变脸,而且站在直系的一边呢?

　　据说,把张作霖惹恼了的原因,是小徐在东北搞小动作。

　　原来,小徐也想拉拢张作霖。他向张作霖表示,只要你帮助我们皖系,我们会有重金酬谢。但张作霖还在为小徐偷偷地挪用奉军军费一事耿耿于怀,让人转告徐树铮,先把欠我的饷款还上之后再来跟我说话。

　　软的计策不行,小徐就想来硬的。他派安福系的姚步瀛花重金贿买东北胡匪,让他们扰乱东清铁路一带治安,袭击奉军根据地,尽一切办法牵制奉军,扰乱奉军的后院。结果胡匪事情办得不利索,被张作霖来了个人赃俱获,还把姚步瀛给抓住了。

　　张作霖恨得咬牙切齿,既然你小徐不仁,休怪俺老张不义了,这才通电率军入关帮助直系。

　　张作霖提前入局,彻底打乱了段祺瑞的部署,他完全没想到会半路杀出这么一位程咬金。心慌意乱的老段找到老徐,让老徐发停战令。可是他很快又觉得目前已经骑虎难下，想停也停不了了，不通过一战，已经不能保存自己的地位了，于是又召开军事会议，下达了向直军进攻的总动员令。

1920 年 7 月 14 日，直皖双方正式交火，大战正式爆发。

直军分为两路：吴佩孚为前敌总司令兼西路总指挥；蓟榆镇守使兼第四混成旅旅长、曹锟的七弟曹锳为东路总指挥；第一混成旅旅长王承斌驻郑州为后路总指挥。

这个时候，皖系段芝贵主动请缨，要给直军一点儿颜色看看，老段很是高兴。

在北洋中，徐世昌和徐树铮分别被称为老徐和小徐，段祺瑞和段芝贵被称为老段和小段。老徐与小徐都很厉害，这是人所共知的。但这位小段，要是跟老段并列起来，可还真是不够格。

驰骋江湖二十年的"北洋之虎"段祺瑞在用人方面，还真是有问题。你看他用张敬尧跟在吴佩孚屁股后边抢战功，惹恼了吴佩孚，彻底中断了自己的武力统一大业；用徐树铮，却得罪了所有能得罪的人；用吴光新抢河南督军，却把河南督军赵倜逼上了梁山；这次决定皖系命运的大战，让段芝贵打前站，这真是"自作孽，不可活"了。

段芝贵，安徽合肥人，李鸿章的老乡，年少时是李鸿章侍童，靠察言观色、拎包倒水、拿小本本记领导工作日程备忘的功夫得到了李鸿章的喜欢，于是被保送到了天津武备学堂，摇身一变成了大军官，毕业后赴日留学，回国后投到袁世凯小站门下。袁世凯得势时，他认袁世凯为义父。年轻时命好，一直走领导路线，得以飞黄腾达。这种人有没有真本事，一直让人怀疑。按理说跟着李鸿章、袁世凯这样的大人物，也应该有两下子，可从他在此次战争中的表现来看，他基本上属于"颜良"而"文丑"（长得好看、功夫极烂的绣花枕头）一类的人。再说了，即使他真的有《三国演义》中颜良或文丑的功夫，但他遇到的对手是"关公"——北洋史上的常胜将军吴佩孚，好日子也混到头了。

小段从老段这里得到受命后，率兵出发。他把司令部设在了火车的一节花车上，这本来是个很好的主意，机动性非常强，却被吴佩孚派出的侦探查了个清清楚楚,连司令部设在哪节车厢上,司令部的牌子在哪里挂着,车上办公的官员有多少名,卫队有多少人,军械弹药、通信器材的位置等,都被侦探给查到了。

而小段却还沉浸在自己设计的出人意料的美妙筹划里。小段没领教过吴秀才的厉害,他压根儿就没瞧得起吴佩孚,所以在打仗前,运到他火车司令部指挥所上来的东西只有:鸦片烟具十四套,荷兰水(汽水)数百打,麻将牌七副,山珍海味无数,还有能做各色名菜名点的二十四名大师傅。如果老段知道他运这些东西上来,非得气疯不可。

这就像《东周列国志》中,晋楚城濮大战前,楚国派人给晋文公下战书中说"请与君之士戏"。晋军统帅狐偃看到这个战书后说道:"战,危事也,而曰戏,彼不敬其事矣,能无败乎?"

吴佩孚听到侦探得来的消息后,忍不住莞尔一笑,跟暂代西路指挥的王承斌交头接耳一下之后,决定依计而行。

皖系出局

吴佩孚打的是闪电战,特点是速度快。他决定先给皖军来个中间突破。他命王承斌率两旅向涿县集中,自己带张福来的第六旅和萧耀南的第三旅,猛扑固安,轻松占领了固安县城。

此时,直军第十二团第二营受到皖军数倍兵力攻击,死战不退。王承斌率领的军队在大清河一带埋伏好了之后,令这个第二营迅速退往大清河,把直军引过来。一心要好好表现的段芝贵一看直军在撤,以为他们的防线被自己攻破了呢,命令皖军紧追过去。

王承斌让诱敌的直军打几枪、放几炮之后,就带着大家节节后退,还虚张声势地向保定"紧急"求援,请求赶紧运弹药来、调人马来,这些情况尽可能地让皖军知道。这喜得段芝贵一面紧追,一面报捷,一面大开筵席。大家跟着小段豪饮一番之后,都乐滋滋地进入了梦乡。

等到半夜,突然枪声四起,喊着"活捉段芝贵"的声音由远而近,越来越响。小段从醉梦中醒来,心胆俱裂,仓皇开车逃进京城。《北洋军阀史话》中记述其"家人聚询,只以手摸头,连呼好险好险,别无他语"。

皖系东战场被打成这个惨样,自然也有张作霖的军队帮助直系军队的原因。直、奉联合,吓到小徐不敢前来支援。17 日,在廊坊的徐树铮听到段芝贵败退的消息,匆匆赶返北京。段祺瑞的东路人马彻底崩溃;徐树铮部下边防军的精良装备,都被直奉两军瓜分了。

段芝贵率领的东路军已是如此,那曲同丰率领的部队会怎样呢?

7 月 14 日,皖军第一军以十五师为先锋,向直军第三师进攻。直军抵抗了几下,便退出了高碑店。

直皖双方前锋部队接触后,共打了两仗,都是直军败北。皖军很是高兴,传说中的吴佩孚也无非是这样嘛。看来,我们加把劲儿,一定能把曹锟吴佩孚打翻在地。

可是,皖军高兴得太早了,因为吴佩孚同学早就备好了课,马上就会给保定学堂的师兄师弟们、曲同丰老师、段祺瑞校长等人上一堂生动的军事课。

把段芝贵的军队打垮,只是吴佩孚给皖军上的第一节课。课间休息结束,上课铃声响后,吴佩孚说,请大家把书翻到《孙子兵法》的《九地篇》,跟我大声朗读:"故善用兵者,譬如率然。率然者,常山之蛇也。击其首则尾至,击其尾则首至,击其中则首尾俱至。敢问:'兵可使如率然乎?'曰:'可。'"

既然都说"可以"了,那还等什么? 像蛇一样出击啊。

吴佩孚退出高碑店,可不是失败,他像双头蛇一样,在示弱于敌的同时,已经做好了从另一个方向向皖军突袭的准备。

17 日,战况突变。吴佩孚退出高碑店后,以长蛇卷地阵的阵形,加上眼镜蛇袭击动物时的速度,率兵直插涿州、高碑店之间的松林店。松林店是皖系前沿司令部所在地,这里一片宁静,长官曲同丰正琢磨着怎么直捣保定、活捉曹锟呢。突然,枪声大作,还没等司令部的参谋们反应过来,吴佩孚率领的轻骑兵已经冲进了曲同丰的司令部……

曲同丰曾在北洋武备学堂当过教习,又担任过保定军官学校的第三任校长。吴佩孚那时聆听过曲同丰的教诲,所以曲同丰是吴佩孚的老师;两个人还都是山东同乡。吴佩孚走到曲同丰面前,敬了一个标准的军礼后说:老师,您被俘了。

就这样,曲同丰和西线司令部的全体高级将领都被吴佩孚请到车上,免费去保定观光旅游。吴佩孚当导游,曹锟负责接待。规格足够高。

段祺瑞的东西两路军队,像商量好了似的,开展了比、学、赶、帮、超活动。东线段芝贵来个大崩溃,西线曲同丰一看,咱也不能落后啊,这样吧,我们不能崩溃了,来一点儿有创意的,我们叫崩盘。

看来,曲同丰到底不是桃花岛的大弟子曲灵风,但曲同丰没等施展武功就出局,这又很像陈玄风,且被吴佩孚戳的地方正是要害肚脐眼儿。而段芝贵的武功很像裘千丈,脑子却像傻姑……

7月18日,曲同丰押抵保定。曹锟和吴佩孚还挺会玩儿,要举行一个“受降仪式”,以此严重摧残老段的自尊心。

丁中江在其《北洋军阀史话》中,这样记载了当时的“受降”情景:

> 曹锟在大厅中站立,曲同丰由直军将领陪同,全副戎装,步履铿锵,进入大厅,后面还有其他被俘的军官,曲首先由腰间解下军刀,双手捧献曹锟,并且朗声说:“鄙人今天愿意向贵经略使投降,特将军刀献上,宣誓决不与贵军为敌。”曹锟双手接刀后,又将军刀发还,用和悦的音调对面前的降将说:“本使今天愿意接受贵司令投降,贵司令作战勇敢,本使深为敬佩,特将军刀发还,仍请佩带。本使当按照优待俘虏条例,予贵司令以最优待遇。”受降礼完成后,两人握手叙旧,欢若平生。(丁中江:《北洋军阀史话》,中国友谊出版公司,1992年,第314—315页)

这场受降献刀仪式,成了直皖战争的闭幕式。交战双方谁也没有想到,本以为会打个昏天黑地的直皖两大系的战争,仅仅交火三天,连同首尾,也不过五天,就落下帷幕了。

这个局面,很像2014年巴西世界杯的半决赛中,最擅长足球的国度巴西在家门口被德国7∶1血洗,让人大跌眼镜。当年袁世凯手底下头号大将、人称"北洋之虎"、正宗德国留学生、中国第一位炮兵司令段祺瑞指挥下的军队，就这样被小字辈吴佩孚给"屠"了。

从此，皖系人马，包括段祺瑞、徐树铮、段芝贵等人，再也不敢看不起这个秀才出身的小师长了，真正地记住了"吴佩孚"这个名字。

曲同丰受降献刀的消息传到北京，段祺瑞气得要吐血。生性刚烈的他真想挥刀自戕。数年准备的心血就这样被这群败家子打了水漂，纵横江湖的一世英名也就此毁于一旦。段祺瑞的战败，一方面与他用人方面有绝大关系，另一方面，也是他自己有轻敌之心，只认为自己方面必胜，所以，没下狠手。据曹汝霖回忆说，"闻合肥预令两路不许用重炮，恐火力太猛，伤亡过重，虽似宋襄之仁，亦已有轻敌之心。仅五日间，战事即告终结，自有战事以来，未有若是之速也"。真是可叹！

段祺瑞可以说是求仁得仁又何怨了。于是他把靳云鹏找来，靳云鹏不知道怎么安慰自己的老板，好在段祺瑞本来平常也不爱说话，这时只是淡淡地说："事已至此，你和他们还可以谈话，赶快去和他们商讨停战吧。条件方面我没有什么意见，只希望不要把战争带进北京城。"

靳云鹏找到傅良佐，请他去天津跑一趟，向直军求和。傅良佐到了天津，找到曹锟的弟弟、直隶省省长曹锐，曹锐却不见、不理他，还顺便把傅良佐扣了起来。

老段没有办法，只好亲自去见徐世昌，请总统下停战令。随后自己引咎辞职，以谢国人。老段恨恨地说："吴佩孚学问不错，兵练得也不错，学会打老师了！"

然后，段祺瑞返回自己的住宅府学胡同，既不逃天津，也不奔租界，放出话来，吴佩孚有能耐就来捉我。

结果，吴佩孚到底是没来碰这只虎。

直皖战争结束，直系要求惩办祸首，经过几派的衡量和运作，最后于7月29日拉出了一张十人名单，里面有徐树铮、曾毓隽、段芝贵、丁士源、朱深、王郅隆、梁鸿志、姚震、李思浩、姚国桢，被称为"安福十祸首"。

不过，这十个人，一个也没抓着，都躲进日本使馆被保护起来了。

别的人大家还不怎么在意,唯独痛恨嚣张霸道的小徐,但小徐还真没被抓住。

小徐在日本兵营里共住了三个月。后来他逃出时,据说是在日本驻天津司令小野寺的帮助下,化装成一个日本女人,装进一只柳条箱内,由一个日本军官带进火车里一间头等车厢远赴他乡……

8月4日,政府下令解散安福俱乐部。

直、皖、奉三大系之争,皖系提前出局。虽然段祺瑞执掌下的皖系后来还有东山再起之日,但根基不稳,已是大不如皖系强盛时期的景观。

因此,风雨凄凄的北洋,即将迎来他的新主人。

段祺瑞执掌下的、作为一个集团存在的皖系,就此垮台了,这里做一下小结。

段祺瑞失败的第一个原因是直接指挥的嫡系人马少,只靠自己在江湖的威名来调动各派:比如讨伐张勋复辟时,采取借力打力的手段;执行武力统一政策时,借用曹锟、吴佩孚的力量。子弟兵、根据地这两个问题没解决好,对于皖系的垮台有着直接的关系。

段祺瑞失败的另一个原因,与他选人用人失误有一定的关系。段祺瑞信任徐树铮,也重用徐树铮,但却没有用好,过于骄纵和溺爱小徐,任由小徐使性,没有对其加以引领和适当约束,没有让这个人才发挥其应有的作用,这一点很是遗憾。段祺瑞想借用直系曹锟、吴佩孚的力量,却轻视并忽视了吴佩孚,以为他是区区后辈,只是利用,没有重用,致使其反戈相向,给自己树立了一个大大的敌人,这直接招致了自己大业的失败。其他如使用张敬尧、段芝贵等,也有失老段的水准,这些都让人禁不住扼腕叹息。

但是,段祺瑞的选人用人,并不是他失败的最根本因素,选人用人只能算是"战术"层面。段祺瑞嫡系人马少,但他要是充分调动和激发曹锟、吴佩孚的力量,也不是没有机会统一全国。段祺瑞更面临一个"战略"层面的"必败因素",一个他无法绕开的大问题,那就是整个北洋的体制及运行机制的问题,亦即由《中华民国临时约法》带来的一系列无法回避又无法解决的问题,这是段祺瑞最大的悲哀。

《中华民国临时约法》并不是解决北洋乱局的法宝,不仅不是,恰恰相反,北洋的诸多乱源,就是从这部并不成熟也不甚合理的约法延伸开来的。权力的奥妙和精髓,在于权力的平衡,而约法恰恰没有设计出权力的平衡机制。前面有过论述,约法在设计的时候,就为以国民党党员为主的国会开了后门:议会可以弹劾内阁,内阁却没有要求总统解散议会的权利。这是不平衡的权力构架,议会演变成了对政敌进行攻击的工具。

对于约法存在的毛病和问题,当年极少有人窥破。思想家严复非常清醒地看到了约法对中国政治的危害性,却没有人注意到他的忧虑。袁世凯从执政者和实干家的角度,也非常清楚地看到了约法的毛病。他踢开国会,改造约法,却由于在制度设计时存在私心,被时人骂个狗血喷头,最终驾鹤西去。袁世凯在重病之时,为了让段祺瑞出来收拾残局,不得不恢复那个已经被自己踢开了的内阁,使段祺瑞重任总理,这就重新把责任内阁和总统的府院问题给端了出来,已经解决了的矛盾再次凸显出来。

袁世凯本来可以指认段祺瑞为总统,以老段的威望,收拾旧山河。段当时算是总统的不二人选。但为了遵从那部约法,袁却让副总统黎元洪接任了总统。虽然这解决了表面上的矛盾,但却由于《中华民国临时约法》延伸出来的逻辑,矛盾很快就以更大的形式爆发出来。后袁世凯时代的南方国会,已经不是辛亥革命初年那样纯理想主义的革命者了,而是在分裂状态中获得巨大利益的派系政客的集合体。于是,在国会、总统和内阁总理这三者之间,出现了非常混乱的权力运作模式:总统虽无权,却可以干预内阁做事;内阁有权,却处处受制于国民党控制的国会;国会肆意地攻击着政敌而不受弹劾和制约……在这种情况下,即使《中华民国临时约法》的设计者自己坐上大位,也根本无法实现权力的有效运转,他也只能把这个体制砸烂,才能让国家安稳下来。后来孙中山走向以俄为师之路,而没有坚持自己的初衷和美国梦,以及蒋介石暗中置换掉内阁总理制,就是最好的证明。所以,萧功秦教授直接指出:"《临

时约法》是导致后革命时代的大分裂的'恶法'！"（萧功秦：《超越左右激进主义：走出中国转型的困境》，第244页）

从这个逻辑的演进中，我们清楚地感受到后袁世凯时代北洋乱局之源，也能清楚地感受到《中华民国临时约法》的隐患，更能清楚地感受到段祺瑞时代的悲哀和无奈。这里还是把萧功秦教授的评论原文引过来，既是名家评价的中肯之语，也算是老段的知音之言。萧功秦教授认为：

> 为了控制政敌而因人设法，又设立了政治上很不合理的临时约法体系，只要走出这一步，那就意味着中国政治将陷入无穷尽的党争，并由党争而走向分裂。这就意味着，只要《临时约法》不可避免，那就意味着，辛亥革命恰恰与民国后的大分裂，存在着历史逻辑上的不可回避的关联……府院之争，张勋复辟，直到北洋军阀混战，其根源都可以追溯到辛亥革命以后建立的《临时约法》体系。这样的制度安排，就只能让中国一步一步走向南北分裂与碎片化。正是在这个意义上，这场革命很不幸地成为20世纪政治中国碎片化的历史大灾难的起点。表面上看，十年后的北洋军阀混战，南北分裂、各省分裂，与辛亥革命无关，然而，实际上，这一切都与《临时约法》的严重制度缺陷有关，而《临时约法》体制，又是南北统一带来南北矛盾的"因人设制"的必然结果，这一体制只能引发越来越严重的政争与分裂，中国从此陷入持续数十年的"弱国家"状态。（萧功秦：《超越左右激进主义：走出中国转型的困境》，第247页）

上面评价这么多，其实可以用几句话来概括。打个比方，"北洋之虎"段祺瑞本是个打牌高手，但是他不仅抓了一手孬牌，而且这个玩牌的游戏规则也与他所熟悉的规则大相径庭，他根本不适应这个玩法。所以，他输牌是必然的。

因此，从这个角度来说，老段的失败和悲剧，是时代造成的，属不可抗力因素所致。

段祺瑞是个悲剧型领导者。